U0031133

How to Experience
如何使用

Step 1 : Download the ScienceReality App.

步驟 1：掃描二維碼，下載通曉 App 。

Step 2 : Tap the "60 萬米高空看中國" section on ScienceReality,

scan the "SPACE NEWS" image marker

on the left side of this page.

步驟 2：打開通曉 App， 點擊 "60 萬米高空看中國" 選項，

掃描左側 "SPACE NEWS" 圖案。

Step 3 : Enjoy EARTH, with augmented reality.

步驟 3：開啟增強現實體驗。

萬米高空看中國
CHINA FROM OUTER SPACE

劉思揚 主編

新華社衛星新聞實驗室 編著

香港中和出版有限公司
www.hkopenpage.com

項 目 策 劃　　蕭　喆　左曉紅
責 任 編 輯　　楊克惠　許琼英
封 面 設 計　　彭若東
內 文 設 計　　向　婷
責 任 校 對　　江蓉甬
印　　　　務　　馮政光

書　　　　名　　60 萬米高空看中國
主　　　　編　　劉思揚
編　　　　著　　新華社衛星新聞實驗室
製　　　　作　　浙江視燃數字科技有限公司　北京觀動科技有限公司
統　　　　籌　　趣想國　北京壹舍文化傳播有限公司
衛 星 技 術 指 導　中國資源衛星應用中心
衛 星 數 據 來 源　高景一號、高分一號、高分二號、資源三號等對地觀測衛星
出　　　　版　　香港中和出版有限公司
　　　　　　　　Hong Kong Open Page Publishing Co., Ltd.
　　　　　　　　香港北角英皇道 499 號北角工業大廈 18 樓
　　　　　　　　http://www.hkopenpage.com
　　　　　　　　http://www.facebook.com/hkopenpage
　　　　　　　　http://weibo.com/hkopenpage
　　　　　　　　Email: info@hkopenpage.com
香 港 發 行　　香港聯合書刊物流有限公司
　　　　　　　　香港新界荃灣德士古道 220-248 號荃灣工業中心 16 樓
印　　　　刷　　中華商務彩色印刷有限公司
　　　　　　　　香港新界大埔汀麗路 36 號中華商務印刷大廈
版　　　　次　　2021 年 7 月第 1 版第 1 次印刷
規　　　　格　　16 開（210 mm × 260 mm）
國 際 書 號　　ISBN 978-988-8763-34-4
　　　　　　　　© 2021 Hong Kong Open Page Publishing Co., Ltd.
　　　　　　　　Published in Hong Kong

從 60 萬米高空
看見的中國是甚麼樣？

2019 年
在中華人民共和國成立 70 週年之際
新華社首創衛星新聞全新報道樣式
從太空逐次探究各個省份波瀾壯闊的發展史詩

在這些衛星圖上
凝視
可以發現尋夢路上步履匆匆的你我
遠觀
可以看見巍峨的山脈高峰
奔流的大江大河

中華兒女用不懈奮鬥的汗水
書寫歷史長卷
雕刻城市鄉村
繪就了這幅磅礡的畫卷

我們共同生活的這個美麗國家
她的每一寸肌膚
每一絲變化
都可以從這裡捕捉

那些震撼人心的畫面
我們身在其中
卻從未見過

── 新華社衛星新聞實驗室

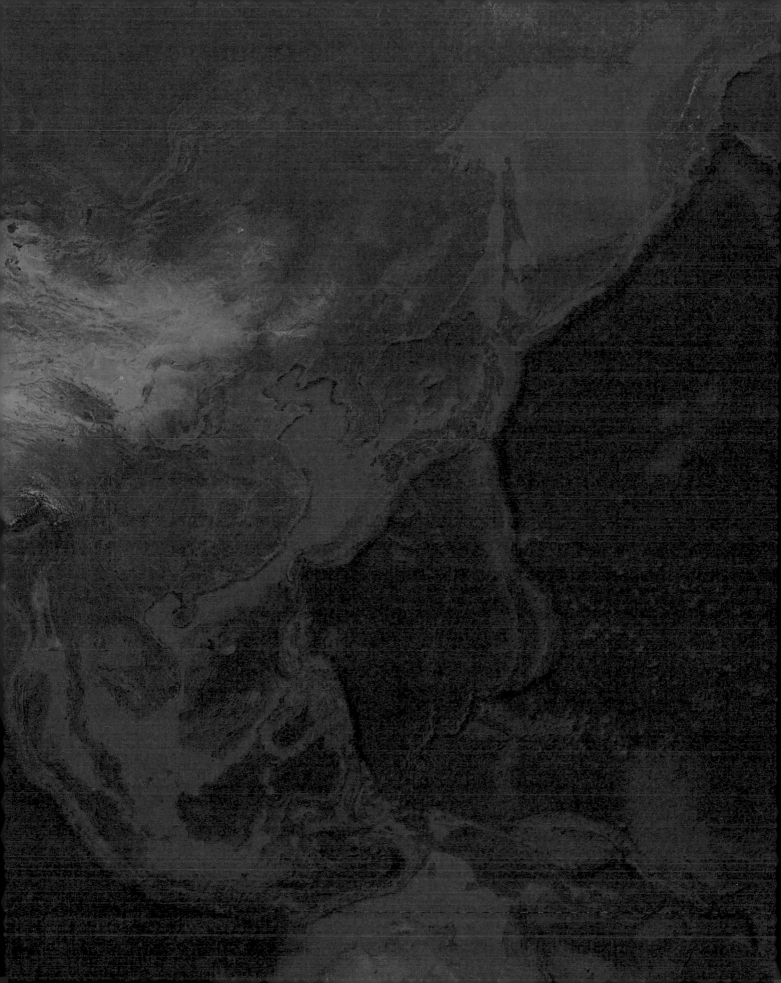

從60萬米高空看中國，是甚麼體驗？

2019年8月至2020年7月，通過挖掘運用空間、電子、光學和地學等學科集成的衛星遙感技術最新成果，新華社推出"60萬米高空看中國"系列報道，全方位、立體化展示中華人民共和國成立70餘年來全國各地滄海桑田的變遷，讓人們從前所未有的視角領略大美中國。

這是新華社推進系統化創新的一個成果，也是媒體融合向縱深發展的縮影，更讓中國新聞傳播史和衛星應用史產生了有趣的交集。

要依託衛星形成的天基對地觀測能力，規模化、專業化、快捷性使用中國多尺度、多分辨率、全覆蓋的遙感衛星影像數據服務，就要深入瞭解這一信息革命的成果，系統化認識衛星發展現狀、遙感原理、資源分佈、行業應用等情況。

從 2019 年 3 月起，新華社項目團隊成員就分頭扎進中國資源衛星應用中心、航天恆星、中國科學院等有關科研機構和科技公司，並同相關科研機構進一步深化合作，得以綜合調度高景一號、高分一號、高分二號、高分六號、資源三號等 10 餘顆平均軌道高度約 60 萬米的對地觀測衛星，從太空高度、歷史尺度、區位角度、時代維度出發，拍攝回傳大批量衛星影像數據。當這些影像數據與 20 世紀 80 年代以來衛星對地觀測的歷史數據組合在一起的時候，一地一物的變遷盡入眼底。於是，我們得以跨越時間，在更大的空間尺度上，看到自己的家鄉一路走來的模樣。這其中，每一處變化都凝聚着一代代人不懈的拚搏與奮鬥，每一張影像背後都隱藏着一段段動人的故事。

在有限的篇幅裡，我們無法呈現每一處變遷，也不可能講完所有的故事。經過對衛星影像數據和全國各地的地理、人文等彙總分析，我們最終選擇以太空視角為牽引，以航拍視角、地面視角為支撐，以變遷為延展，一省一脈絡，一地一經緯，逐次呈現中國大地波瀾壯闊的史詩。

通讀本書，可以從北到南、由東往西，重新認識每一個省份的自然地理區位，瞭解每一個省份發生的突破性變遷，看清每一個省份現在的模樣，以及正在邁向未來的身影；循着時間的軌跡橫讀本書，可以探尋新中國誕生的艱苦歷程、改革開放以及十八大以來的偉大變遷；循着不同的主題縱讀本書，則可以利用大空間、大時間，以獨特的視角重新認識中國，認識家鄉，認識我們腳下的每一片土地。

本書編委會

2020年10月於北京

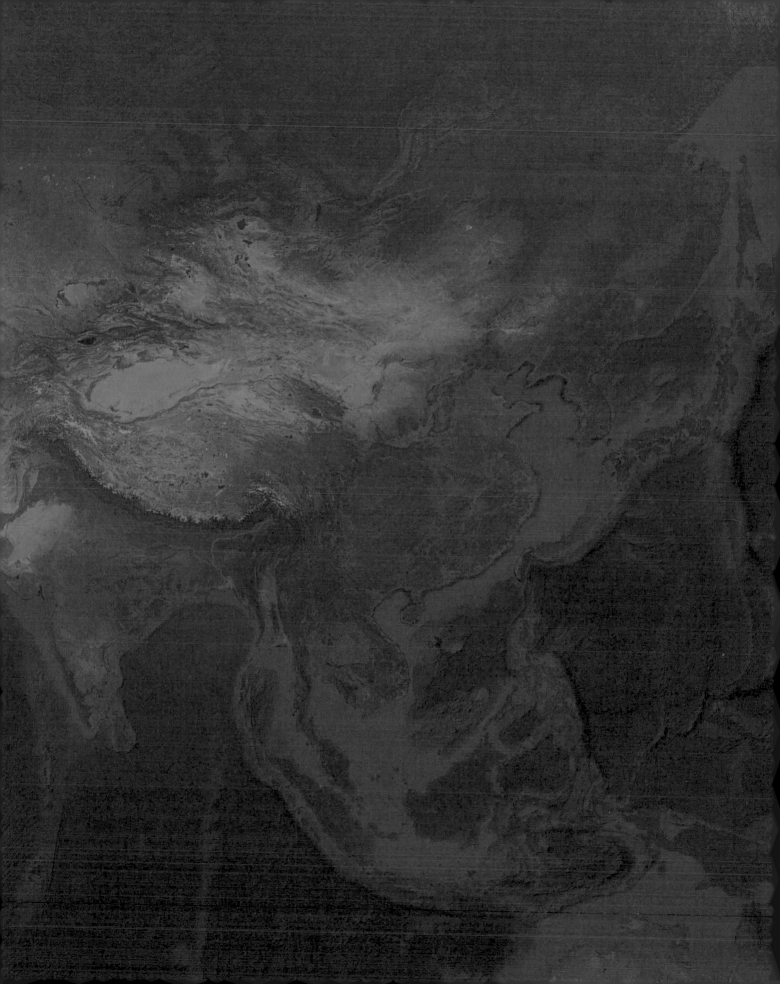

目錄

No. 冀 05

河北

慷慨燕趙 · 大好河山

西倚太行之巍巍，東臨渤海之滔滔，懷抱京津大地，坐擁萬頃沃土，盡享物產豐饒，這就是河北。這裡有驚豔世界的"中國綠"，更有承載千年大計的未來之城，書寫着時代發展的新傳奇。

086

津 07

天津

一條河的過往 · 一座城的開放

東臨渤海，北依燕山，兼平原之秀美，得山水之滋潤。海河五大支流奔湧而來，彙聚於此。以海河為軸線，從60萬米高空俯瞰津沽大地，中西合璧，古今相融，水拍河岸，潮起潮落，城市自然，生機勃勃。

130

No. 皖 09

安徽

江淮大地 · 人傑地靈

凌空俯瞰江淮大地，這裡是人文中國的精粹之地，也是創新中國的先行之地。400年前，這裡締造出"無徽不成商"的徽商傳奇；40多年前，又掀開了中國農村改革的大幕。今天，安徽再立改革創新、聯通世界的新潮頭。

166

142

No. 魯 08

山東

向海而生 · 挺進深藍

這裡有山的巍峨豪邁，也有海的靈秀之姿。孔孟故里，厚德載物。從一池五彩斑斕的海鹽，到一條串起千億級產業的小海帶；從乘"峰"破浪的青青之島，到深入海底的"藍鯨1號"……山東半島，向海而生，挺進深藍！

190

京 06

北京

祖國的心臟 · 團結的象徵

從60萬米高空俯瞰，都與城，在這裡和諧共生。北京，深藏着中國獨一無二的城市"密碼"。它見證了中華文明的源遠流長，寫就了千年歷史的恢弘篇章。這個正在追求高質量發展的大國之都，也必將見證新的發展奇跡。

108

No. 蘇 10

江蘇

山水鍾靈秀 · 最憶是江南

海陸相鄰，跨江濱海；水網如織，湖蕩如珠；江河湖海齊聚之地，天下恐怕更無他處。在這裡，十朝都會，如今正站在新時代的新起點上；在這裡，2 500年的文化名城，正不斷解鎖中國與時俱進、繁榮發展的密碼。

No.^滬 11

上海

海納百川·奮楫爭先

城市格局大開大闔，城市天際大廈林立，城市精神大氣謙和。在這裡，可穿越百年，洞觀歷史巨變，也可觸碰全球科技，感受時代脈搏。背靠長江水，面向太平洋，領中國開放風氣之先，開放、創新、包容已成為上海最鮮明的品格。

No.^閩 13

福建

山海相交·潮湧八閩

武夷山脈，九曲溪間，雲霧繚繞，群峰連綿；古田會址，身姿莊重，撥雲見日，指引方向；永定土樓，宏大滄桑，聚族而居，敦親睦鄉；國際港口，遠海碼頭，港通天下，揚帆遠航；平潭海峽，跨海大橋，世界之最，聯結八方。

No.^贛 15

江西

紅色江西·綠色崛起

火紅、古樸、翠綠，彙成贛鄱大地。紅色革命，星星之火彙聚燎原之勢；古色古香，一爐窯火傳承千年技藝；翠綠如珠，奇峰飛瀑渲染錦繡山河。紅色江西，綠色崛起，風景這邊獨好！

238

208

266

256

No.^台 14

台灣

狀似芭蕉貌似島·蘭花蝴蝶魚米鄉

這裡有溪壑縱橫的阿里山，也有珊瑚礁林棋佈的墾丁；這裡有櫻花漫佈的日月潭，也有簣狀石、燭台石、棋盤石綿延羅列的野柳地質公園；這裡有飛魚滑翔的蘭嶼，也有遠山一脈青蔥、稻田與大海相接的東西海岸。

284

222

No.^浙 12

浙江

初心似錦照紅船·之江潮起正揚帆

巍巍數千年，這裡是中華文明重要肇始地；南湖水泱泱，這裡是中國革命紅船起航地；錢塘潮浩浩，這裡是中國改革開放先行地。憶江南，最憶是杭州，幹在實處，走在前列，勇立潮頭。

No.^粵 16

廣東

珠江起風帆·改革再出發

曾經，這裡響起中國改革開放第一聲"開山炮"；如今，這裡正建設中國特色社會主義先行示範區。中國的"矽谷"在這裡，中國外貿的晴雨表在這裡。它見證過國家民族的百年沉浮，更將親歷粵港澳大灣區崛起的時代盛景。

N澳 17
澳門
"蓮" 成一家 · 引以為 "澳"

從衛星看澳門，盛世蓮花，冉冉升騰；耀眼奪目；建築民居，鱗次櫛比特色鮮明；跨海大橋，水陸相接聯通兩岸；觀光高塔，遍覽繁華風光無限。蓮花寶地，魅力澳門，東西文化共融，傳統現代交織！

300

N瓊 19
海南
碧海連天遠 · 瓊崖盡是春

"南海明珠" 神秘而富饒，"瓊島綠肺" 生機勃勃，"外交小鎮" 聞名亞洲，"海南名片" 享譽世界。這就是海南，一個正在詮釋奇跡的地方。

322

N湘 21
湖南
一湖三湘四水情 · 芙蓉國裡盡朝暉

三千奇峰八百秀水，偉人故里英雄輩出，魅力古鎮旖旎多姿，衡山奇峻綿延不絕。八百里洞庭重獲新生，三城協同正引領開放崛起。"問蒼茫大地，誰主沉浮"，三湘兒女，正逐浪前行。

356

342

N桂 20
廣西
江海合鳴 · 壯美廣西

一灣相挽十一國，良性互動東中西。從60萬米高空俯瞰廣西，既有密佈的水系，也有廣闊的大海、綿長的邊境線。灕江、靈渠塑造了桂林山水，百里柳江見證着柳城巨變，左江、右江已打開世界之窗……

372

N鄂 22
湖北
臨江而興 · 因水而靈

從60萬米高空俯瞰長江，猶如一條巨龍橫貫神州東西。地處 "龍腰" 的湖北擁有最長幹線1 061千米，在歷次跨水、馴水、護水、調水過程中演繹着不同時代的人與江河的交響。

312

N港 18
香港
融通人文 · 親近山水

維港兩岸的天星小輪，擺渡着香港百年歲月，見證着香江奇跡。金紫荊廣場上，五星紅旗與紫荊花區旗迎風高高飄揚，祖國和香港，母子連心，同舟共濟，共同守護着這個家園，努力創造更美好的明天。

NO. 豫 23
河南
中部崛起·正當時

大河之南，天地之中，皇皇華夏，歲月悠悠。這裡是中國歷史文化的縮影，新中國考古第一鏟從這裡揮起；這裡是新中國建設的精神高地，人工天河，奔流至今；這裡是中部崛起的門戶，一張覆蓋逾7億人的兩小時高鐵網，米字形走八方。

`396`

`414`

NO. 晉 24
山西
表裡山河壯美·文化源遠流長

這裡人稱表裡山河，這裡地上文物眾多，這裡打響了能源革命，這裡紅色基因代代相傳。從60萬米高空看山西，黃河長城，深情相握；平遙古城，人影如織；三晉大地，讓人着迷。

NO. 陝 25
陝西
一嶺分南北·一城通古今

泱泱中華，耀耀三秦。徜徉八百里關中，閱盡千年周禮秦風漢韻盛唐；革命聖地延安，成為中國共產黨人的精神家園。滔滔黃河，貫穿十里龍槽；巍峨秦嶺，界定祖國南北。從60萬米高空看陝西，穿越大歷史，領略新時代。

`434`

`448`

NO. 寧 26
寧夏
塞上江南·神奇寧夏

沙為河骨，河為沙魂，西北雄奇與江南秀美，相依相偎；千年古灌與高原"濕"島、西夏王朝與絲路關道相伴相生。人、沙、水和諧，河、湖、田如畫，這是塞上江南，這是大漠綠洲，這就是神奇寧夏。

NO. 甘 27
甘肅
交響絲路·如意甘肅

這是一片神奇的土地，從60萬米高空俯瞰，三大高原在這裡交會，多種地形地貌在這裡融合。祁連山下，駿馬奔騰，捲沙萬重；千年走廊，詩意敦煌，燦爛文明；七彩丹霞，色如渥丹；大漠酒泉，星辰所向。交響絲路上，如意甘肅，也在追夢。

`464`

`482`

NO. 新 28
新疆
同心築夢映天山·咱們新疆好地方

它是絲路古道上的明珠，也是"一帶一路"的核心區域。高山湖泊，天山天池，"人間仙境"喀納斯，"空中草原"那拉提，地質奇觀可可托海……浩瀚的沙漠、壯美的雪山以及秀麗的草原在這裡遙相呼應，無不令人心馳神往。

No. 青 29

青海

山宗水源·青海不遠

它是萬山之祖，莽崑崙，閱盡人間春色；它是萬水之源，長江發源於此，黃河發源於此，瀾滄江也發源於此。這裡江河眾多，湖泊密佈，處處孕育着生命，流淌着溫柔與神奇。

502

No. 渝 31

重慶

兩江奔流處·山水魔幻城

山即是城，城即是山。長江、嘉陵江、烏江，江河縱橫；大巴山、巫山、大婁山，山山環繞。逢山開路，遇水架橋，在這座城市，橋樑如同一根根主動脈，實現着山水城市的互聯互通。這就是重慶，魔幻的山城，流動的盛宴。

544

No. 滇 33

雲南

草木競秀·彩韻雲南

這裡高山巍峨、大江奔騰，物種豐富、色彩斑斕，人稱"彩雲之南"。從60萬米高空俯瞰，瑩白、湖藍、碧綠、明黃、緋紅……如同打翻了的調色盤，向世人詮釋着濃郁的風情，展現着世代雕刻的壩上傑作與守望千年的農耕文明。

574

524

No. 川 30

四川

一眼望川·生生不息

從第一級階梯邁向第二級階梯，山是它巍峨雄偉的身姿；從青藏高原奔流而下，水是它豪邁多情的語言。這裡的天路十八彎，這裡的九寨依然在；這裡的新城映天地，這裡的水利響全球。九天開出一成都，萬戶千門入畫圖……

560

No. 黔 32

貴州

天地對視·一眼萬"年"

天下山峰何其多，惟有此處峰成林。這裡是世界三疊紀古生物王國，這裡有世界最大苗族聚居村寨；這裡的特殊地形成就了"中國數谷"，這裡的特殊地形也成就了"中國天眼"。坐擁大國重器，後發趕超闖新路，多彩貴州換了新顏。

590

No. 藏 34

西藏

世界屋脊·人間奇跡

在這座依舊劇烈變化的年輕高原上，純潔、清澈的河水滋養了下游沿岸長達幾千年的燦爛文明；萬年之峰，聳立在離藍天最近的地方，見證着世界之巔的決戰；大美阿里正注視着崛起的高原新城；天上的"路"與地上的"路"，讓世界屋脊山不再高，路不再漫長。

CHINA FROM OUTER SPACE

北 國 好 風 光 · 盡 在 黑 龍 江

自然保護區面積：791.6
佔轄區面積比重 16.7%

耕地面積：1 586.6

2017年

2018年

黑龍江省在中國的位置示意圖

黑龍江省耕地、森林及自然保護區概況

HEILONGJIANG

黑龍江

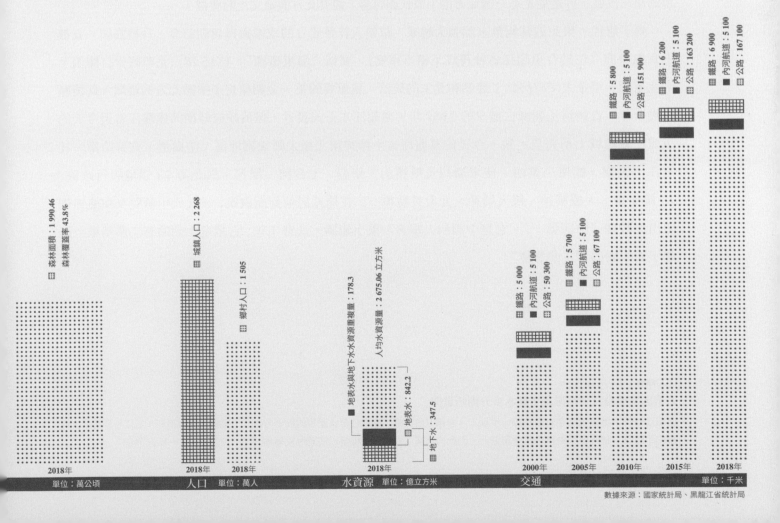

森林面積：1 990.46
森林覆蓋率 43.8%

城鎮人口：2 268
鄉村人口：1 505

地表水與地下水水資源重複量：178.3
人均水資源量：2 675.06 立方米
地表水：842.2
地表水：347.5
地下水：347.5

鐵路：5 000
內河航道：5 100
公路：50 300

鐵路：5 700
內河航道：5 100
公路：67 100

鐵路：5 800
內河航道：5 100
公路：151 900

鐵路：6 200
內河航道：5 100
公路：163 200

鐵路：6 900
內河航道：5 100
公路：167 100

2018年　　2018年　　2018年　　　　　2018年　　　　2000年　　2005年　　2010年　　2015年　　2018年

單位：萬公頃　　　人口　單位：萬人　　　水資源　單位：億立方米　　　交通　　　　　　　　　單位：千米

數據來源：國家統計局、黑龍江省統計局

黑龍江省，以一條邊境大江命名的地方，地處中國最北方、最東方，是清晨第一縷陽光照進中國的地方，四季分明，景如油畫。冬天，它是冰雪的童話世界，千里冰封，萬里雪飄；夏天，它是清涼的避暑天堂，林海翻湧，百湖環繞。

穿雲俯瞰黑龍江大地，亞洲大河黑龍江自西向東奔流，它的支流烏蘇里江由南往北，構成了中國東北地區兩條重要的中俄邊界線，也勾勒出黑龍江省這隻"天鵝"的背部輪廓。在烏蘇里江西岸，長白山脈的北延支脈完達山，從天鵝尾部一直延伸到天鵝腿部。而長白山的另外兩條支脈老爺嶺和張廣才嶺，就像天鵝的兩隻腳，穩穩地落在吉林省背上。構成天鵝腹部的，是中國最大的平原——東北平原的一部分。再往西，就是黑龍江省與內蒙古自治區的界河嫩江以及大興安嶺。大興安嶺從天鵝的前胸，一直延伸到天鵝的頭部。這就是山水環繞的"天鵝明珠"——黑龍江省。

黑龍江作為省份名稱是從清代光緒末期開始的，但它的歷史卻要追溯到距今2萬多年前的舊石器時代。如果穿越到那時，在今天哈爾濱市西南地區的閻家崗，你不僅能遇見當時的"哈爾濱人"，還能和他們一起追逐猛獁象和披毛犀。如果再穿越回距今 7 000 — 5 000 年前的新石器時代，在今天齊齊哈爾市的昂昂溪區，你還能走進一個北方的半坡氏族村落，經受北方漁獵文化的洗禮。

到了唐代，東北的靺鞨粟末部強大起來，首領大祚榮建立的政權獲得唐朝詔令，升格為國，立都上京龍泉府（位於今黑龍江省牡丹江下轄市寧安），號稱"海東盛國"。1115 年，完顏阿骨打開創了大金王朝，至金太宗時終結了遼朝和北宋的統治。更重要的是，金朝奠定了中國北方的疆域。此後歷經幾百年，直到清王朝滅亡前夕的 1907 年，黑龍江才正式設省。但清政府時期的黑龍江省與今天的黑龍江省地域上不完全一致。今天的黑龍江省坐擁神州北極大興安嶺地區、哈爾濱、齊齊哈爾、牡丹江、大慶、鶴崗、雞西、佳木斯以及雙鴨山、伊春、七台河、黑河、綏化等 13 個地級行政區。70 餘年來，大慶精神、鐵人精神、北大荒精神……在這裡因信仰而啟航；一代代中華兒女在這裡創造出無數個"中國第一"。它是中國的大糧倉，黑土龍騰，沃野千里；它還是中國的老工業基地，挺起了新中國的"工業脊樑"。

右頁圖為黑龍江省地形及主要水系分佈示意圖

黑龍江省的山地面積佔全省面積的一半以上，水域（含濕地）面積佔全省面積的近十分之一，又擁有松嫩平原、三江平原等廣大面積的草原區，耕地面積更是位居全國第一。因此，黑龍江省的地貌特徵，又被形象地概括為"五山一水一草三分田"。

N

黑龍江

黑河

木爾嶺

大興安嶺

龍江

瑪河

呼河

小興安嶺

嫩江

嫩訥謨爾河

東江

齊齊哈爾

伊春

湯旺河

鶴崗

松花江

三江平原

烏里江

挠力河

蘇

完達山

北松嫩平原

大慶

綏化

呼蘭河

佳木斯

雙鴨山

哈爾濱

松花江

七台河

棱河

穆河

興凱湖

拉林河

牡丹江

張廣才嶺

雞西

長白老爺嶺

太平嶺

鏡泊湖

白爺嶺

山

嫩江松平原

大界江大森林

　　中國最北的省份是黑龍江省；黑龍江省最北的地級行政區是位於"天鵝"頭部的大興安嶺地區；大興安嶺地區最北的村落是位於漠河市的北極村。

　　距今 7 000 萬年至 300 萬年前，新生代的一次造山運動——喜馬拉雅運動，使大興安嶺地區出現了黑龍江斷裂帶。煙波浩渺、一瀉千里的黃金水道黑龍江，不僅孕育了這座古老的北極村落，也和新中國一起成就着它"神州北極"的赫赫威名。

　　70 餘年前，這裡人跡罕至。如今，它是無數國人"找北"的方向。它早已不再是追尋界江飛雪的浪漫之所，也不再是追尋極光的開眼之地。於國人來說，它儼然是一種烙印在祖國雞冠上的象徵，是迷茫時找尋"航向"的坐標。

　　在北極村西側，黑龍江省與內蒙古自治區相接的地方，有個洛古河村。發源於大興安嶺西側的額爾古納河與發源於蒙古國的石勒喀河，在這裡匯合後，以"黑龍江"為名，繞過北極村，蜿蜒東流，仿若墜入人間的銀河，鑲嵌在一片蔥鬱碧色之中。而歷經冰封歲月的大興安嶺地區，雖無高聳入雲的山峰，也無壁立千仞的峽谷，卻在巍巍興安嶺的茫茫山嶺間，蘊藏着中國最大的國有林區，築牢了東北亞綠色生態與國家生態安全屏障。從過去的木材基地到今天的生態走廊，虎歸山林見證着中國發展理念和發展方式 70 餘年的巨變。

右頁圖為從60萬米高空俯瞰黑龍江省大興安嶺地區漠河北極村

圖中居民點即是擁有"神州北極"之稱的邊陲小村鎮——漠河北極村。繞過北極村的白色環帶，正是冰封期的黑龍江。

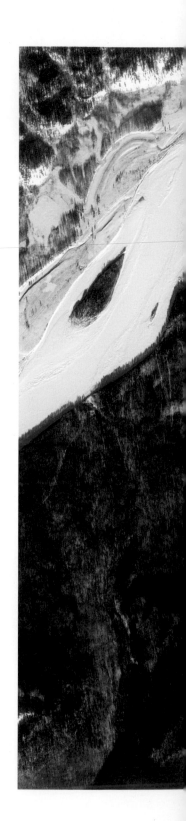

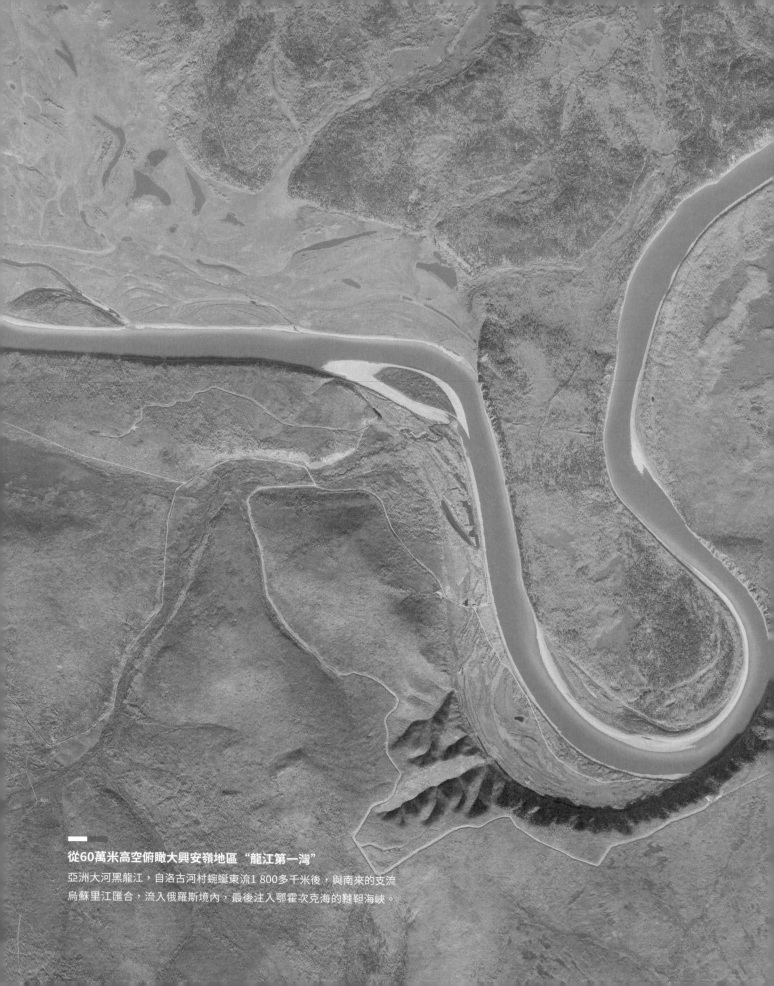

從60萬米高空俯瞰大興安嶺地區 "龍江第一灣"

亞洲大河黑龍江，自洛古河村蜿蜒東流1 800多千米後，與南來的支流
烏蘇里江匯合，流入俄羅斯境內，最後注入鄂霍次克海的韃靼海峽。

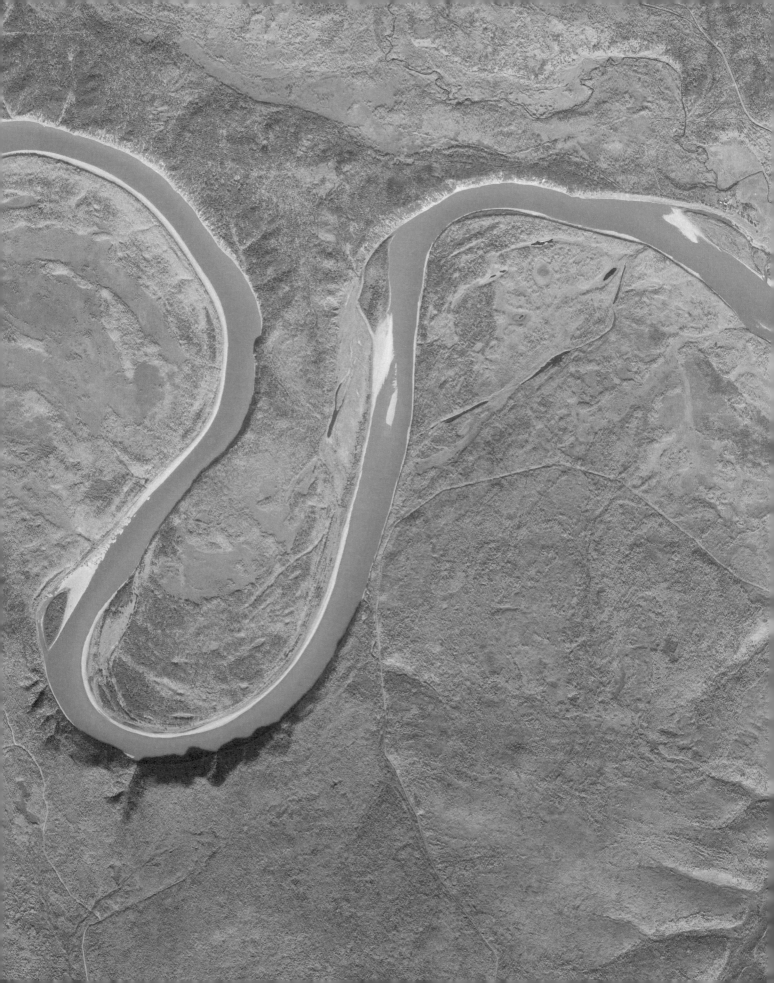

大濕地

"瑤台珠簾墜九重,化作幽藍濕地中。長風吹皺龍湖水,早有葦芽吐新縷。"黑龍江省的土地上不僅有大界江、大森林,還分佈着大片濕地,最具代表性的是扎龍濕地。出大興安嶺地區往南,沿嫩江河道可直抵黑龍江省西南部的齊齊哈爾。扎龍濕地就位於這裡。

鶴鳴陣陣入雲霄,扎龍是丹頂鶴的故鄉。這裡湖泊沼澤星羅棋佈,溪流河道蜿蜒迂迴,葦草繁茂,淤泥鬆軟,水禽食物豐沛,是丹頂鶴棲息繁殖的天然溫床。中華人民共和國成立之初,這裡棲息的丹頂鶴大約只有 140 隻,如今人鶴共舞,在水一方,這裡已然擁有世界上最多的丹頂鶴種群。

左圖是位於齊齊哈爾市與大慶市之間的扎龍濕地　新華社記者 王凱/攝

上圖是兩隻丹頂鶴在扎龍濕地內棲息的畫面　新華社記者 王凱/攝

大冰雪

乘着丹頂鶴的歌聲，南下的滔滔嫩江與北上的松花江匯合後，蜿蜒轉向東北，斜穿黑龍江省會哈爾濱。

早在 2 萬多年前，哈爾濱就有人類活動。但因地處松花江幹流，水災難以治理，又遍佈沼澤，相當長一段時間，這裡只不過是一片荒蕪的沃野。直到大金王朝建立，哈爾濱才形成了眾多古城堡和村寨。清朝時，作為清王朝發祥地的哈爾濱終於完成了從荒蕪平原到村落型城鎮、從城鎮到城市的過渡。19 世紀末，隨着中東鐵路第一根枕木落下，大量資金和人口湧入，被快速國際化的哈爾濱也迅速成為一座華洋雜集的都市。翻開哈爾濱的歷史，有過屈辱的血淚，更有奮起的抗爭。這裡歷經風霜雨雪，依然血性硬朗，風情萬種。

每年冬天，冰雪幾乎填滿了哈爾濱人的休閒時光。冰雪大世界中樓梯是冰，牆壁是冰，欄杆是冰，一座座宮殿城堡也是冰。目之所及，除了人就是冰。在這裡，隨處可見的冰雪被打造成了令人歎為觀止的藝術品，也融進人們的日常生活。每年 1 月 5 日開幕的冰雪節，更將人們的熱情推向高潮。這是中國第一個以冰雪活動為內容的國際性節日，持續 1 個月。一個個響亮的冰雪文化品牌，用實力證明哈爾濱"冰城"的名號絕非浪得虛名。

而在哈爾濱東側，冬季的牡丹江同樣滴水成冰，鏡泊湖銀裝素裹，挑戰着人類的極限。80 多年前，東北抗日聯軍在這裡曾直面生存極限，在天寒地凍、饑寒交迫以及日偽的瘋狂圍剿中，點燃民族不屈的紅色火種。14 年艱苦卓絕的悲壯鬥爭，烈士們前仆後繼，拋頭顱、灑鮮血，終於迎來了民族獨立和復興的希望。

從60萬米高空俯瞰哈爾濱冰雪大世界

創始於1999年的哈爾濱冰雪大世界，創造性地呈現了作為城市文化符號的冰雪藝術，也打開了哈爾濱轉型發展的其中一道大門。

肆 大糧倉

　　大界江、大森林、大濕地、大冰雪、大湖泊、大糧倉，黑龍江省大氣磅礴中帶着熱情豪放。歷代"闖關東"的人們敢試敢闖，從此根植黑土地上；"保護生態，留一張白紙"，黑龍江省在中國生態文明建設中堅守責任與擔當。烏蘇里江水長又長，70餘年話不盡滄桑。曾經萬古蒼莽的北大荒，如今是讓中國人端牢飯碗的中華大糧倉。

　　由於歷史上人口稀少，加上原始的黑土地遍佈窪地，難以治理，黑龍江省一直缺少開發，大部分地區保持了原有的自然荒蕪狀態。清朝末年，隨着大量移民"闖關東"，大量土地得到初步開墾。新中國成立以來，國家對"北大荒"進行有組織地開發，大批國有農場隨之建立起來。今天的黑龍江省已經成為中國重要的商品糧基地，是名副其實的"北大倉"。

　　"北大荒在哪兒"是很多人腦海深處的第一個疑問。它從來不是一個地標，而是一片廣大的區域。嫩江千里南下和松花江合流，形成松嫩平原。松花江又從哈爾濱穿城而過，九曲十折，與奔流東進的黑龍江匯合後，在祖國的東北角與南來的烏蘇里江三江合流，形成三江平原。北大荒指的就是嫩江流域、松花江沿江平原與三江平原構成的廣大"荒蕪"地區。

　　人們讚美拓荒者，歌頌拓荒牛，更頌揚在艱苦跋涉中取得輝煌業績的北大荒精神。20世紀50年代初，我國10萬轉業官兵在東北三江平原的亙古荒原上開創了"向地球開戰，向荒原要糧"的偉大壯舉。半個多世紀以來，幾代拓荒人承受了難以想像的艱難困苦，戰天鬥地，百折不撓，在祖國邊陲那曾經荒蕪淒涼的土地上，"艱苦奮鬥、勇於開拓、顧全大局、無私奉獻"，樹立起北大荒精神，用青春和智慧征服了這片桀驁不馴的黑土地，實現了從北大荒到北大倉的歷史性巨變。

　　2019年，黑龍江省糧食總產量超千億斤，居全國之首，蟬聯中國第一產糧省的寶座。國人每九碗飯，就有一碗來自黑龍江。秋天滿眼金色稻浪，萬畝大地飄香，農業供給側結構性改革正帶給這片土地更高質量的發展。黑龍江省，中國照進第一縷晨光的地方，乘着"一帶一路"的東風，正不斷拓展中國最北自貿區的"朋友圈"，走在新時代全面振興、全方位振興的大路上。

海拔分級

<50米
50米-100米
100米-200米
200米-500米
500米-800米
800米-1 000米
1 000米-1 200米
1 200米-1 500米
1 500米-2 000米
2 000米-2 500米
2 500米-3 000米
3 000米-3 500米
3 500米-5 000米

黑

龍

江

嫩

江

黑

嫩

江

松

嫩

平

江

嫩

平

原

東

北

平

三

江

平

原

黑

龍

松 花 江

興

凱

湖

完

達

山

鏡泊湖

原

黑龍江省主要水系與平原位置關係示意圖

CHINA FROM OUTER SPACE

白 山 松 水 · 黑 土 豐 田

自然保護區面積：254.09
佔轄區面積比重 13.56%

2018年

耕地面積：698.87

2018年

吉林省耕地、森林及自然保護區概況

JILIN

吉林

數據來源：國家統計局、吉林省統計局

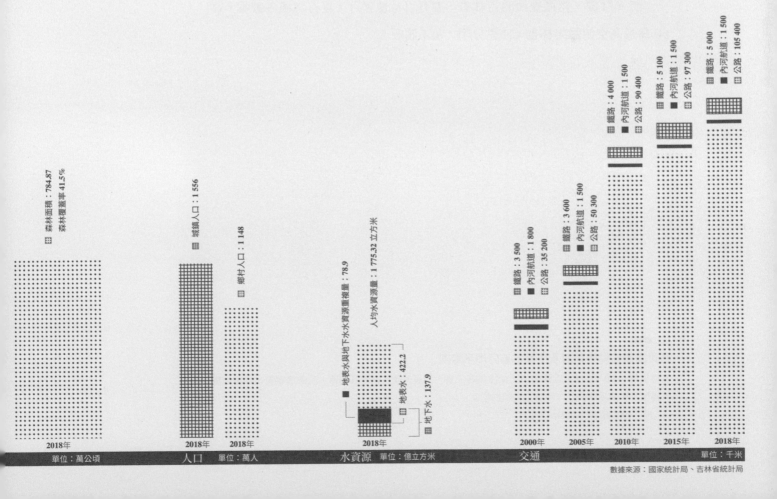

田 森林面積：784.87
森林覆蓋率 41.5%

田 城鎮人口：1 556

田 鄉村人口：1148

■ 地表水與地下水水資源重複量：78.9

人均水資源量：1 775.32 立方米

■ 地表水：422.2

田 地下水：137.9

田 鐵路：3 500
■ 內河航道：1 800
田 公路：35 200

田 鐵路：3 600
■ 內河航道：1 500
田 公路：50 300

田 鐵路：4 000
■ 內河航道：1 500
田 公路：90 400

田 鐵路：5 100
■ 內河航道：1 500
田 公路：97 300

田 鐵路：5 000
■ 內河航道：1 500
田 公路：105 400

2018年

2018年　2018年

2018年

2000年　2005年　2010年　2015年　2018年

單位：萬公頃　　　人口　單位：萬人　　　水資源　單位：億立方米　　　交通　　　　　單位：千米

在中國的眾多省市中，只有一個地方省市同名，它就是吉林。

吉林省的省名來源於清代的吉林城。"吉林"是滿語"吉林烏拉"的簡稱。"吉林"原本的意思是"沿着"，"烏拉"指的是"大川"，"吉林烏拉"就是沿着松花江的城市。清康熙十二年（1673），清政府在一座船廠的基礎上創建了吉林烏拉城，而這座船廠是順治皇帝在位時，設立在溫德河入江口的，溫德河流入的正是松花江。這就是沿着松花江的城市——"吉林烏拉"的由來。

吉林建省，是在吉林城創建 200 多年後。清光緒三十三年（1907），光緒皇帝發佈諭旨，設立吉林省。相比於黃河流域的中原地區，吉林城鎮的形成晚了太多。從秦漢時期到清末鴉片戰爭時期，在 2 000 多年的時間裡，整個吉林省的人口數量始終徘徊在 10 萬到 40 多萬之間。此後又歷經重重劫難，直到中華人民共和國成立，才得到真正的大發展，也才有了今天長春、吉林、松原、白城、四平、遼源、通化、白山和延邊朝鮮族自治州這 8 地級市 1 自治州，常住人口 2 600 多萬的吉林省。

風光壯麗、物產豐饒的吉林省，春有百花秋望月，夏有涼風冬聽雪。從 60 萬米高空俯瞰吉林省，四季分明，美不勝收。

右頁圖為吉林省地形及主要水系分佈示意圖

吉林省是一個內陸邊境近海省份，北接黑龍江省，西與內蒙古自治區相連，南鄰遼寧省，東與俄羅斯接壤，東南隔圖們江、鴨綠江與朝鮮相望。

注：延吉是延邊朝鮮族自治州的首府。

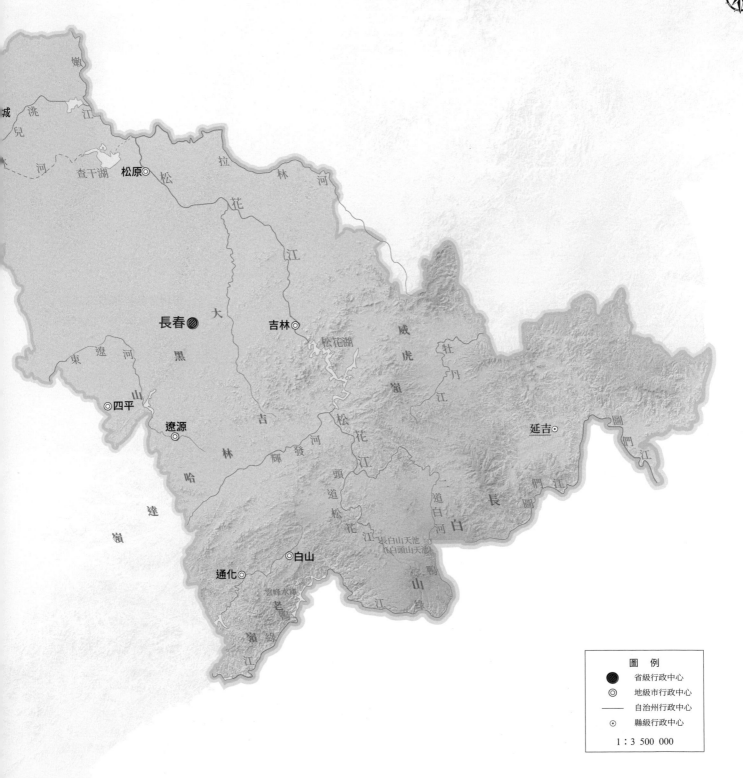

N

嫩

洮兒河

查干湖

松原◎

松花江

拉林河

長春◉

大

黑

吉林◎

松花湖

威虎嶺

牡丹江

遼河

東

山

遼源◎

四平◎

吉

林

哈

達

嶺

發

輝河

頭

道

松

花

江

松花江

二道白河

長白山天池
(白頭山天池)

白山◉

通化◎

雲峰水庫

老嶺

綠

江

延吉◎

圖門江

長白山

圖門江

鴨

山綠

海拔分級

	<50米
	50米-100米
	100米-200米
	200米-500米
	500米-800米
	800米-1 000米
	1 000米-1 200米
	1 200米-1 500米
	1 500米-2 000米
	2 000米-2 500米
	2 500米-3 000米
	3 000米-3 500米
	3 500米-5 000米

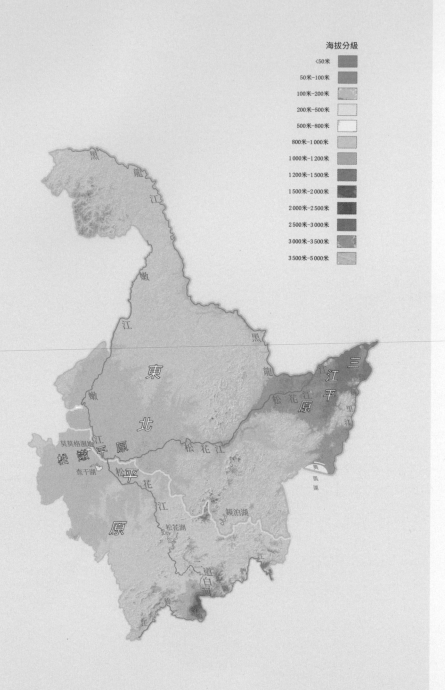

白城市

吉林省公主嶺市

中國"黃金玉米帶"上的"黃金帶"

松花江與黑龍江省、吉林省位置關係示意圖

從地圖上看，吉林省與黑龍江省山水相連、一脈相承。歷經億萬年才形成的長白山脈，縱貫黑龍江省、吉林省東部地區，發育出一座座山川，一條條大江，鴨綠江、松花江、圖們江、牡丹江等都源於她的恩賜。"九一八事變"後，一句"我的家在東北松花江上"，唱出了當時國民心頭的悲苦，也唱出了對失去的故鄉和親人的思戀，更唱出了松花江與東北大地天然的聯結。從圖上看，浩浩蕩蕩的松花江出天池後一路奔西，過吉林，進松原，與北來的嫩江匯合後，轉身東流，斜穿哈爾濱，淌過整個黑龍江，塑造了黑土蒸騰、沃野千里的松嫩平原和三江平原。

吉林省地形3D混合示意圖

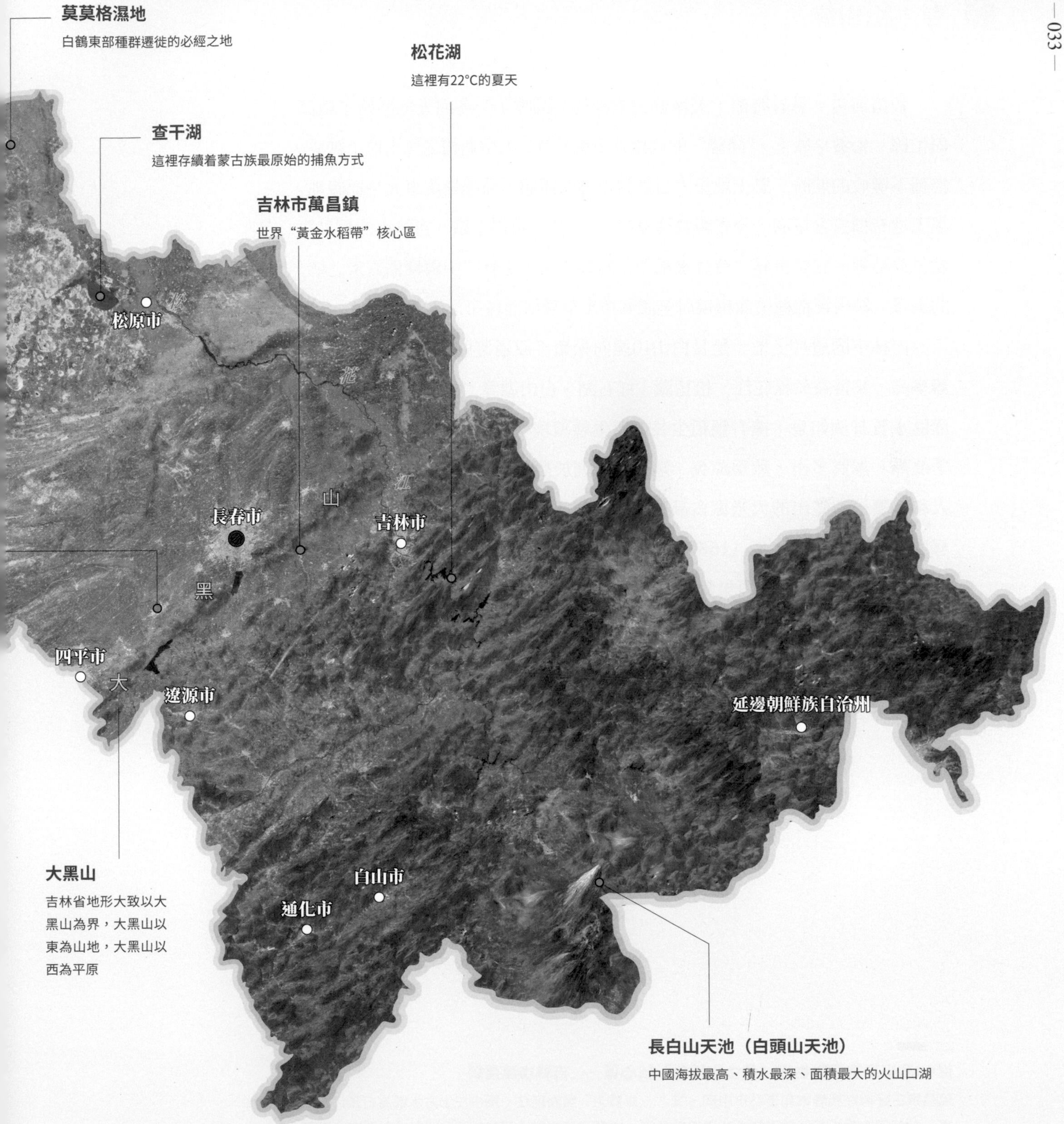

莫莫格濕地

白鶴東部種群遷徙的必經之地

松花湖

這裡有22°C的夏天

查干湖

這裡存續着蒙古族最原始的捕魚方式

吉林市萬昌鎮

世界"黃金水稻帶"核心區

松原市

長春市

吉林市

山

黑

四平市

大

遼源市

延邊朝鮮族自治州

大黑山

吉林省地形大致以大
黑山為界,大黑山以
東為山地,大黑山以
西為平原

白山市

通化市

長白山天池(白頭山天池)

中國海拔最高、積水最深、面積最大的火山口湖

穀雨前後，暮春時節，天地都濕漉漉的，沉睡了一冬的天地開始了喧鬧與忙碌。松嫩平原上，"隆隆"的馬達聲不絕於耳，大型農機從黑土地上駛過，播種下豐收的期盼。黑土地是大自然對吉林的饋贈，這裡地處東北平原腹地，黑土地有機質含量高，全省糧食產量的 80% 都產自黑土區。吉林市的萬昌鎮就位於這裡，它是世界"黃金水稻帶"的核心區，更有"中國粳稻貢米之鄉"的美譽，鎮內粳稻種植面積現居全國鄉鎮水稻種植面積第二位。

吉林市的這片土地，是長白山山脈向松嫩平原過渡的丘陵地帶，森林覆蓋率高，又得益於松花江、松花湖、紅石湖、白山湖等"一江三湖"的滋養，灌區水質甘洌如泉，擁有粳稻生長的原生態環境。而且這裡晝夜溫差大，夏季溫熱、濕潤多雨，秋季涼爽、短促，有利於農作物養分的積累。天時地利人和，讓這裡產出的大米潔白晶瑩、香氣四溢、黏性大、口感佳，深受人們喜愛。清康熙二十一年（1682），康熙皇帝東巡至吉林，曾作詩盛讚："山連江城清水停，稻花香遍百里營。粗碗白飯仙家味，在之禾中享安寧。"

如今，以"萬昌大米"為依託的萬昌鎮，已然成為觀察吉林現代農業的一面鏡子。

從60萬米高空俯瞰世界"黃金水稻帶"核心區——吉林市萬昌鎮

萬昌鎮正好處在長春市和吉林市中間，被"一庫雙河"團團抱住。圖中左上方水域為石頭口門水庫，左側河流為松花江較大的一條支流飲馬河，右側河流為飲馬河的支流岔路河。岔路河在石頭口門水庫匯入飲馬河後，飲馬河一路向北，長驅直入松花江。從60萬米高空俯瞰萬昌鎮的稻田，阡陌縱橫，田疇整齊，翠綠的稻浪一眼望不到邊，讓人如同置身於大草原中。

稻田綠是吉林春天的模樣，鶴舞人間也是吉林春天的模樣。

從萬昌鎮往西北 300 多千米，有一座"候鳥機場"，那就是吉林省白城市鎮賚縣的莫莫格濕地。它不僅是世界候鳥遷徙途中的重要"驛站"，更是世界瀕危物種白鶴東部種群遷徙的必經之地。

目前，全世界共有 9 條候鳥遷徙路線，它們幾乎涉及全球所有的重要濕地。9 條路線中，"東亞—澳大利亞"線路是白鶴的"專屬通道"——全球僅存的 3 500 多隻白鶴中，有近 90% 每年要經這條線路遷徙。每逢春夏之交，陸續北歸的白鶴都要在這條線路上的"候鳥機場"——莫莫格濕地停歇休養。

鎮賚縣也因此被中國野生動物保護協會譽為"中國白鶴之鄉"。但在莫莫格濕地，白鶴並不是唯一活躍的族群，它們身邊還舞動着丹頂鶴、蓑羽鶴、灰鶴、白頭鶴、白枕鶴、沙丘鶴等 6 類家族成員，加之莫莫格國家級自然保護區管理局人工繁育和救護的鶴群，每年候鳥北歸高峰時期都會讓這處遷徙驛站呈現出"鶴舞人間"的盛景。

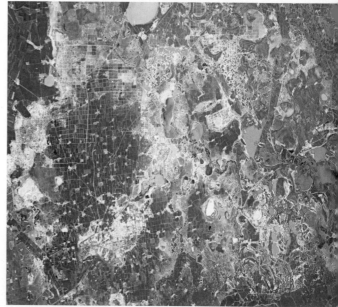

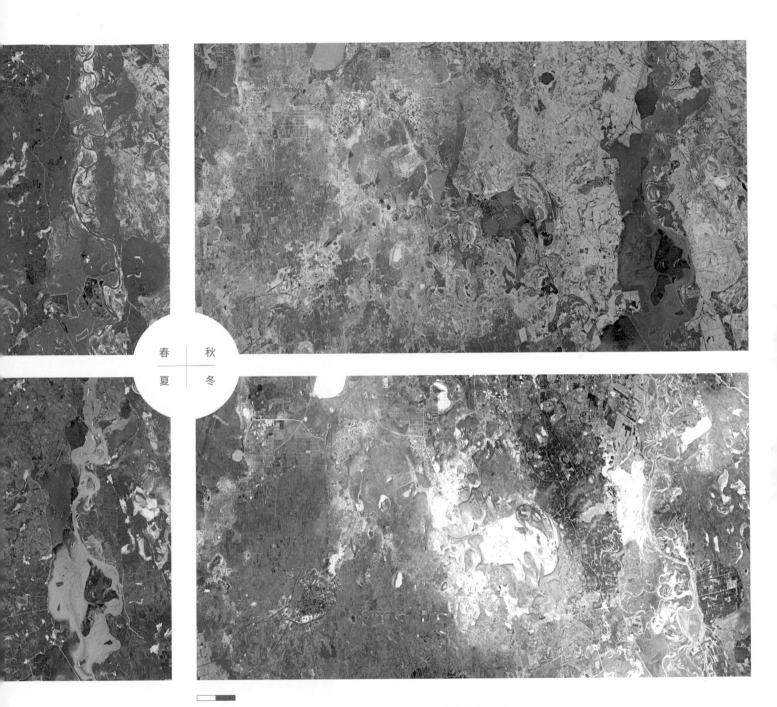

春　秋
夏　冬

從60萬米高空俯瞰吉林省白城市莫莫格濕地四季變換的景象

莫莫格濕地是嫩江、洮兒河等一江三河長期作用形成的，濕地內泡沼、湖泊星羅棋佈。歷史時期，由於氣候變化以及圍墾、過度放牧等人為或歷史因素，莫莫格濕地逐步惡化。20世紀90年代開始，國家逐步興建莫莫格濕地嫩江引水工程、人造濕地工程等開發治理工程，發展綠色環保型農業，牢牢守住莫莫格濕地的生命線，重現昔日葦塘百里互通、草美魚旺、雁舞鶴歌的濕地盛景。

夏·湖山翠

"青山環繞如畫屏，一城山色半城江"是吉林市的真實寫意。

松花江穿城而過，松花湖上碧波蕩漾。夏季，這裡卻只有 22℃。

吉祥天佑、林碧水秀的松花湖是吉林市豐滿水電站大壩合龍後，在松花江流入吉林市區的豐滿峽谷攔江形成的大型人工河谷水庫，呈狹長形，兩岸地形複雜，溝汉和港灣眾多。

從60萬米高空俯瞰松花湖猶如飛舞的蛟龍
圖中左上角為豐滿峽谷谷口，是豐滿水電站壩址，也是松花江斜穿吉林市城區的入城口。

　　豐滿水電站始建於 1937 年，1943 年第一台機組發電。在日本侵略者扶植的傀儡政權偽滿洲國的殘暴奴役下，6 000 多名勞工葬身於此。直至日本侵略者投降時，大壩也未完工，留下一個爛攤子。

　　中華人民共和國成立後，組織建設者對電站進行改造、加固、擴建，1953 年工程基本完成。豐滿水電站累計向全國輸送了 2 000 餘名水電人才，被譽為"中國水電之母""水電搖籃"，還曾被印在 1953 年版的伍角人民幣上。

　　如今，走過近 80 年歷史的老壩已經拆除完畢，其下游 120 米處，一座新壩已經落成，首台機組於 2019 年 9 月 20 日投產發電。從屈辱到榮光，豐滿水電站矗立在松花江上，見證着國家走向富強。

這是1941年拍攝的建設中的豐滿大壩（資料照片/來源：新華社）

圖中左側為豐滿水電站原大壩，右側為拍攝時正在建設的新大壩（2018年11月8日無人機航拍） 新華社記者 張楠/攝

有着近80年歷史的電站老壩體逐漸呈現出防洪能力不足、混凝土強度低等問題，不僅無法正常發揮作用，還嚴重威脅到下游沿江人民群眾的生命和財產安全。2012年10月29日，豐滿水電站全面治理（重建）工程正式開工。2018年12月12日10時58分，豐滿水電站原大壩進入爆破工序，開始拆除。如今，新壩已經完工，舊壩也完成了拆除工程。多年來一直困擾着人們的重大安全隱患徹底消除。

這是豐滿大壩新壩落成後的效果圖。從圖中可以看到，舊壩沒有完全拆除，而是在左右岸保留了部分壩體作為重要遺址（圖片來源：新華社）

秋 · 玉米金

豐沛的雨水、近 3 000 小時的年日照，以及肥沃的黑土地，賜予了秋天的吉林黃金般的顏色。這顏色是大自然的，也是豐收的玉米的。

玉米本是墨西哥高原的傑作，今天卻走遍了全世界，從南緯 40 度的紅土地到北緯 50 度的黑土地，無處不在，更形成了世界聞名的中國、美國和烏克蘭三大"黃金玉米帶"。

中國的"黃金玉米帶"覆蓋了黑龍江省南部、內蒙古自治區東部以及吉林省大部，地處東北平原腹地的吉林也因白山松水孕育的吉地，成為中國"黃金玉米帶"的核心。在長春、四平、松原、白城、遼源、吉林等 6 市 22 縣域內，廣佈玉米的身影。寒露前後，這裡的人們就會將這片金色從田野搬進院落，擺在曬場上，收進倉廩裡。

廣袤的東北平原，肥沃的黑土地，地處享譽世界的"黃金玉米帶"和"黃金水稻帶"，讓吉林成為中國的產糧大省，更成為享譽世界的"糧倉"。

從60萬米高空俯瞰吉林省公主嶺市玉米田景色

公主嶺是"黃金玉米帶"的"黃金帶"，素有"中國黃金玉米第一城"的美譽。

作為吉林省絕美風光的源頭，長白山歷經億萬年的地殼變遷活動，才形成今天的模樣。遠在距今 2 億年至 7 500 萬年前的中生代以前，長白山就形成了古老的岩層。中生代又經歷上億年的風雨侵蝕，形成一系列山間盆地。到了距今 7 000 萬年至 300 萬年前，隨着新生代喜馬拉雅造山運動，伴有火山間歇性噴發，長白山地殼發生了一系列斷裂、抬升，地下深處的岩漿大量噴出地面，產生長白山最早的火山熔岩，構成了長白山廣闊的熔岩台地。

　　大約 200 萬年前，長白山地殼運動進入一個新的活動時期，火山由原來裂隙式噴發轉為中心式噴發，噴出的熔岩和各種碎屑物堆積在火山口四周的熔岩台地上，築起了以天池為主要火山通道的龐大的火山錐。

　　16 世紀以來，長白山這座休眠火山曾有過三次噴發，一次發生在明朝，兩次發生在清朝。明萬曆二十五年（1597）和清康熙七年（1668）的兩次火山噴發，火光沖天，地動山搖。距今最近的一次噴發是在清康熙四十一年（1702）。這次噴發淹沒了大面積森林，噴發後的火山口積水就形成了現今中國海拔最高、積水最深、面積最大的火山口湖——長白山天池（白頭山天池）。它宛如一枚鑲嵌在吉林東端的鑽石，在藍天白雲下寂靜安然。

上圖為長白山局部地形3D混合示意圖

注：覆蓋在示意圖表面的衛星影像攝於冬季。

從60萬米高空俯瞰長白山天池（白頭山天池）

隆冬時節，火山口天池孕育的江河陸續冰封，唯獨流經吉林市區的松花江段霧氣氤氳，奔流不息，穿城而過。江邊的樹枝上霧氣凝華成凇，呈現着媲美童話世界的銀裝盛景。

　　霧凇俗稱樹掛，是在嚴寒季節裡，空氣中過於飽和的水汽遇冷凝結在樹枝、樹葉上的白色粒狀結構沉積物。形成大面積的霧凇奇觀，需要有特殊的自然和人為條件。冬季，吉林市氣溫在 -20℃以下的天數長達六七十天，而松花江上游豐滿水電站的發電用水，載着巨大的熱能順流而下，江水與空氣之間產生巨大的溫差，大量霧氣遇冷後便以霜的形式凝結在粗細不同的樹枝上，形成 40 — 60 毫米厚的霧凇。

　　每年 12 月下旬到翌年 2 月底，都是吉林市觀賞霧凇的最佳時節，最多時一年可出現 60 餘次。這時的松花江岸 "千樹萬樹瓊花開"，把人們帶進如詩如畫的仙境。

松花江畔的霧凇奇觀　新華社記者 蔣林/攝

滴水成冰的季節裡，霧凇是吉林的特色，馬拉絞盤、冰湖騰魚也是吉林的特色。

在吉林省松原市的查干湖上，漁把頭延續着蒙古族最原始的捕魚方式，鐵錐鑿眼，馬拉絞盤，冰下走網，數不盡的魚躍出冰面。每年冬至後到春節前，都是查干湖漁民大規模冬捕作業的黃金時間。這一古老的漁獵文化，自遼代起，一直延續至今，已傳承千年。

20世紀六七十年代，傳統的查干湖冬捕技藝險些失傳。由於掠奪式捕撈、天氣乾旱等原因，在短短幾年內，查干湖面積從幾百平方千米銳減到幾十平方千米，幾近乾涸。後來，通過引松花江水入湖、保護性捕撈等舉措，查干湖逐漸恢復元氣。如今，這裡湖美魚肥，生態保護與生態旅遊相得益彰。

上圖為漁民趕馬拉動絞盤，使漁網在冰面下到達既定位置
新華社記者 張楠/攝

右圖為古老"漁獵部落"的雪中盛宴 新華社記者 張楠/攝
圖為查干湖第十八屆冰雪漁獵文化旅遊節開幕式現場。

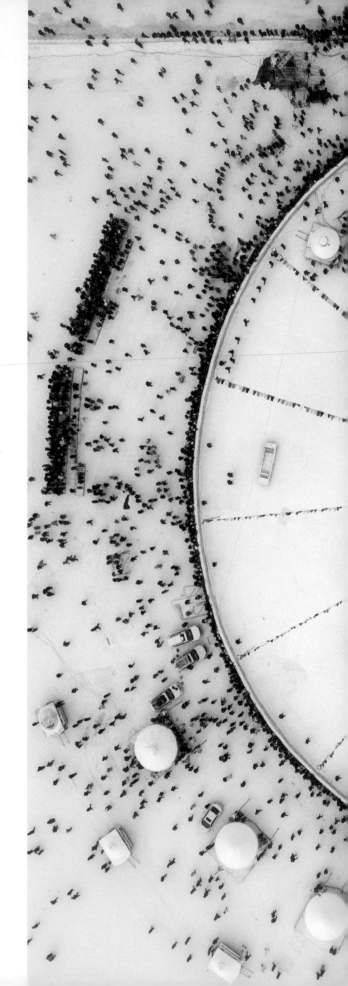

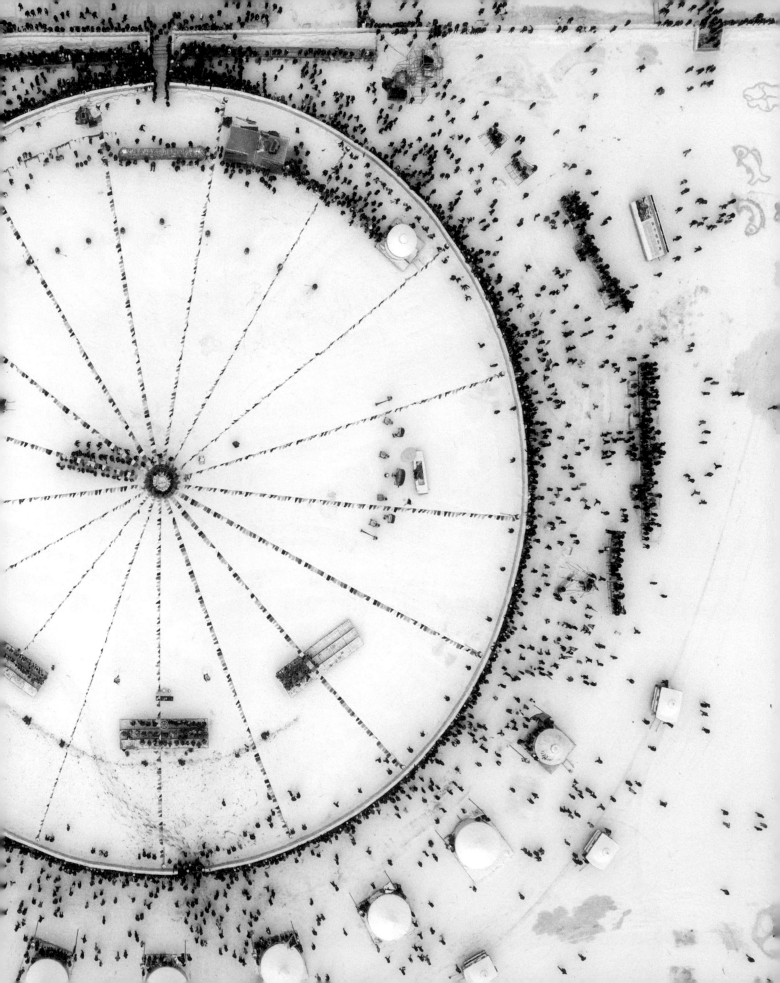

自然保護區面積：267.3
佔轄區面積比重 13.4%

耕地面積：496.81

2017年   2018年

遼寧省在中國的位置示意圖   遼寧省耕地、森林及自然保護區概況

LIAONING

遼寧

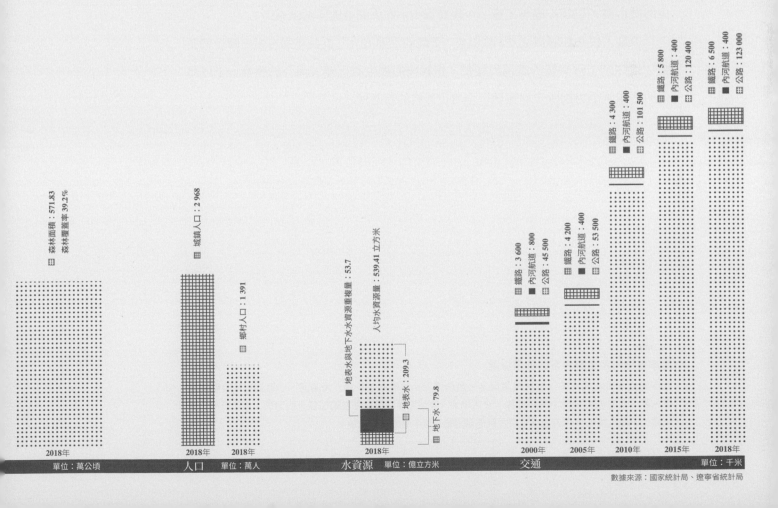

森林面積：571.83
森林覆蓋率 39.2%
2018年
單位：萬公頃

城鎮人口：2 968
鄉村人口：1 391
2018年　2018年
人口　單位：萬人

地表水與地下水水資源重複量：53.7
人均水資源量：539.41 立方米
地表水：209.3
地下水：79.8
2018年
水資源　單位：億立方米

鐵路：3 600
內河航道：800
公路：45 500
2000年

鐵路：4 200
內河航道：400
公路：53 500
2005年

鐵路：4 300
內河航道：400
公路：101 500
2010年

鐵路：5 800
內河航道：400
公路：120 400
2015年

鐵路：6 500
內河航道：400
公路：123 000
2018年

交通　單位：千米

數據來源：國家統計局、遼寧省統計局

這裡是遼寧，中國重要的老工業基地，共和國的"工業長子"。新中國第一爐火紅的鐵水，在這裡噴湧而出；新中國第一架噴氣式殲擊機，從這裡直刺蒼穹；新中國第一艘萬噸巨輪，從這裡出海遠航……

天遼地寧，這片寄意着"遼河流域永遠安寧"的土地，位於東北廣袤地區的最南端，是東北地區唯一沿海又沿邊的省份。它背靠東北亞大陸，南瀕黃海、渤海，遼東半島斜插在兩海之間；東南以鴨綠江為界與朝鮮隔江相望；西南與河北省接壤；西北與內蒙古自治區毗鄰；東北與吉林省相接。遼寧自古就是關內關外的交通要道，連通起中原的農耕文明、東北的漁獵文明與蒙古高原上的遊牧文明。

公元前 305 年，燕國大將秦開襲擊東胡，迫使東胡人向東北退卻一千多里，並據遼河流域設置五郡。自此，遼寧地區基本形成，燕山以北的遼河流域也正式步入開發時代。

如今，廣袤的遼瀋大地，發展日新月異。繁忙的海港，密佈的路網，無縫連接的城市群，以及一座座工廠……無時無刻不在編織着遼寧的未來。

中華人民共和國成立 70 餘年來，曾經的"遼老大"為共和國奉獻出輝煌與榮耀，也經歷了轉型後的震蕩與迷茫、振興後的重生與巨變。而今的遼寧，正以昂揚的姿態，全力開啟全面振興、全方位振興的新時代。

遼寧省地形及主要水系分佈示意圖

遼寧省內水系河網密佈，水利資源豐富。境內遼河、渾河、太子河、大凌河、小凌河以及繞陽河自東、西、北三個方向往中南部匯集，注入渤海。遼河是中國東北地區南部最大的河流，發源於河北的光頭山，是中國七大河流之一，自古就是溝通東北與中原的重要水道。

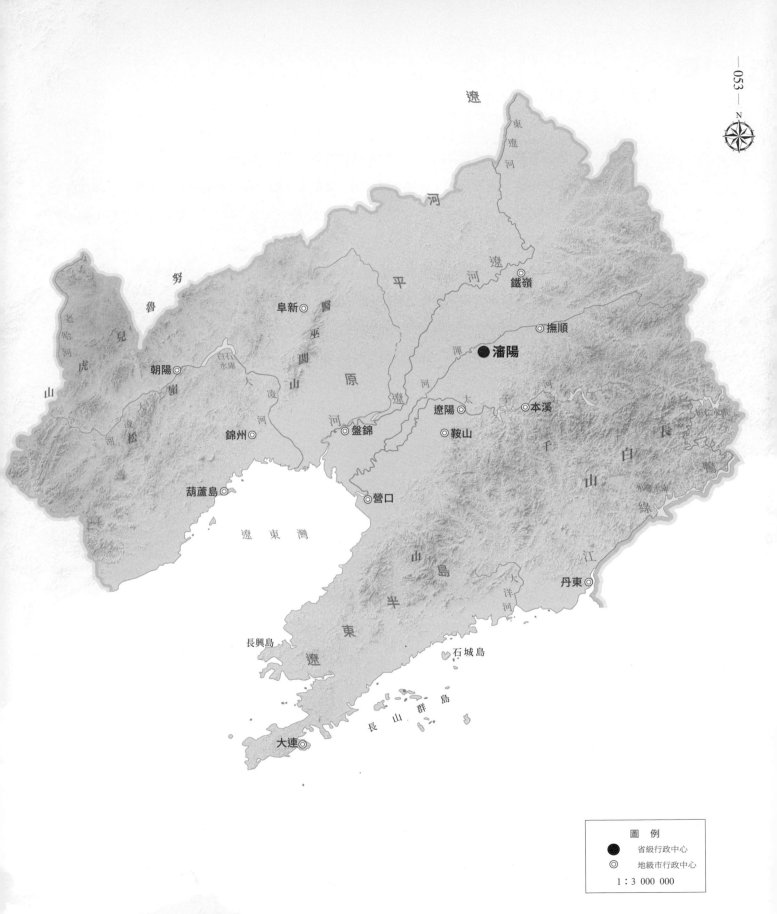

省級行政中心

地級市行政中心

1 : 3 000 000

工業歷史長廊

時光流轉，鐵流凝變，這裡是瀋陽，一座以裝備製造業而聞名的城市。

置身瀋陽鐵西區中國工業博物館，彷彿穿越中國工業歷史長廊，在火熱的歲月裡，第一台車削普通機床、第一台125萬噸擠壓機、第一架噴氣式飛機……伴隨着一次次"第一"，瀋陽見證了新中國工業從無到有、從小到大的崛起。

改革開放以後，瀋陽這座傳統的工業城市經歷了舉步維艱、負重前行的一段艱難時期，許多工業企業破產、倒閉，許多行業原本的競爭優勢逐漸被削弱甚至落到後面。

經過瀋陽人艱苦卓絕的努力，特別是進入21世紀以來國家振興東北老工業基地等戰略的實施，瀋陽這座老工業城市重新煥發了活力。"脫胎換骨"後的瀋陽爆發出巨大能量，從煙囪林立到高樓林立，從工業一柱擎天到多元產業並進，今日瀋陽，正在加速產業升級轉型，助力中國製造挺起脊樑，以一步步創新發展，續寫浴火重生的新傳奇。

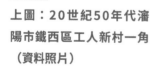

上圖：20世紀50年代瀋陽市鐵西區工人新村一角（資料照片）
下圖：2007年6月8日拍攝的瀋陽鐵西新區　新華社記者 任勇/攝
從誕生了數百個新中國第一、以裝備製造業名聞天下的鐵西工業區，到近3 000戶工業企業停產、半停產的困難地區，再到新世紀的新型裝備製造業基地、現代商貿生活服務區，瀋陽鐵西區早早地走出了一條依靠市場經濟重振雄風的發展之路。

從60萬米高空俯瞰坐落在渾河兩岸的瀋陽

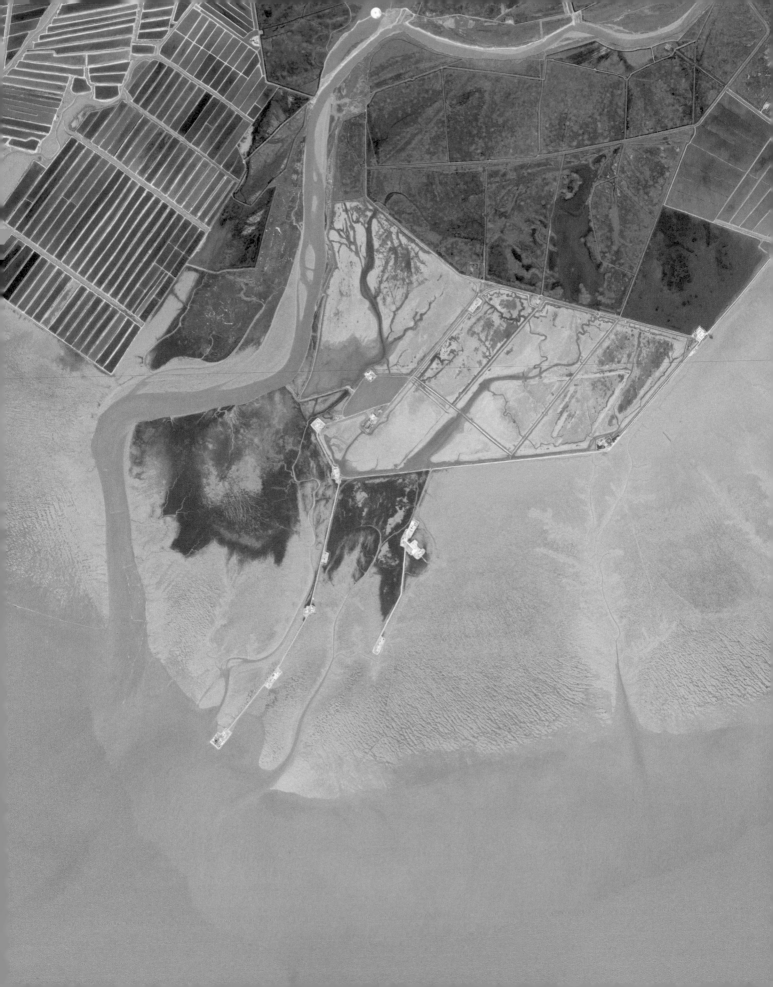

中國紅色海岸

　　迷人的紅海灘，搖曳的蘆葦蕩，飛翔的丹頂鶴，這裡是遼寧盤錦，遼河入海的地方。遼河源出河北光頭山，流經河北、內蒙古、吉林三省（區），進入遼寧境內，又繞過瀋陽西北部，一路奔向這裡，奔入渤海的懷抱，也孕育了全國最大的濱海蘆葦濕地——遼河三角洲濕地。

　　獨特的地理環境造就了廣袤濕地和連綿葦田，沙與土、鹽與鹼，在這裡有機結合。特殊環境孕育出的鹼蓬草蓋滿整個灘塗。它不要撒種，無需耕耘，在鹽鹼鹵漬裡，年復一年地生長。每年 4 月，鹼蓬草長出地面，初為嫩紅，漸次轉深，入秋後由紅變紫。片片鹼蓬草，燦若紅霞，紅毯般遍鋪海灘，形成了舉世罕見、總面積達 20 餘萬畝的遼河三角洲“紅海灘”。

　　大自然在這裡孕育出的世界奇觀，令人歎為觀止。但自然和人為因素對它的雙重威脅，也曾讓這一奇觀黯然失色。在東北經濟“滾石上山、爬坡過坎”的關鍵時期，盤錦市以遼河口國家級自然保護區為核心，堅持以退耕還濕、退養還灘來呵護濕地，全面推進核心區緩衝區清理、實驗區治理、油田及工礦企業退出，封禁管理生態恢復區，清除廢棄油田井場、平台和道路，清理保護區內生產生活設施。經過多年持續生態修復，這裡再次成為人間美景、鳥類樂土。

從60萬米高空俯瞰遼寧省盤錦市的遼河、大凌河入海口局部景觀

盤錦市是東亞至澳大利亞鳥類遷徙路線上的中轉站，素有“鶴鄉”和“黑嘴鷗之鄉”的美譽。

鳥瞰遼寧省盤錦市紅海灘風光　新華社記者 楊青/攝

天遼地寧紅灘舞，綠水青山入畫來。特殊環境孕育出的鹼蓬草蓋滿整個灘塗，一到秋天這裡就形成了 "紅色海岸線"。

叁

紅色東方之城

從渤海越過遼東半島，一路向東，就是黃海。再沿海岸線一路向北，就能抵達中國大陸海岸線最北端的起點——丹東。

"懷攬鴨綠一江水，背倚長白萬重山。"界畫陸上邊防與萬里海疆，丹東都是起筆之處。這座原名"安東"的城市，自設立之初就飽含"東方平安"的希冀。作為中國最大的邊境城市和中朝最重要的陸上樞紐，丹東對"和平"與"穩定"的感悟，對"振興"與"發展"的祈盼，最為熱切，也最為深刻。

100多年前，當時人口不足2 000人的小鎮"自行開埠通商"。東北三省崇山峻嶺間那些粗大的原木順着鴨綠江水，一路浩浩蕩蕩直通東港出海口。一時間，丹東商號林立、船帆雲集，以國際商貿都市的姿態出現在黃海之濱。然而不久之後，丹東進入了漫長的日本佔領時期，"出海口"成為"出血口"。經過半個世紀的抗爭，這片土地終於迎來了和平的曙光。

改革開放後，一大批明星品牌在丹東成長起來：菊花牌電視機、黃海大客車、東方齊洛瓦冰箱……100多種產品產量居全國同類第一，丹東經濟總量一度躍升至遼寧省前五位。這一上漲勢頭在20世紀90年代中後期出現拐點，眾多企業由盛轉衰，丹東經濟總量退至遼寧省第十位左右。

但無論環境怎樣變化，丹東人從未放棄過對發展的追求和探索。如今，丹東人又把探索的觸角從陸地伸向海洋——由大東港區、浪頭港區和海洋紅港區組成的丹東港，已成為集散雜貨、集裝箱、國際客運為一體的多功能國際貿易商港。很長一段時期內，丹東人給自己的定位是"沿邊、沿江"，而現在，他們越來越多地將目光投向無垠的大海。

矗立在遼寧丹東鴨綠江畔的抗美援朝紀念塔

鴨綠江上，烽煙已去，斷橋猶在。紀念塔巍峨聳立，猶如一座豐碑，傳承着偉大的精神，凝聚着不朽的氣概。

黃渤海明珠

海風習習，巨輪游弋，雲帆齊聚，這裡是大連。

作為東北最大出海口，大連港連續多年躋身中國十大港口之列，也成為中國最大海上客運港。這裡的人們說"世界上有多大的船，大連港就有多大的碼頭"。

這座美麗的海濱城市，地處遼東半島最南端，三面環海，擁有 1 906 千米的海岸線和水深灣闊、不淤不凍、風平浪靜的大連灣與大窯灣。

從 1899 年大連港開埠到現在的百餘年間，這座曾經的小漁村一次次華麗轉身，日益昂起開放龍頭，肩負起率先實現老工業基地全面振興的重任。

中華人民共和國成立 70 餘年來，第一輛大功率內燃機車，第一台海上鑽井平台，第一艘航空母艦，都在這裡誕生。

如今的大連，正在繼續奮鬥，加速以港興市，建設東北亞航運中心。

從60萬米高空俯瞰大連灣內的大連港局部

萬 里 北 疆 · 綠 色 長 城

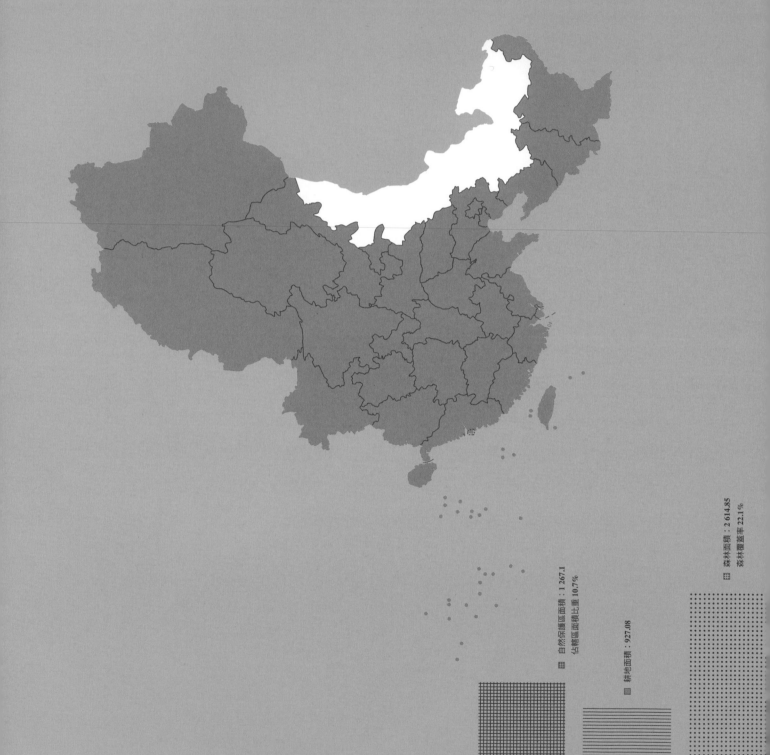

自然保護區面積：1 267.1
佔轄區面積比重 10.7%

耕地面積：927.08

森林面積：2 614.85
森林覆蓋率 22.1%

2018年　　　2018年　　　2018年

內蒙古自治區在中國的位置示意圖　　　　內蒙古自治區耕地、森林及自然保護區概況

NEIMENGGU

內蒙古

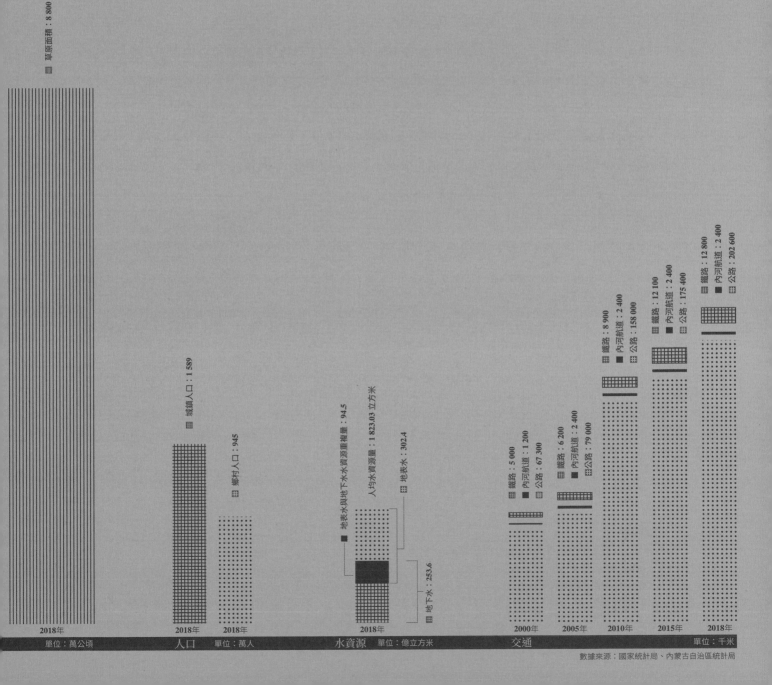

草原面積：8 800

城鎮人口：1 589

鄉村人口：945

地表水與地下水資源重複量：94.5

人均水資源量：1 823.03 立方米

地表水：302.4

地下水：253.6

鐵路：5 000
內河航道：1 200
公路：67 300

鐵路：6 200
內河航道：2 400
公路：79 000

鐵路：8 900
內河航道：2 400
公路：158 000

鐵路：12 100
內河航道：2 400
公路：175 400

鐵路：12 800
內河航道：2 400
公路：202 600

2018年

2018年　2018年

2018年

2000年　2005年　2010年　2015年　2018年

單位：萬公頃　　人口　單位：萬人　　　水資源　單位：億立方米　　交通　　　　　　　單位：千米

數據來源：國家統計局、內蒙古自治區統計局

從距地球 60 萬米高空俯瞰，118.3 萬平方千米的內蒙古自治區，橫跨東北、華北、西北三大區域，猶如一匹駿馬，奔騰在祖國的北部邊疆。

"敕勒川，陰山下。天似穹廬，籠蓋四野。天蒼蒼，野茫茫，風吹草低見牛羊。"每每提及內蒙古，人們想到的往往是草原、羊群……但內蒙古自東向西分佈着森林、草原、耕地、沙地、沙漠，自然景觀之豐富超乎想像。

最東端的大興安嶺林區，是我國面積最大的集中連片的國有林區。全長 1200 多千米的大興安嶺山脈，平均寬度約 200 千米，海拔在 1100 — 1400 米之間，阻擋了來自太平洋的潮濕暖流，是中國半濕潤與半乾旱區的分界線。自此往西降水量逐漸減少，不適宜樹木生長，使高原大部分地區形成草原、荒漠，並在內蒙古東部和中部的南緣產生了農牧交錯帶。這一帶自南向北由以種植業和畜牧業為主，逐步過渡到以放牧業為主。而內蒙古西部被黃河"几"字形套住的河套平原地區，得益於黃河水的常年滋潤，土地肥沃，是重要的產糧區，被譽為"塞上江南"。

草原人感念黃河水的滋養，也深懷"九曲黃河萬里沙，浪淘風簸自天涯"的憂傷。"山河不語，掩埋了多少人世滄桑。瀚海無情，吹盡了多少徘徊絕望。"烏蘭布和沙漠每年向黃河注入約 7 700 萬噸沙，使得黃河河床年均抬高 10 厘米以上。流經河套平原的黃河早已不堪重負，治沙也就成了草原人生命中最透亮的聲響：生命不息，治沙不止。

巴丹吉林沙漠

阿拉善左

騰格里沙漠

內蒙古自治區地形及主要水系分佈示意圖

注：烏蘭浩特為興安盟行政公署駐地。
　　錫林浩特為錫林郭勒盟行政公署駐地。
　　阿拉善左旗為阿拉善盟行政公署駐地。

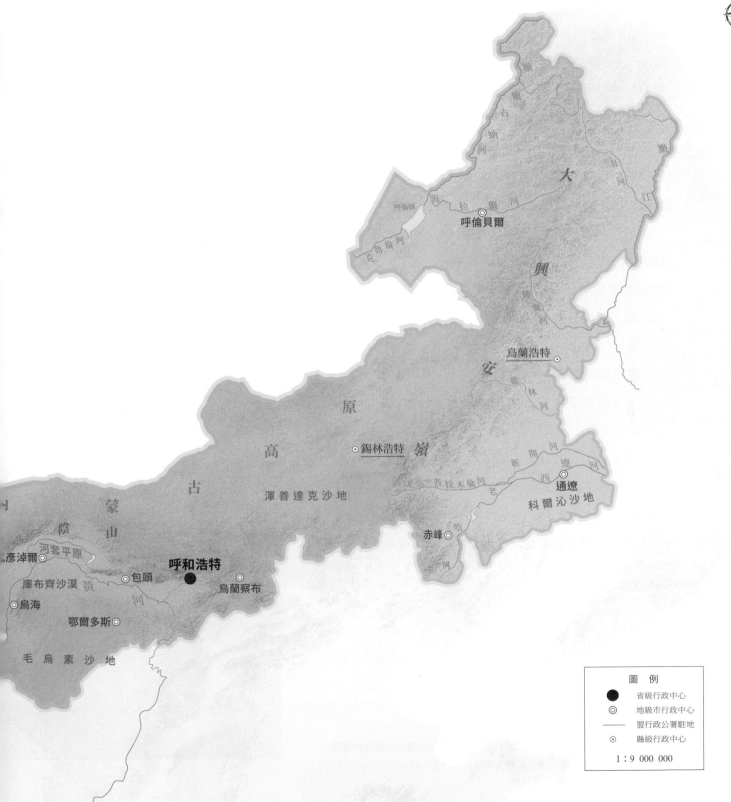

大
興

安

嶺

古
蒙
山
陰

原
高

呼倫貝爾

烏蘭浩特

錫林浩特

渾善達克沙地

通遼
科爾沁沙地

赤峰

呼和浩特

彥淖爾
河套平原
包頭
烏蘭察布
庫布齊沙漠　黃
烏海　　　　河
鄂爾多斯

毛烏素沙地

呼倫湖
海拉爾河
克魯倫河
根河
嫩江
甘河
綽爾河
霍林河
新開河
西拉木倫河
老哈河
遼河

圖　例
● 省級行政中心
◎ 地級市行政中心
—— 盟行政公署駐地
◉ 縣級行政中心
1：9 000 000

壹

毛烏素在這裡蟄伏

"山高盡禿頭，灘地無樹林，黃沙滾滾流，十耕九不收。"這是毛烏素沙地給人揮之不去的記憶。毛烏素沙地位於鄂爾多斯高原中部和南部，地跨內蒙古鄂爾多斯市、陝西榆林市和寧夏東部的鹽池縣，風沙肆虐，土地貧瘠。但近年出土的歷代遺址遺跡表明，千年前的毛烏素曾是一片綠洲，廣澤清流、水草豐美、牛羊遍野。唐代以來，由於長期遭受戰亂破壞、不合理的農墾和過度放牧，毛烏素逐漸退化為不毛之地，目之所及，盡是風沙肆虐的漫漫沙海。中華人民共和國成立前，毛烏素沙地已經越過長城，南侵 50 多千米。一曲綠洲向沙漠退化的悲歌，在毛烏素哀奏千年。 毛烏素人久為風沙所苦，卻不知道"苦日子啥時候是個頭"。

歷史性轉變始於 20 世紀 50 年代，在國家的支持下，毛烏素人開始了近 70 年的治沙歷程。1978 年，中國最大的生態工程——"三北"防護林工程啟動，地處祖國大西北的毛烏素沙地成為主戰場之一。幾十年來，幾代治沙人不懈接力，滾滾黃沙已蟄伏在綠油油的植被之下，數百萬畝流動沙地重新披上綠裝，"沙漠之城"變身"大漠綠洲"，為全球荒漠化治理提供了"中國方案"。

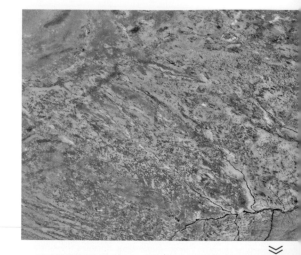

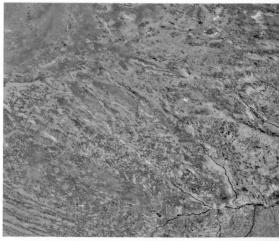

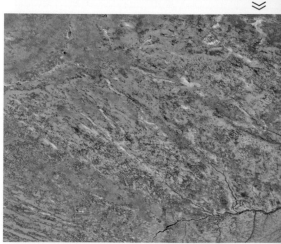

毛烏素沙地1984—2016年變遷圖

千年時光荏苒，而今毛烏素滾滾黃沙已被綠色植被所縛。但對那些誓將沙漠變綠洲的人們來說，這只是萬里長征走完的第一步。

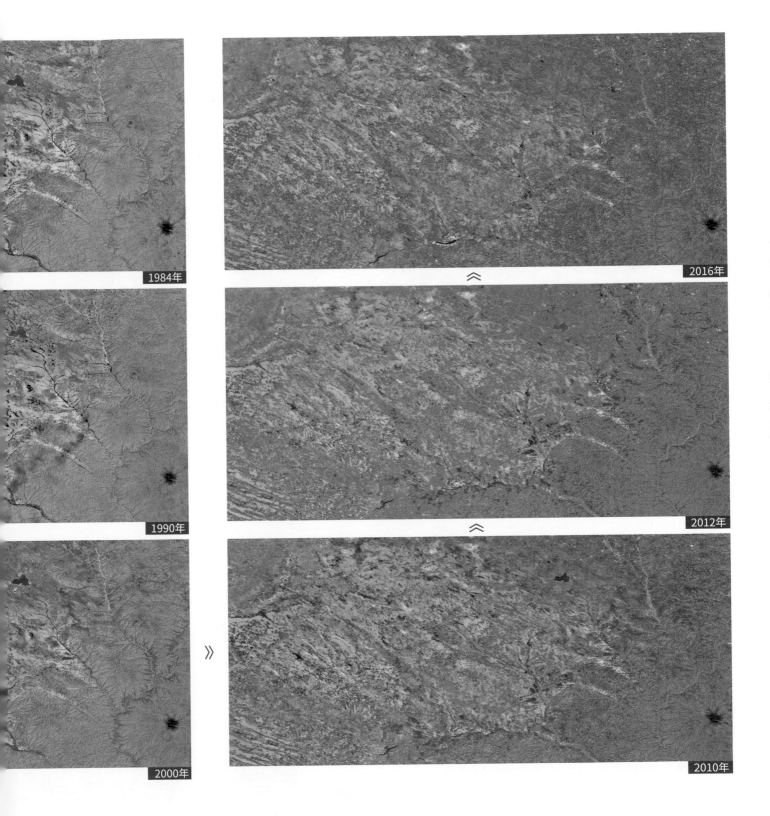

1984年

2016年

《

1990年

2012年

《

2000年

》

2010年

這是2020年9月8日在內蒙古鄂爾多斯市烏審旗拍攝的治理後的毛烏素沙地
新華社記者 連振/攝

歷史用1 000年把草原、森林變成了荒漠，我們用70年把荒漠變成了現在的樣子。但
有了綠色並不意味着"沙地"消失了，消失的是流動的沙丘，不是沙地。毛烏素的新
綠仍舊脆弱，還存在再次沙化的可能。防沙治沙的第一步已經完成，護沙用沙的第二
步正在進行，同時也開始向喚醒沙漠自我生態循環系統的第三步邁進。如果有一天，
毛烏素生態系統能夠自我循環了，沙地就真的消失了。

庫布齊披上了藍裝

毛烏素沙地往北，鄂爾多斯高原北部，橫臥着一條長約 400 千米的黃色"長龍"。它似弓弦，將滔滔黃河拉出一個大大的"几"字彎。這就是中國第七大沙漠——庫布齊沙漠，總面積幾乎相當於 3 個上海市大小，沙漠東部距北京直線距離僅 500 千米，威脅着首都北京，乃至整個華北的生態安全。曾經，這裡寸草不生，風沙肆虐，被稱為"死亡之海"。幾十年來，庫布齊人一代接着一代，書寫了一部別樣的荒漠化治理史詩。

從 60 萬米高空俯視，在庫布齊沙漠腹地，一條沙漠公路隔出了兩方天地：一邊是連綿起伏的黃色沙丘，另一邊竟是以巨型駿馬圖為標誌的"藍色海洋"。這匹駿馬由近 20 萬塊藍色光伏板拼成，一舉打破吉尼斯世界紀錄。整個"藍色海洋"則是由 178 萬塊光伏板組成的內蒙古最大光伏治沙基地。光伏板不斷地將陽光轉化為電能，黃芪、黃芩等植物在光伏板的庇護下連片生長，創造性地實現發電和治沙的雙贏。巧思的背後，是內蒙古發展思路的轉變。內蒙古地大物博，擁有廣為人知的"羊煤土氣"，曾連續多年奪得全國經濟增速冠軍。如今，草原人民拋開"挖煤賣土"的老思路，開啟"二次創業"，做好了現代能源經濟的大文章。

從60萬米高空俯瞰達拉特光伏發電應用領跑基地
位於庫布齊沙漠腹地，是世界最大的光伏板圖形電站，每年可減少二氧化碳排放量約80萬噸。

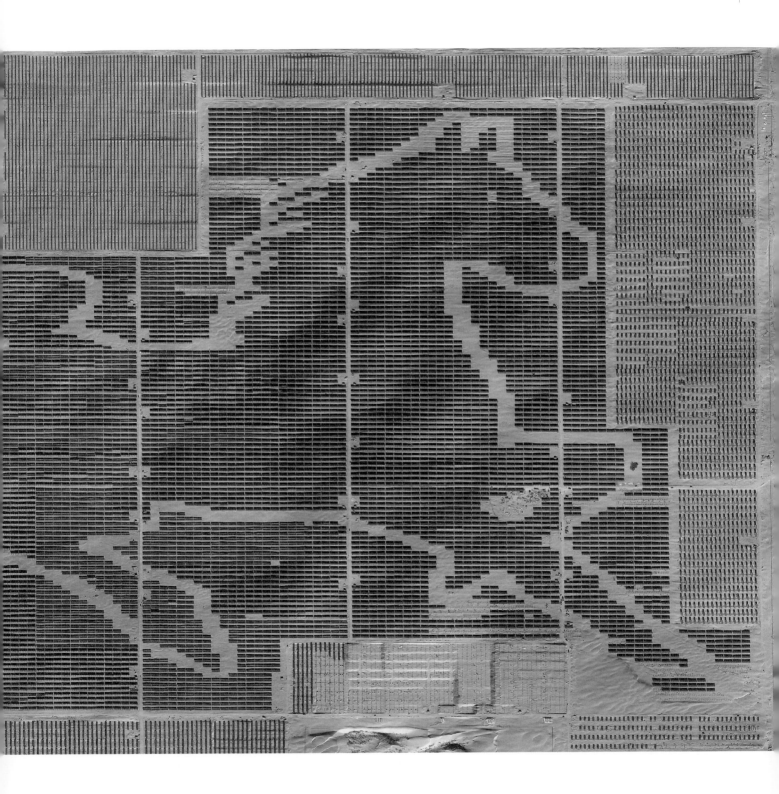

科爾沁變身苜蓿草都

中國的八大沙漠、四大沙地，從新疆一直延伸到內蒙古，並從西、北、東北三個方向逼近北京。這八大沙漠中，有4個主要分佈在內蒙古境內，那就是巴丹吉林沙漠、騰格里沙漠、庫布齊沙漠和烏蘭布和沙漠。而四大沙地，即毛烏素沙地、渾善達克沙地、科爾沁沙地和呼倫貝爾沙地，幾乎都分佈在內蒙古境內。

科爾沁沙地的面積最大。它橫跨內蒙古、吉林、遼寧三省（區），其中在內蒙古的分佈面積最廣，超過90%，且主要分佈在赤峰市和通遼市之間。赤峰市緊挨着河北省，通遼市則緊挨着吉林省。

1978年，國家在西北、華北北部和東北西部風沙危害、水土流失嚴重的地區開展“三北”防護林建設，科爾沁沙地的治理也是其中一個重要部分。禁牧、退耕還林還牧、圍封和人工種植優良牧草等政策相繼實施，此後科爾沁沙地每年綠化面積大於沙化面積約75萬畝，使科爾沁沙地在全國四大沙地中率先實現了治理速度大於沙化速度的良性逆轉。

昔日茫茫沙海逐漸變為片片綠洲，甚至變身為“中國草都”。百萬畝的高效節水灌溉牧草基地上，鋪滿一個個綠色圓盤，大型機械穿梭其中，現代農牧產業闊步前行，科爾沁沙地上飄起了一片“綠海”。

阿魯科爾沁旗紹根鎮苜蓿草場2008—2018年的變遷

阿魯科爾沁旗地處我國最大沙地科爾沁沙地西緣，30%為沙化土地，60%為天然草場退化沙化。沒種苜蓿之前，這裡經常颳沙塵暴。從2011年開始，這裡以每年20萬畝的面積種植苜蓿草，如今規劃種植面積已達到107萬畝，是全國最大的集中連片節水灌溉紫花苜蓿種植區。

2008年

2018年

2010年

2016年

2013年

2014年

這裡是世界三疊紀古生物王國

貴州高原是地球動物生命的重要發源地，地層中蘊藏着各個時代豐富的古生物化石，被譽為"瞭解和研究地球生命發展演化史的寶庫"。

在貴州發現的"胡氏貴州龍""海百合""黔魚龍"生物化石，則將貴州推上了世界三疊紀古生物王國的寶座。

而在貴州省黔南布依族苗族自治州甕安縣，科學家還發現了一枚形成於 6 億年前的原始海綿動物化石——"貴州始杯海綿"。這一體積只有 2—3 立方毫米的微小化石，保存了精美的細胞結構和完好的水溝系統，是迄今為止全球發現的最古老的可靠海綿化石。它不僅將原始動物在地球上出現的實證記錄從寒武紀向前推進了 6 000 萬年，還意味着動物共同祖先的起源時間可能遠遠早於古生物學家的傳統推測。

"貴州始杯海綿"及其局部的掃描電鏡照片（a—e，h）和同步輻射數字切面（f—g）

新華社/發 （中國科學院南京地質古生物研究所供圖）

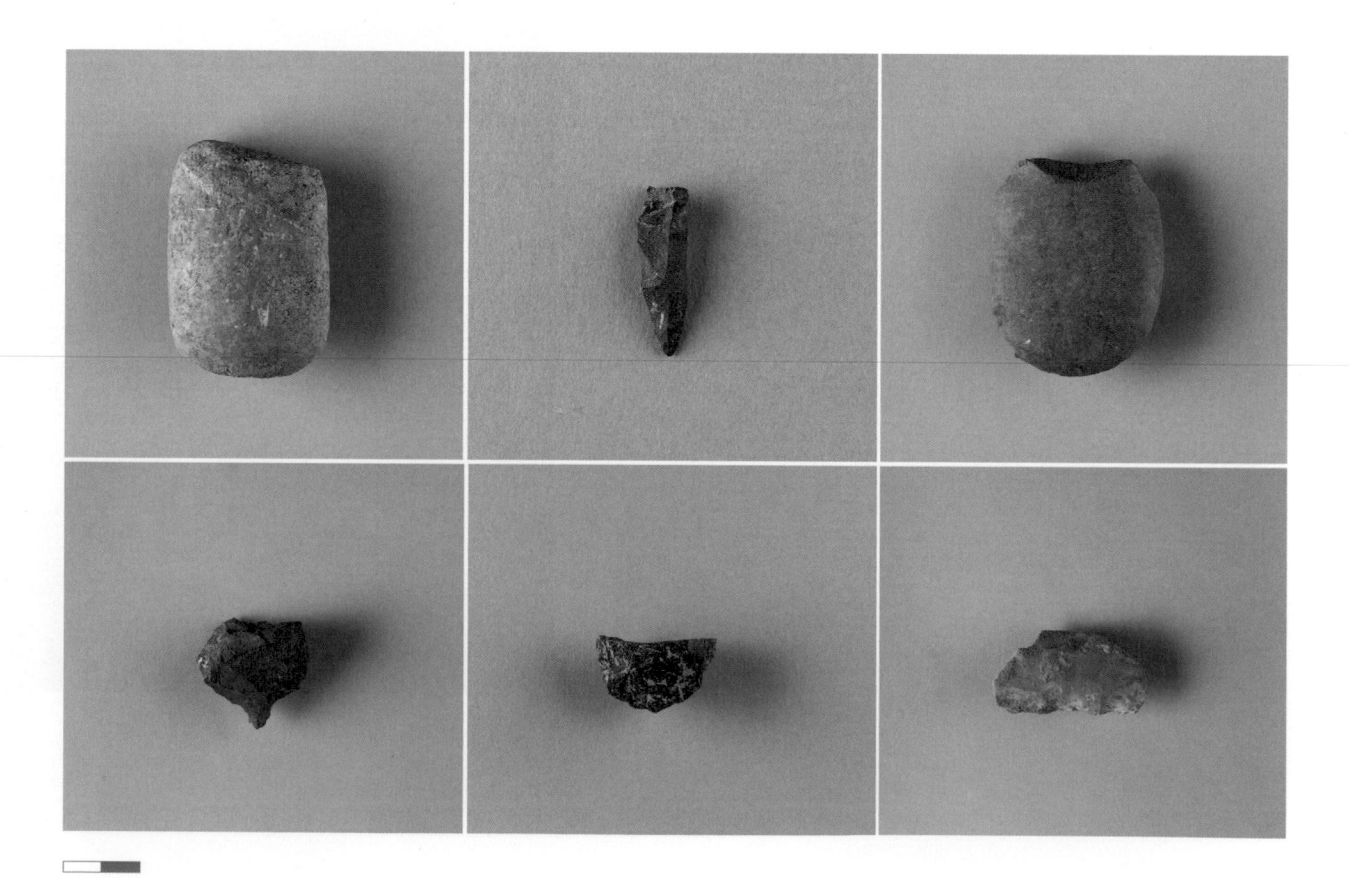

這裡有世界上最大的苗族聚居村寨

正是在這樣一片土地上，秦朝設立黔中郡，唐朝設立黔中道、黔州都督府，歷來以"黔中"相稱，又因黔州都督府治今重慶彭水，貴州之地盡在其南，故又把貴州稱之為"黔南"，貴州建省之後，仍沿其舊，以"黔"為簡稱。

黔南大地不僅在古生物考古中擁有眾多重大發現，而且在人類文明遺址的考古發掘中，同樣碩果纍纍。在舊石器時代的考古中，這裡發現史前洞穴遺址近500處，其中重要的遺址有黔西觀音洞、盤州（原盤縣）大洞、貴安新區牛坡洞等20餘處，比較完善地建立了貴州早期人類發展年代的框架。在牛欄江、烏江、赤水河、清水江等流域還發現了一大批新石器時代至商周之際的史前曠野遺址，形成沿江河呈"條塊狀"分佈的生存格局與生活模式。在這裡，"夜郎文化""尹珍文化""陽明文化""影山文化""沙灘文化"等豐富多彩的地域文化，在中國文化史上熠熠生輝。

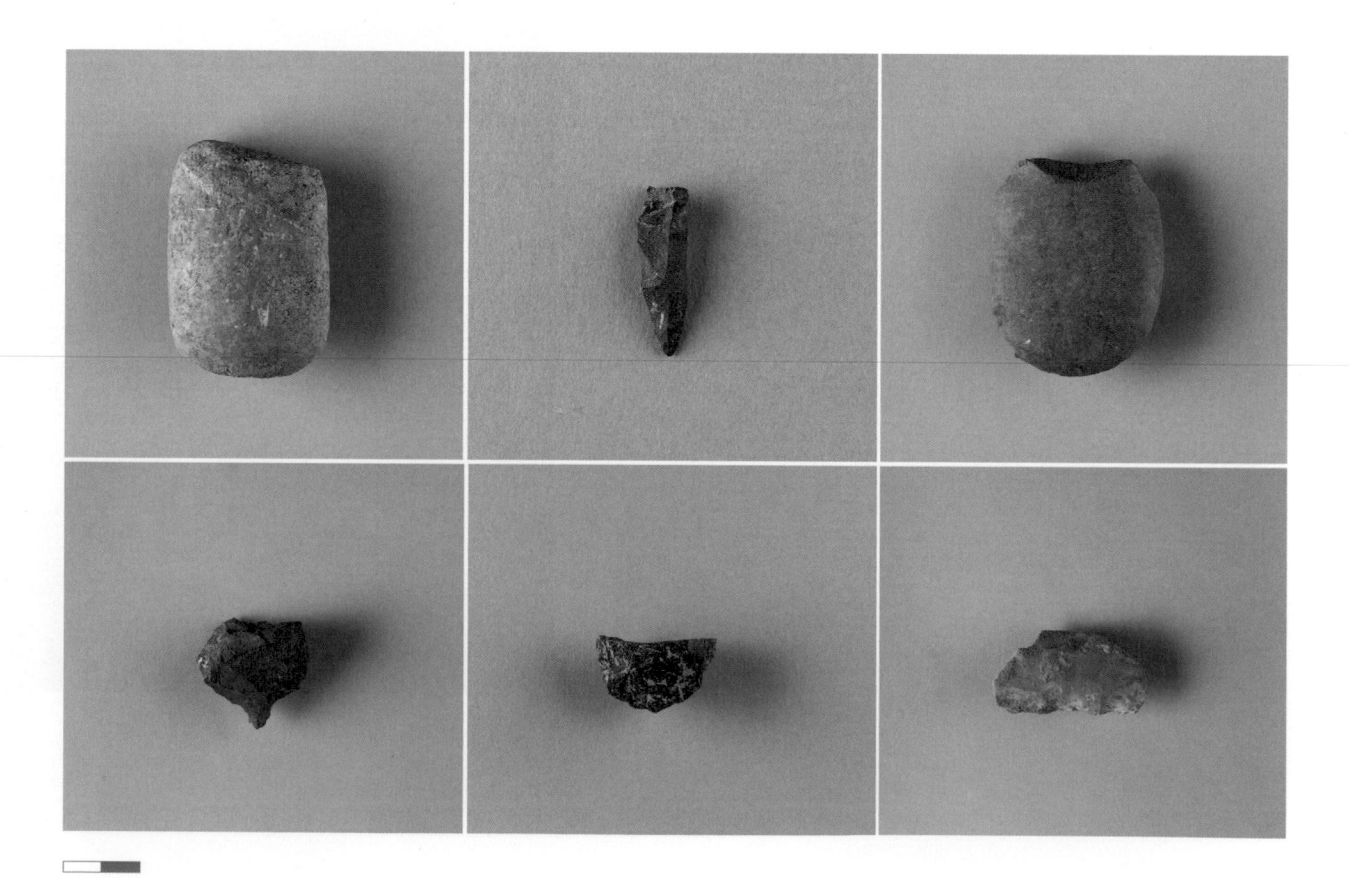

貴州貴安新區牛坡洞遺址出土的石器　新華社/發（資料照片）

宋明之際，播州楊氏、思州田氏、水東宋氏和水西安氏被稱為貴州"四大土司"。這一時段的考古，以播州楊氏最為突出，不僅有海龍囤遺址的發掘，還有楊氏土司家族墓及其部屬家族墓的發掘，構建了楊氏土司文化遺產。在第 39 屆世界遺產大會上，貴州的海龍囤遺址和湖南永順老司城遺址、湖北唐崖土司城遺址一起，獲准列入世界遺產名錄，成為世界文化遺產地。

今天，黔南大地上共有 17 個世居少數民族，文化多姿多彩，共融共生。這裡有世界上最大的苗族聚居村寨——西江千戶苗寨，依山而建的自然村寨相連成片，1 200 多戶木質吊腳樓隨着地形的起伏變化，鱗次櫛比，氣勢恢宏，保存了苗族"原生態"的文化。

這裡還有中國最大的侗族村寨——肇興侗寨，侗族大歌多聲部合韻名揚世界，被譽為"天籟之音"，2009 年更是被列入世界人類非物質文化遺產代表作名錄。截至目前，貴州累計有 724 個村寨入選中國傳統村落名錄，數量位居全國第一。

坐落在貴州省東南苗族侗族自治州凱裏巿的西江千戶苗寨　　　新華社記者　王頌/攝

中國擁有上千年來各種文化交融共存、各民族相互發展、互動互助、共同發展繁榮的縮影。

北不僅有中國傳統的蓮藝藝術價值、歷史文化價值、社會風俗價值和審美藝術價值，重要

系列和時代的縮影。成為千百年來的歷史見證，有着極深遠的文化經和歷史的烙印。它

民居，是中國人生活的基本空間單元。從一家之所到聚居民大院，中國民居見證了歷史的

這裡的特殊地形成就了"中國數谷"

"連峰際天兮，飛鳥不通。"

千百年來，深山與溝壑阻斷了貴州與外界的聯通，先天資源劣勢的制約，讓貴州成為脫貧攻堅的主戰場。

在與貴陽市一河之隔的畢節市，有一個南關村。南關南關，年年渡難關。在河谷一帶開荒種玉米，不僅溫飽沒解決，還造成嚴重的水土流失。20 世紀 90 年代開始，這裡因地制宜種植橙子，貧瘠的土地變成"花果山"，當地也將村名改為了"橙滿園"。多年以來，貴州不斷探索發展的新路徑，化劣勢為優勢，近 5 年來，591 萬人脫貧，減貧人數全國第一。

特殊地形曾經制約着貴州，如今卻又成就了貴州。

這裡雖然"地無三尺平"，但因地處西部內陸，地質構造穩定，氣候涼爽，電力充沛，天然適合大規模物理機房建設，對建設數據中心來說，有着無可比擬的優勢。貴州正是憑藉這一優勢，發力"換道超車"，培育和發展具有領先意義的戰略性新興產業。2014年以來，中國三大電信運營商及國內外知名企業紛紛把數據中心業務佈局於此。2015年，"中國數谷"正式落戶貴陽，貴州得以打造國家級大數據產業發展集聚區。

截至 2019 年，貴州已入駐 9 500 家大數據相關企業。

從60萬米高空俯瞰位於貴州省貴陽市的大數據廣場

這裡的特殊地形也成就了"中國天眼"

遍佈黔南大地的喀斯特地貌形成的天坑還成為人類探索宇宙的絕佳選址。正是在喀斯特地貌地形崎嶇、起伏不平、四面環山的大窩凼，由中國著名天文學家南仁東率團隊，從 1994 年開始選址和預研究，歷經 20 餘年，到 2016 年 9 月 25 日終於落成啟用 500 米口徑球面射電天文望遠鏡。這是世界最大單口徑射電望遠鏡，是傾聽來自宇宙的聲音、探索宇宙生命的基地。人們形象地稱其為"中國天眼"。它的靈敏度達到世界第二大射電望遠鏡的 2.5 倍以上，可有效探索的空間範圍體積擴大 4 倍，使科學家有能力發現更多未知星體、未知宇宙現象、未知宇宙規律……

古人感歎，天邊眼力破萬里；而今，"天眼"的眼力破億光年。它靜若處子，除了反射面變形時上千個液壓促動器一齊低吼，幾乎不會動；它又迅若奔雷，每秒最高傳輸基帶數據 38G，每小時接收的平均有效科學數據約 3.6T。

眼力決定眼界。

2020 年 1 月 11 日，"中國天眼"通過國家驗收正式開放運行，成為全球最大且最靈敏的射電望遠鏡，也意味着人類向宇宙未知地帶探索的眼力更加深邃，眼界更加開闊。

2 顆，11 顆，43 顆，93 顆，102 顆……從 2017 年 10 月"中國天眼"首次發現 2 顆脈衝星，到 2020 年 1 月 11 日召開的國家驗收會上公佈已發現 102 顆脈衝星，它兩年多來發現的脈衝星超過同期歐美多個脈衝星搜索團隊發現數量的總和。

敢當"夢潮兒"的中國科學家希望，藉助"中國天眼"進行銀河系及周邊的星際介質巡天，全面更新脈衝星和近鄰宇宙的氣體分佈圖像。一旦它發現重要特殊意義的天體，就意味着發現全新的未知世界，將系統地拓展人類的宇宙視野。

從60萬米高空俯瞰位於貴州省黔南布依族苗族自治州平塘縣大窩凼的"中國天眼"
本書最前面的AR信息交互技術裡，隱藏了一段"中國天眼"捕捉到的宇宙"心跳"，你能找到它嗎？

臺南沿線地、森林及自然保護區概況 2017年

2017年

自然保護區面積：288.2
占轄區面積比重 7.3%

耕地面積：621.33

遙感衛星看中國·臺灣臺南

CHINA FROM OUTER SPACE

YUNNAN

雲南

森林面積：2 106.16
森林覆蓋率 55%

2018年

單位：萬公頃

城鎮人口：2 309
鄉村人口：2 521

2018年　　2018年

人口　　單位：萬人

地表水與地下水水資源源重複量：772.8
人均水資源量：4 582.32 立方米

地表水：2 206.5
地下水：772.8

2018年

水資源　　單位：億立方米

鐵路：1 900
內河航道：1 600
公路：109 600

2000年

鐵路：2 300
內河航道：2 500
公路：167 600

2005年

鐵路：2 500
內河航道：2 900
公路：209 200

2010年

鐵路：2 900
內河航道：3 900
公路：236 000

2015年

鐵路：3 800
內河航道：4 000
公路：252 900

2018年

交通　　單位：千米

數據來源：國家統計局、雲南省統計局

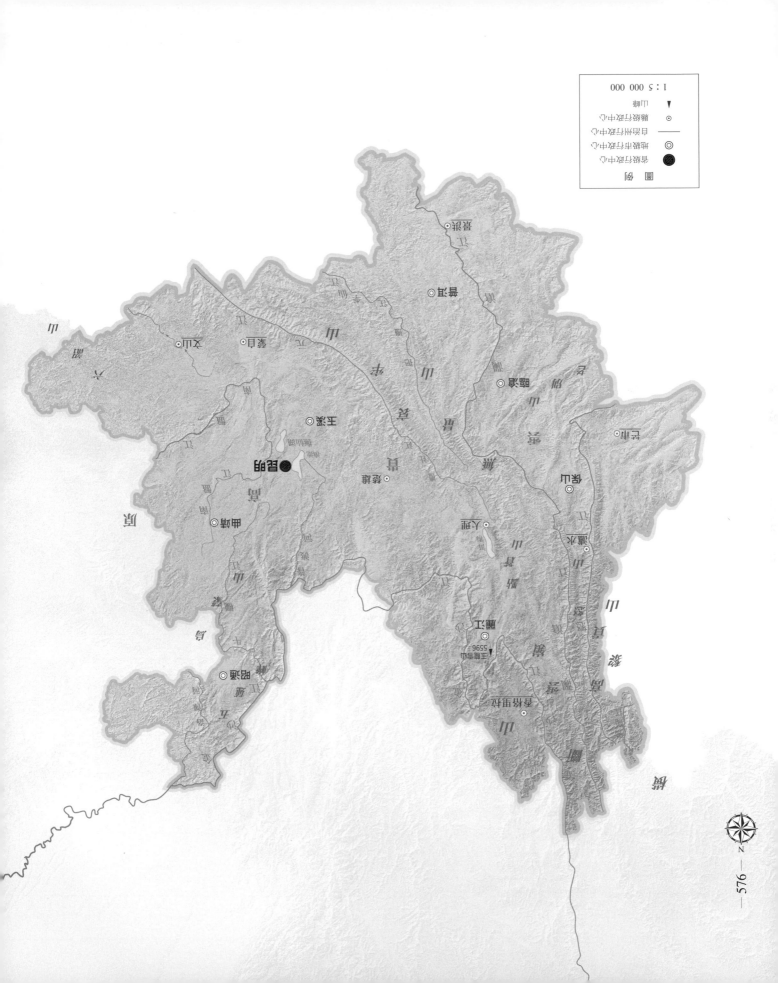

昭通

镇雄⊙

威宁⊙

宣威⊙

曲靖◎

寻甸⊙

昆明⬤

嵩明⊙

滇池

抚仙湖

玉溪◎

华宁⊙

开远⊙

蒙自◎

个旧⊙

建水⊙

文山◎

砚山⊙

富宁⊙

广南⊙

泸西

江城⊙

绿春⊙

元阳⊙

红河

金平苗族瑶族
▲5596

哀牢山

无量山

在中國西南，有一片美麗而神奇的土地，這裡高山巍峨，大江奔騰，物種豐富，色彩斑斕，人們稱之為"彩雲之南"。

雲南，地處雲貴高原西部，地勢上從北到南，逐漸降低，呈階梯狀分佈，區域內深大斷裂帶十分發達。這些斷裂帶控制着雲南地貌的格局和山河分佈的大勢，形成主要由丘陵狀高原面和分割高原面交錯構成的多山高原地貌。

在雲南北部和中南部分佈着許多磅礴的山脈，雲嶺、高黎貢山、無量山、哀牢山、烏蒙山、拱王山、百草嶺……它們綿亘幾十里甚至幾百里。這些山脈大體呈西北向東南擴展，從而導引大江大河自西北往東、東南、南三面展開，形成金沙江、珠江、元江、瀾滄江、怒江和伊洛瓦底江六大帶狀水系。發源於青藏高原的金沙江、瀾滄江、怒江，從雲南西北部入境後，呈"川"字形自北而南縱流。而另外三條水系，珠江上游南北兩盤江流經滇東北、滇東、滇南後進入廣西；斜貫省境中部的元江流入越南；滇西和滇西北的一些河流則匯入緬甸的伊洛瓦底江。

在高大的山脈與磅礴的水系之間，高聳着海拔四五千米甚至更高的山嶺，一年中很長時段甚至常年形成迷人的冰雪景象。它們中有滇藏界上的梅里雪山，有聳峙金沙江兩岸的玉龍雪山和哈巴雪山，還有雄踞滇北的轎子山……

山與山之間，又分佈着大大小小的盆地（壩子），面積達 100 平方千米以上的就有數十個，幾平方千米至幾十平方千米的不勝枚舉，滇池壩子、陸良壩子、祥雲壩子、大理壩子、曲靖壩子……都是它們中的一分子。山與水之間，還鑲嵌着風光旖旎的高原斷層湖泊。它們有的叫湖，有的稱"池"，還有的名"海"，水域面積最大的為省會昆明依傍的滇池，水域面積第二的是大理蒼山之麓的洱海。

這就是雲南，從高空俯瞰，山、河、湖、壩水乳交融，瑩白、碧綠、湖藍、緋紅、明黃……如同打翻了的調色盤。

左頁圖為雲南省地形及主要水系分佈示意圖

注：香格里拉是雲南省迪慶藏族自治州的首府；大理是雲南省大理白族自治州的首府；瀘水是雲南省怒江傈僳族自治州的首府；芒市是雲南省德宏傣族景頗族自治州的首府；楚雄是雲南省楚雄彝族自治州的首府；蒙自是雲南省紅河哈尼族彝族自治州的首府；景洪是雲南省西雙版納傣族自治州的首府。

洱海　新華社記者 胡超/攝

雲南省大理市近郊的洱海，因形似人耳得名。蒼山十九峰，巍峨雄壯，與秀麗的洱海風光珠聯璧合。蒼山橫臥似屏，洱海靜美如璧。近年來，雲南開啟洱海搶救保護模式，讓"蒼山不墨千秋畫，洱海無弦萬古琴"的美景永駐人間。

　　從遙遠的時代起，雲南這片土地就有人類活動。在元謀縣發現的直立人化石，距今170多萬年，是中國境內最早的古人類化石之一。進入文明史以來，這片土地上演繹了波瀾壯闊、紛紜複雜的歷史，一些重大歷史事件，深深地印在了時間與空間構成的歷史坐標系上。

　　戰國中後期，楚將莊蹻率領軍隊經今湖南、貴州等地進入雲南，進至滇池周邊地區，征服當地土著民族，建立了"滇國"，史稱"莊蹻王滇"。滇國的統治，給後來雲南的歷史留下了多方面的深刻影響。古滇國時期，今雲南境內還存在若干部族王國或方國，如包有怒江和瀾滄江中游廣闊地帶的"哀牢國"、洱海區域的"昆明國"等。

　　西漢漢武帝時，着力經略邊疆，實施"重開西南夷"方略，遍置郡縣，今雲南大部分地方成為郡縣統轄區域。這是古代王朝最早在今雲南地區正式設置的政區，成為後世雲南地區政區演變發展的重要基礎。

　　蜀漢初期，當時被稱為"南中"的雲南及其周邊，作為蜀漢的大後方局勢不太穩定，於是諸葛亮統率軍隊兵分三路征南中，今滇東北、滇中一帶皆捲入戰事。諸葛亮在軍事行動結束後，為加強、鞏固對南中的統治，較大幅度調整了南中政區設置，確定了治理南中的一些策略，對後世產生了頗多的影響。

圖為漢武帝賜給滇王的一顆金印，上刻"滇王之印"四字，出土於雲南省晉寧縣（昆明市晉寧區）石寨山　新華社記者 朱于湖/攝

8世紀前期，以洱海周邊為中心，興起了南詔政權，但它接受唐朝的冊封，很快走向強盛，統治範圍最大時據有今雲南全境和四川、貴州部分區域。南詔滅亡後，經歷了大長和、大天興、大義寧三個短暫政權的更迭，過渡到"大理國"時期。大理政權的統治持續到蒙古勢力南下，它的疆域大略與南詔鼎盛時相當。"大蒙古國"憲宗三年（1253），忽必烈率軍從草原南下，越過賀蘭山脈，穿青藏高原東南部險徑，乘革囊渡過金沙江，迫使大理統治者投降。蒙古軍隊隨之平定大理各部，經過兩年多的戰爭，據有雲南全境。元朝建立後，設立雲南行省進行管轄，雲南重新完全歸入統一王朝的版圖。

建於唐代南詔國時期的大理三塔　新華社記者 王頌/攝

大理三塔，又稱崇聖寺三塔，位於雲南省大理市崇聖寺內，被列為第一批全國重點文物保護單位。三座佛塔呈三角形排列，均為密檐式空心磚塔。大塔為"千尋塔"，方形16層，高69米。南北小塔均為八角形10層，高42米。

這是護國軍部分將領合影（中為蔡鍔）　新華社/發

　　17世紀中葉，農民起義的烽火摧垮了大明王朝，明朝遺臣相繼擁立明宗室建立了四個小政權，其中之一為朱由榔在廣東肇慶建立的永曆政權。永曆帝一路逃亡，後被大西軍餘部孫可望、李定國等迎入昆明，在雲南維持了十餘年的統治。清順治末年，吳三桂統兵攻下昆明，俘獲永曆帝。吳三桂被清王朝封為平西王，鎮守雲南。隨着清王朝政權逐步穩固，統一的中央集權與地方割據勢力之間的矛盾日益激化。康熙十二年（1673），康熙帝下令削藩，不甘坐以待斃的吳三桂起兵反清。戰爭持續了八年之久，清朝逐漸由被動轉為主動，最後平定了叛亂。

　　1912年，清帝退位，兩千多年的帝制正式宣告結束。然而1915年12月，袁世凱又在北京宣布恢復帝制。這隨即引起了各地的反對和聲討。當年12月25日，前雲南督軍蔡鍔與唐繼堯、李烈鈞等通電全國，反對帝制，旋即成立雲南都督府，組織護國軍，分兵三路討伐袁世凱。雲南起義一經宣佈，全省人民歡欣鼓舞，全國各地紛紛響應，通電促袁退位，袁世凱稱帝83天後在唾罵聲中離世。護國運動中，雲南各族人民為保護共和做出了重大貢獻。

風情濃郁的民族文化

　　在漫長的歷史時期中，雲南從來就是一個多民族的大家園，除了漢族，還有 25 個世居的少數民族。

　　各少數民族都有自己的傳統節日，如彝族的火把節、傣族的潑水節、大理白族的三月街和繞三靈、麗江納西族的七月會、苗族的花山節、景頗族的目瑙縱歌節……各民族的傳統節日又都蘊藏了祈福、祭奠、慶賀等一些特有內涵，一般都有隆重的儀式，往往伴隨着獨具魅力的歡歌勁舞。服飾，也是各少數民族及各支系最重要的一部分，深深烙印着他們在生產、生活、審美趣味和居住環境中的痕跡，別具風韻。在這片多姿多彩的土地上，如今各民族群眾像石榴籽一樣，緊緊抱在一起，攜手奔向全面小康。

傣曆潑水節，瀾滄江上空數以萬計的孔明燈齊飛　新華社記者 秦晴/攝

重煥光彩的高原湖泊

在雲南省昆明市近郊，歷經 300 多萬年的滇池已然進入了一個湖泊的衰老期，但它依然是昆明的母親湖，是雲貴高原上的一顆明珠。

昆明之美，美在滇池；昆明之興，興在滇池。"五百里滇池奔來眼底，披襟岸幘，喜茫茫空闊無邊"是滇池美麗的寫照。湖不深而空靈，山不高而清秀，成就了昆明半城山色半城水的組合奇貌。滇池還被譽為昆明的"大空調"，使昆明四季涼爽，成就了"春城"的美譽。波光瀲灩三千頃，莽莽群山抱古城，四季看花花不老，一江春月是昆明。

四圍香稻、萬頃晴沙、九夏芙蓉、三春楊柳，在上了年紀的老昆明人的記憶中，滇池畔就是最美的故鄉。那時候，草海曾因為海菜花的繁茂而被稱為"花湖"。依滇池而居，靠滇池而生，蕩舟湖上，捕魚拾菜，可謂人與自然和諧共生。然而 1970 年前後開始的滇池草海圍海造田行動，最終填平了草海 3 萬多畝的湖面。這是一段令昆明人至今難解心痛的往事。滇池八景的壩橋煙柳消失了，很多天然濕地消失了，滇

歷經治理的滇池一景　新華社記者 藺以光/攝

池的生態環境被破壞。經歷了 20 世紀 70 年代向滇池要糧的狂熱年代、80 年代城市和企業升級的創傷年代，90 年代滇池成為污染最嚴重的湖泊，留下無盡的傷痛。

昆明願景，繫於滇池。1988 年，昆明就開始向滇池污染宣戰。進入新時代，黨的十九大指出，建設生態文明是中華民族永續發展的千年大計。必須樹立和踐行"綠水青山就是金山銀山"的理念，堅持節約資源和保護環境的基本國策，像對待生命一樣對待生態環境。滇池治理得以全力推進，生態終有逆轉。2018 年時，水質變為 30 年來最好；2019 年時，已建成湖濱生態帶 36 平方千米，增加水域面積 11.5 平方千米，生物多樣性不斷豐富。

每到冬季，數萬隻來自遙遠北方的紅嘴鷗，就會飛臨這裡越冬，持續 30 餘年從未爽約，譜寫了一曲充滿溫情的"人鷗之戀"。昆明溫暖如春的氣候、滇池濕地豐富的食物，為紅嘴鷗越冬提供了絕佳的環境，市民遊客愛鷗護鷗賞鷗餵鷗，形成人與自然和諧相處的典範。

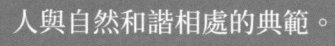

世代雕刻的壩上傑作

每年春節過後，位於滇東北曲靖市的羅平壩滿目明黃，近百萬畝油菜花競相怒放，綿延數十里，流光溢彩。從空中俯瞰，層層疊疊、高低起伏的花海映入眼簾。漫步其間，宛如置身童話世界——黃花、碧水、群山、村舍相映成趣，透出濃濃春意。

這裡位處滇桂黔三省（區）結合部，有"雞鳴三省、滇黔鎖鑰、東方花園"之稱，是中國春天最美麗的地方之一，也是每年春天，中國內地油菜花最先綻放的地方。

與中國很多地方人造景觀不同，這裡的油菜花是當地農民自發依山而種的。他們按照季節的呼喚和土地的形態，以質樸的方式種植着油菜花，讓油菜花漫山遍野、鋪天蓋地生長，造就了一片片自然天成的花海景觀。這裡的農民甚至還保留着用耕牛的傳統耕種方式。

大自然的造化，還讓羅平的油菜花在南部和北部有着不同的特點。南部地區是平壩和峰林疊加，油菜花一開，綿延數十里，村落點點，而此起彼伏的喀斯特錐形山點綴在花海中。最有意思的是，這些山較矮，可以輕鬆爬上去，從高處俯瞰花海和開闊的群山。

北部山區則是梯田油菜花海。油菜種植從山頂一直到山腳，形成層層疊疊的黃色梯田景觀。放眼望去，金燦燦的油菜花鋪滿梯田，綿延起伏，層次豐富。

北部地區海拔相對較高，氣候較冷，因而油菜花開得較晚，一般南部的油菜花謝了，北部的山梯油菜花才進入盛花期。此時山間的桃花、梨花等也一起開放，競相爭豔。

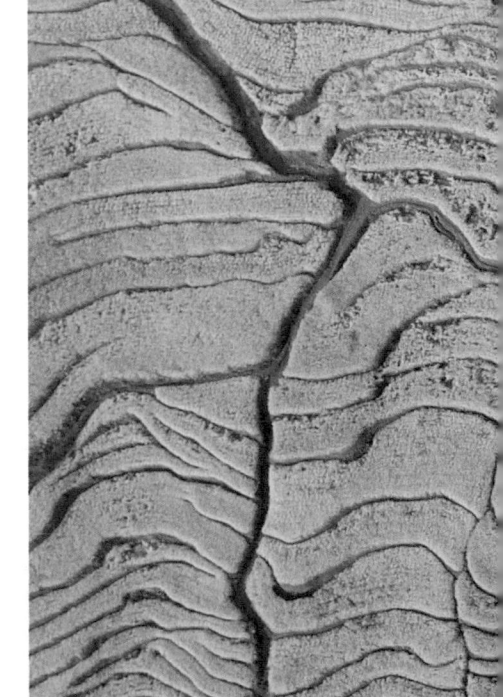

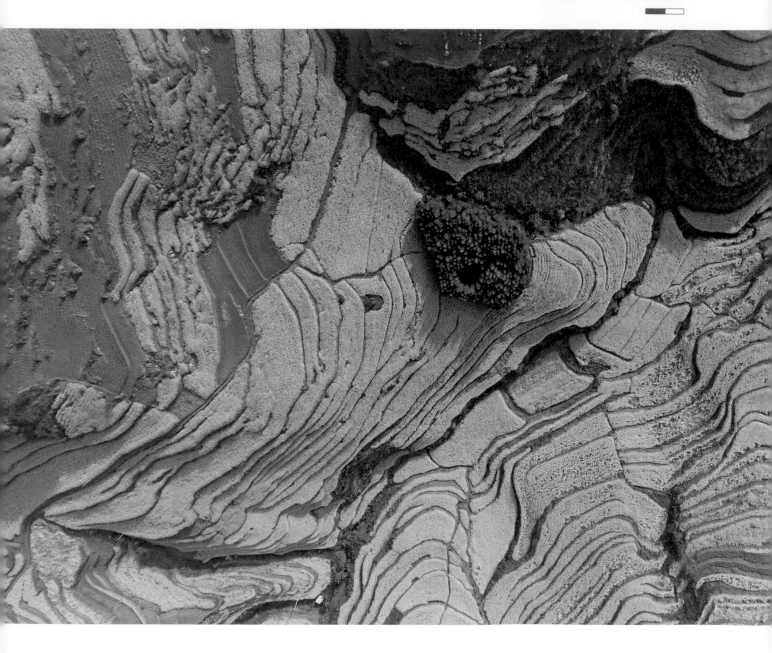

雄壯的油菜花田　新華社/發　毛江/攝

但貝少年來，雄壯的漁民就有種植油菜花的傳統，但苗夏直到20世紀90年代末，隨著鐵路線、公路等交通建設的發展，雄壯油菜花的開始揚名於人所知。從1999年開始，這裡每年舉辦了一年一度的雄壯油菜花旅遊節，並逐步發展成為今天集農業觀光、自然風觀觀賞和攝影、民俗風情體驗和商貿洽談活動於一體的旅遊活動。

守望千年的農耕文明

每年春耕之後，在雲南省紅河哈尼族彝族自治州元陽縣哀牢山南部，紅河哈尼梯田綠意盎然，幾千級梯田依山就勢、層層疊疊。這是"雕刻大地"的哈尼族世世代代留下的傑作，是人類順應和改造自然的智慧。2013年，紅河哈尼梯田被列入世界文化遺產，成為中國世界遺產家族獨特的以民族命名、以農耕稻作文明為主題的活態文化遺產。

登上元陽一處山頂，映入眼簾的便是長條環狀的田塊繞山而行，從山腳至山頂，埂迴堤轉、重重疊疊，倒映在藍天白雲下，仿若一架架閃亮多彩的天梯伸向天邊。遠處的村寨裡，從蘑菇房升起的裊裊炊煙，纏繞住茂密的森林，勾勒出大地水墨畫難以言喻的墨韻。

千百年來，哈尼族在每年插秧第一天，都要舉行傳統儀式"開秧門"，祈福風調雨順。此後，哈尼梯田就進入忙碌的栽秧季，勤勞的哈尼族群眾為梯田披上綠裝。

這就是雲南，雪山、湖泊、杉林、花海、田野……這裡地理和氣候類型多元，生態環境優良，自然風光秀美，人文風情濃郁……這就是草木競秀的彩雲之南。

紅河哈尼梯田　新華社記者 胡超/攝

1 300多年前，哈尼人就利用複雜的水渠系統將水從樹木繁盛的山頂引到梯田內，創造了梯田農耕文明。圍繞着梯田構築和大溝挖掘，哈尼人從開溝挖渠、放水平田到水源管理、水量分配，無不體現出古老的用水節水智慧。哈尼梯田高山、流水、梯田、人家的農業生態景觀，儼然繪就了一幅幅"春如翡翠秋如金"的七彩畫卷。

我國最高的高原地、青藏高原及自然保護區概況

2017年

■ 耕地面積：44.4

2017年

⊞ 自然保護區面積：4 137.1
　佔轄區面積比重 33.7%

世界屋脊・人間奇蹟

CHINA FROM OUTER SPACE

NO.34

数据来源：国家统计局、自然资源部测绘局

人口　单位：万人

2018年

田 城镇人口：107

田 乡村人口：237

森林

2018年

田 森林面积：1 490.99

森林覆盖率 12.1%

水资源　单位：亿立方米

2018年

■ 地表水与地下水水资源重复量：1 105.7

田 地表水：4 658.2

田 地下水：1 105.7

人均水资源量：136 804.7 立方米

交通　单位：千米

2000年

田 公路：22 500

2005年

田 公路：43 700

2010年

田 铁路：500

田 公路：60 800

2015年

田 铁路：800

田 公路：78 300

2018年

田 铁路：800

田 公路：97 800

西藏

XIZANG

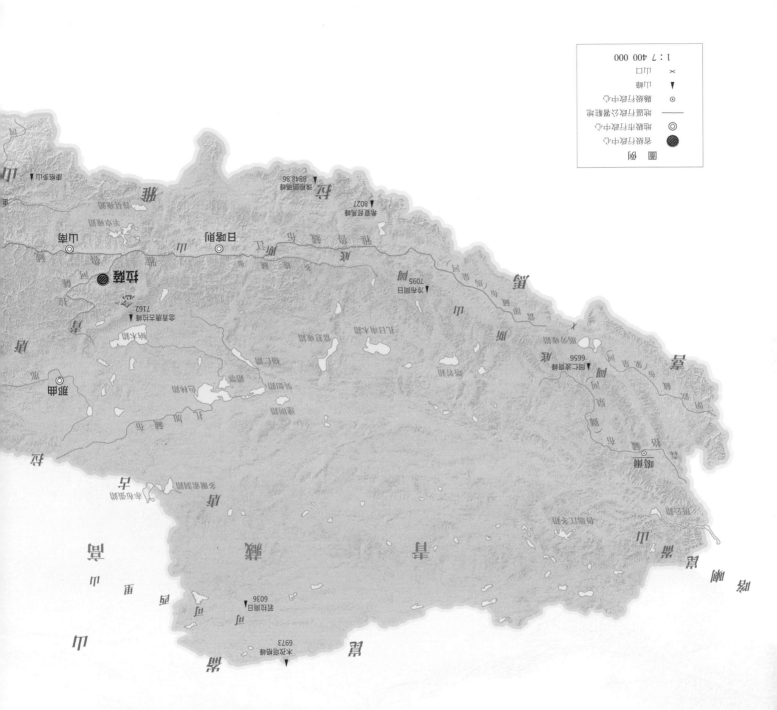

大約 6 500 萬年前，印度板塊和亞歐大陸板塊發生劇烈碰撞，一個新的高原開始隆起，它就是青藏高原，被稱為"世界屋脊"。

青藏高原是世界上海拔最高、中國面積最大的高原，約佔中國陸地總面積的四分之一以上。它的出現徹底改變了中國的自然地理樣貌。隨着青藏高原的隆升，逐漸形成了今天中國西高東低，呈三級階梯的地勢。西藏正位於第一級階梯上，平均海拔4 000米以上，境內山巒重疊，5 000米以上的山峰大都常年積雪，冰川廣泛發育，被藏族人民形容為"大山的海洋"。由一系列巨大的山系、高原面、寬谷和湖盆組成，擁有80多座海拔7 000米以上的高峰，5座海拔8 000米以上的高峰。

從 60 萬米高空俯瞰西藏大地，雪的故鄉——喜馬拉雅山，端坐西南；西北是喀喇崑崙山；北部是崑崙山和唐古拉山；東部是橫斷山脈；中部則是岡底斯山和念青唐古拉山。它們共同構成了西藏的骨架。

原

西藏自治區地形及主要水系分佈示意圖
注：噶爾為西藏自治區阿里地區行政公署駐地。

這裡滋養了幾千年的燦爛文明

　　四面流淌着馬泉河、孔雀河、象泉河、獅泉河的岡仁波齊峰，與其南麓的瑪旁雍錯被合稱為西藏的“神山聖湖”。

　　“錯”在藏語中就是“湖泊”的意思。西藏除了雄偉的山峰，還擁有世界上海拔最高、數量最多、範圍最大的湖泊群，有大大小小的湖泊 1 500 多個，總面積約佔全國湖泊總面積的三分之一。同時，西藏也是中國河流數量最多的省（區）之一。雅魯藏布江、怒江、獨龍江、象泉河、獅泉河等，各不相同的流向形成了“世界屋脊”典型的放射狀水系。純潔、清澈的河水滋養了下游沿岸長達幾千年的燦爛文明。西藏還是世界上峽谷最多的地區，尤以雅魯藏布大峽谷最為奇特。雅魯藏布江沿岡底斯山與喜馬拉雅山脈之間自西向東流過，至林芝市米林縣與墨脫縣交界處時，被南迦巴瓦峰擋住去路，只得折而向北，與易貢藏布匯合後又急轉南下，形成了一個馬蹄形的大拐彎峽谷，將南迦巴瓦峰囊括在內。

　　雅魯藏布江從海拔 2 800 米左右的米林縣派鎮到海拔 500 米的墨脫縣希讓，只有 200 多千米的河段，海拔卻下降了約 2 300 米，平均坡降達 10% 以上，最大坡降可達 62%，最大流速可達 16 米每秒。湍急的河水在狹窄的河道內奔流直下，形成了一道奇觀。

位於墨脫境內的雅魯藏布江大拐彎峽谷　新華社發 劉鳳英/攝

墨脫位於西藏自治區東南部林芝市，喜馬拉雅山脈東端南麓。雅魯藏布江劈山而過，在世界第一大峽谷中孕育出高原綠谷。在這裡，人間淨土，醉美林芝的巴松錯如同鑲嵌在群山中的碧玉，晶瑩剔透，潔淨無瑕。巍峨的雪峰下，繚繞的晨霧間，桃之夭夭、灼灼其華，春之高原，以驚豔的方式盡情綻放。

貳

這裡土林環繞、新城崛起

千山之巔，萬水之源，世界屋脊，大美阿里。

大約距今 5 500 萬年前，青藏高原的第一座高大山脈岡底斯山脈，隆升到 4 500 米。此後的漫長歲月裡，岡底斯山脈、喜馬拉雅山脈、崑崙山脈等山川交會處，隆起了平均海拔 4 500 米以上的西藏阿里，人們稱其為"世界屋脊的屋脊"。

曾經，藏族先民象雄部落在這裡創造了輝煌的象雄文明。據少量漢文和藏文典籍記載，象雄王國至少在 3 800 年前開始形成，在公元 7 世紀前達到鼎盛。史料記載，9 世紀中葉，吐蕃王朝崩潰，部分王室後人逃往阿里，其中德祖袞在 10 世紀前後建立古格王朝。如今，土林環繞的古格遺址，正注視着崛起的高原新城。由於這裡年均降水量 50 至 100 毫米，自然環境比較惡劣，常年肆虐的風沙嚴重擾亂了人們的日常生活。20 世紀七八十年代，阿里就啟動了植樹造林的計劃。近年來，阿里大規模造林項目加快推進，生態環境明顯好轉。據不完全統計，2012 年至 2017 年，阿里地區累計植樹 1 000 餘萬株，造林總面積達 40 餘平方千米。戈壁灘上的片片紅柳，一如頑強的阿里人民，扎根大地，生生不息。

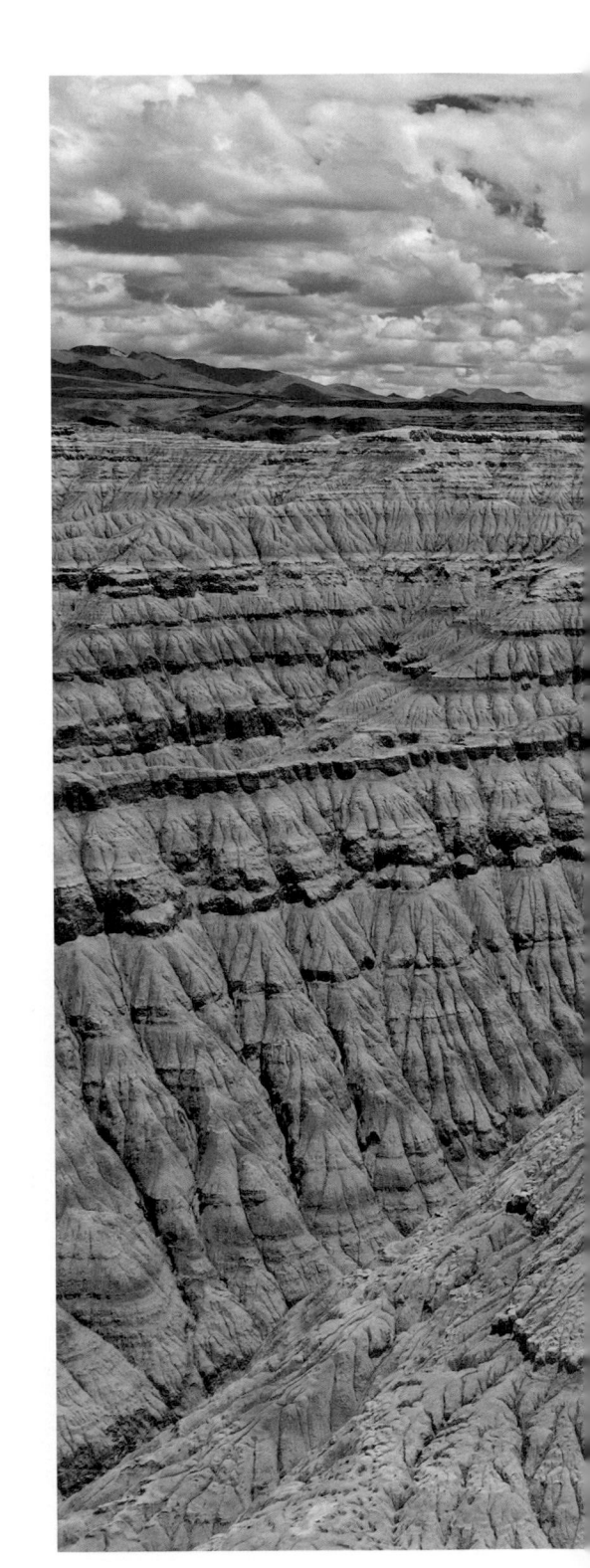

這是在西藏阿里地區拍攝的札達土林　新華社記者 詹彥/攝

土林是遠古時期的湖盆沉積層受喜馬拉雅造山運動影響的產物。札達土林位於西藏阿里地區札達縣境內，千姿百態的土林與藍天、白雲相互映襯，壯美至極。

這裡山不再高，路不再漫長

在藏北這片廣袤而又略顯蒼涼的土地上，青藏鐵路，讓人可以重溫歷史，也能展望未來。穿越戈壁、沙漠、鹽湖、沼澤、雪山、草地，由青海西寧到西藏拉薩，綿延 1 956 千米，其中海拔 4 000 米以上的青海格爾木至西藏拉薩段達 960 千米，常年凍土路段超過 500 千米，這是世界上海拔最高、高原線路里程最長、運行環境最為惡劣的高原凍土鐵路。

青藏鐵路西寧至格爾木段 1958 年開工建設，1984 年開通運營，前後歷時 26 年，其中長度僅 4.01 千米的老關角隧道就修了 25 年，先後有 50 多人在此犧牲。青藏鐵路格爾木至拉薩段於 2001 年開工建設，23 支施工大軍在多年凍土、生態脆弱、高寒缺氧的環境下，逢山開路，遇水架橋，破解了一個又一個世界難題，終於在 2006 年將夢想之路鋪上了雪域高原。

今天，海拔 4 000 多米的青藏高原上，這條鋼鐵天路已經安全運行十多年，每天呼嘯而過的列車，用越來越快的速度刷新着高原鐵路運行的世界紀錄。2014 年拉薩至日喀則鐵路通車；2018 年拉薩至林芝鐵路開始鋪軌。鋼鐵巨龍蜿蜒群山之間，靈秀神秘的西藏不再遙遠。

同樣是在這裡，20 世紀中葉，11 萬築路大軍，3 000 多名英烈，築就了川藏公路，也築就了西藏公路大動脈的雛形。在青藏鐵路和川藏公路 "兩路" 精神的鼓舞下，西藏境內 9.78 萬千米的通車里程，遍佈高山深谷、高原天路，聯通南北東西；5 個機場，100 多條航線，連接國內外。天上的 "路" 和地上的 "路"，讓世界屋脊山不再高，路不再漫長。

西藏農牧特色產業，隨着交通體系的完善，從小到大快速發展；20 多個門類的現代工業體系，從無到有成長壯大，增速全國第一。矚望高原大地，萬家燈火，璀璨奪目，延伸 62 個縣（區）的主電網，實現用電人口全覆蓋。燈光照亮一棟棟寬敞的藏式民居，6 000 多個高原村莊，美麗、靜謐、祥和。

幾十載彈指一瞬，數十年換了人間，一個富裕、和諧、幸福的新西藏，一個法治、文明、美麗的新西藏，在祖國懷抱中創造着一個又一個偉大奇跡，邁進新時代，書寫新篇章。

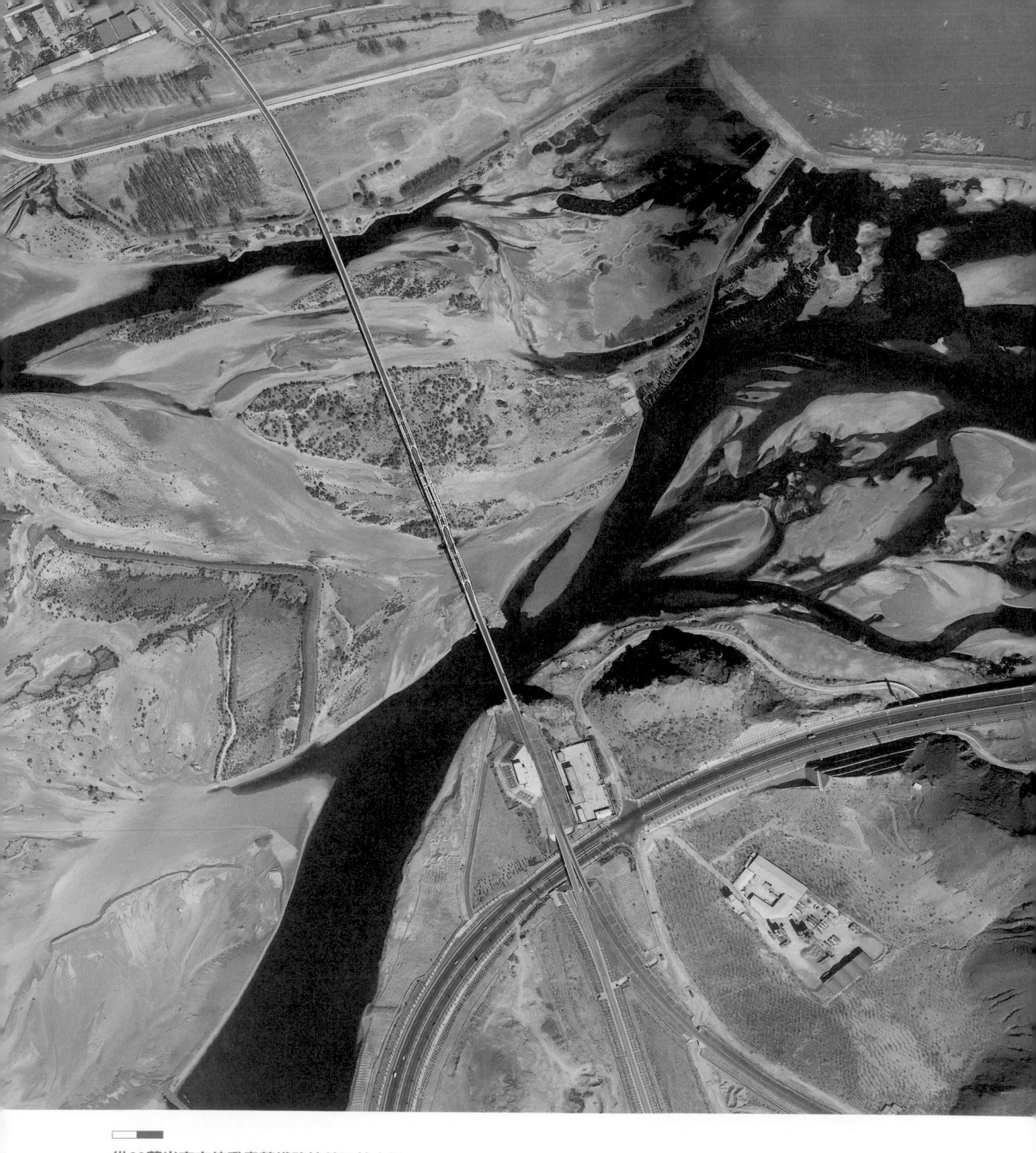

從60萬米高空俯瞰青藏鐵路拉薩河特大橋

拉薩河特大橋是青藏鐵路兩處標誌性建築之一，全長928.85米。橋上的三跨連續鋼拱，宛如三條潔白的哈達，飄飛在拉薩河上，迎接人們的到來。

從60萬米高空俯瞰位於西藏自治區拉薩市的西藏會展中心
俯瞰拉薩新城，西藏會展中心如同一朵盛開的格桑花，成為拉薩市的新地標。

肆

這裡見證了地球之巔的決戰

萬年之峰，聳立"世界屋脊"。 在這座依舊在劇烈變化的年輕高原——青藏高原上，珠穆朗瑪峰的岩體高度仍在逐年緩慢地抬升，並一次次見證着一群頑強、樂觀、奉獻的勇士登頂測高的傳奇。

2020 年 4 月 30 日，在海拔 5 200 米的珠峰大本營，中國莊嚴向世界宣佈：正式啟動 2020 珠峰高程測量！

這是時隔 15 年後，中國再次重返珠峰之巔測高，也是新中國成立以來開展的第 7 次大規模的測繪和科考工作。

在藏語中，"珠穆"有"女神""仙女"之意，這座屹立在喜馬拉雅山脈中部的高大雪峰並不容易親近。山腳下海拔四五千米的工作環境，山體上變幻無常的天氣，無時無刻不考驗着測高勇士們的意志。

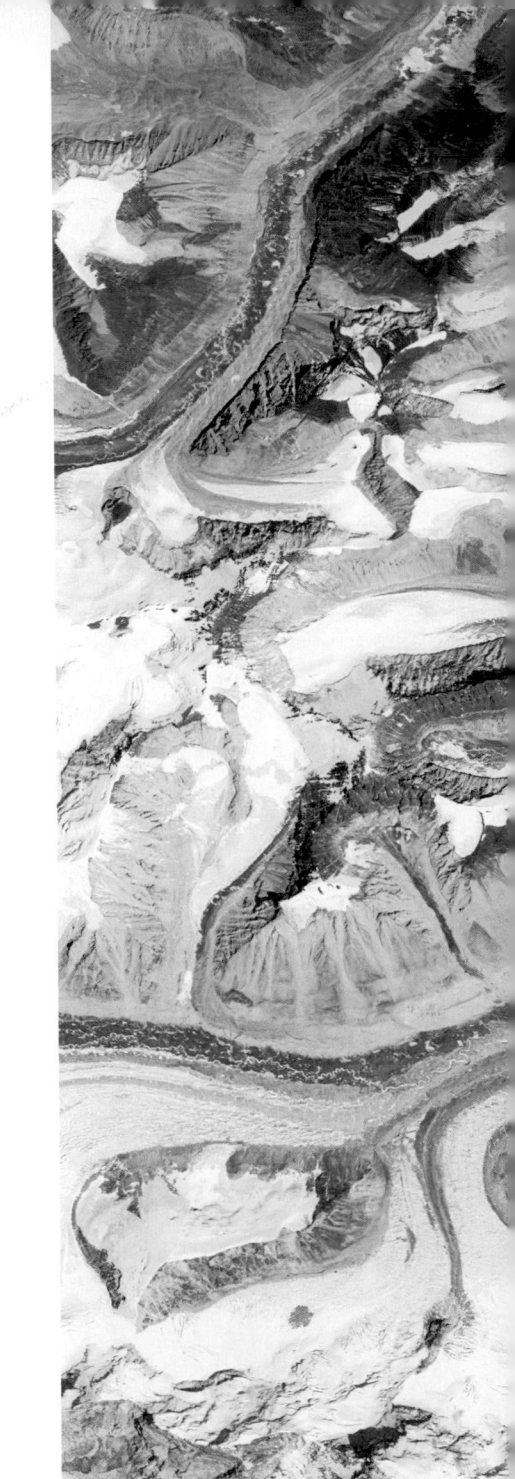

從60萬米高空俯瞰珠穆朗瑪峰及周邊地貌

我們使用衛星和3D混合的技術，製作了一條從北坡登頂珠峰的線路指南，並通過 AR（增強現實）信息交互技術隱藏在書的最前面，你能找到它嗎？

2020年5月6日

新華社記者 普布扎西/攝

2020珠峰高程測量登山隊30多名隊
員從海拔5 200米的珠峰大本營出
發，開啟珠峰衝頂測量。

2020年5月7日

新華社特約記者 扎西次仁/攝

測量登山隊抵達海拔6 500米的前進
營地。

2020年5月8日

新華社特約記者 拉巴/攝

測量登山隊在海拔6 500米的前進營地休整、調試設備。登山嚮導出發向海拔7 028米的營地運輸高山氧氣、燃料等物資。

2020年5月9日

新華社記者 孫非/攝

受天氣影響,測量登山隊原定前往海拔7 028米營地的計劃取消,全體隊員分兩批從海拔6 500米的前進營地撤回大本營休整。修路隊(即在山體上拉保護路繩,後續登山者可藉助路繩攀登)和運輸隊繼續留在前進營地等待好天氣,以通過北坳冰壁,完成修路和運輸任務。

2020年5月10日 珠峰北坳冰壁 扎西/摄

修路运输队员完整地从北坳上撤。11日拍段修绳继续往至海拔8 600米左右的仕墓。但12日，受天气影响，未能修复通往顶峰的路段，被迫在海拔6 500米的前进营地往上撤，等待天气窗口。

2020年5月16日14時
新華社特約記者 拉巴/攝

測量登山隊從海拔5 200米的珠峰登山大本營出發，再次向珠峰峰頂發起挑戰。17日11時左右，從海拔5 800米的過渡營地出發，用時近5個小時，到達海拔6 500米的珠峰前進營地。18日，隊伍在前進營地進行休整，並對人員進行分工，成立衝頂組、支援組、接應組，召開衝頂前的分工會議和動員大會。

2020年5月21日
新華社特約記者 邊巴/攝

修路隊因珠峰海拔7 790米以上區域持續強降雪，且路線上積雪過深，未能打通至頂峰的攀登路線。為保障隊員安全，測量登山隊決定撤回海拔6 500米的前進營地，休整待命。

2020年5月24日
新華社特約記者 拉巴/攝

測量登山隊衝頂組部分人員從海拔6 500米的珠峰前進營地出發，開啟第3次衝頂測量嘗試。此前，衝頂組曾計劃在12日和22日衝頂測量，但均因高海拔地區降雪量大，有雪崩和落石危險，加上高空風力過大等原因，兩次推遲衝頂計劃。

25日，隊員行進至7 500米的大風口時，風力變大，隊員們無法正常攀登，只能趴在路線上慢慢前進。

阿魯科爾沁旗紹根鎮當地企業組織機械收割苜蓿　新華社記者 劉磊/攝

呼倫貝爾重現昔日美景

　　與中西部不同，內蒙古自治區東部是全區最為濕潤的地方，這裡有額爾古納河、根河、海拉爾河等多條河流，有大型湖泊呼倫湖、貝爾湖及多座小型湖泊，充沛的水資源不僅造就了中國保存最好的濕地——額爾古納濕地；而且以呼倫湖為中心，孕育了中國水草最為豐美的草原——呼倫貝爾草原。在這裡，草原、山地、森林、河流、濕地、天池群等豐富的自然空間遞次轉換，寬廣、起伏、神秘、壯闊的景觀視野不斷變化。

　　然而在 20 世紀末，受乾旱少雨、鼠蟲等自然災害影響，加之超載放牧、亂開濫採等人為破壞，草原生態沙化退化嚴重。綠草如海、畜群如雲、氈包如扣、河曲流銀的草原美景一度受到嚴重威脅。守住生態紅線，就是守住未來和希望。幾十年來，內蒙古像保護眼睛一樣保護草原，實施中國規模最大的草原保護工程，讓全區生態環境顯著好轉，在祖國正北方構建起一道天然的生態屏障。

呼倫貝爾草原腹地陳巴爾虎旗境內莫日格勒河局部　新華社記者 彭源/攝
隨着生態文明建設進入快車道，神州大地天更藍，山更綠，水更清，我們賴以生存的家園正變得越來越美。

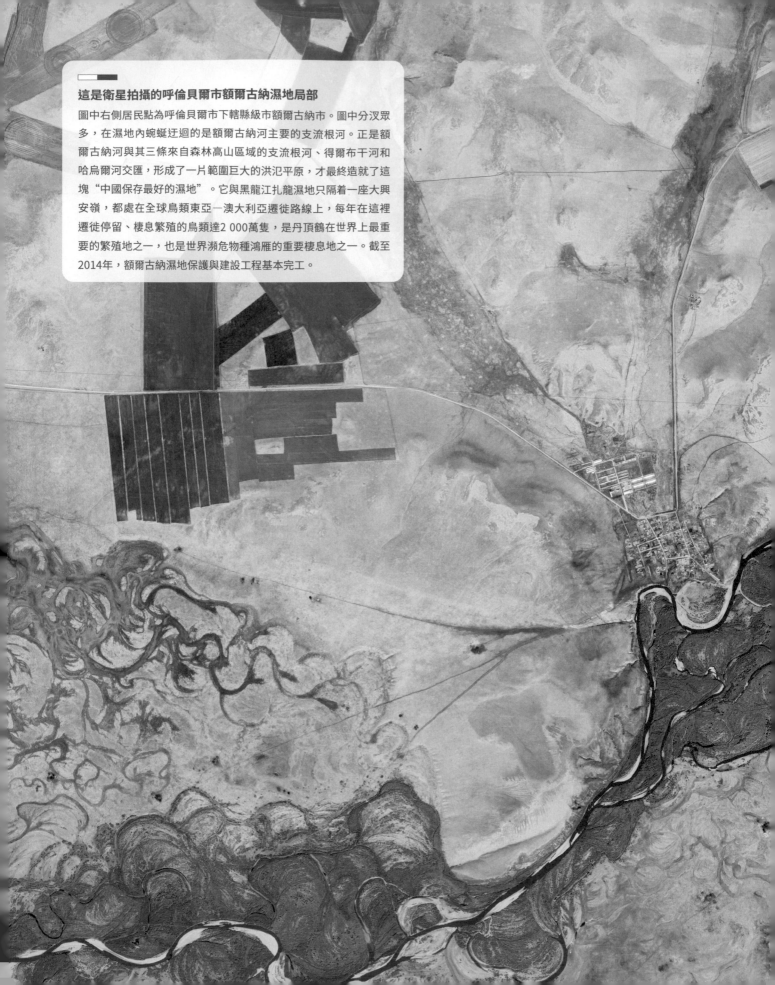

這是衛星拍攝的呼倫貝爾市額爾古納濕地局部

圖中右側居民點為呼倫貝爾市下轄縣級市額爾古納市。圖中分汊眾多，在濕地內蜿蜒迂迴的是額爾古納河主要的支流根河。正是額爾古納河與其三條來自森林高山區域的支流根河、得爾布干河和哈烏爾河交匯，形成了一片範圍巨大的洪氾平原，才最終造就了這塊“中國保存最好的濕地”。它與黑龍江扎龍濕地只隔着一座大興安嶺，都處在全球鳥類東亞—澳大利亞遷徙路線上，每年在這裡遷徙停留、棲息繁殖的鳥類達2 000萬隻，是丹頂鶴在世界上最重要的繁殖地之一，也是世界瀕危物種鴻雁的重要棲息地之一。截至2014年，額爾古納濕地保護與建設工程基本完工。

伍

最後的伐木工悄然轉型

　　2015 年 7 月 5 日，呼倫貝爾開通了一列森林小火車，它從呼倫貝爾市海拉爾區始發，在呼倫貝爾大草原穿越 82 千米後，一路向北，直至內蒙古大興安嶺原始森林區北麓的滿歸鎮。大興安嶺林區由此往南，跨越呼倫貝爾市、興安盟、通遼、赤峰等盟市，山巒逶迤、林海連綿、河流密佈，是一個令人嚮往的童話世界。

　　2015 年 4 月 1 日，大興安嶺林區全面禁伐，伐木號子不再響起，鋸木聲不再轟鳴，幾代伐木工人扎根興安林海 60 多年默默奉獻的汗水、足跡和榮譽，也將成為林區永恆的歷史記憶。從砍樹到護樹，生態文明建設的新時代在這裡全面開啟，放下斧鋸的伐木工人們憧憬着停伐轉型後的新生活。

最後的伐木工　新華社/發 CICPHOTO 余昌軍/攝
圖為大興安嶺阿龍山林業局貯木場，一列裝滿木材的火車在風雪中行駛，執行禁伐前最後的任務。60多年來，在大興安嶺地區的漫長冬季裡，伐木工人在零下40多攝氏度的嚴寒中宿營，遵循着清林、支杆、採伐、集材、檢尺、歸楞、貯木等一整套嚴密有序的生產流程。經過幾代人艱苦奮鬥、無私奉獻鑄就的伐木經濟，將迎來生態建設的新時代，人們更加憧憬轉型之後的美好生活。

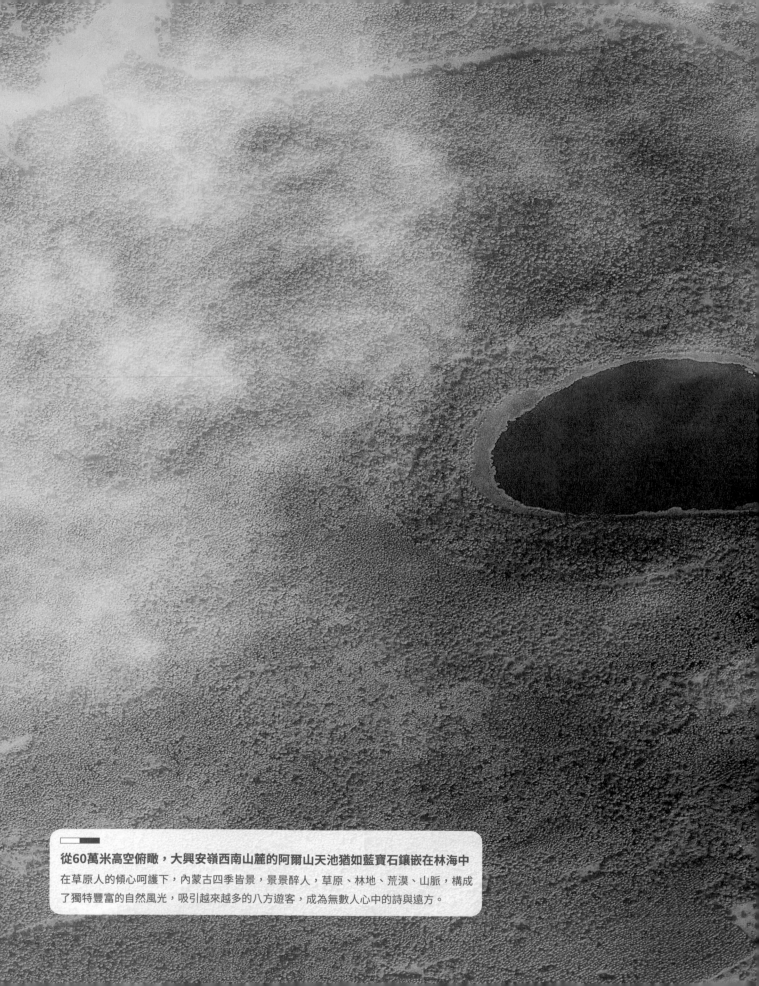

從60萬米高空俯瞰，大興安嶺西南山麓的阿爾山天池猶如藍寶石鑲嵌在林海中

在草原人的傾心呵護下，內蒙古四季皆景，景景醉人，草原、林地、荒漠、山脈，構成了獨特豐富的自然風光，吸引越來越多的八方遊客，成為無數人心中的詩與遠方。

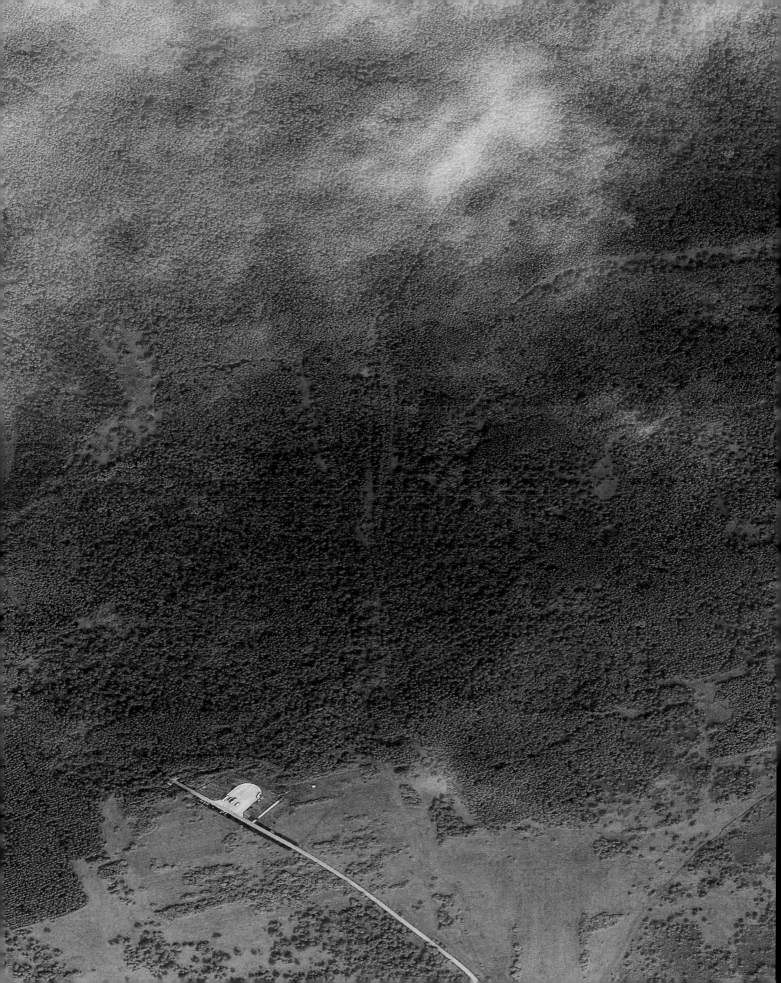

CHINA FROM OUTER SPACE

慷 慨 燕 趙 · 大 好 河 山

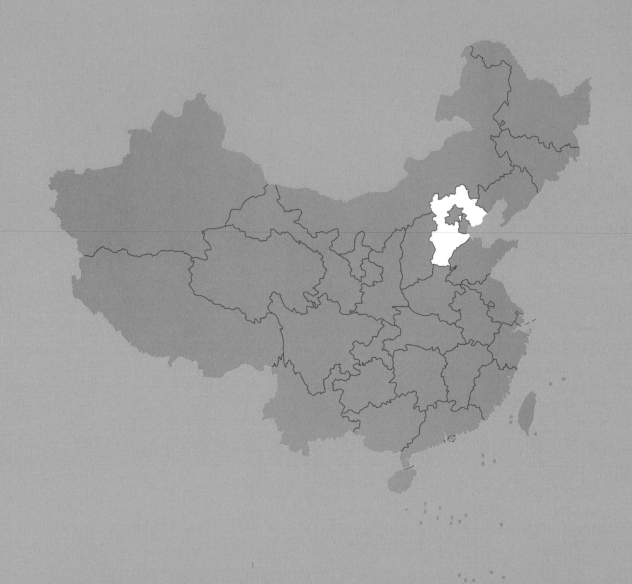

耕地面積：651.89

自然保護區面積：70.9
佔轄區面積比重 3.7%

2017年

2017年

河北省耕地、森林及自然保護區概況

HEBEI

河北

數據來源：國家統計局、河北省統計局

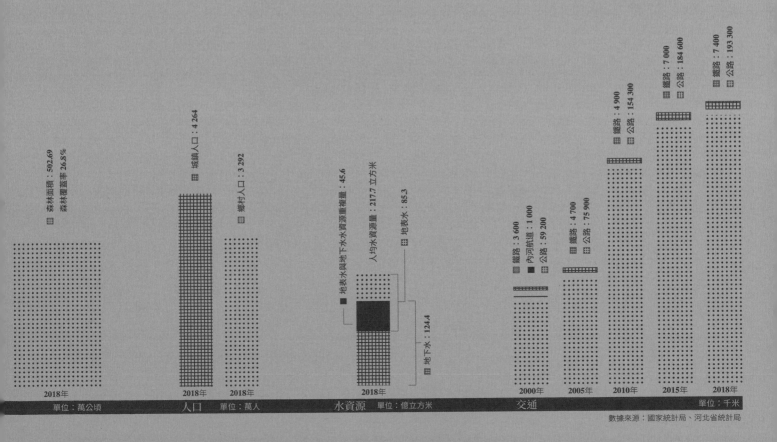

森林面積：502.69
森林覆蓋率 26.8%

2018年

城鎮人口：4 264

鄉村人口：3 292

2018年

地表水與地下水資源重複量：45.6
人均水資源量：217.7 立方米
地表水：85.3
地下水：124.4

2018年

鐵路：3 600
內河航道：1 000
公路：59 200

2000年

鐵路：4 700
公路：75 900

2005年

鐵路：4 900
公路：154 300

2010年

鐵路：7 000
公路：184 600

2015年

鐵路：7 400
公路：193 300

2018年

| 單位：萬公頃 | 人口 | 單位：萬人 | 水資源 | 單位：億立方米 | 交通 | 單位：千米 |

N

大
馬
群
山

燕

山

◎承德

洋
河

張家口水庫

灤
河

◎張家口

乾
河

官廳水庫

桑

太

潮白河

秦皇島◎

行

廊坊

永定河

◎唐山

華

灤
河

山

北

保定◎

子
牙
河

行

沱
河

滏

河

南

運
河

◎滄州

山

石家莊●

漳

河

新

衛

河

陽

河

平

邢台◎

河

衡水◎

原

南
運
河

太

南
運
河

邯鄲◎

行

衛

河

山

河

河北省地形及主要水系分佈示意圖

1 : 3 000 000

西倚巍巍太行，東臨滔滔渤海，懷抱京津大地，坐擁萬頃沃土，盡享豐饒物產。這就是河北，古稱冀州，是《尚書·禹貢》記載的九州之一。但比起冀州，人們更加鍾愛它的另一個名字——燕趙。

春秋戰國時期，今河北省南部有一個諸侯國趙國。趙國以邯鄲為都城，疆域包括了部分今河南、山西等地。因此，河北也稱燕趙之地，更因"燕趙自古多慷慨悲歌之士"為後人傳頌。直到唐貞觀元年（627），"河北"才作為區劃名稱，載入史冊。唐太宗"因山川形便，分天下為十道"，以黃河為界，在其南北兩側分別設置河南道、河北道。"河北"指的就是黃河以北。可為甚麼今天河北境內無黃河呢？這要追溯到明朝時期。

明朝開國皇帝朱元璋為了穩固南京都城，將黃河北岸三府劃歸河南，將黃河天險消融在河南境內，讓河南、河北都沒有天險可以作為屏障，以達到抑制兩省割據為王、與南京分庭抗禮的目的。河北從此無黃河。此後，明清兩朝，河北大部分地區都直接隸屬於北京。清朝時，直隸省會就設在今天的保定市。直到 1928 年，河北才正式稱河北省。1949 年，中華人民共和國成立，河北沿用河北省的稱謂，簡稱冀。1968 年，省會遷至石家莊市。

從 60 萬米高空俯瞰，今天的河北省由被燕山、太行山兩條山脈分割的華北平原、內蒙古高原、東北地區三個不同的地理單元組成。其中，燕山山脈東西延伸，位於華北平原的北端，將地處燕山以北的承德和東北地區瀕臨渤海灣的秦皇島、唐山攬入懷中；太行山脈南北縱馳，一手牽着太行山脈以西、內蒙古高原邊緣的張家口，一手牽着太行山脈以東、華北平原上的邯鄲、邢台、石家莊、衡水、保定、廊坊，以及京杭大運河上的滄州。

兩山三地組成河北，山海之間，慷慨豪邁。200 萬年前，古人類在這裡繁衍生息，留下文明的印跡；近 5 000 年前，炎黃逐鹿開華夏，燕趙爭勝戰鼓催；70餘年前，新中國從這裡走來。這是一片希望的土地，70 餘載滄桑巨變，如今面對京津冀協同發展、河北雄安新區規劃建設、北京冬奧會籌辦等重大機遇，京畿大省正乘風破浪，在"新時代趕考路"上砥礪奮進！

因雪而變的邊塞小城

2015 年 7 月 31 日，北京攜手張家口贏得 2022 年冬奧會舉辦權。"花開北京，花落崇禮"，作為雪上項目的重要比賽場地，崇禮，這座長城腳下的邊塞小城，因雪而變。

張家口北出大境門便是崇禮，距北京只有 200 餘千米，但由於地處內蒙古高原和壩下過渡地帶的深山區，特殊的山形地貌形成小氣候，崇禮的降雪明顯多於周邊地區。每年 10 月中下旬，崇禮就開始降雪，一直持續到來年 4 月初，存雪期長達 150 多天，使它長期"雪藏"在大山之中，不被外界所知。20 世紀 90 年代，崇禮還是國家級貧困縣。

1996 年冬，崇禮第一家滑雪場開門營業。此後，到崇禮滑雪的人越來越多。2003 年底，崇禮建成國內首家開放式滑雪場。2010 年北京的人均國內生產總值達到 1 萬美元，這是全世界任何一個國家滑雪產業快速發展的一個非常重要的指標。從此，崇禮冰雪產業步入快車道。

超長的存雪期、超長的傾斜狀溝坡，天地造化的最佳滑雪場，2022 年冬奧會如馬良神筆，正對崇禮進行着最驚豔的改造：古楊樹奧運村、"雪如意"跳台滑雪場、"冰玉環"觀賽台，嵌於皚皚山谷，人雪合一，更顯氣勢非凡。

曾經以金礦、鐵礦為支柱產業的崇禮已逐步關停礦山，天更藍了，地更綠了，山更青了，水更淨了。陌上花開，一座"看得見山、望得見水、記得住鄉愁"的冰雪小城，開始走出深閨，走向世界。

從60萬米高空俯瞰張家口市崇禮滑雪場

驚豔世界的“中國綠”

俯瞰地球東經 117 度、北緯 42 度附近，一彎深深的綠色，就像展開翅膀的雄鷹，扼守在渾善達克沙地南緣。這就是河的源頭、雲的故鄉、花的世界、林的海洋——塞罕壩。

塞罕壩位於河北省最北端，渾善達克沙地南緣，在遼、金時期被稱作“千里松林”，曾是清代“木蘭秋獮”的皇家獵苑。20 世紀中期，由於過度砍伐和多次山火後，這裡變得“飛鳥無棲樹，黃沙遮天日”。50 多年來，在這片冬季氣溫低於 -40℃的苦寒之地，三代務林人接力，造林面積達 112 萬畝。如果按 1 米的株距計算，這些樹可以繞赤道 12 圈，是世界上最大的人工林海。

2017 年，聯合國授予河北塞罕壩林場建設者聯合國最高榮譽——“地球衛士獎”。他們摸索出的生態建設模式，贏得了國際社會的尊重，他們用實踐證明退化的環境可以修復，給了世界人民以信心。塞罕壩驚豔世界的不僅是“中國綠”，更是守衛地球綠色的自覺。

如今的塞罕壩，色、聲、味皆美，山、水、木如畫。灤河如帶，將塞罕壩和承德、京津聯在一起，共享着綠水青山。半個多世紀裡“我們一心一意地種樹”，是塞罕壩人在“趕考路上”用雙手和生命交出的答卷。

右頁上圖為2018年7月28日拍攝的塞罕壩國家森林公園晨景　新華社/發 劉滿倉/攝

右頁下圖為2018年9月29日拍攝的塞罕壩國家森林公園秋景　新華社/發 潘正光/攝
金秋時節，位於河北省承德市的塞罕壩國家森林公園層林盡染，秋色怡人。

"天開海嶽"的康養福地

"春入漢關三月雨，風吹秦島五更潮。"

渤海之濱，山海關內，北戴河旁，秦皇島"大隱"其間。這是中國唯一與帝號同名的城市。古人用"天開海嶽"讚歎自然造化對此地的眷顧。

燕山、渤海掎角之勢成就了山海關，"萬里長城第一關"也曾是耕牧分界點，關內華北、關外東北，萬夫難開。北戴河在山海關的護衛下，人與海鳥信步沙灘，是最佳的康養福地。山海交匯、農牧交融，戰爭與和平交替，靜美與激情在秦皇島基因中碰撞，形成了極富張力的文化個性。1898年，秦皇島成為近代第一個自開商埠；1984年，秦皇島又成為首批沿海開放城市，乘上了改革的"頭班車"，還成為中國唯一協辦過奧運會和亞運會的地級市。

今天，在這萬里長城與碧海金沙交匯的地方，一顆渤海灣畔的明珠正冉冉升起。

從60萬米高空俯瞰秦皇島市山海關

圖中沿海岸線北上，第二座伸入大海的建築為入海石城，因它的形狀猶如龍首探入大海，又被稱作"老龍頭"，是萬里長城唯一集山、海、關、城於一體的古代海陸軍事防禦體系。

秦皇島市北戴河沿海濕地"萬鳥臨海"奇觀　新華社記者　楊世堯/攝

北戴河沿海濕地鳥類食物豐富，每年春、秋兩季；約有數百萬隻候鳥南北遷徙
經過這裡，還有數量可觀的夏候鳥和留鳥在本地繁衍生息。

廢墟上站起的"新城"

1976 年 7 月 28 日 3 時 42 分，河北省唐山市豐南縣（今豐南區）一帶發生里氏 7.8 級大地震。23 秒後，唐山百年城市建設夷為墟土，24 萬多城鄉居民殞於瓦礫。

那一刻，生命何其脆弱。轉瞬之間，生死兩隔；永別親人，痛何如哉！那一刻，生命又何其堅強！無論是廢墟下救出的幸存者，還是帶着傷殘堅持"活下去"的唐山人，他們直面人生最大的痛楚，用頑強生活告慰逝者，用生命的尊嚴與努力寫下一個個大寫的"人"字，刻印在民族記憶深處。

40 餘年來，唐山人靠實幹苦幹，一磚一瓦打造了文明現代、繁榮美麗的新唐山。從震後僅兩個月修復的"抗震"號機車，到今天製造時速 487 千米的"中國第一速"動車；從渤海灣荒無人煙的曹妃甸小沙島，到京津冀協同發展的曹妃甸"橋頭堡"，唐山人不斷交出應對挑戰、無愧時代的答卷。在一片廢墟中浴火重生、巍然屹立的唐山，是"中國夢"的生動樣本，恰如中國從改革開放之後逐漸成長的一個縮影。

右頁上圖為唐山地震40週年·廢墟上站起一座城

黑白照片：大地震後，唐山化為一片廢墟（1976年7月28日，常青/攝）；彩色照片：2016年 7月9日拍攝的唐山世界園藝博覽會南湖景區（新華社記者 楊世堯/攝）。

右頁下圖為2018年8月15日拍攝的唐山市建設路街景　新華社/發 董鈞/攝

一座城市的劫難與重生，包含着無盡悲歡，也見證着無數奮起。從曾被西方媒體預言"將從地球上被抹掉"的滿目瘡痍，到今天奮翅於冀東沃野的現代化城市，唐山震後40餘年的滄桑巨變，鐫刻着一座城市鳳凰涅槃的發展奇跡，詮釋着一個民族和國家百折不撓、堅忍不拔的偉大力量。

上圖為開發初期的曹妃甸島　新華社/發 閆軍/攝於2005年4月21日

右頁組圖為唐山曹妃甸1988—2018年變遷

　　在唐山，有一個地方因唐太宗將愛妃葬於此而得名，這就是曹妃甸。它像唐山的鼻子，東向伸入渤海灣，居海衝要道，是唐代以後"轉東吳粳稻以給幽燕"的必經之路。

　　今天，唐山曹妃甸，這個昔日不足 4 平方千米的小沙島，已經成為渤海灣開放開發的一片熱土。這裡水深、港闊，不凍、不淤，是適宜重化工業發展的難得的深水港。面向大海，唐山人正以愚公移山、精衛填海的豪情幹勁，進行着史上最大規模的填灘造地。

　　一座生態、新型、現代濱海城市，承載着國人的"藍色夢想"正在發育生成。

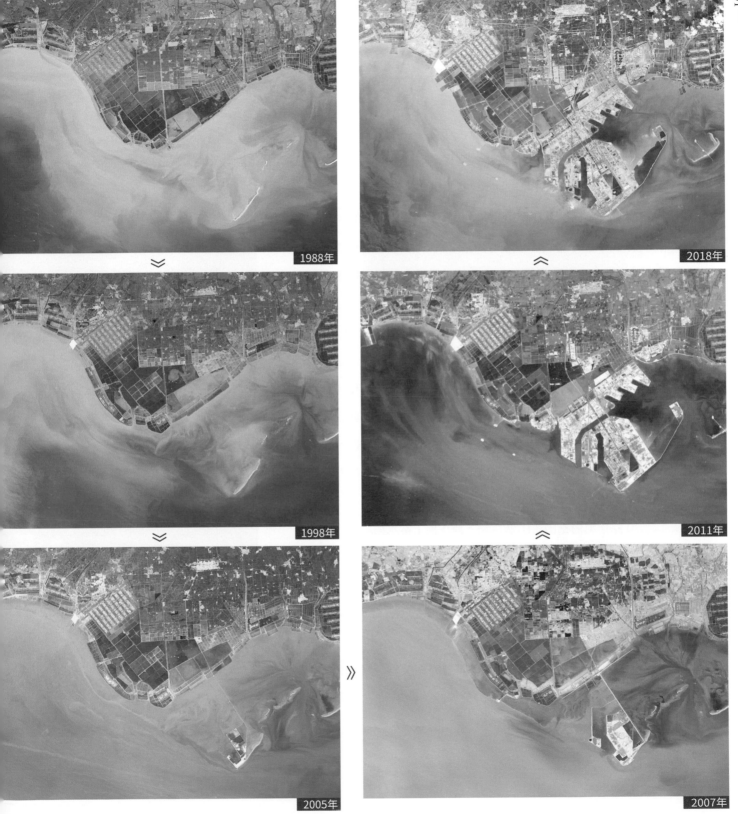

1988年

2018年

1998年

2011年

2005年

2007年

伍 新中國從這裡走來

巍巍太行山下，滔滔滹沱河邊，這裡是河北西部山區少有的水鄉，也是共和國孕育的地方——西柏坡。

1948年5月至1949年3月，中共中央曾在這裡辦公，領導瞭解放區的土地改革運動，指揮了遼瀋、淮海、平津三大戰役。從這個小村莊發出的408封電報，指揮三大戰役取得決勝，奠定了全國解放的勝局；毛澤東親自撰寫的新年賀詞《將革命進行到底》以新華社社論形式播發，向全國、向世界宣告"中國人民將要在偉大的解放戰爭中獲得最後勝利"，中國革命踏上了新的起點。

道路由來曲折，征途自古艱難。新中國成立70餘年來，雖然歷經坎坷，但中國共產黨以不變的執着和堅韌，一路爬坡過坎，帶領着這個古老民族走過了其他國家幾百年的現代化發展歷程，打破了封建王朝"其興也勃，其亡也忽"的興衰周期律，將近代以來的苦難與落後、迷茫和彷徨甩到了身後。

從站起來、富起來到強起來，中華民族從未像今天這樣接近民族偉大復興的夢想。

70餘年滄海桑田，山鄉巨變。滹沱河上蓄水築壩，治好了經年水患。崗南水庫福澤一方，已成為重要的水源保護地。在紅色旅遊帶動下，在脫貧攻堅的大決戰中，貧瘠的"紅土地"花為媒，景作橋，拔去了窮根，實現了整體脫貧，向人民交出了"趕考路上"的又一份答卷。

今天，老區平山是環京津、環渤海開放縣，"萬畝雙擁綠化林"正讓太行變青山、滹沱變綠水。西柏坡孕育的革命基因，生根於中華民族的精神血脈，世代相傳。

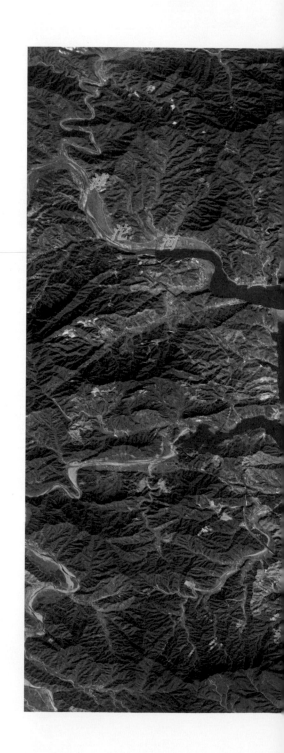

西柏坡

西柏坡

崗南水庫

滹沱河

西柏坡與滹沱河位置關係示意圖

西柏坡，地處太行山麓東部與華北平原交界的河北省石家莊市平山縣丘陵地帶。

老區人民新生活　新華社記者　楊世堯/攝

這是2019年8月16日無人機拍攝的西柏坡村全景。

承載千年大計的未來之城

在河北省中部保定和滄州的交界處，九河下梢彙聚成華北之腎——白洋淀。它是華北平原北部最大的內陸淡水湖泊，是在經過由海而湖、由湖而陸的不斷演變後形成的窪地湖，因淀水汪洋浩渺，勢連天際，得名白洋淀。

2017 年 4 月，白洋淀綠柳婆娑，碧波蕩漾，放眼水鳥嬉戲，聽聞蛙聲一片。"襟帶崇墉分淀泊，闌干依斗望京華"——河北安新縣白洋淀涼亭上的這副楹聯，在 2017 年的春天裡，與位於東北方向 100 多千米的首都北京，有了不同尋常的關聯：中共中央、國務院決定設立河北雄安新區。

這是繼深圳經濟特區和上海浦東新區之後又一具有全國意義的新區，是千年大計、國家大事。

"80 年代看深圳，90 年代看浦東，21 世紀看雄安"——今天流行的這句新話並非豪言壯語，它是時代的選擇，更是歷史的承諾。俯瞰中國地圖，深圳、浦東和雄安呈梯度而上，分別佔據全國南、中、北三個維度，這將合力推動中國實現全局均衡發展，改變經濟發展"南強北弱"的狀況。

"水鄉花縣今新邑，北地江南古渥城。"

雄安新區這片具有數千年悠久歷史和當代光榮革命傳統的大地，將成為大時代背景下中國開拓發展的新支點，必將在推進實施京津冀協同發展大戰略中創造時代發展的新傳奇。

從60萬米高空俯瞰雄安新區市民服務中心

九河下梢，北地西湖，雄韜偉略，長治久安。雄安新區囊括白洋淀整個水域，涉及河北省雄縣、容城、安新三縣及周邊部分區域，與北京、天津構成一個等邊三角形，距離北京、天津、石家莊和保定分別約105千米、105千米、155千米、30千米，基本形成與北京、天津、石家莊、保定的半小時通勤圈，同時具備空港優勢，距離北京大興國際機場約55千米。

自然保護區面積：13.5
佔轄區面積比重 8.2%

耕地面積：21.37

2017年

2017年

BEIJING

北京

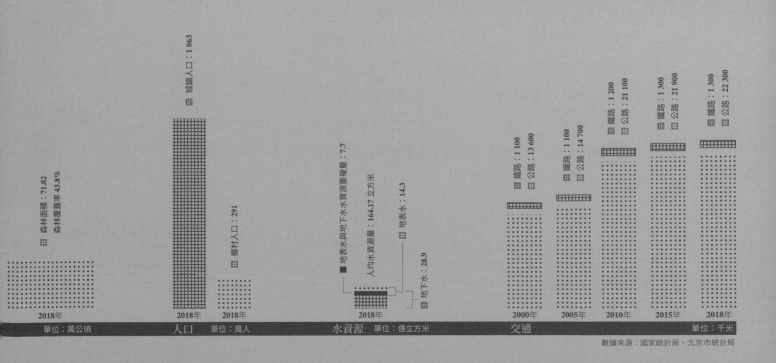

森林面積：71.82
森林覆蓋率：43.8%

2018年
單位：萬公頃

城鎮人口：1 863

鄉村人口：291

2018年
人口　單位：萬人

地表水與地下水資源重複量：7.7
人均水資源量：164.17 立方米
地表水：14.3
地下水：28.9

2018年
水資源　單位：億立方米

鐵路：1 100
公路：13 600
2000年

鐵路：1 100
公路：14 700
2005年

鐵路：1 200
公路：21 100
2010年

鐵路：1 300
公路：21 900
2015年

鐵路：1 300
公路：22 300
2018年

交通　單位：千米

數據來源：國家統計局、北京市統計局

　　每座城市都經歷過產生、發展的地理過程，北京也不例外。這座都城是從數千年前的一個小聚落起步，逐漸發展興盛的。

　　北京坐落在華北大平原西北角，西部和北部是連綿不斷的群山。西部山地南起拒馬河，北至關溝，總稱西山，屬於太行山脈；關溝以東統稱軍都山，屬燕山山脈。東南一帶是向海傾斜的低緩平原，地形之勢使這裡擁有"北京小平原"之稱。

　　100萬年前，奔騰的永定河水從晉北高原切穿崇山峻嶺，在廣闊平坦的華北平原上擺動宣泄，形成了大片的洪積沖積扇，既造就了肥沃的土壤，也留下了大量湖沼和豐富的地下水。這片豐澤膏腴的土地，哺育了北京地區最初的文明，為北京城後來的形成與發展提供了優越的地理空間。

　　距今70萬年前的舊石器時代，北京小平原西部山地留下了北京猿人的足跡。至新石器時代，人們逐漸由山前地帶向河流沖積平原區轉移，廣大平原區開始出現原始居民點。平谷的北埝頭和上宅村、昌平的雪山村、房山的鎮江營都是這一時期重要的聚落遺址。距今3000多年前，周武王滅商後，封召公於燕，封黃帝之後於薊，於是在北京地區出現了燕、薊兩大諸侯國。燕的都城，位於北京西南房山區琉璃河畔；薊的都城，位於北京城西南，是今北京城的前身。春秋戰國時燕強薊弱，薊國為燕國吞併。由於薊城控扼連接中原的太行山東麓大道、西北居庸關大道、北方古北口大道，以及東北山海關大道的交通樞紐位置，於是燕襄王時"以薊為國"，薊城成為燕國國都。

　　從大的地理形勢看，北京以北為400毫米等降水量線，這是古代農耕文明與遊牧文明的碰撞帶，也是中原與塞外少數民族地區經濟、貿易、文化交流的接觸帶。因此，公元前221年，秦始皇創立了第一個中央集權的封建國家後，燕國故都薊城，就成為華北平原進入蒙古高原和東北地區的軍事重鎮。

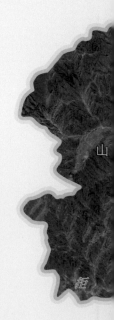

北京市地形3D混合示意圖

西周初分封燕、薊於北京小平原，秦統一後於此設置薊縣，此後唐為幽州、遼為南京、金為中都，經元大都至明、清北京。

唐朝中期以後，關中基本經濟區衰落，長安失去了作為國都的絕對優勢，東北邊疆的遊牧部族崛起，對中原王朝發起了前後相繼、勢如潮湧的衝擊。作為華北與中原門戶，北京在全國範圍內的意義日益增加，終於代替長安，成為封建社會後半段的全國政治中心。

在全國政治中心從長安到北京的轉變過程中，遼南京與金中都是古老的薊城從北方軍事重鎮走向全國政治中心的重要過渡。元代開始，北京正式成為大一統王朝的都城所在，此後歷經明清、民國直至現在，除明初與民國時期短暫定都南京外，北京始終是全國的政治中心。

隨着北京國家都城地位的確立，北京周邊水系格局、城鎮體系以及北京城市建設都發生了巨大變化。在水系格局上，為解決漕糧進京問題，金代就不斷探索在北京與通州之間、北京與西山之間疏浚運河。元代對北京周邊水系的改造達到了巔峰，開鑿通惠河連接都城與通州，為補充運河水源又設計出白浮甕山河引水路線，將西山之水引入都城，於是南方漕船可直抵都城核心區域的積水潭。

在城鎮體系上，為便於漕糧轉運，金代在北京以東設置通州，作為漕運樞紐，從此通州成為舟車輻輳、冠蓋交馳的畿輔襟喉、水陸要會。

右圖為北京市地形及主要水系分佈示意圖

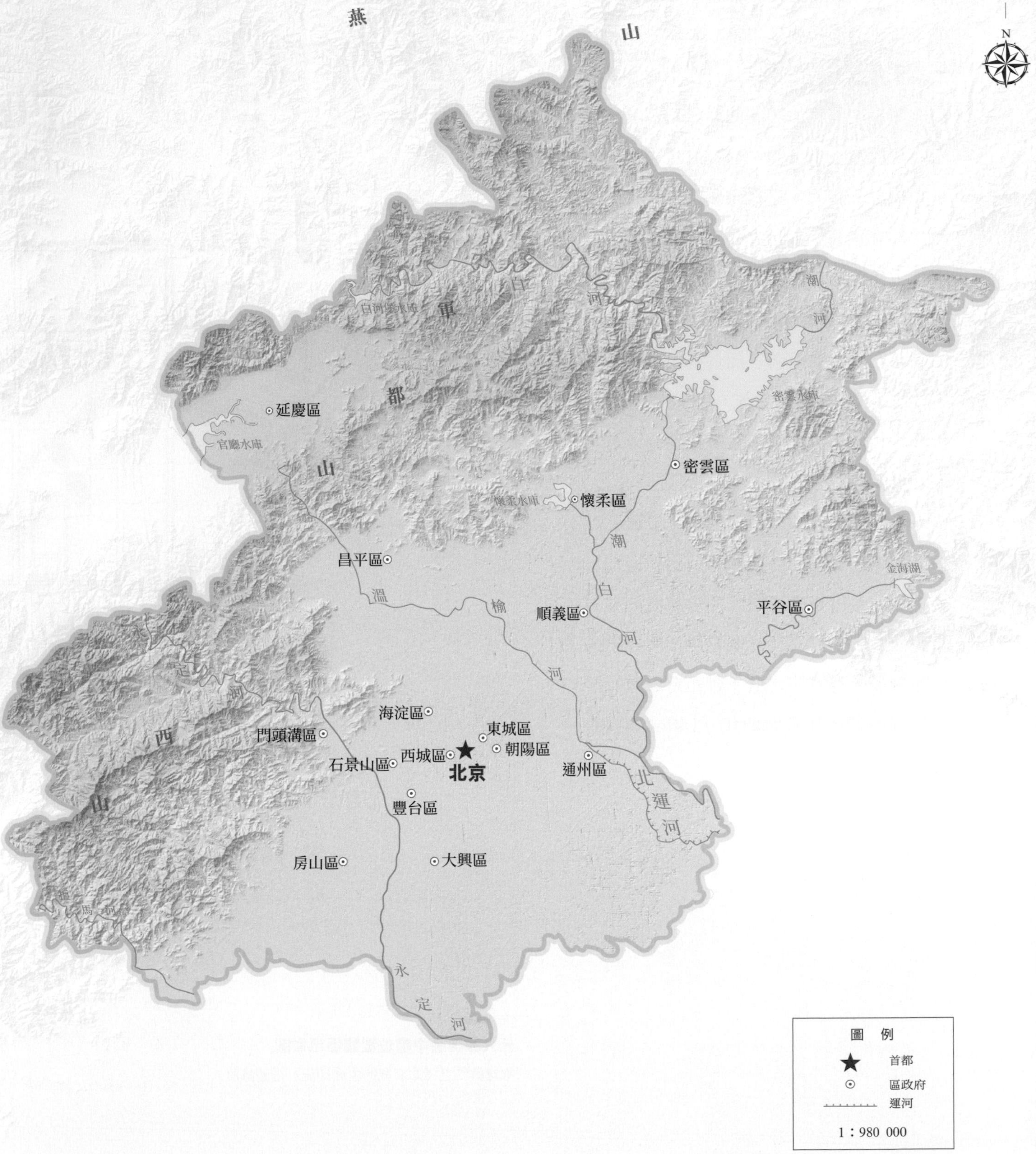

燕　山

山

都　軍

白　河

潮　河

白河雲水庫

密雲水庫

西　山

燕山

⊙ 延慶區

官廳水庫

密雲區 ⊙

懷柔區 ⊙
懷柔水庫

金海湖

昌平區 ⊙

溫　河

潮　河

白　河

順義區 ⊙

平谷區 ⊙

榆　河

海淀區 ⊙
東城區 ⊙

門頭溝區 ⊙
西城區 ⊙
朝陽區 ⊙

石景山區 ⊙
★ 北京
通州區 ⊙
北運河

豐台區 ⊙

房山區 ⊙
大興區 ⊙

馬　河

永
定
河

圖　例

★　首都

⊙　區政府

▬▬▬　運河

1：980 000

在城市建設上，金末戰火之後中都破敗衰落，忽必烈於是決定放棄原先以蓮花池為主要水源的中都舊城，在東面水源更加充沛、地勢更加開闊的高梁水系（漢代永定河故道）上按照《周禮》要求，營建了規模更為龐大、氣勢恢宏的元大都。在歷代都城建設中，元大都可以說是最接近我國古代理想都城的設計方案。外郭城周長 28 600 米，南北略長，呈長方形。除北面開兩門外，東西南三面各有三門。城內主要建築群的佈局和安排，基本符合"匠人營國"中前朝後市、左祖右社的禮制要求。

明朝建立後不久，朱元璋發動北伐，攻下元大都，將其改名為北平，並將北城牆向南縮了五里，沿積水潭引水渠南岸另築新牆，西段在穿過積水潭最狹窄的地方後轉向西南，形成了一個斜角。明成祖朱棣即位後，為遷都北京，對北京城進行了大規模改建，從永樂四年（1406）開始，延續 15 年之久。

元大都與金中都位置關係示意圖
根據侯仁之《北京城的生命印記》插圖繪製。

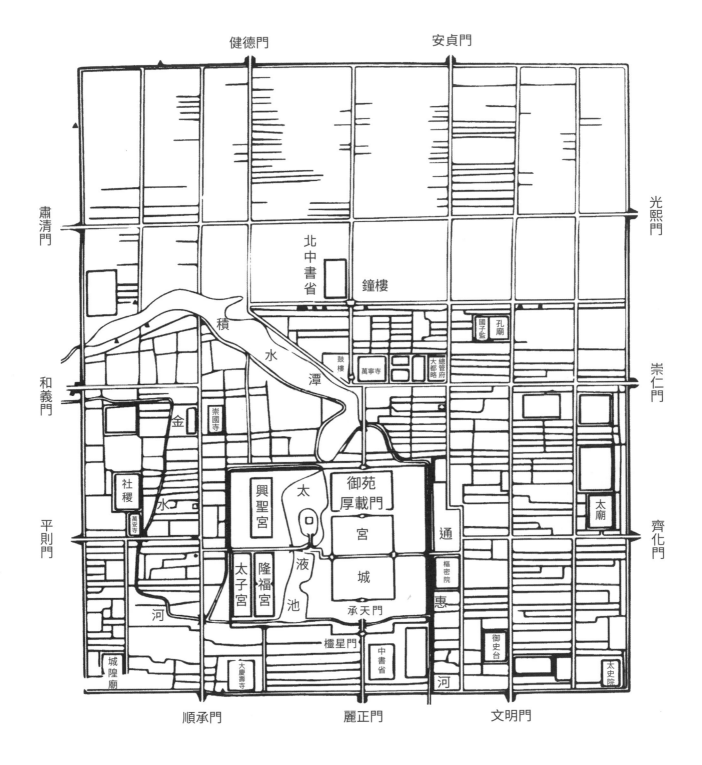

元大都佈局示意圖

引自侯仁之主編《北京歷史地圖集》。

　　明朝在這期間營建的北京城以紫禁城為中心，北面是鐘鼓樓，作為全城報時設施；南面是午門，作為宮城正門。午門外左為太廟，右為社稷壇，符合"左祖右社"禮制要求。再往南是皇城正門天安門、皇城前門大明門。兩門之間御道兩側有相互對應的朝房，佈置朝廷中央機構。大明門向南，為正陽門，嘉靖帝以前出正陽門就到了城外，東西兩側佈置着天壇與先農壇，是皇帝祭天和祭祀先農的禮制建築。

　　明嘉靖年間為應對蒙古鐵騎，保護城外百姓與天壇、先農壇兩處重要建築，明王朝計劃修築外城，後來由於經費緊張，最終僅築南面一側，成為北京城垣構築史的終點，造就了北京城"凸"字形的平面輪廓。外城南門，與正陽門相對，被稱為永定門。這樣北京城內就出現了一條南起永定門，北達鐘鼓樓，中間穿越紫禁城、長達 7.8 千米的城市中軸線。中軸線的中心為紫禁城，於是紫禁城儼然成為"天之心，地之中"。

　　中華人民共和國成立後，北緯 39 度 54 分 19.97 秒、東經 116 度 23 分 29.34 秒成為中國的中心，這是天安門廣場五星紅旗升起的坐標。每天清晨，上萬人仰望、見證五星紅旗與太陽一同升起。回溯 1949 年的開國大典，這是中國從站起來、富起來，到強起來的光輝起點。因"都"而立，因"都"而興，北京見證了中華文明的源遠流長，寫就了幾千年歷史的恢宏篇章。這裡日新月異，這裡的藍天愈發清湛。都與城，在這裡和諧共生。

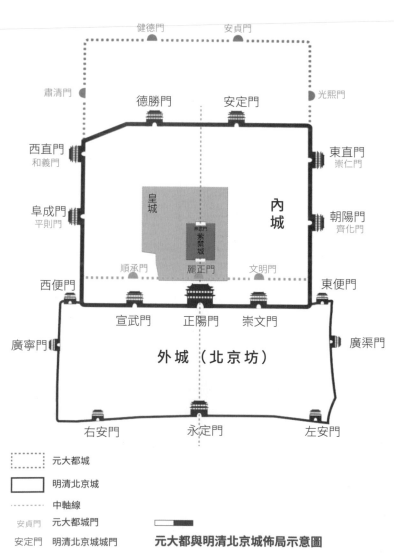

元大都與明清北京城佈局示意圖

永定門

大興國際機場

中軸南延長線（南軸）

天壇

先農壇

社稷壇

天安門

長安街

人民英雄紀念碑

國家大劇院

正陽門

前門

中　　軸

景山公園

故宮

午門

太廟

北京故宮，舊稱紫城，是明清兩代的皇家宮殿。

1925年故宮博物院成立，歷艱困，慘淡經營，抗日戰爭期間為躲避戰火將大批文物南遷。1949年初，故宮站在一個歷史轉折點上。北平和平解放，故宮幸免於炮火侵襲，順利被人民解放軍接管。毛澤東宣佈中華人民共和國中央人民政府成立。

新中國成立後，故宮博物院得到了人民政府的持續撥款，建立庫房，繼續深入清點藏品，進行了大規模建築修繕，文物保護制度不斷健全，文物研究和修復工作全面展開。作為世界上規模最大、保存最完整的木結構宮殿建築群，故宮既是中華民族的驕傲，也是全人類的珍貴文化遺產。

鐘樓

鼓樓

龍形水系

水立方

鳥巢

中軸北延長線（北軸）

從距地球 60 萬米的高空俯瞰，如今已成長為中國政治中心、文化中心、國際交往中心和科技創新中心的北京，深藏着中國獨一無二的城市"密碼"：古老的紫禁城，框出面積 72 萬平方米的"口"字，南北中軸線從中直貫而下，在共和國的心臟之地，寫就一個雄勁剛挺的"中"字。

新時代賦予北京新的使命，在北京新版城市總體規劃中，中軸線及其延長線，和長安街及其延長線成為撐起這座千年古都，邁向未來的十字之軸。

從天安門向北望去，600 多年歷史的故宮北面，回響的鼓樓鐘聲提醒我們 2022 北京冬奧會的臨近。"水立方"變身"冰立方"，"冰絲帶"即將"飛舞"。它們共同組成世界首個"雙奧之城"的標誌性建築群。在這裡，形如飛龍的亞洲最大城區人工水系上，串聯着被譽為城市綠肺的北京奧林匹克森林公園，這是"綠水青山就是金山銀山"的生動寫照。

從天安門往南，走過人民英雄紀念碑，從京師九門之一的前門向南望去，一片融合古老文化與現代商業的街區，成為年輕人熱捧的網紅新地標。如果說北京是一本厚重的雜誌，從前三門（正陽門、崇文門、宣武門）以南至永定門的"北京坊"，就是展現老城保護與開發利用的城市"新封面"。

穿過"北京坊"，順中軸線繼續向南延伸，北京大興國際機場正式投運，遠期將滿足年旅客吞吐量 1 億人次的需求。這隻振翅起舞的"金色鳳凰"，與蜿蜒流動的"龍形水系"南北對望，昭示中華大地"龍鳳呈祥"。

從60萬米高空俯瞰北京中軸線及其南、北延長線

**從60萬米高空俯瞰位於北京軸心的
天安門廣場**

圖中位於廣場中央的是人民英雄紀念
碑，其西側是人民大會堂，東側是中國
國家博物館。

從60萬米高空俯瞰位於中軸線上的正陽門和前門

衛星圖正中間橫穿全圖的街道為前門大街，緊鄰前門大街北側的建築為正陽門，與正陽門隔街相望的建築為前門。從正陽門往南一直到永定門一帶，被稱為"北京坊"。這裡是北京商賈文化、建築文化、會館文化、梨園文化、民俗文化最為集中的區域之一。從元代起，這裡就是城南主要商業區。

2017年3月

2018年4月

從60萬米高空俯瞰北京大興國際機場的建設

2019年2月

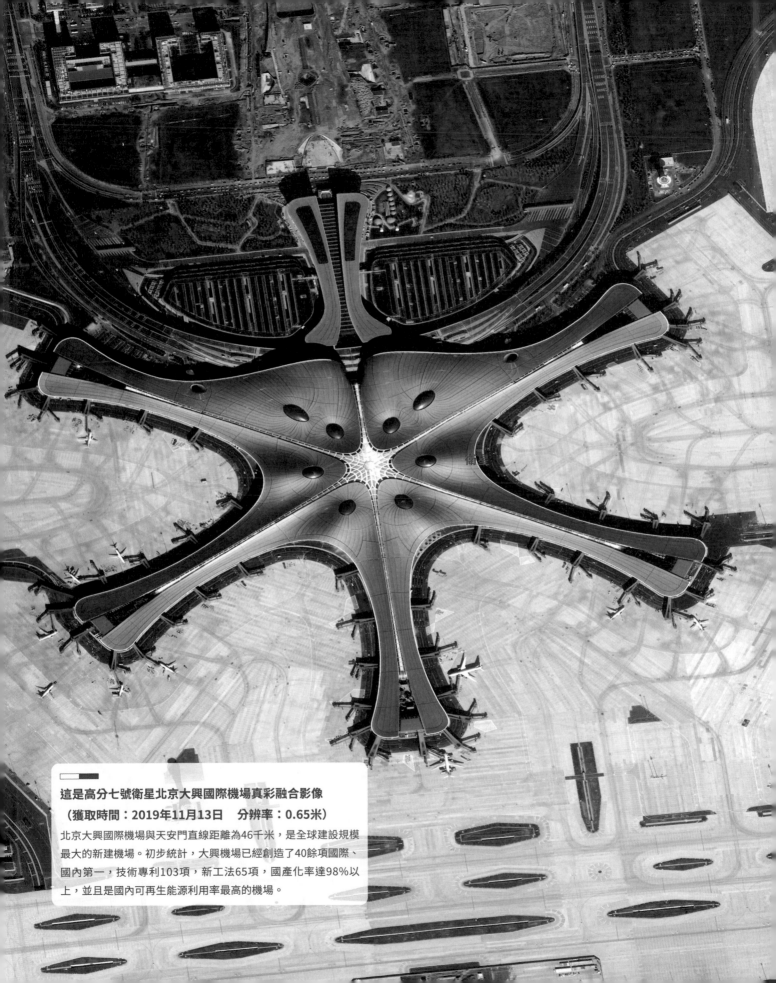

這是高分七號衛星北京大興國際機場真彩融合影像
（獲取時間：2019年11月13日　分辨率：0.65米）

北京大興國際機場與天安門直線距離為46千米，是全球建設規模
最大的新建機場。初步統計，大興機場已經創造了40餘項國際、
國內第一，技術專利103項，新工法65項，國產化率達98%以
上，並且是國內可再生能源利用率最高的機場。

如果說中軸線及其延長線是歷史軸和文化軸，長安街及其延長線就是政治軸和發展軸。"神州第一街"的寬度，象徵東方大國的寬廣胸懷；"神州第一街"的長度是中華民族偉大復興的見證，"長治久安"的寓意是我們對和平發展的長久期盼。

從天安門一路向西可一覽人民大會堂、軍事博物館等部分"首都十大建築"，還有明清時期就車水馬龍的西單。

長安街延長線西端是新首鋼園區，這裡正上演真正的"冰與火之歌"，曾經存放礦料的工業遺存變身為北京冬奧組委辦公地，站在打造新時代首都城市復興新地標重大節點上，百年首鋼敞開大門，共鑄它與這座城市的下一個百年輝煌。

在首鋼園區東側不到 5 千米的地方，是始建於 1965 年的古城地鐵站。1969 年，從北京古城站呼嘯而出的地鐵列車，讓中國告別了沒有地鐵的歷史。2018 年，北京地鐵運送乘客已達到 31.16 億人次，地鐵總里程數已達到 636.8 千米，是世界上地鐵線網最長的城市之一。

從古城站出發，順長安街沿線，追逐升起的太陽一路向東，穿過五棵松、軍事博物館、復興門、西單，就到了天安門。天安門再往東，穿過王府井和建國門，就到了國貿。這裡是高樓林立的中央商務區（CBD）。截至 2018 年 11 月，駐紮在 CBD 的外資機構超過 10 000 家，其中世界 500 強企業 157 家，昭示着中國開放之門將越開越大。

而在長安街延長線的東端、千年大運河北首，與河北雄安新區共同組成北京新兩翼，規劃面積約 155 平方千米的北京城市副中心——通州，已經拔地而起。

回望來路，北京與時代同脈搏，與國家共奮進，發生了翻天覆地的歷史巨變。從 60 萬米高空俯瞰，這裡有中國最絢麗的萬家燈火，這個正在追求高質量發展的大國之都必將見證新的發展奇跡。

右頁圖為從60萬米高空俯瞰北京長安街及其東西延長線

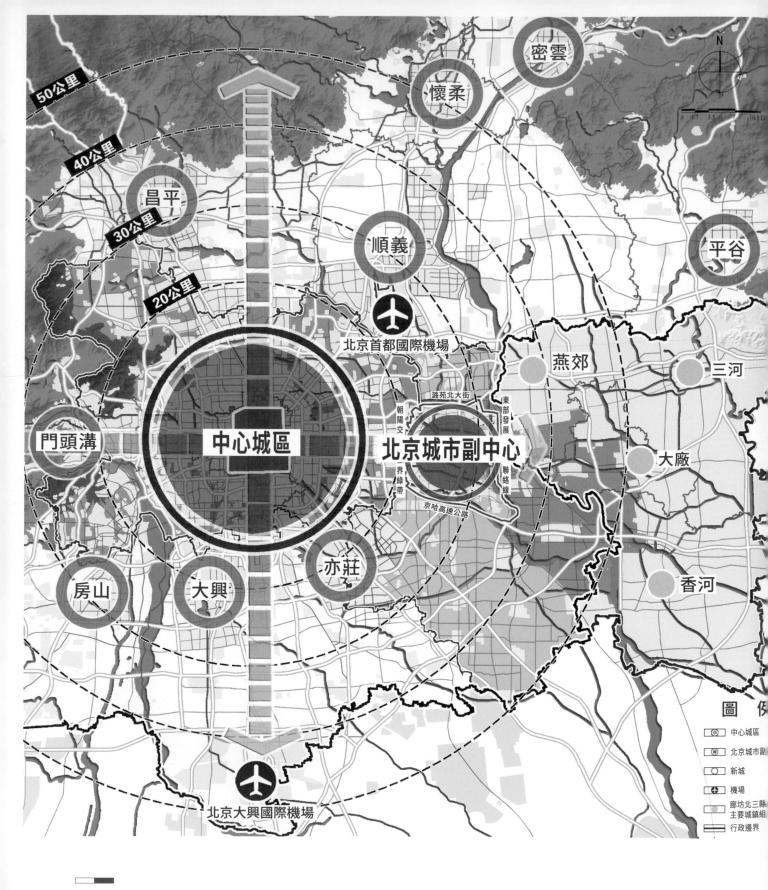

北京城市副中心位置與區位分析示意圖　新華社/發（北京市規劃自然資源委提供）

河
北
省

天
津
市

燕　　　　山

河

潮　　河

密雲水庫

軍　　　都　　　　山

潮　河

○ 延慶區

水庫

白

金海湖

○ 密雲區

○ 懷柔區

昌平區 ○

北 京 市

西　　　山

潮　　白　　　河

順義區 ○

平谷區 ○

海淀區 ○
東城區

門頭溝區 ○

西城區

★
北京

○ 朝陽區

河北省

通州區

石景山區 ○

豐台區 ○

運　河

潮　白　河

房山區 ○

○ 大興區

永　定　河

潮　白　新

北京城市副中心通州與河北雄安新區位置關係示意圖
從首都區位看，北京城市副中心、雄安新區作為兩翼分列
北京中心城區的東側和西南，錯位發展，拱衛首都實現新
騰躍。從河北區位看，雄安新區和以2022年北京冬奧會為
契機推進建設的張北地區，呈現一南一北樣式，同樣是帶
動燕趙大地騰飛的兩翼。大鵬展翅九萬里，構建起京津冀
協同發展的新格局。

○ 雄安新區

這是京杭大運河通州段上的玉帶河橋與鐵路橋　新華社記者 金良快/攝

近年來，通過疏挖河道、截污治污，京杭大運河通州段已經成為北京城市副中心重要的防洪、排水兼景觀河道。如今泛舟河上，河道兩岸鱗次櫛比的現代樓宇與綠樹成蔭的自然生態景觀交相輝映，為古老運河勾勒出全新畫面。

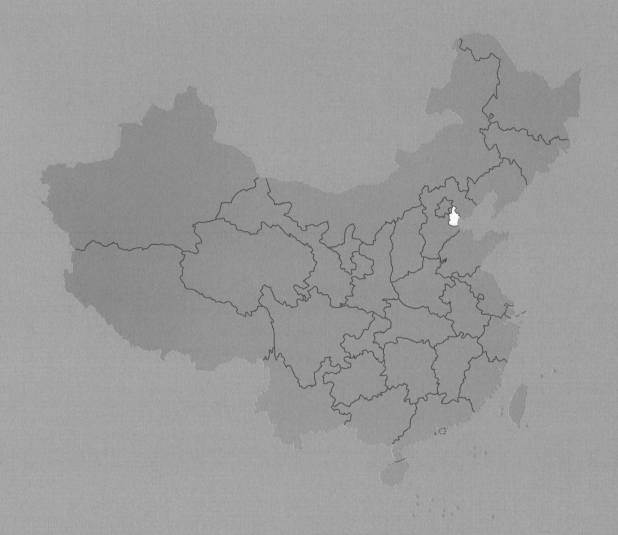

自然保護區面積：9.1
占轄面積比重 7.6%

耕地面積：43.68

2017年

2017年

TIANJIN

天津

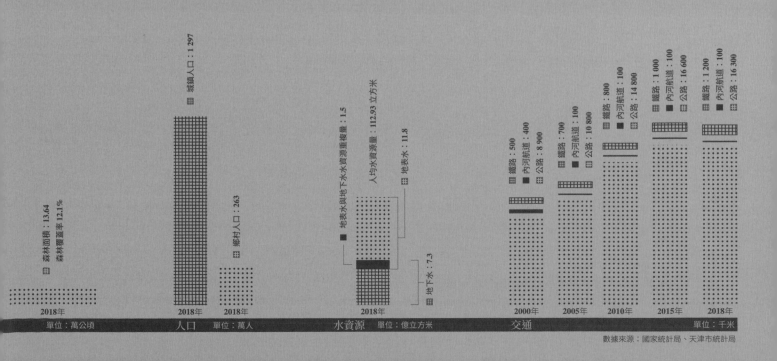

森林面積：13.64
森林覆蓋率 12.1%

2018年
單位：萬公頃

城鎮人口：1 297

鄉村人口：263

2018年　　2018年
人口　單位：萬人

人均水資源量：112.93 立方米

地表水與地下水資源重複量：1.5

地表水：11.8

地下水：7.3

2018年
水資源　單位：億立方米

鐵路：500
內河航道：400
公路：8 900

2000年

鐵路：700
內河航道：100
公路：10 800

2005年

鐵路：800
內河航道：100
公路：14 800

2010年

鐵路：1 000
內河航道：100
公路：16 600

2015年

鐵路：1 200
內河航道：100
公路：16 300

2018年

交通　　　　　　　　單位：千米

數據來源：國家統計局、天津市統計局

天津地處燕山以南的華北平原，東臨渤海，北依燕山，兼平原之秀美，得山水之滋潤。北運河、永定河、大清河、子牙河、南運河五大水系奔湧而來，彙聚於此，沿海河自西向東，從三岔河口順流而下，貫穿天津城至大沽口匯入渤海灣，流入渤海。

據考古發掘，在以天津津南區巨葛莊為中心、縱貫海河南北的貝殼堤上，戰國時期已經有人定居。這意味着古海岸線以西，南運河、子牙河與北運河交匯的三岔河口一帶，先秦時期已經淤積成陸地。但由於西漢時期渤海灣發生海侵，沿岸陸地再度成為澤國。東漢末期，海水逐漸退去，海河五大支流匯流入海的局面基本形成，渤海灣西岸的開發也在唐代以後逐漸恢復。

宋遼對峙時期，海河成為界河。北宋在邊界設置的軍事營壘，推動了海河南岸聚落的早期開發。而海河北岸的三岔河口地區，則隨着政治中心的北移，溝通南北的漕運體系不斷完善，地理優勢逐漸凸顯。金代遷都燕京（後改名中都），改鑿漕渠，在三岔河口設立直沽寨。元代定都大都，開通惠河以貫通京杭大運河，因“河運弗便”又行海上漕運，在居於集散之地的三岔河口設立了海津鎮。朱棣即位後，在南運河與北運河匯合處的直沽設衛築城，被視為天津這座歷史文化名城發展的起點。

隨着朱棣遷都北京，以及明後期東北亞海域局勢的日趨緊張，海河沿線加強了海防，天津衛也由設立之初的腹裡衛所發展成為拱衛京師的沿邊衛所。河海交匯，成為延續至今天津城市發展的典型特徵。清雍正年間，裁天津衛，置天津州，後升直隸州，再後又升為天津府。天津由以屯駐為主的軍事據點，開始向擁有完整行政職能的建制城市轉變。

中華人民共和國成立後，天津成為四大直轄市之一，並以海河為軸線，逐漸成為今日的“大海馬”形版圖，成為京津冀都市圈的重要陣地。從 60 萬米高空俯瞰津沽大地，中西合璧，古今相融；水拍河岸，潮起潮落；城市自然，生機勃勃。

右頁圖為天津市地形及主要水系分佈示意圖

薊州區

寶坻區

華北

武清區

寧河區

北辰區

紅橋區

西青區

河北區

南開區

河東區

和平區

河西區　東麗區

天津

平原

津南區

靜海區

濱海新區

北大港水庫

渤海灣

潮白新河

薊運河

永定河

永定新河

北運河

南運河

子牙河

獨流減河

左頁圖為天津市三岔河口地區示意圖

天津有句諺語："先有三岔口，後有天津衛。"這裡曾是天津最早的水旱碼頭、最早的商品集散地，故有"天津搖籃"的美稱。從這裡起，蜿蜒流淌的海河，見證着津城600多年的歷史。

右頁圖為海河上的"天津之眼"摩天輪　新華社記者 岳月偉/攝

從天津三岔河口到渤海灣大沽口，共有近30座橋樑橫跨天津海河兩岸，形態各異的橋樑形成海河上的一道風景線。坐落於三岔河口永樂橋上的"天津之眼"，跨河而建，橋輪合一，換移着歷史的遺跡與現代的繁華。

一條天津母親河，半部中國近代史

　　每當清晨第一縷陽光灑向海河河面，波光粼粼，水花漂散，宛如一切的新生，倒映着天津的繁華與秀麗，也孕育了天津文化開放、包容、多元的獨特性格。從金、元兩個朝代起，隨着漕運和海運的發達，各地商人紛紛來到天津，各地商人會館也相繼建立，並見證了外地商幫在天津的興衰沉浮。伴隨商業的繁榮，天津移民人口大量增加，在方言、飲食、曲藝等方面，逐漸形成具有鮮明特徵的市井碼頭地域文化。

　　"天津之始，本在海河上游；租界後闢，反為舊城門戶。"

　　第二次鴉片戰爭（1856—1860 年）後，清政府被迫與列強簽訂《北京條約》，增開天津為通商口岸，英、法、美率先在紫竹林地區開闢租界。中日甲午戰爭（1894—1895 年）以及八國聯軍攻佔天津之後，德、日、俄、意、奧、比諸國又相繼在海河兩岸建立租界，風格各異的建築，在海河兩岸拔地而起。

　　租界一面擴張着城區面積，一面控制着天津的海洋航運與對外貿易，各國競相在海河岸邊建造租界碼頭。隨着天津火車站遷建到英法租界對岸的老龍頭，原本充作水關的老龍頭浮橋也被改建為鋼質可開合的萬國橋（今解放橋）。陸海聯運的交通樞紐優勢吸引了各國洋行、金融機構紛紛集聚海河沿岸的租界區。

　　為了保障航道暢通，1897 年成立的海河工程局先後五次對海河幹流裁彎取直，縮短河道共 26.3 千米。在這一過程中，英租界工部局將原本拋入深航道中的疏浚泥沙，通過管道吹泥的技術用於填墊租界內的窪地、坑塘。五大道，就是 20 世紀二三十年代吹填成的。

　　這裡的每一座洋樓背後，都有值得細細品讀的故事。風吹海棠，燈影搖曳，暗香浮動，漫步五大道，滿眼盡是歷史的風韻。

從60萬米高空俯瞰天津五大道

著名的五大道現共有23條道路，各式建築2 000多所，體現歐洲不同歷史時期建築風格的
樓房900餘所，被列為歷史風貌建築加以保護的小洋樓400餘所。"萬國建築博覽會"之
稱由此而來。

鹽鹼灘上崛起一座活力新城

海河下游、渤海灣畔,天津濱海新區東風激蕩,大潮奔湧。

1984年,中國最早一批經濟技術開發區在這裡誕生。兩年後,改革開放總設計師鄧小平在這裡提筆寫下"開發區大有希望"。從那時起,這片曾是鹽鹼荒灘的土地,便激蕩起津沽大地改革開放的最強音。

2009年,國務院批覆設立天津市濱海新區。自此,天津濱海新區成為繼上海浦東新區之後第二個國家級新區和國家綜合配套改革試驗區,肩負起改革攻堅"探路者"和深化開放"先遣隊"的光榮使命。隨後,開發區、保稅區、高新區、東疆保稅港區、中新天津生態城在這裡"五箭齊發",展現"硬核"實力。

2014年,京津冀協同發展正式上升為重大國家戰略。

2015年,"改革棋局"迎來了新的"落子",中國長江以北首個自貿試驗區在這裡落地,濱海新區再立潮頭。曾經的鹽鹼荒灘,成為如今的開放"高地"、改革"地標"、創新"沃土",濱海新區高質量發展"新"潮澎湃。

天津濱海新區2003年和2019年發展對比

2007年10月14日拍攝的中新天津生態城所在地原貌(資料照片)

2018年10月8日拍攝的中新天津生態城新貌　新華社記者 岳月偉/攝

在曾經三分之一是鹽鹼荒地、三分之一是廢棄鹽田、三分之一是污染水面的一片"生態禁區"，世界首個國家間合作建設的生態城市——中新天津生態城正在崛起。從不毛之地到"未來城市"，綠色宜居智慧新城的藍圖一步步變為現實。

　　早在明清時期，濱海地區就是重要的海防門戶與海運樞紐。清乾隆初年全面開放海禁，往返遼寧販賣米穀的船隻，從十數艘漸增至數百艘。

　　清光緒十四年（1888），唐胥鐵路延伸至天津時，在濱海新區的中心區——塘沽建立了車站，"TANGKU"開始成為中國濱海發展版圖中的重要一環。

　　新中國成立後，經過1949年開始的重新恢復與建設，塘沽新港於1952年10月正式開港通航。自1959年起，塘沽新港進入大規模建設時期。1984年，天津成為中國第一批沿海開放城市，由此迎來了高速發展的歷史契機。曾經的淤泥質小港，已經建設成為世界上等級最高的人工深水港——天津港。

　　因港而立，藉港而興，如今位於海河入海口的天津港，是中國唯一擁有三條亞歐大陸橋過境通道的港口。它陸向輻射京津冀和華北、西北等內陸腹地，海向同180多個國家和地區的500多個港口有貿易往來，120多條集裝箱班輪航線基本覆蓋全球各大港口。

　　70餘年來，曾經創造出"第一輛自行車""第一台電視機""第一塊手錶""第一架照相機"等若干"新中國第一"的天津，從未停止創新步伐，已成為一座山水萬千的毓秀之城，一塊東西薈萃的文化瑰寶。

　　如今，海河河水生生不息，靜靜流淌。大美津門，抓住協同發展的歷史機遇，面朝明天，奔向未來。

上圖為2018年8月28日拍攝的天津港
新華社記者 毛振華/攝

右圖為1999年9月22日拍攝的天津港
新華社記者 楊宗友/攝

向 海 而 生 · 挺 進 深 藍

耕地面積：758.98

自然保護區面積：113.6
佔轄區面積比重 4.9%

2017年

2017年

SHANDONG

山東

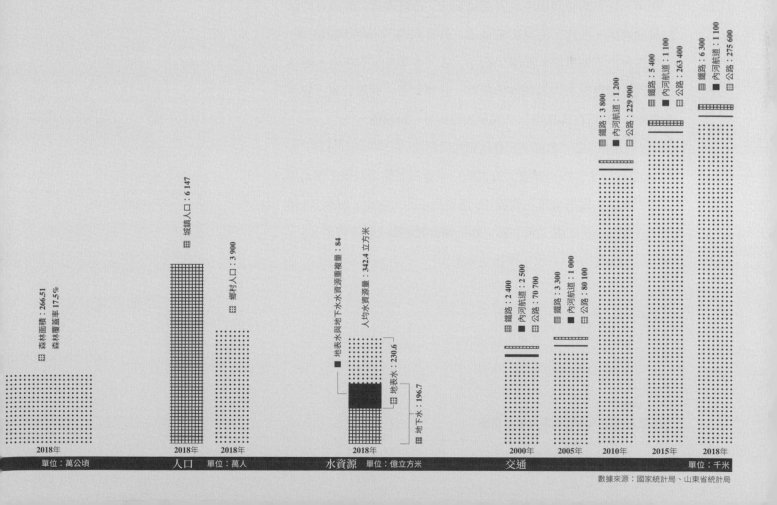

田 森林面積：266.51
森林覆蓋率 17.5%

田 城鎮人口：6 147

田 鄉村人口：3 900

■ 地表水與地下水資源重複量：84

人均水資源源量：342.4 立方米

田 地表水：230.6

田 地表水：196.7

地下水：

田 鐵路：2 400
內河航道：2 500
田 公路：70 700

田 鐵路：3 300
■ 內河航道：1 000
田 公路：80 100

田 鐵路：3 800
■ 內河航道：1 200
田 公路：229 900

田 鐵路：5 400
■ 內河航道：1 100
田 公路：263 400

田 鐵路：6 300
■ 內河航道：1 100
田 公路：275 600

2018年

2018年　　　2018年

2018年

2000年　2005年　2010年　2015年　2018年

單位：萬公頃　　　　　　　人口　單位：萬人　　　　　水資源　單位：億立方米　　　　交通　　　　　　　　　單位：千米

數據來源：國家統計局、山東省統計局

"岱宗夫如何，齊魯青未了。"

距今約 3 000 萬年前，燕山運動中拔地而起的古泰山，在喜馬拉雅造山運動的影響下，不斷抬升，基本形成今日泰山的輪廓。自那時起，它便開始了雄風蓋世的征途，奠定了山東大地中間高四周低的地勢格局。泰山以東、以南緩丘起伏，東部是伸向黃海、渤海的山東半島；泰山以西、以北屬於華北平原的一部分，並在黃河的眷顧下，在其入海口一帶形成一片沖積平原——黃河三角洲。

"黃河落天走東海，萬里寫入胸懷間。"發源於青海省巴顏喀拉山脈北麓的黃河，流經青海、四川、甘肅、寧夏、內蒙古、陝西、山西、河南 8 省區後，橫穿山東 9 市，在山東東營的墾利區注入渤海，境內河道全長 628 千米。

這就是山東，有山的巍峨豪邁，有河的奔騰壯闊，也有海的靈秀之姿。岱青海藍，蜿蜒綿長，中華民族燦爛的文明，在這裡生生不息。

西周初年，分封天下，周公受封建立魯國，姜尚受封建立齊國，是先秦時期山東地區面積最大、政權存續時間最長的兩個諸侯國。因此，山東也被稱為"齊魯大地"。春秋戰國時期，齊魯大地百家爭鳴，湧現出孔子、孟子等眾多聖賢名人，數量之眾、影響之大，為各地所僅有。自漢武帝"罷黜百家，獨尊儒術"後，"孔孟故里"又成了山東的另一個稱謂。

"山東"這一名稱早在春秋戰國時期就已出現，但直到清代，"山東省"才作為一個獨立的省級行政區劃名稱得以確立並沿用至今。新中國成立後，懷抱 16 個地級市的大山東，歷經 70 餘年的奮鬥，正在由"大"到"強"轉變的道路上闊步向前。

70 餘載初心不改，齊魯青未了。

山東省地形及主要水系分佈示意圖

渤　海

黃　海

廟島群島

黃河口

萊　州　灣

新衛河

馬駭河

徒駭河

黃河

小清河

濱州◎

東營◎

煙台◎

威海◎

東山

半島

淄博◎

濰坊◎

濰河

●濟南

陵

泰山

泰安◎

丘

山

沂

山

東

青島◎

黃

山

河

沂

海

河

臨沂◎

沭河

河

日照◎

棗莊◎

微山湖

圖　例

● 省級行政中心

◎ 地級市行政中心

‥‥‥‥ 運河

1：2 700 000

泰山雙層雲海奇觀　新華社/發 柳岸/攝

千年泰山、天下泰安。泰山孕育、見證着多姿多彩的中華文明。在這裡，拾級而上的
挑山工，勇擔重任堅持攀登，代表着堅韌的精神，激勵着後人奮發圖強、勇敢前行。

巍巍蒙山，長長沂水

　　山東是富有革命傳統的紅色熱土。泰山東南聞名遐邇的革命老區沂蒙，人民積極擁軍支前，軍民水乳交融、生死與共，譜寫出抵禦外侮和全國解放的慷慨壯歌。

　　可要說沂蒙山在哪兒，外地人大多說不清楚。與泰山不同，沂蒙山從來不是某一座山的名字，她是沂山沂水和蒙山山脈組成的地理區域總稱，主要分佈在泰山東南方向的臨沂市境內，是四五十萬年前沂源猿人生存的地區。整個沂蒙山區較大的山頭就有 800 餘座，其中蒙山主峰龜蒙頂是山東第二高峰，素稱"岱宗之亞"，地位僅次於泰山。

　　《孟子·盡心上》曰："孔子登東山而小魯，登泰山而小天下。"這裡的"東山"即是蒙山。

　　而"沂蒙山"這個名稱，則始於黨中央對 115 師東進的電文："要建立沂蒙山抗日根據地。"從那以後，沂蒙山逐漸成為全國重要的根據地之一，享有"華東小延安"的讚譽。它是中國革命的紅色熱土，也是山東脫貧攻堅的"主戰場"，千百個山村星羅棋佈，千百年窮困代代相因，千百萬幹群勠力脫貧。"摘窮帽""拔窮根""挪窮窩"，巍巍蒙山，長長沂水，正見證着八百里山鄉徹底斬斷"窮根"、走向富裕。

沂蒙山腹地的岱崮地貌　新華社記者 王凱/攝
該地貌在山東省臨沂市蒙陰縣岱崮鎮連綿聚集，是繼 "丹霞地貌" "喀斯特地貌" "嶂
石岩地貌" "張家界地貌" 之後的中國第五大造型地貌。2019年，以岱崮地貌景區為
核心的沂蒙山地質公園被聯合國教科文組織正式授予 "世界地質公園" 稱號。

濕地之城，生態天堂

　　泰山以南有沂蒙，泰山以西迎黃河。在山東境內馳騁 628 千米的黃河承載着文明，也帶來過災難。歷史上的黃河，平均"三年兩決口，百年一改道"。據黃河水利委員會統計，3 000 年以來，黃河下游決口氾濫約 1 500 次，較大的改道有二三十次，其中有五六次重大改道。頻繁的水患北及海河流域，南達淮河流域，在整個黃淮海平原都留下了黃河的足跡。

　　在中國共產黨領導下的人民治理黃河以來，流淌在齊魯大地的母親河不僅為農業灌溉、為乾旱地區輸水，還滋養着廣大齊魯兒女。沿黃地區還利用黃河水沙資源進行放淤改土，把 2 000 平方千米鹽鹼澇窪地改造成穩產良田，為齊魯大地新增了一座重要的商品糧棉基地。

　　百川東流終究歸於浩瀚，在東營黃河入海口，由於泥沙沉積，前些年黃河每年在河口帶淤積造陸 20 多平方千米（近來有所減少），被稱為"共和國最年輕的土地"。這片黃河三角洲，有着豐富的濕地生態系統資源，水草叢生，候鳥翔集，堪稱"生態天堂"。每當紅日升起，光照海浪河濤，燦若錦繡。舉目望去，奔騰的黃河帶着滾滾濁流劈波斬浪，湧入大海深處。陽光下金燦燦的黃河水伸展在湛藍的海面上，造就了河海交匯的壯麗景象和"黃龍入海"的奇觀。

鳥瞰黃河入海的地方　新華社記者 王建華/攝

圖為2018年6月24日無人機航拍的東營市墾利區境內黃河兩岸，一邊是生機勃勃的城市，一邊是肥沃的耕地。作為黃河入海的地方，東營市以佔地1 530平方千米的黃河三角洲國家級自然保護區為重點，着力打造"濕地之城"，如今"濕地之中有城市，城市之中有濕地"。

鳥瞰黃河入海的地方　新華社記者 王建華/攝

圖為2018年6月23日無人機航拍的東營市黃河三角洲國家級自然保護區
濕地景觀。近年來，隨着生態修復多種措施實施，濕地生態恢復良好，
鳥群數量種類明顯增加，黃河三角洲已成為候鳥翔集的"生態天堂"。

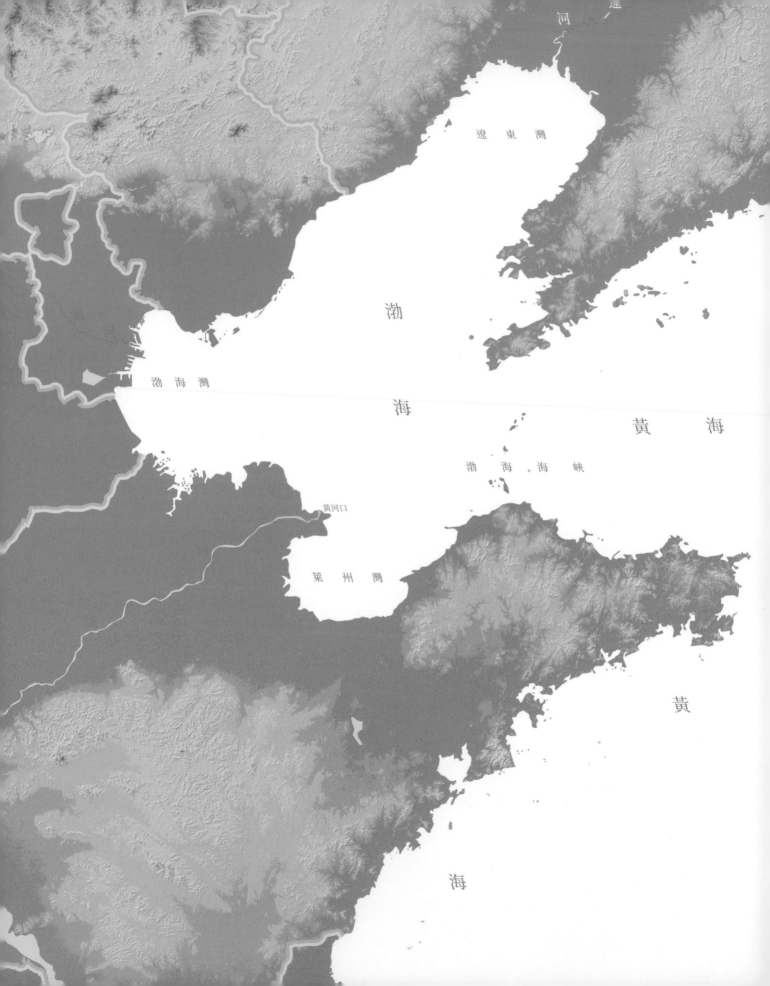

遼東灣

渤

海

渤海灣

黃 海

渤 海 海 峽

黃河口

萊州灣

黃

海

向海而生，挺進深藍

　　海洋蘊藏着可持續發展的寶貴財富，是高質量發展的戰略要地。如果說東營打開了黃河伸向海洋的大門，山東半島就是齊魯大地向海而生、挺進深藍的秘鑰。

　　從左頁圖上看，山東半島北、東、南三面環海，與渤海另一頭的遼東半島呈掎角之勢，好似渤海門戶的哼哈二將，拱衛着渤海最西頭、天津身後的首都北京。戰爭年代，它是抵禦外敵的軍事要地；和平年代，它是集軍事要地、開放前沿與海洋經濟示範區於一身的明珠。

　　這裡留下了中國追趕世界的足跡，承載着中華民族深沉的民族情感與執着的復興追求。

　　中華人民共和國成立以來，特別是改革開放之後，山東半島主動融入世界，高揚開放和創新的旗幟，走在山東省乃至全國的前列。從靠海吃海到經略海洋，"百舸爭流，奮楫者先"，山東省海洋生產總值連續多年位居全國第二。依海而生，向海圖強，海岱齊魯，芳華正勁。

海拔分級

<50米	
50米-100米	
100米-200米	
200米-500米	
500米-800米	
800米-1 000米	
1 000米-1 200米	
1 200米-1 500米	
1 500米-2 000米	
2 000米-2 500米	
2 500米-3 000米	
3 000米-3 500米	
3 500米-5 000米	

左頁圖為山東半島與遼東半島位置關係示意圖
山東半島是人類文明萌生極早的區域，在西漢時代就已經發展起數量龐大的城市群體。今天，山東半島城市群，正向着2030年建成現代化國家級城市群目標奮進，積極構建濟南都市圈、青島都市圈和煙台威海、東營濱州、濟寧棗莊菏澤、臨沂日照四個都市區等兩圈四區、網絡發展的總體格局。

经略海洋：山东半岛夏日"调色板" 新华社/发 李信君/摄

星罗棋布的盐田的水在高温下不断蒸发，浓度变大，呈现出色彩斑斓的独特景象，宛如一张巨大的调色板，将大地装扮得缤纷如画。

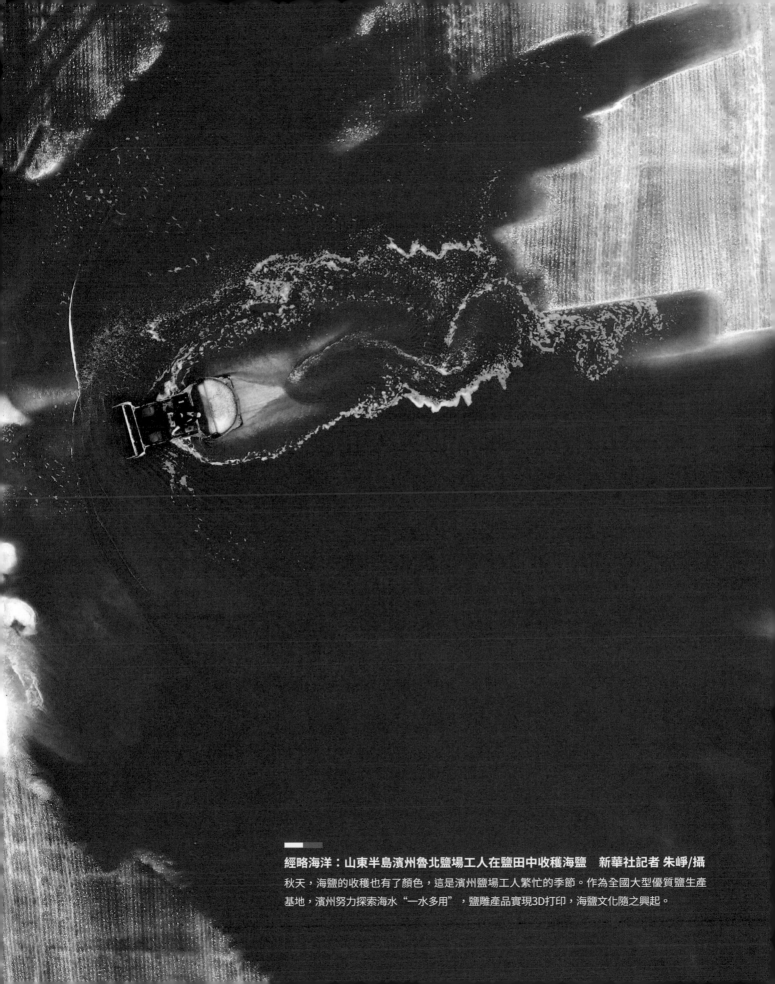

經略海洋：山東半島濱州魯北鹽場工人在鹽田中收穫海鹽　新華社記者 朱崢/攝
秋天，海鹽的收穫也有了顏色，這是濱州鹽場工人繁忙的季節。作為全國大型優質鹽生產
基地，濱州努力探索海水"一水多用"，鹽雕產品實現3D打印，海鹽文化隨之興起。

經略海洋：這是威海榮成的一處國家級海洋牧場　新華社記者 王凱/攝

山東半島東部，北、東、南三面瀕臨黃海的威海市，一條小海帶，串起了"千億級"產業加工鏈。今天，全國近半數海帶產自威海榮成。利用豐富的海洋資源，榮成開展立體生態養殖，以養興漁，科技興海，並將海洋牧場打造為海上樂園，每年吸引遊客數萬人次。

經略海洋：遠眺山東半島青島灣　新華社記者 王建華/攝

青山連碧海，島城聚遠朋。1 000多年前商賈雲集的板橋鎮見證着這片商業熱土成長為重要的對外開放城市——青島。它是中國產品外輸和進口貨物登陸的重要門戶，走向世界的青島啤酒，溢漾着中國擴大對外開放的堅定與豪邁。繼2018年上合峰會（上海合作組織成員國元首理事會）成功舉辦，青青之島乘"峰"破浪，持續迸發新動能。

經略海洋："藍鯨1號"在南海試採"可燃冰" 新華社/發（中集集團供圖）
唸好"海洋經"，闊步向深藍。山東煙台中集來福士海洋工程有限公司建造的半潛式鑽井平台——"藍鯨1號"，最大鑽井深度超過15 000米，代表海工裝備中國深度。2019年，山東省港口集團在青島正式揭牌，以一流海洋港口為依託，開闢對外合作海上大通道。

耕地面積：586.68

自然保護區面積：50.6
佔轄區面積比重 3.6%

2017年

2017年

ANHUI

安徽

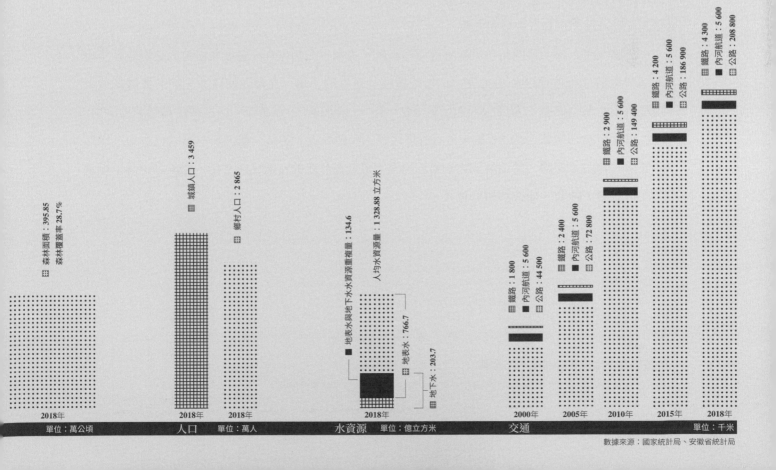

森林面積：395.85
森林覆蓋率 28.7%

2018年

城鎮人口：3 459
鄉村人口：2 865

2018年　2018年

地表水與地下水資源重複量：134.6
人均水資源量：1 328.88 立方米
地表水：766.7
地下水：203.7

2018年

鐵路：1 800
內河航道：5 600
公路：44 500

2000年

鐵路：2 400
內河航道：5 600
公路：72 800

2005年

鐵路：2 900
內河航道：5 600
公路：149 400

2010年

鐵路：4 200
內河航道：5 600
公路：186 900

2015年

鐵路：4 300
內河航道：5 600
公路：208 800

2018年

| 單位：萬公頃 | 人口 | 單位：萬人 | 水資源 | 單位：億立方米 | 交通 | 單位：千米 |

數據來源：國家統計局、安徽省統計局

凌空俯瞰江淮大地，地形地貌多姿多彩，山水風光秀甲天下。

然而遠在距今 19 億年前，安徽南部地區還是一片汪洋，直到距今 2 億年前的三疊紀末期，劃時代的印支運動終於使海水退出安徽全境。此後億萬年漫漫歲月裡，影響遍及我國各地的燕山運動和新生代喜馬拉雅造山運動接踵而至，並最終塑造了今日安徽兩河兩山五地，且西南高、東北低的地形地勢格局，深刻地影響着江淮大地。

發源於河南並作為中國南北分界的淮河，以浩浩蕩蕩之勢，自西向東橫貫安徽北部，同潁河、渦河等支流一起，沖積形成一片覆蓋淮河沿岸及淮河北部廣大區域的平原地帶——淮北平原。這一區域地勢平坦開闊，只在東北部有小面積"島山"一樣的低山丘陵，是安徽乃至全國重要的商品糧基地之一。而雄渾壯闊的萬里長江，沿青海、西藏、四川、雲南、重慶、湖北、湖南、江西一路奔襲，橫貫安徽全境，並在安徽中南部長江沿岸和巢湖附近，孕育出一個土地肥沃、河湖星羅棋佈的魚米之鄉——沿江平原。

在淮北平原與沿江平原之間，是西連皖西大別山區的江淮丘陵。與大別山區不同，江淮丘陵地形波狀起伏，平均海拔不足 300 米。而蜿蜒於安徽西部的皖西大別山區，岡巒起伏，群峰突起。主峰天柱山，海拔 1 489.8 米，是長江、淮河的分水嶺。由此橫跨長江，便是與整個皖西大別山區隔江對坐的皖南山區。它以黃山為中樞，經億萬年地質營力的雕琢，形成峰林、怪石、洞穴廣佈，整個花崗岩區峰巒疊翠的地貌奇觀。

在這山河之間，第四紀以來適宜的地理氣候，提供了人類生存、發展所必需的良好條件，也為這裡史前文化的發展和史前文明的出現提供了適宜的土壤。在蕪湖繁昌的人字洞裡隱藏着中國迄今為止最早的舊石器時代人類活動遺址，距今 200 萬—240 萬年。在馬鞍山和縣龍潭洞內，考古學家還發現了距今約 30 萬年舊石器時代的"和縣猿人"遺址。進入新石器時代以來，以蚌埠雙墩、含山凌家灘、潛山薛家崗和蒙城尉遲寺遺址為代表的安徽史前文化，更成為中國早期南北文化交流、融合、碰撞的核心地帶。

右頁圖為安徽省地形3D混合示意圖

在大的地理區位中，淮北平原是華北平原的一部分，沿江平原屬於長江中下游平原。

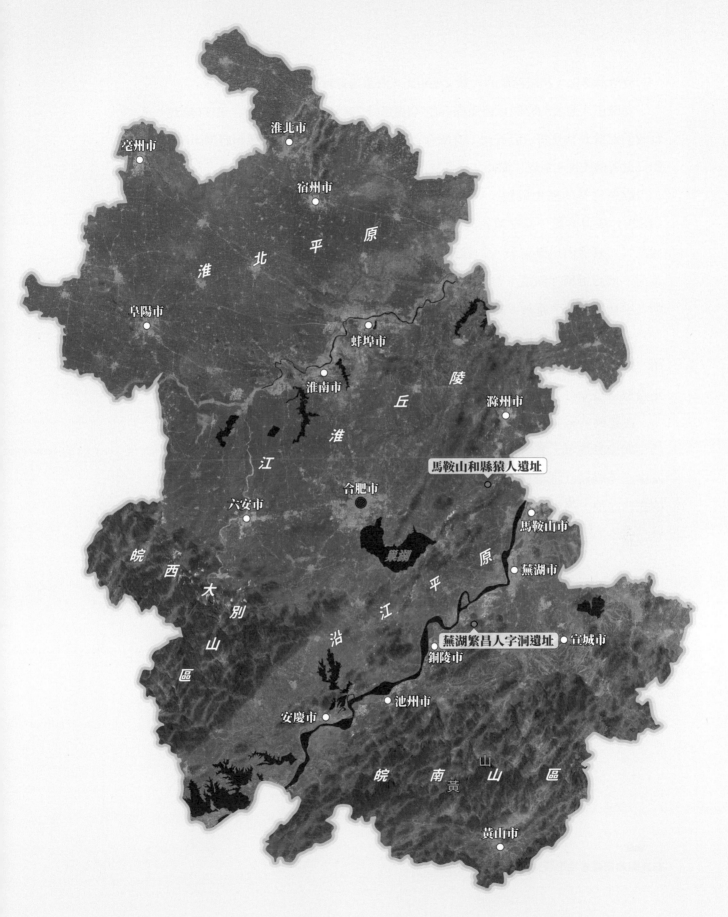

亳州市

淮北市

宿州市

淮　北　平　原

阜陽市

蚌埠市

淮南市

陵

丘

滁州市

馬鞍山和縣猿人遺址

合肥市

六安市

馬鞍山市

皖　　西

巢湖

蕪湖市

大　別　山　區

江　平　原

宣城市

沿　　江

蕪湖繁昌人字洞遺址

銅陵市

池州市

安慶市

皖　南　　山　區

黃

黃山市

與滄海桑田、積澱深厚的人類文明相比，安徽建省的歷史就要短了許多。

安徽正式命名的時間是清康熙六年（1667）。"安"取自安慶，"徽"取自徽州。當時的安徽省共管轄八府五州，安慶府是全省的政治、軍事中心，徽州府則因商業和文化著稱於世，並以"徽商"之名為世人留下一段長達 790 年的傳奇。

雖然建省的歷史較短，但安徽建設、發展的歷史卻很悠長。據清道光九年（1829）成書的第一部安徽省志《安徽通志》記載："安徽一省五嶽有其一，四瀆居其二，其他山川無論矣。"五嶽和四瀆是中華地域認同的標誌。長江、淮河和黃河、濟水被稱作四瀆，但現在我們所熟知的五嶽卻沒有一處位於安徽，為何清朝人卻這麼說呢？原來，五嶽是隨着中華文明的展佈而有所變化的。最早的南嶽，並非位於長江以南的湖南衡山，而是位於長江北岸、今安徽省安慶市潛山的天柱山。因為地處古皖國之地，天柱山還有一個別稱叫"皖山"，安徽省的簡稱"皖"正是取自這一古老的稱謂。

古老的安徽是"人文中國"的精粹之地，新中國成立 70 餘年來，這裡古老的文明精妙傳承，藝術創造熠熠生輝。今天，襟江帶淮、吳頭楚尾、承東啟西的安徽，不僅是江浙滬皖長江三角洲地區無縫對接的縱深腹地，更是"創新中國"的先行之地，創新創業熱潮湧動，科技"攻尖"與產業"攻堅"碩果連枝。

右頁圖為安徽省地形及主要水系分佈示意圖

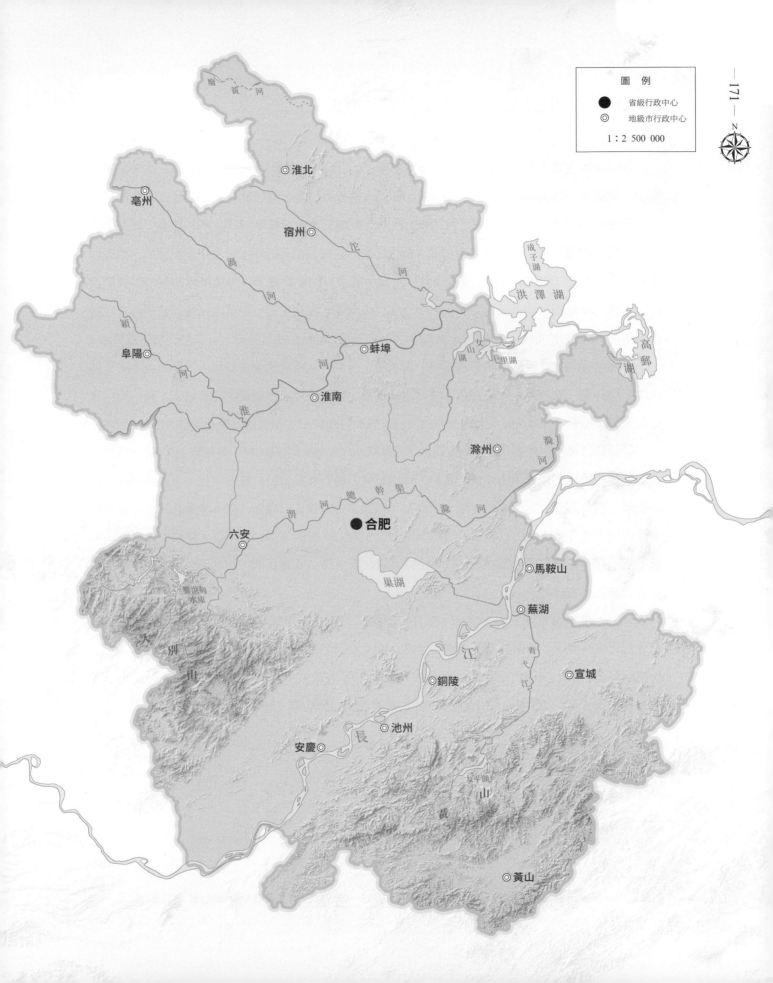

圖　例

● 省級行政中心

◎ 地級市行政中心

1：2 500 000

廢黃河

淮北◎

亳州◎

宿州◎

渦河

潁河

阜陽◎

沱河

蚌埠◎

淮河

淮南◎

成子湖

洪澤湖

高郵湖

女山湖

七里湖

滁州◎

滁河

星羅幹河總

濊河

六安◎

●合肥

滁河

巢湖

馬鞍山◎

蕪湖◎

響洪甸水庫

大別山

青弋江

江長

宣城◎

銅陵◎

池州◎

長江

安慶◎

太平湖

黃山

黃山◎

皖南山區：山嶽奇秀，徽商從這裡走來

皖南山嶽奇秀，文化積澱深厚，當地流傳着"黃山奇，九華秀，齊雲幽"的民諺。"天下第一奇山"的黃山、四大道教名山之一的齊雲山和四大佛教名山之一的九華山，在這裡三足鼎立。

然而遠在距今 19 億年以前，包括黃山在內的整個皖南山區都是一片汪洋。後來，黃山南側地殼在海底繼續沉降，並伴隨火山噴發。數億年間，在白浪滔天的海水中沉積了厚逾萬米的泥沙物質。到了距今 10 億年左右，這裡上演了震撼中國南方的晉寧運動，厚逾萬米的泥沙物質開始固結形成大陸地殼，地下熾熱的花崗岩漿也從黃山南側的深處上侵。但黃山並未就此平靜，在距今 4.05 億年左右的地殼運動中上升成為陸地，這是黃山地區在地質歷史上首次長時期出露海面。

在經歷約 5 000 萬年的相對穩定後，海水捲土重來，黃山地區又重新沉入海平面以下。直到距今 2 億年前，劃時代的印支運動才使海水全部退出安徽全境。當鹹澀的海水退去，黃山這片裸露在大地上的岩石，開始經受漫漫歲月的風雨侵襲和自然剝蝕。印支運動改造了這裡的地殼面貌，它不僅使黃山地區再度崛起，同時又重新塑造和雕琢了這裡的地質地貌。再後來，在那植被繁茂、恐龍稱霸的時代，伴隨燕山運動的激化，黃山花崗岩體的胚胎開始在這裡孕育，並最終形成了黃山岩體。但直到距今 5 000 萬年至 6 000 萬年前的喜馬拉雅造山運動時期，覆蓋在黃山花崗岩體上的沉積蓋層，才隨着山體的抬升逐漸剝落殆盡。黃山終於衝開歲月的掩蓋，慢慢露出地表，形成了蓮花峰、光明頂和天都峰等花崗岩山峰，並在距今約 100 萬年前，切割形成了高逾千米、翹首雲天的花崗岩峰林。

今天，彙聚奇松、怪石、雲海、泉瀑"四絕"的黃山，群峰矗立，怪石嶙峋；群峰之間氣流分合不定，形成了壯觀而瞬息萬變的雲霧；斷崖和懸谷之間處處瀑潭，湯泉清幽；峰畔崖邊，松枝向外側伸展，呈迎客之態。徐霞客曾歎為觀止："登黃山，天下無山。"但這並非黃山不變的模樣，那永恆的地質偉力，每時每刻都在雕塑着黃山的肌膚，創造着黃山的靈氣。

右頁圖：一場大雨過後，安徽黃山風景區雲海彌漫，宛如一幅淡雅的水墨畫卷 新華社/發 水從澤/攝

"一生癡絕處，無夢到徽州。"

皖南早已成為許多人夢中的世外桃源。

山峰聳峙、鬱鬱蒼蒼的黃山，頭頂世界自然遺產、世界文化遺產、世界地質公園三頂桂冠，懷抱星羅棋佈的徽派建築古村落，人居與山水和諧共生。

粉牆黛瓦的民居，配上層層昂起的封火山牆，倒映在清澈的湖沼中，極具粉墨山水畫的意境。這樣的風景是明朝中期以後才出現的。伴隨着徽商的崛起，大批商業利潤被源源不斷地匯回家鄉，這方土地的民居面貌煥然一新。

雖說皖南山嶺遍佈，川谷崎嶇，自古便被稱為"山限壤隔之地"，但新安江、閭江等水道溝通了錢塘江、京杭大運河和長江，為徽商的登場提供了便利的交通條件。徽商在朝廷授權下掌握了壟斷性的鹽業，也將皖南山區的經濟作物和手工業品長途販運到四方，成為木材、茶葉、墨、陶器等行業巨頭。徽商的活躍，給長江中下游的城鎮商業帶來了活力，因而民間流傳有"無徽不成鎮"的說法。

鳥瞰皖南古村　新華社記者 楊世堯/攝

這是2018年5月8日，新華社記者在安徽省黃山市黟縣宏村，用無人機記錄下的皖南古村之美。

皖西大別山區：一寸山河一寸血，一抔熱土一抔魂

　　大別山，橫亙神州大地中央腹地安徽、湖北、河南三省交界處，綿延300餘千米。革命戰爭年代，大別山是一座英雄的山，200多萬人民投身革命，近100萬人為國捐軀；社會主義建設和改革時期，大別山是一座奮鬥的山，昔日貧窮落後的大山溝，如今已是綠色發展的先行者，見證着一場場老區人民波瀾壯闊的"反貧困"之戰。

　　2019年，革命老區金寨縣正式退出貧困縣序列。這座深處大別山腹地的"將軍寨"，凝聚着革命的熱血，被譽為"紅軍的搖籃、將軍的故鄉"。"最後一把米，拿去當軍糧；最後一塊布，拿去做軍裝；最後一個兒，送去上戰場。"革命戰爭年代，不足23萬人的金寨縣是紅二十五軍和紅四方面軍的主要發源地，先後組建過11支主力紅軍隊伍，一地走出59位開國將軍。在為民族解放、國家獨立而鬥爭的歲月裡，10萬金寨兒女為國捐軀。滿山的紅杜鵑下深埋着烈士的忠骨，每年春天，杜鵑花次第開放，層層疊疊，團團簇簇，將青色的大山變成了紅色的海洋。

　　新中國成立後，金寨的反貧困之戰，曾讓無數人牽腸掛肚：這裡是華東地區最閉塞的山區之一，又集山區、庫區和老區為一體，是安徽省最典型的一塊"貧中之貧、困中之困"的硬骨頭。1978年，金寨縣貧困人口54萬，佔總人口的99%，幾乎人人貧、戶戶窮。直到2011年，金寨仍被確定為大別山集中連片特困地區縣。但毫不氣餒的老區人民，在國家脫貧攻堅決策部署指引下，向着貧困堡壘發起衝鋒，在這片紅土地上的脫貧戰鬥中，堅持"紅"與"綠"的底色，走出一條"紅綠經濟"之路。

　　曾經閉塞的山區如今山門大開，修建了貫穿全縣的旅遊快速通道和通達鎮村的公路，暢通了山鄉血脈。當年長滿荒草雜樹的大山如今山野流翠，一壟壟茶園綠野生金，一片片藥材成增收寶庫。人不負青山，青山定不負人。70餘年滄海桑田，大別山老區巨變，光景越來越好。

安徽省六安市金寨縣革命烈士陵園中央，一座高 24 米的金寨縣革命烈士紀念塔巍巍而立，塔身正面鐫刻着劉伯承元帥親筆題寫的碑銘——燎原星火。

霧飄金寨茶谷　新華社記者 陶明/攝
大別山深處的安徽省六安市金寨縣油坊店鄉是六安茶谷主題公園
的核心地帶，層層茶園與周邊的湖光山色構成一幅天然畫卷。

淮北平原：淮水安瀾，功在禹上

在淮北平原上，淮河流域是我國重要的糧、棉、油生產基地，在佔全國面積不到 3% 的土地上，有近 2 億畝耕地，養活着佔全國總人數近 13% 的人口。

淮河，是一首流淌的詩，綿延不絕，記載着兩岸百姓難以言說的恩怨。

淮河，是一首悲傷的歌，如泣如訴，傾訴着多少自然災害和辛酸苦痛。

淮河，發源於河南省桐柏山區，其幹流由西向東，流經河南、安徽、江蘇三省，在江蘇揚州三江營入長江，全長約 1 000 千米。"走千走萬，不如淮河兩岸"，曾是千百年來淮河兒女美好生活的生動寫照。但歷史上黃河多次潰決奪淮，使淮河喪失了入海口，這條河流也就變得桀驁不馴、氾濫成災。"泥巴凳，泥巴牆，除了泥巴沒家當。"這是過去深受水患之苦的沿淮人民生活的真實寫照。翻開史冊，淮河章章頁頁全是血淚：

黃河奪淮初期的公元 12—13 世紀，淮河平均每百年發生水災 35 次；公元 14—15 世紀平均每百年發生水災 75 次；公元 16 世紀至中華人民共和國成立初期的 450 年間，平均每百年發生水災 94 次。1950 年、1954 年、1957 年、1975 年、1991 年、2003 年、2007 年等年份發生了較大洪澇災害，1966 年、1978 年、1988 年、1994 年、2000 年、2009 年等年份發生了較大旱災……"善治國者，必善治水。"水旱災害頻發，罪不在山水而在治水的力度與舉措。1949 年，中華人民共和國成立。淮河，從此翻開了新的一頁。

1950 年 10 月 14 日，在新中國百廢待舉、百業待興的情況下，中央人民政府政務院召開第一次治淮會議，周恩來總理明確提出"蓄泄兼籌"的治淮方針，並語重心長地告誡建設者："我們今天要做的工作，是大禹以來從未做到的。"1951 年 5 月，毛澤東主席發出"一定要把淮河修好"的偉大號召，為淮河治理翻開了歷史性的嶄新一頁，淮河成為新中國第一條全面、系統治理的大河。

70 年持續治理，淮河兩岸兒女歷經艱苦奮戰，在被稱為"最難治理的河流"上築起了一座又一座治水豐碑，終於實現了淮河洪水入江暢流、歸海有路。如今，淮河流域的面貌已經發生了巨大變化，昔日洪流宣泄時哀鴻遍野、民不聊生的景象不再，清凌凌的淮河水灌溉着淮河兩岸的萬頃良田，滋養着這片土地上的一家一戶、一草一木……我們可以告慰周恩來總理：淮水安瀾，功在禹上。

一定要把淮河修好

上圖：淮河下游一處治淮工地　新華社1971年4月13日發 新華社記者 周慶政/攝

下圖（左）：治理淮河的第二期工程中，民工在工地施工（資料照片）　新華社/發

下圖（右）：民工在安徽潤河集蓄洪分水閘工地施工（1951年攝）　新華社/發

從60萬米高空俯瞰安徽省淮南市壽縣的壽西湖農場

圖中河流為淮河。淮河很早就融入了中原農業文明之中,農田生產技術先進。有千年歷史的芍陂,位於今天的淮南市壽縣,灌溉面積曾高達萬頃。隋唐至北宋時期供應首都的漕糧,重要產地之一就是淮河流域,時人稱"天下無江淮不能以足用"。

安徽省滁州市鳳陽縣小崗村的田野景象　新華社記者 張端/攝

敢闖敢試、敢為天下先的精神基因，深植於安徽人心中。400年前安徽商人將貿易拓展到了東南亞和歐洲，締造出"無徽不成商"的徽商傳奇。40多年前，淮河岸邊一個普通的小村莊——鳳陽縣小崗村率先實行"大包乾"，一聲驚雷掀開中國農村改革的大幕。今天，安徽再立改革創新、聯通世界新潮頭。皖北大地、淮河兩岸麥浪聲聲。

沿江平原與江淮丘陵：八百里皖江的新起點

　　長江流經安徽境內的河段，被稱為"皖江"，全長約 400 千米，因而又得名"八百里皖江"。

　　皖江流域盛產稻米，米糧市場發達。安徽蕪湖正是隨米市而興起的港口城市，一度成為中國糧食市場的翹楚，是中國歷史上四大米市（蕪湖、無錫、九江、沙市）之一。早在北宋時，蕪湖即已嶄露頭角，之後逐漸發展為皖江流域的經濟中心城市。史載："蕪湖扼中江之衝，南通宣歙（宣城、黃山），北達安廬（安慶、合肥），估客往來，帆檣櫛比，皖江巨鎮，莫大乎此。"

　　近代以後，皖江流域的工礦業也有了較大發展，馬鞍山、銅陵等城市紛紛崛起。這些城市依靠沿江低山丘陵的銅鐵成礦帶，以鐵、銅、磷、煤等礦著稱於世。然而今天，八百里皖江"共抓大保護，不搞大開發"，一個以蕪湖、合肥為核心，水清、岸綠、產業優的皖江城市帶正在形成。它包括了安慶、池州、銅陵、蕪湖、宣城、馬鞍山、滁州、合肥 8 市，以及六安市的金安區和舒城縣，總面積超過安徽全省面積的一半。這是八百里皖江新的起點。

　　而襟江擁湖的省會合肥，無疑是江淮大地上最耀眼的一城。"墨子號"量子衛星從這裡"升空"，"人造小太陽"試圖在這裡破解終極能源之謎，"中國聲谷"在這裡孕育並佔據世界智能語音產業的高地……這裡還是全國三座綜合性科學中心城市（北京、上海、合肥）之一，已連續兩年在"外籍人才眼中最具吸引力的中國城市"評比中高居三甲。

　　2018 年，全球矚目的"長三角 G60 科創走廊"從上海經嘉興、杭州、金華、湖州、蘇州，以及安徽的宣城、蕪湖，一直延伸到合肥。融入"長三角"，安徽必定迎來更高質量一體化發展的新機遇。

安徽省合肥市1987—2018年變遷

解放前，合肥僅僅是一個縣城，1952年正式成為安徽省省會，城市經濟快速發展，城區擴張迅猛。2011年，合肥將700多平方千米的巢湖水域全部納入城市之中，生態保護與城市發展有機融合，形成了宏偉的"大湖名城"佈局。

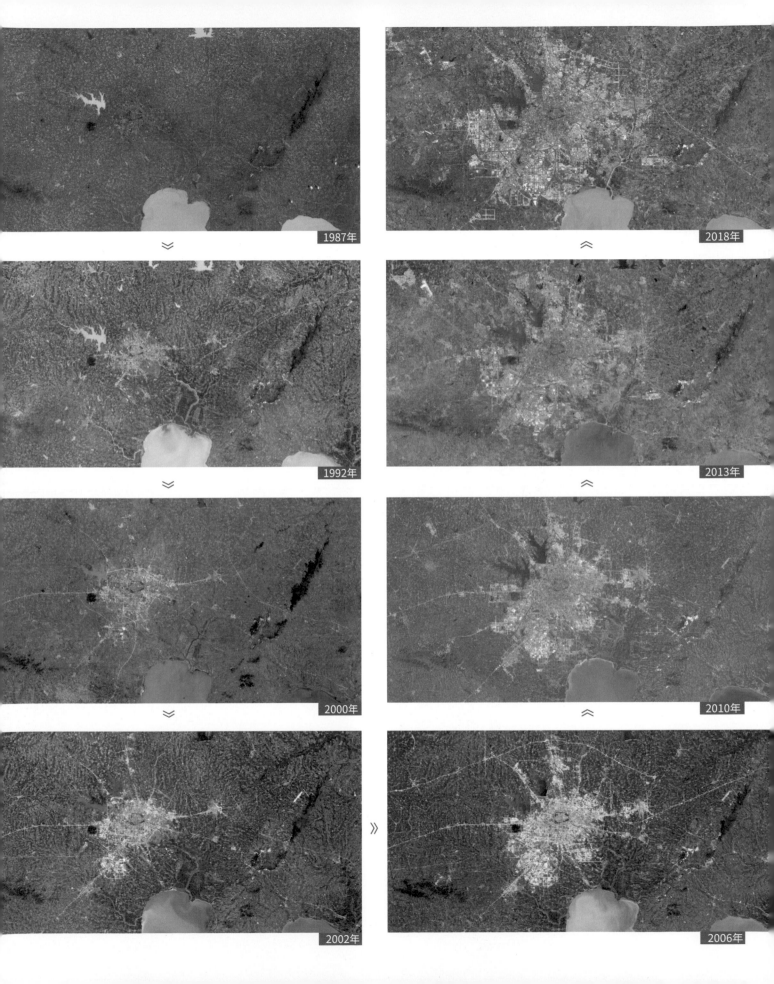

1987年

2018年

1992年

2013年

2000年

2010年

2002年

2006年

從60萬米高空俯瞰位於巢湖畔的安徽創新館

圖中由三大場館組成的圓形建築即為 2019 年 4 月 24 日正式開館
運營的安徽創新館,它是全國首座以創新為主題的場館,是一座
集"成果展示、要素集聚、研發轉化"等功能於一體的主題場館。

耕地面積：457.33

自然保護區面積：53.6
佔轄區面積比重 3.8%

2017年

2017年

JIANGSU

江蘇

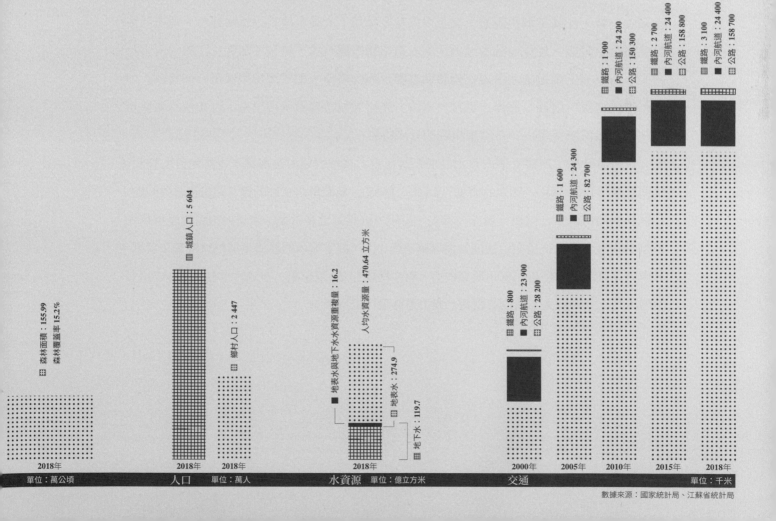

單位：萬公頃 | 森林面積：155.99 | 森林覆蓋率15.2% | 2018年

人口 | 單位：萬人 | 城鎮人口：5 604 | 鄉村人口：2 447 | 2018年

水資源 | 單位：億立方米 | 地表水與地下水資源重複量：16.2 | 人均水資源量：470.64 立方米 | 地表水：274.9 | 地下水：119.7 | 2018年

交通

2000年 | 鐵路：800 | 內河航道：23 900 | 公路：28 200

2005年 | 鐵路：1 600 | 內河航道：24 300 | 公路：82 700

2010年 | 鐵路：1 900 | 內河航道：24 200 | 公路：150 300

2015年 | 鐵路：2 700 | 內河航道：24 400 | 公路：158 800

2018年 | 鐵路：3 100 | 內河航道：24 400 | 公路：158 700

單位：千米

數據來源：國家統計局、江蘇省統計局

　　江蘇省境內頗多名山巨澤，平原、水域、丘陵面積比約為 7：2：1，一個繁體的 "蘇" 字，盡顯魚米之鄉的奧秘。它西鄰安徽，北接山東，東臨黃海，南連上海、浙江，海陸相鄰，跨江濱海，水網如織，湖蕩如珠。江河湖海齊聚之地，天下恐怕更無他處。

　　自唐宋以來，中國的經濟重心地區逐漸從黃河中下游地區轉移到了長江中下游地區。加之元明清三代都建都北京，原先唐宋時代以洛陽或開封為中心的南北大運河已經不適用了，需要在東部平原開鑿一條直達北京的運道，來滿足統一王朝的政治中心和國防前線所需要的包括糧食在內的各種物資。

　　因此，京杭大運河的漕運及其衍生出來的沿線區域社會經濟得到持續發展，中央王朝對於江南地區經濟發展的倚重愈發凸顯出來。

　　京杭大運河的江蘇段河道縱貫江蘇全省，途經徐州、宿遷、淮安、揚州、鎮江、常州、無錫、蘇州 8 個地級市，全長 718 千米，直至今天仍是黃金水道，年運輸量超過 10 條鐵路。江蘇段運河的修建和通航，使國家政治中心與江南經濟中心建立起直接、緊密的聯繫。同時，在京杭大運河的南北疏通之下，江淮大地（安徽）與江南大地（江蘇）逐漸融為一體，江蘇省域內經濟、文化得以長足發展，大量土地得以精耕細作，地區間商品交換日益繁盛。外加江蘇省域內河網水系結構四通八達，城鎮逐漸從長江的主要支流向更小的支流上游邁進，呈現出條帶狀溯源分佈的規律，構成流域型城鎮分佈體系。如蘇州市的同里、周莊、盛澤、震澤、木瀆、光福等城鎮陸續湧現出來，也才使得這些市鎮在環太湖流域呈現出今日星羅棋佈的分佈格局。

　　在明清時期，封建王朝的政治局面相對穩定，京杭大運河也得到了更為完善的整治，逐漸發揮出它的作用。 明宣宗時期（1426—1435），為瞭解決京師的糧食問題和財政問題，江蘇省域內的南京、常州、鎮江、淮安、揚州、蘇州等地多承擔了繁重的漕糧轉運事務和稅賦徵收事務。也正是在這樣的經濟流轉過程中，江蘇省域內的經濟更加得以繁榮和發展。其中，尤以南京、揚州、蘇州最為典型。新中國成立 70 餘年來，在這片水系發達、物產豐饒的土地上，江蘇人不斷改革創新，奮力追逐現代化目標。

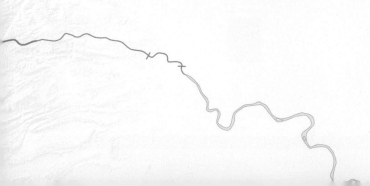
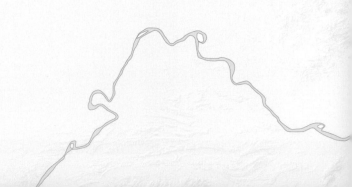

圖 例
● 省級行政中心
◎ 地級市行政中心
—— 運河
1：2 700 000

連雲港◎

黃

徐州◎

中

駱馬湖

新

沂

海

河

黃淮海

宿遷◎

廢黃河

運

平

原

蘇北

黃河

海

成子湖

河

渠

總

漑

灌

淮安◎

鹽城◎

榆

洪澤湖

裡

運

河

女山湖

河

高郵湖

運

新通揚運河

邵伯湖

泰州◎

通

揚

運

河

新

通揚運河

下

揚州◎

通呂運河

河

游

鎮江◎

江

通揚運河

南京●

江

長

平

原

南通◎

江

常州◎

運

中

南

河

長

江

江

無錫◎

三

長

太湖

蘇州◎

角

洲

江蘇省地形及主要水系分佈示意圖

江蘇境內河網密佈，橫貫全境的自然水系就有兩條，一為長江，一為淮河，且
均由安徽入境。淮河出安徽後，受曾經"黃河奪淮入海"的影響，失去了天然
的入海通道，匯入洪澤湖後，沿新中國建設的一條現代人工河道流入大海。這
條入海水道位於蘇北灌漑總渠北側，與蘇北灌漑總渠平行。

京杭大運河

淮河入海水道

蘇北灌漑總渠

從60萬米高空俯瞰淮安水上立交

南船北馬，千年運河，歷史上作為漕運樞紐的淮安，今天仍是水利樞紐，淮河入海水道與京杭大運河就在這裡交匯。淮安水上立交曾是亞洲規模最大的水上立交工程，既可滿足運河通航，又能保障淮河入海，猶如一本生動的教科書，將人的創造與水的便利展現得淋漓盡致。

淮河入海水道

蘇北灌溉總渠

京杭大運河

從60萬米高空俯瞰位於江蘇省昆山市的周莊古鎮

周莊是環太湖流域星羅棋佈的眾多名鎮之一，被譽為"中國第一水鄉"。在
欸乃聲聲的船櫓上，在燈光水影的古橋上，在歷史與現實的交融中，周莊以
全域旅遊的方式，在長三角的後花園，尋找着傳統文化最舒適的打開方式。

龍盤虎踞，豈止江南

江南佳麗地，金陵帝王州。南京，地處長江下游向北突出的長江彎頭，是萬里長江入境江蘇的"第一站"，早在先秦時期，已是聯通大江南北的重要渡口、南北陸路交通的樞紐之地，既有"三山半落青天外，二水中分白鷺洲"的山水形勝，又有"虎踞龍盤今勝昔，天翻地覆慨而慷"的人文歷史。

在日新月異的南京城裡，有一處時間是"靜止"的——長江路292號"總統府"辦公室，桌上台曆停在1949年4月22日。"定格"這一頁歷史的，是中國共產黨領導的"百萬雄師"。每年4月，矗立在長江南岸的渡江勝利紀念碑前，人流絡繹不絕。人們用集體紀念的方式，緬懷革命先輩的豐功偉績，回望那場對全國解放至關重要的勝利之戰。在建城史已有2 500年的十朝都會南京，每個地標背後，幾乎都能窺見一段救亡圖存的探索歷程：

紫金山南麓的中山陵，是偉大民主革命先行者孫中山先生的陵寢。1912年1月1日，中華民國臨時政府在南京成立，孫中山宣誓就職第一任臨時大總統。25年之後南京遭侵華日軍屠城，30餘萬國人用生命記錄中華民族史上最黑暗的一頁。

中華人民共和國成立以來，南京從市容破敗、民生凋敝、百廢待興，到如今的現代化國際性城市，百年求索，終得正道。北望長江對岸，遠處高樓鱗次櫛比，自被國務院批准為國家級新區後，江北新區發展步入快速通道，昔日被"天塹"阻隔的欠發達片區，如今成為"江南江北雙主城"戰略中重要一極。

虎踞龍盤，山水相依。一座城市走過百年，南京一直在尋找自己的方向。如今，它已站立在新時代的新起點上。

右頁圖為南京"江南江北雙主城"與長江、秦淮河位置關係示意圖

江北新主城

長　江

渡江勝利紀念碑

玄武湖

江　南　主　城

紫金山

江心洲

中國近代史遺址博物館

河

2019年2月8日拍攝的秦淮河畔南京夫子廟景區雪景
新華社/發 孫忠南/攝
"煙籠寒水月籠沙，夜泊秦淮近酒家"，秦淮河是南京的文化血脈，是滋潤着南京的"母親河"，無數經典人文故事，源自這條多姿多彩的河流。秦淮河畔，"文樞天下，道貫古今"的夫子廟是古代江南的文教中心，也是歷史上的"中國四大鬧市"之一。"朱雀橋邊野草花，烏衣巷口夕陽斜"，一盞秦淮燈彩，一碗鴨血粉絲，歷經數百年滄桑，如今令人流連忘返。

學習世界，啟發中國

　　長江出南京後，沿鎮江、揚州、泰州、常州、無錫，流經蘇州。加之蘇州東有大海，西有太湖，運河貫通南北，區域內及對外聯繫都非常便利。如此的便利條件也促使蘇州在唐代已為雄州。宋代以來經濟重心南移，"蘇常熟，天下足"，蘇州遂成為全國財貨集散、轉運和資訊中心，商品經濟繁榮。明清時期，蘇州地區人口增長十分迅速。人口的日趨增多為蘇州社會經濟的繁榮提供了基礎，而經濟作物的引入和廣泛種植成為區域經濟繁榮的契機。在江南地區，大體上形成了以蘇州為核心，各府、州、縣城為架構，繁星點綴的市鎮群體和市場體系。相應的，蘇州也成為政府財賦的重要來源地。明代丘濬潛云："江南財賦之淵藪也，自唐宋以來，國計咸仰於是。"

　　這座經歷了 2 500 多年滄桑的歷史文化名城，至今仍然坐落在春秋時期的原址上，小橋流水，溫婉寧靜，以"人間天堂"著稱天下。無怪乎世人都說"蘇州，依然是那個蘇州"。但同時，蘇州，也已然不是那個蘇州。

　　1978 年，當安徽小崗村的 18 位農民在土地承包責任書上按下紅手印時，數百千米外的蘇南大地（江蘇省南部地區簡稱蘇南），一批率先覺醒的農民以過人的勇氣和魄力，闖出了一條農村工業化的嶄新道路。從蘇州、無錫、常州起步，鄉鎮企業如雨後春筍，一批"明星村"聲名鵲起，"蘇南模式"由此肇始。

　　作為改革開放的"試驗田"和"排頭兵"，16 年後，蘇州金雞湖畔，中國和新加坡合作創辦蘇州工業園區，成為全國首個開展開放創新綜合試驗的區域，並歷經窪田密佈到現代化產業新城的巨變，打造了國際合作的成功典範。小橋流水的蘇州，如飢似渴地向世界學習新型工業化、經濟國際化、城市現代化，不斷學習探索，不斷融會貫通，不斷傳遞啟示。這裡有中國人的虛懷若谷與海納百川，這裡有中國不斷與時俱進、繁榮發展的密碼。

江蘇省蘇州市1984—2016年變遷

在發展演進的時間軸上，蘇州變化的不僅僅是城市規模，它的經濟以產業、結構、效率等一連串階段性的嬗變，向"新、輕、高"轉型。沒有轟轟烈烈，沒有翻天覆地，在堅守中漸變，在超前規劃中梯度佈局，既宜居又宜業，既寧靜又繁華，歷史悠久與創新創業交相輝映，這就是今日蘇州。

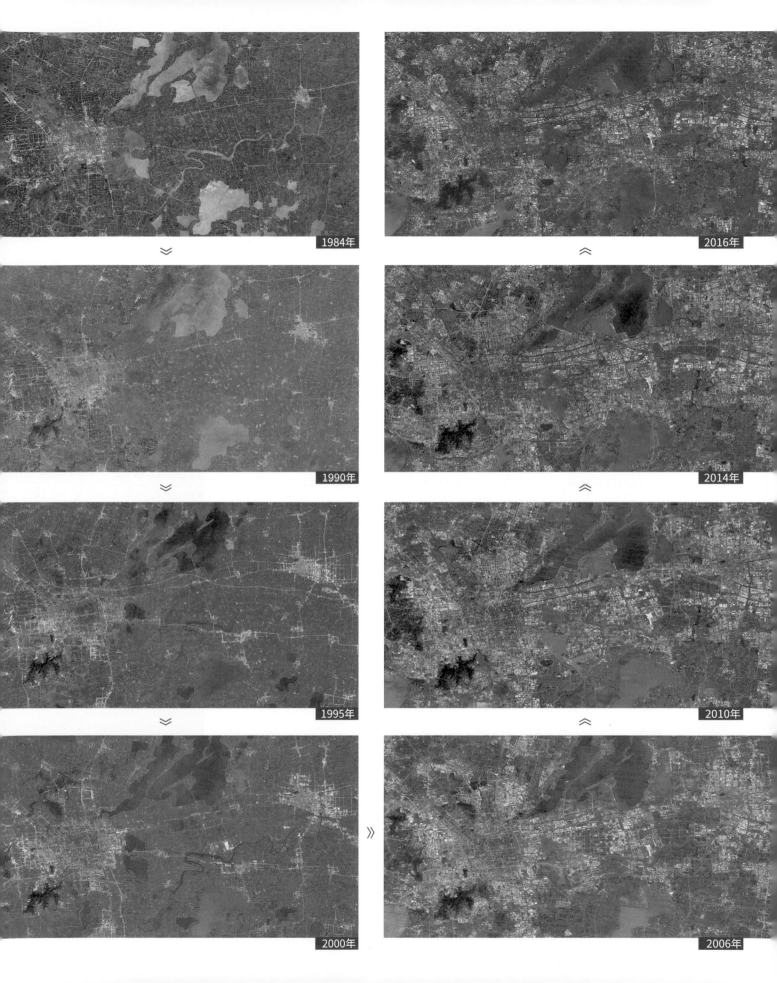

千年鍋底窪，水鄉聚寶盆

在江蘇省的地圖上，有一片形態特殊的水鄉。說南北，它夾在長江與淮河之間；論東西，它被黃海和京杭大運河所"裏挾"，這就是里下河。但里下河不是一條河。

這片橫跨泰州、鹽城等多個市縣萬餘平方千米的濕地平原，是江蘇乃至全國的地理低點之一，堪稱"窪中之窪"。而泰州代管的省轄縣級市興化，海拔平均高度在3米以下，更被人們稱為"鍋底窪"。數千年前，這裡是長江與淮河泥沙沖積而成的一片潟湖。因東臨黃海，灘淺水薄，鹽鹼茫茫。唐代曾修堤壩防海潮，但此地依然無法耕作，只能曬鹽。到北宋年間，捍海堤年久失修，致"風潮翻爛，淹沒田產，毀壞亭灶"。

北宋天聖元年（1023），范仲淹力主重修捍海堤，受災流亡的民戶得以重返家園。數十年後，人們又向南繼續修築海堤。從此，自鹽城阜寧到南通啟東，這條近300千米的海堤，"束內水不致傷鹽，防外潮不致傷稼"，被後人統稱為"范公堤"予以銘記。近千年裡，"范公堤"讓里下河實現了人水關係的第一次和諧。人們隨後挖泥築圩、連圩成片，從水中"奪"來了這塊來之不易的濕地平原。南宋紹熙五年（1194），黃河決口經泗水入淮水出海，這就是歷史上著名的"黃河奪淮入海"。整個淮河水系遭到徹底破壞，蘇北淮陰以下入海河道被夷為平地。以後700多年時間裡，淮河成了一條舉世聞名的"害河"，里下河成了洪水大走廊，大雨大災，小雨小災，無雨旱災。民間形容這裡是"洪、澇、旱、鹼、淤、潮、鹵、漬八害俱全"。

新中國成立後，拉開了共產黨人數十年治理淮河、興修水利的序幕，不僅使得淮河洪水不入里下河，更讓里下河真正成了旱澇無虞的魚米之鄉。

從60萬米高空俯瞰江蘇省泰州市興化垛田景觀

垛田因湖蕩沼澤而生，每塊面積不大，形態各異，大小不等，四周環水，各不相連，形
同海上小島。興化垛田更是萬島聳立，千河縱橫，可謂天下奇觀。

但為發展生產而進行的大規模圍墾，也讓里下河地區的湖泊面積，迅速從 20 世紀 60 年代的 1 000 多平方千米，縮減到 21 世紀初的不足 60 平方千米。湖泊防洪排澇、供水功能喪失，引排通道堵塞。1991年江淮大水，讓糧倉再次變成澤國。更嚴重的是，周邊工農業和生活污水直排河湖，里下河水面高差小、流速慢，難以自潔，這個區域某些地方連喝水都成了問題。

進入新時代，生態文明建設被提升到了前所未有的高度。里下河人也越來越清醒地認識到：綠水青山才是金山銀山，沒有綠水青山連喝一口水都會成為難題。

生存需求倒逼里下河生態轉型。這裡開始大規模退漁還湖、退圩還湖、限制開發，轉向人水和諧的生態新路。幾年間，里下河最大的湖泊大縱湖水質已經從劣五類恢復到了三類。大縱湖畔的興化市，更出現了"油菜花長在垛田上，垛田'浮'在里下河水上"的生態景觀。每年 4 月前後，興化千垛菜花風景區遊人如織，水中菜花芳香撲鼻。"黃萼裳裳綠葉稠，千村欣卜榨新油。"從千百年來旱澇皆災的苦水之地，到水綠花黃人安寧的夢裡水鄉，曾被稱作"鍋底窪"的興化，如今告別水患，變成國家的米糧倉。

興化垛田帶來人與自然和諧的啟示，更蘊藏着農業"接二連三"融合發展的秘密。

2020年3月17日拍攝的興化千垛景區萬畝油菜花　新華社記者 李雨澤/攝

金燦燦的油菜花在水道圍成的垛田上形成一片片金黃色的"花海"，造就了"河有萬灣多碧水，田無一垛不黃花"的壯觀景色。

海 納 百 川 · 奮 楫 爭 先

自然保護區面積：13.7
佔轄區面積比重 5.3%

耕地面積：19.16

2017年

2017年

SHANGHAI

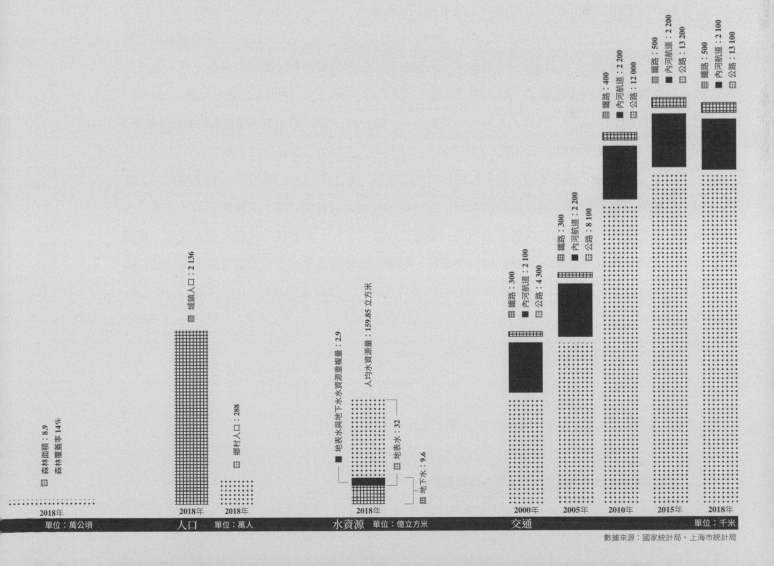

森林面積：8.9
森林覆蓋率 14%

2018年

單位：萬公頃

城鎮人口：2 136

鄉村人口：288

2018年　　2018年

人口　　單位：萬人

地表水與地下水水資源重複量：2.9

人均水資源量：159.85 立方米

地表水：32

地下水：9.6

2018年

水資源　單位：億立方米

鐵路：300
內河航道：2 100
公路：4 300

2000年

鐵路：300
內河航道：2 200
公路：8 100

2005年

鐵路：400
內河航道：2 200
公路：12 000

2010年

鐵路：500
內河航道：2 200
公路：13 200

2015年

鐵路：500
內河航道：2 100
公路：13 100

2018年

交通　　　　　　單位：千米

數據來源：國家統計局、上海市統計局

從空中俯瞰上海，黃浦江蜿蜒而過，匯入滔滔長江，融入茫茫東海。江河湖海孕育發展熱土，浩瀚汪洋連接廣闊世界。

從右圖觀察上海的地形外觀，黃浦江穿行的大陸部分像一片桑葉，長江口的崇明島就是桑葉上的一隻蠶寶寶。猶如"蠶寶寶"的崇明島是中國第三大島，也是中國最大的河口沖積島。它自形成以來已有 1 300 多年歷史，至今仍以每年 5 平方千米的速度增長。而宛如桑葉的大陸部分，水網密佈，是著名的江南水鄉。"桑葉"上，黃浦江恰如蠶絲織就的新絲帶，分外顯眼，但它的形成歷史卻並不遙遠。

今天的黃浦江水系形成於 15 世紀初，在那之前，上海地區最重要的河流是吳淞江，它催生了幾乎大半個古代上海。吳淞江古稱松江，因流域在古代吳國境內，故稱之為"吳淞江"，與東江、婁江共稱"太湖三江"，是太湖與大海溝通的三條水道之一。唐代以前，現今上海浦東大部分地區還是一片汪洋，只有西部是湖沼平原。傳說這裡曾屬於戰國時期春申君的封地，於是上海就有了"申城"的別稱。

吳淞江自西向東，大約就在今天的上海主城區一帶入海，入海口這一段水道被稱為"滬瀆"，這也是上海簡稱"滬"的由來。隨着長江口泥沙持續沖積，海岸線不斷東移。宋代的吳淞江下游南岸出現了一條名叫"上海浦"的支流，這條支流只是吳淞江眾多支流中的一條，但它名字中的"上海"成了上海地名的源頭。一個設有"酒務"的小集市隨着港口的逐漸繁榮，由小到大慢慢變成了上海鎮、上海市舶司、上海縣、上海道，最終成為上海市。

伴隨海岸線的東移，吳淞江河道也逐漸淤積，而上海浦卻不斷發展。到了明代，上海浦終於不再扮演吳淞江水系的配角。在一系列河道工程實施以後，上海浦上承大黃浦，下接范家浜，形成了一條新的大河——黃浦江，直入長江。吳淞江不再直接注入長江，反倒成為黃浦江的支流。黃浦江取代吳淞江，形成新的黃浦江水系。上海的海運入海航道也隨之由長江口航道和黃浦江航道共同組成，而上海今日之陸地水網格局，自那時起，已然形成。

右頁圖為上海市地形及主要水系分佈示意圖

黃　海

黃　海

長　江　口

東　海

崇

明

島

長
江

長
江

長
興
島

橫沙島

崇明區

寶山區

嘉定區

黃

浦

江

吳

淞

江

普陀區

虹口區

楊浦區

靜安區

黃浦區

浦東新區

長寧區

上海

徐匯區

青浦區

三

閔行區

大

治

河

淀
山
湖

松江區

角

黃

浦

奉賢區

江

洲

金山區

歷經繁華與傷痛的老上海

　　緊臨黃浦江，上海的港口地位日益凸顯。清康熙時，將原設在華亭縣的江海關移至上海縣，雍正時又將管轄蘇州、松江兩府的蘇松道道署從蘇州府移駐上海，乾隆時更將當時江蘇省管轄的太倉州併入，改稱蘇松太道，亦稱上海道。隨着經濟地位和行政等級的提升，上海逐漸成為這一地區的中心城市。

　　1843 年，上海正式開埠通商，開啟了在東西方文化交流對衝的最前沿，慢慢發展成20 世紀初遠東第一大都市的征程。1844 年，黃浦江西岸的外灘一帶，淪為英國租界。它聆聽着黃浦江上滔滔江水，見證了上海道不盡的繁華與傷痛。

　　黃浦江西岸的十六鋪碼頭，是上海外灘最著名的碼頭，擁有 150 年歷史，曾是遠東最大的碼頭、上海的水上門戶。碼頭背靠的就是上海老城廂，這裡是上海傳統的核心地區，豫園、文廟以及每條弄堂小巷都有一段說不盡的故事。

　　而在外灘中段，是上海最繁華的交通大道——南京東路的起點。位於上海黃浦區南京東路 20 號的和平飯店是上海近代建築史上第一幢現代派建築。它擁有上海最早的衛生設備和最早的兩部電梯，還有上海最早的屋頂花園。這幢被稱為 "遠東第一樓" 的建築，落成時叫沙遜大廈，也稱華懋飯店。它目睹過無數名流的起落，也見證了外灘的風起雲湧，更歷經戰爭的炮火侵襲。1956 年它正式改稱和平飯店。

　　同為建築，石庫門卻是別樣的景觀。它是上海最有代表性的民居建築，脫胎於江南民居的住宅形式，產生於 19 世紀 70 年代初，通常被認為是上海近代都市文明的象徵之一。而在上海市興業路 76 號，正是這樣一幢沿街磚木結構、一底一樓舊式石庫門住宅建築，見證了一件極具歷史意義的大事——中國共產黨第一次全國代表大會 1921 年 7 月 23 日至 7 月 30 日在其樓下客廳舉行。

解放初期的上海十六鋪
碼頭（新華社稿，1982
年1月6日發，上海港務
局提供）

圖為中國共產黨第一次全國代表大會會址

這是2018年11月1日拍攝的上海外灘夜景 新華社記者 邢廣利/攝

出發！浦東

1949 年 5 月 27 日，中國人民解放軍以摧枯拉朽之勢解放上海。從此，帝國主義、封建主義、官僚資本主義在上海的統治徹底結束，歷史開啟了嶄新的篇章。如同上海陸地自西向東的形成過程，黃浦江相隔的浦西和浦東兩地也是如此。浦西見證了上海從普通的河邊聚落一步步發展壯大，成為世界級的大城市。浦東這塊上海年輕的土地，擁有了全新的生命，等來了快速發展的機遇。

1990 年，黨中央、國務院宣佈同意上海加快浦東地區的開發，在浦東建立經濟技術開發區，實施某些經濟特區政策。從此，浦東成為中國新一輪改革開放的標誌，開創了一個輝煌的時代。30 年來，這裡的每一艘船、每一座橋、每一個地標，都在記錄着浦東前進的步伐，見證着浦東如何書寫傳奇。

浦東的發展雖然比較晚，但後發優勢明顯，新氣象處處可見。與浦西外灘隔岸相望的陸家嘴是近代浦東最早發展起來的地區。陸家嘴因明代大學士陸深而得名，經過幾十年的快速發展，已成為中國最具影響力的金融中心之一。1990 年 12 月 19 日，伴隨着一聲渾厚的鑼聲，上海證券交易所正式營業，它給企業搭建了一個全新的融資平台，拉開了中國資本市場發展的大幕。之後，越來越多的金融要素資源在陸家嘴“轉角相會”。上海期貨交易所、中國金融期貨交易所、上海保險交易所、上海鑽石交易所等國家級要素市場和金融基礎設施落戶，使陸家嘴成為國際化水平最高的金融產業高地，可謂“金”字招牌裡最亮的星。

2019 年，陸家嘴金融城已建成各類商辦樓宇 285 幢，培育的稅收億元樓宇突破 100 幢，其中稅收 10 億元以上樓宇 20 多幢，有 2 幢稅收超 50 億元樓宇。也就是說，3 幢裡就有 1 幢“億元樓”。在這裡，以新的上海高度——上海中心、環球金融中心、金茂大廈和東方明珠廣播電視塔為代表的現代建築群構成了上海特有的風景線。

右頁圖為夜色中的上海浦東陸家嘴金融貿易區　新華社記者 方喆/攝

30多年前，陸家嘴是“爛泥渡”，張江是一片農田，臨港則是孤懸東海的蘆葦灘……如今，而立之年的浦東早已“脫胎換骨”。從蛙聲一片的浦東稻田，到高聳雲天的大廈森林，令人驚豔的巨變也正是中國改革開放的象徵和上海現代化建設的縮影。

從60萬米高空俯瞰黃浦江兩岸的外灘與陸家嘴

城市格局大開大闔，城市天際大廈林立，城市精神大氣謙和。"大上海"，恰如其名。

三十正青春，更向潮頭立

　　一塊佔全國面積約八千分之一的土地，在時間的見證下，迸發出相當於自身體量近百倍的能量。創造這一契機的主角是上海市浦東新區，開啟這一奇跡的鑰匙是改革開放。

　　時間定格到 2019 年，長三角三省一市（江蘇省、浙江省、安徽省和上海市），在這裡共築的強勁活躍增長極——中國（上海）自由貿易區臨港新片區，揭開面紗。在近 120 平方千米的土地上，高速公路、鐵路縱橫，北臨浦東國際航空港，南接洋山國際樞紐港，坐擁上海貿易、金融、科技等高端要素集聚優勢，背靠長三角廣闊腹地，大出大進、大開大闔。這裡萬事俱備，東風正勁，在深化改革和擴大開放中，開啟了建設自由貿易港的偉大探索。

　　從這裡向東是更加廣闊的大海，那裡有一條上海新絲帶——東海大橋，直達位於杭州灣口外的世界最大海島人工港——洋山深水港。它由大、小洋山數十個島嶼組成，是中國首個在海島建設的港口，也是距上海最近的深水良港，更是上海國際航運中心的新坐標。這裡有全球最大、最先進的集裝箱"無人碼頭"，吊塔林立，舟車穿梭，源源不斷輸出"中國製造"，集裝箱吞吐量連續 10 年世界第一。上海從長江起步，再從這裡起錨，向建設國際航運中心，實現由航運大國向航運強國的轉變。洋山深水港作為上海港建設的一個代表，上海將從這裡再次出發，繼續向東，向着大洋深水的方向邁進。

　　開放品質，世界眼光，鑄就了上海；博採眾長，為我所用，綻放了上海。砥礪前行 70 餘載，從遠東第一都會到我國最大的工業基地，再到國際經濟、金融、貿易、航運和科技創新"五個中心"建設，"大上海"正以開放作楫、創新為帆，朝着卓越的全球城市和社會主義現代化國際大都市的目標奮力邁進。

　　背靠長江水，面向太平洋，領中國開放風氣之先，開放、創新、包容已成為上海最鮮明的品格。這種品格也是新時代中國發展進步的生動寫照。

從60萬米高空俯瞰上海市浦東新區臨港新城的滴水湖

從衛星上看，臨港的滴水湖宛如明眸，投射出這片熱土上的生機勃勃。

自然保護區面積：21.2
佔轄區面積比重 1.7%

2017年

耕地面積：197.7

2017年

ZHEJIANG

浙江

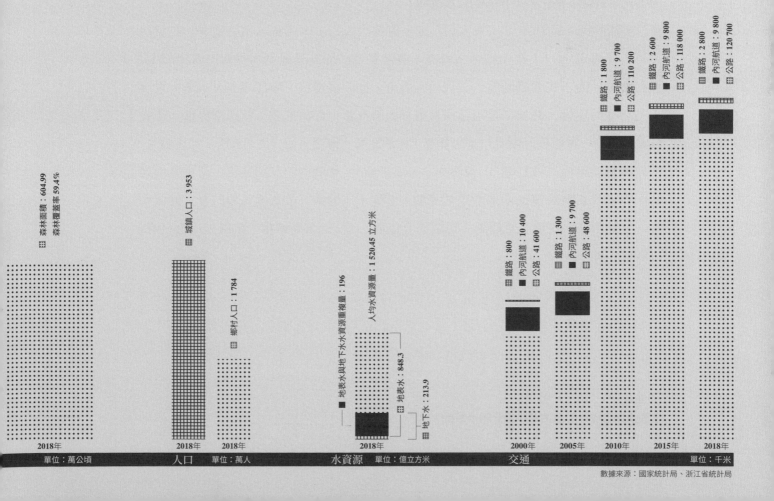

森林面積：604.99
森林覆蓋率 59.4%

城鎮人口：3 953

鄉村人口：1 784

人均水資源量：1 520.45 立方米

地表水與地下水資源重複量：196

地表水：848.3

地下水：213.9

鐵路：800
內河航道：10 400
公路：41 600

鐵路：1 300
內河航道：9 700
公路：48 600

鐵路：1 800
內河航道：9 700
公路：110 200

鐵路：2 600
內河航道：9 800
公路：118 000

鐵路：2 800
內河航道：9 800
公路：120 700

| 2018年 | | 2018年 | 2018年 | | 2018年 | | 2000年 | 2005年 | 2010年 | 2015年 | 2018年 |

單位：萬公頃　　　人口　單位：萬人　　　水資源　單位：億立方米　　　交通　　　單位：千米

數據來源：國家統計局、浙江省統計局

　　浙江省因省內第一大河流——錢塘江的舊稱"浙江"而得名。"浙江"二字在《山海經》《史記》《吳越春秋》等文獻中均有記載。司馬遷《史記》記載秦始皇統一中國後，出遊至錢塘，"臨浙江，水波惡，乃西百二十里從狹中渡。上會稽，祭大禹……"酈道元《水經注》名"漸江水"，王國維《浙江考》稱"浙、漸為一"，漸江即浙江。"浙"本為曲折之意，南宋地理名著《方輿勝覽》載："浙江，取其曲折以為名。"因此，浙江也稱"曲江""之江"。

　　"浙"字蘊含着"百折不撓"，"江"字湧動着"奔騰不息"。巍巍數千年，這裡是中華文明重要肇始地；南湖水泱泱，這裡是中國革命紅船起航地；錢江潮浩浩，這裡也是中國改革開放先行地。

　　在很多人印象中，浙江是一個水鄉澤國之地，這種誤解主要在於浙北平原的富庶。但其實，浙江是一個多丘陵的山區省，地形以丘陵和山地為主，有"七山一水二分田"之說。地勢西南高，東北低，按地形特徵可分為：浙北平原、浙南山地、浙西丘陵、浙東丘陵，以及在丘陵山地間錯落分佈的諸多盆地，當然還有大量的濱海島嶼。地貌構成的多元，造就了浙江豐富多彩的自然景觀。

　　浙江的山，雖稱不上高聳入雲，卻是層巒疊嶂，山水相依，別有風味。省域內天目山、雁蕩山、天台山等名山聳立，搭建起浙江地貌景觀基本框架。浙江的水，溫婉清秀，而不失磅礴壯麗。省域內有獨流入海的錢塘江、甌江等七大水系，以及人工開掘的運河。錢塘江是浙江水流量最大的河流，源於安徽、江西交界處，全長600餘千米，河口因受喇叭口地形影響，海潮洶湧。海潮來時，萬馬奔騰，雪浪翻滾，形成聞名於世的"錢江潮"，被譽為"天下奇觀"。省域內的江南運河、浙東運河則是中國古代京杭大運河南端的重要節點，歷經千年滄桑，依舊擔負着航運、灌溉功能。至於西湖、南湖、東錢湖、鑒湖及千島湖，或文化氣息濃郁，或風光景色冠絕，皆名聲在外。

右圖為浙江省地形及主要水系分佈示意圖

N

湖州◎

江

南

運

河

◎嘉興

山

目

天

杭州●

紹興◎

錢

塘

江

江

杭

州

灣

嵊泗列島

舟 山 群 島

舟山島

舟山◎

寧波◎

天

台

山

富春江水庫

春

江

富陽

金

千

里

崗

新安江水庫
(千島湖)

會

稽

山

曹

娥

江

韭山列島

東

衢

江

衢州◎

江

東

陽

江

金華◎

括

山

蒼

椒

江

東礬列島

海

仙

霞

嶺

麗水◎

大

溪

首

山

台州◎

台州列島

溪

甌

江

雁

蕩

山

溫州◎

洞頭列島

北麂山列島

南麂山列島

圖　例

●　省級行政中心

◎　地級市行政中心

━━━━　運河

1：2 500 000

從60萬米高空俯瞰錢塘江觀潮勝地 —— 海寧鹽官

"海闊天空浪若雷，錢塘潮湧自天來。"錢塘江潮被譽為"天下第一潮"，是世界自然奇觀。在浙江海寧鹽官，每年農曆八月十八，大潮未至，人潮翻湧。大潮來時，江橫白練一線潮，驚濤裂岸萬頃濤。

"浙江"作為行政區劃名稱始自唐代。

唐乾元初年，朝廷分江南東道為浙江東、西二道，以錢塘江為界；北宋設兩浙路，南宋分兩浙東路和兩浙西路；元初設兩浙都督府，元至元二十一年（1284）置浙江等處行中書省，簡稱浙江行省；明代罷行省之名，置浙江等處承宣布政使司；清康熙初年，改承宣布政使司為浙江省，沿用至今。今下轄杭州、寧波、湖州、嘉興、舟山、紹興、衢州、金華、台州、溫州、麗水 11 個地級市，自古文化繁榮，文人薈萃，素稱"文化之邦"。

杭州蕭山"跨湖橋"新石器時代遺址，將浙江文明史提前至 8 000 年前，此後寧紹平原又誕生了河姆渡文化，杭嘉湖平原又發現了馬家浜文化、良渚文化等，文明的血脈源遠流長。相傳大禹治水，巡視天下，即在浙江紹興上虞會見天下諸侯，上虞即以此得名。大禹死後葬於紹興會稽山，紹興也留下了諸多"禹跡"，如百官橋、大禹陵等。春秋時期，越王允常在會稽山以南的諸暨建越國，與吳國以錢塘江為界。後吳越交戰，越敗於吳，越王勾踐臥薪嚐膽，十年生聚，十年教訓，終滅吳國，一度稱霸中原。戰國時，越國滅於楚，楚越文化不斷交融與互攝。秦統一六國後，建立郡縣制，浙江分屬會稽、閩中兩郡。經兩漢、兩晉穩步發展，進入隋唐時期，浙江已成為經濟、文化較為發達地區。

右頁上圖是2019年6月23日無人機拍攝的位於浙江省杭州市良渚國家考古遺址公園的宮殿區
新華社記者 黃宗治/攝

右頁下圖是拼版照片：這是良渚文化遺址出土的黑陶器、玉琮、木屐、玉璧、陶片和漆器
（左上起，順時針方向）　新華社記者 翁忻暘/攝

2019年7月6日，中國良渚古城遺址在阿塞拜疆巴庫舉行的世界遺產大會上獲准列入世界遺產名錄。至此，中國世界遺產總數已達55項，位居世界第一。

革命紅船在此起航

在浙江省北部，緊鄰江蘇的太湖之濱，嘉興、湖州依次錯落。地理上，人們習慣將兩地同杭州北部合稱為杭嘉湖平原。

這裡是典型的江南水鄉，也是中國古代絲綢業最發達的地區，素有"魚米之鄉""絲綢之府"的美譽。明清時期，這裡還形成了桑基魚塘、桑基圩田等有機生態農業經營模式，是傳統中國農業生態系統的典範。水是嘉湖之魂，杭嘉湖平原上水網密佈，百姓枕水而居，當地風景優美、文化厚重。划船暢遊在嘉興烏鎮、西塘，隨處可見小橋、流水、人家，以及歷經千年風吹雨打的青石板老街，讓人恍若時光倒流。

1921 年 7 月，在上海召開的中國共產黨第一次全國代表大會因遭到法租界巡捕襲擾，被迫轉移到嘉興南湖的一艘遊船上繼續進行，在這裡完成了大會議程，宣告了中國共產黨誕生。

南湖紅船衝破了舊中國的煙雨迷蒙，成為中國革命源頭的象徵，開啟了中國共產黨的跨世紀航程。一座山峰的崛起，挺立的是脊樑；一個政黨的勃興，昂揚的是精神。中國共產黨始終站在歷史和時代發展的潮頭，扛起民族復興的大旗，沿着紅船的航向，以開天闢地、敢為人先的首創精神，一路劈波斬浪，不斷取得革命、建設和改革開放的偉大勝利，推動中國特色社會主義進入新時代。秀水泱泱，紅船依舊；時代變遷，精神永恆。

嘉興南湖景區內停泊的中共一大紀念船　新華社記者 徐昱/攝

嘉興南湖煙雨樓下，靜泊着承載偉大夢想的紅船。1921年，中國共產黨帶着初心與使命，從這裡登上歷史舞台。今天的嘉興是浙江的縮影，創新活力更強勁，城鄉區域更協調，對外開放更深入，成果共享更普惠。革命紅船起航地，已成為均衡富庶發展先行區。

**晨曦中的千年水鄉——嘉興
烏鎮　新華社記者 徐昱/攝**

煙雨江南，水墨烏鎮，置身其
中，感受到的是傳統與現代的
碰撞，古樸與前沿的對話。自
2014 年以來，這裡就成為世
界互聯網大會永久會址。千年
水鄉枕"網"而居。種下互聯
網基因的烏鎮，正迸發出無窮
活力，綻放出智慧城市的別樣
韻味，探索更多觸摸未來的可
能，讓世界的目光在此駐留。

種下一分綠，守住千番景

　　嘉興是水鄉，湖州也是水鄉，還是"湖筆"之鄉。湖筆也稱"湖穎"，被譽為"筆中之冠"，與宣紙、徽墨、端硯並稱"文房四寶"；湖州更是生態之鄉，尤以安吉縣最為引人注目。這個三面環山的小縣城，在40餘年間經歷了從"挖石頭"到"賞風景"的巨大變化。曾經，這裡開山採石，煙塵籠罩、污水橫流；現在，這裡綠水青山、桃紅柳綠、鳥語花香。

　　1978年，安吉全縣人均地區生產總值僅336元。急於摘掉窮帽子的安吉，把目光轉向了工業。其中，"靠山吃山"的安吉余村最有代表性：開礦採石、辦水泥廠。雖發展了經濟，但這種粗放式發展帶來的污染，讓人們的生存條件日漸惡劣。2003年6月，浙江在全省啟動"千村示範、萬村整治"工程，推動了事關千萬農民民生的農村人居環境建設大行動。藉着"千萬工程"的東風，余村停掉了礦山、關掉了水泥廠。

　　如今，漫步余村，青山疊翠、流水潺潺，還可以看到不少農家樂和創意小樓。同樣是"靠山吃山"，今昔對比，卻有着本質不同。安吉素有"中國第一竹鄉"的美譽，但在環境惡劣的時候，當地人想找到一棵飽滿的筍，都要花上大半天時間。近年來，大片竹林恢復了生機，飽滿的春筍已經隨處可見。大竹海依山傍水，滿目蒼翠，碧波起伏，呈現一幅層層疊疊的竹畫長卷。風起時竹浪翻湧，風止後萬籟俱靜。隨着當地空氣、土壤、水質越來越好，安吉的白茶產業也越來越壯大。

　　"綠水青山就是金山銀山"。

　　安吉人種下一分綠，守住千番景，當地的綠色發展之路越走越寬廣。

從60萬米高空俯瞰2020年安吉縣余村風貌

憶江南，最憶是杭州

走過風雨兼程、砥礪奮進 70 餘載的之江兩岸，有着說不完的故事。除了嘉興、湖州，這裡還有以港口而被世人熟知的寧波，因文化流傳而跨越時空限制的紹興，以"義烏模式"開創世界小商品中心的金華義烏，以"唐詩之路"創造奇特文化現象的台州，以及因民營經濟發展速度而享譽海內外的溫州。省會杭州，更因互聯網而名震全球。

早在南宋定都之時，杭州就曾一躍成為全國的政治、經濟、文化中心。現如今，一場二十國集團領導人杭州峰會（簡稱"G20 杭州峰會"）的願景，一座"顏值城市"的"實力擔當"，一套全球治理的"中國方案"，在"三面雲山一面城"的開致中，以"一江春水穿城過"的磅礴迎面而來。位於杭州濱江的杭州國家高新技術產業開發區，更被稱為"天堂矽谷"，以不到浙江千分之一的土地面積，培育了全省十分之一的高新技術企業，在全國軟件企業百強榜中佔據八席，成為中國區域經濟發展的第三代樣本。

杭州之美，美在文化，美在創新。

我國第一座"三自"水電站——新安江水電站，倚着千島湖（即新安江水庫）一湖秀水。湖中千餘大小島嶼形態各異，群島分佈疏密有致。千島競秀、群山疊翠；峽谷幽深、溪澗清秀，因其山清、水秀、洞奇、石怪，而被譽為"千島碧水畫中遊"。

"憶江南，最憶是杭州。"西湖美景，更加讓人沉醉，白居易有詩云："未能拋得杭州去，一半勾留是此湖。"唐代以後，西湖經過蘇軾等人整治，使杭州穩固了在江南的地位，宋代以後杭州與蘇州並稱為"江南雙璧"，俗語"上有天堂，下有蘇杭"，絕非虛言。當下，杭州再次揚帆起航，引領中國商業、科技發展新天地，成為名副其實的文化之城、科技之城、數字經濟之城。

這就是浙江，幹在實處，走在前列，勇立潮頭。初心似錦照紅船，之江潮起再揚帆。

1990—2019年杭州變遷

西湖像地上的一顆星，千百年來，杭州圍繞着這顆璀璨的"星"運轉。進入新時代，杭州轉變發展思路，調整以西湖為圓心的"圓規式發展"，將錢塘江作為長期發展的永久性主線，向東部擴展，擁抱錢塘江，從"西湖時代"，邁入"錢塘江時代"，打造錢江新城。

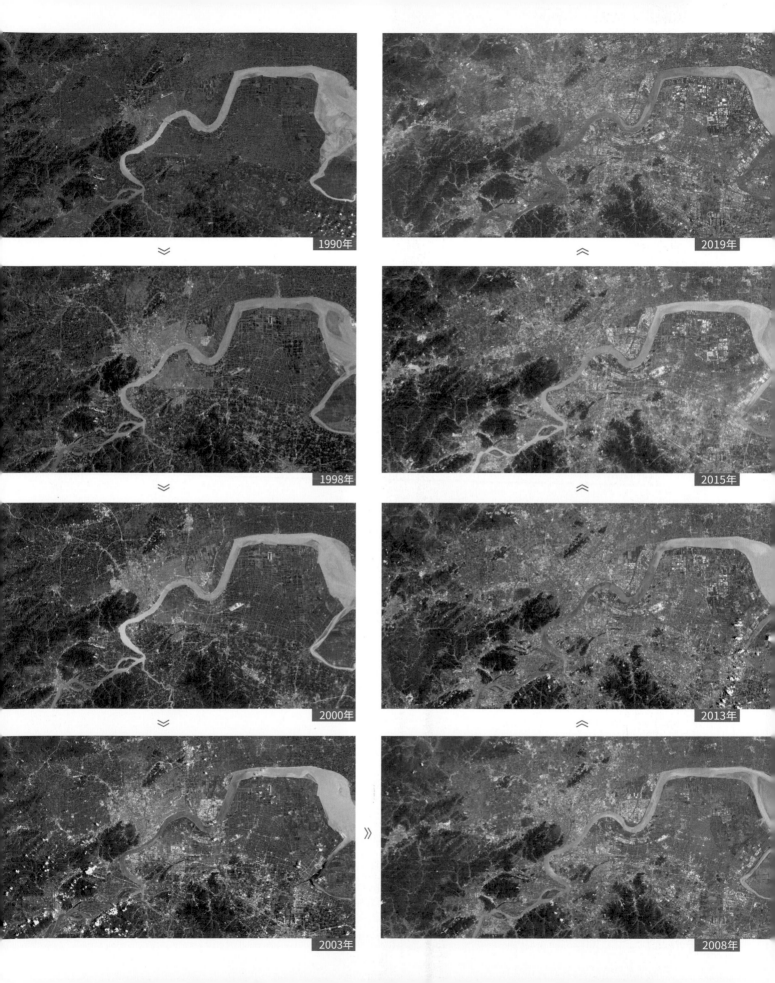

1990年

2019年

1998年

2015年

2000年

2013年

2003年

2008年

■ 自然保護區面積：44.5
佔轄區面積比重 3.2%

2017年

■ 耕地面積：133.69

2017年

FUJIN

福建

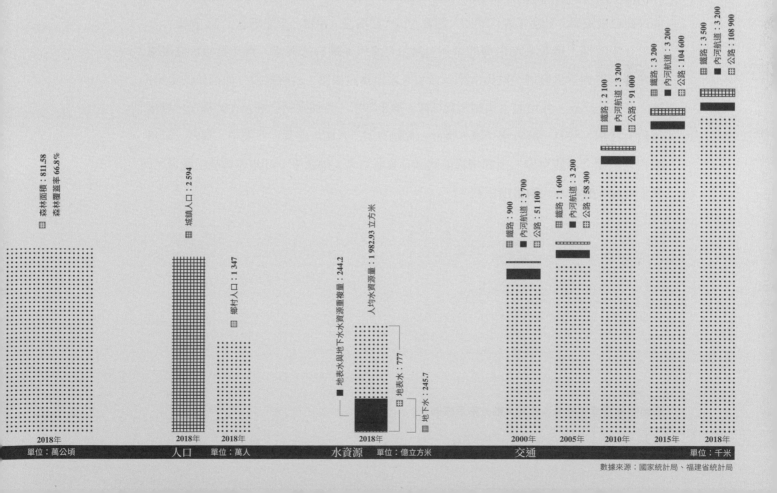

森林面積：811.58
森林覆蓋率66.8%

城鎮人口：2 594

鄉村人口：1 347

地表水與地下水資源重複量：244.2

人均水資源量：1 982.93 立方米

地表水：777

地下水：245.7

鐵路：900
內河航道：3 700
公路：51 100

鐵路：1 600
內河航道：3 200
公路：58 300

鐵路：2 100
內河航道：3 200
公路：91 000

鐵路：3 200
內河航道：3 200
公路：104 600

鐵路：3 500
內河航道：3 200
公路：108 900

2018年

2018年　　　2018年

2018年

2000年　　　2005年　　　2010年　　　2015年　　　2018年

單位：萬公頃　　　人口　單位：萬人　　　水資源　單位：億立方米　　　交通　　　　　　　　　　　單位：千米

數據來源：國家統計局、福建省統計局

　　森林覆蓋率連續 40 年領跑全國，空氣質量平均達標天數比例超 98%，各大河流水質持續保持為優，這就是福建，全國首個國家生態文明試驗區，山與海塑造的熱土。

　　從 60 萬米高空俯瞰，福建三面環山，一面臨海，這種特殊的地理環境令人嚮往，但在古代卻造成它在很長一段歷史時期對外交通阻隔，只能通過眾多山口關隘，打開對外的通道。因此，福建開發較晚，境內長期人口稀少，直到南陳永定年間（557—559）才開始獨立置州。唐開元二十一年（733），為加強邊防武裝，朝廷在這裡設置了軍事長官經略使，從閩江流域的福州和建州各取一字，命名為"福建經略軍使"。"福建"這個名稱第一次載入史冊。

　　正是在唐代，不僅進入福建的舊有道路得到改造，對外交通得到長足發展，海外交通方面也全方位開放，外加社會安定，大批北方人口湧入，加速了全境開發。唐元和年間（806 — 820），福建自成一道，從此開始逐漸發展成獨立經濟區。

　　福建擁有全國最曲折的海岸線，曲折率高達 1：7。也就是說，如果你沿着海岸走了 7 千米，直線距離只有 1 千米。綿長的海岸造就了無數的天然良港，是福建人通向世界的大門。為了招徠海外商人來唐貿易，從唐太和八年（834）開始，泉州港對外全面開放，允許外商自由貿易。到唐末五代期間，隨着人口大幅增長，福建一下子增設了 11 個縣。

　　北宋時期，隨着東南沿海的泉州、福州、漳州等港口的興盛，對外貿易日益發達，福建經濟得到巨大發展，財力大增，開始大規模修路架橋，排險設渡。而福建的建州也隨之升為建寧府，並增設了南劍州和邵武、興化二軍，外加當時已經存在的福州、泉州、漳州、汀州，共有一府五州二軍。從此，福建有了"八閩"之稱。八閩中，福州、泉州、漳州延續至今，建寧府、南劍州和邵武融合發展為今天的南平，汀州古城端坐龍岩，而興化轄境大致與今天的莆田相當。

右頁圖為福建省地形及主要水系分佈示意圖

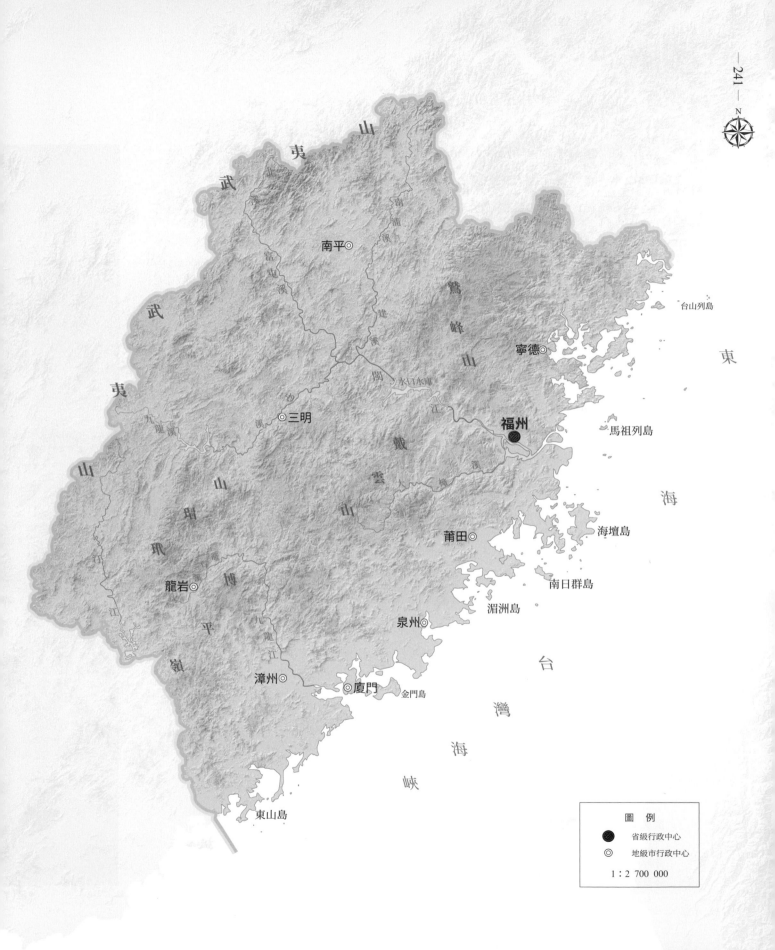

台山列島

東

武 夷 山

武

夷

山

南平◎

鷲峰山

寧德◎

馬祖列島

海

三明◎

戴

雲

山

福州◎

博

平

山

山

珥

山

龍岩◎

莆田◎

海壇島

南日群島

泉州◎

湄洲島

漳州◎

廈門◎

金門島

台

灣

海

峽

東山島

"萬里茶道"的起點

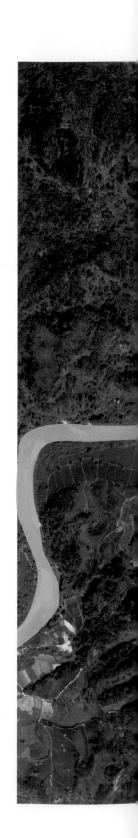

大自然給福建歷史時期的發展帶來了許多障礙，但也造就了"奇秀甲東南"的武夷山水。在數億年地殼運動的影響下，武夷山脈隆起於今天福建和江西的交界地帶。碧綠清澈的九曲溪蜿蜒淌過群峰，山迴水轉，一派靈秀淡遠的天然畫卷。書院和茶園，又將這畫卷描繪得更為生動。

在武夷山，書院是理學家講學的場所。宋代理學家朱熹在武夷山生活長達40餘年，並在此創建武夷精舍，潛心著書立說，廣收門徒，聚眾講學。這是武夷山冠有"理學名山""道南理窟"的緣由。

始於唐代、興於宋代的書院，在宋文化史上留下了濃墨重彩的一筆。而這些書院也成為宋代茶文化中心，盛行茶道。鴻儒學子時常品茶論道，以茶喻學，以茶寓理。茶葉的普及成就了武夷山，武夷山又為茶園提供了天造地設的"土壤"，孕育出聲震古今、享譽內外的烏龍茶和紅茶。

早在唐代，福建就是主要的產茶區之一，並以茶為貢品。至唐末，建州北苑（位於今南平市管轄的建甌市市區）開始出名茶。到五代南唐時，宮廷曾專門派使臣到北苑指導製作團茶，並用特製的龍鳳圖案模壓印，作為"龍團"貢茶。從此，福建建茶名聞天下。到了元代，福建的茶產中心逐漸移向武夷山。元大德六年（1302）在武夷山九曲溪設御茶園，並設置焙局，焙製"龍團"作為貢品。清代時，晉商來此買山置園，投資種茶，開創了以武夷山為起點的"萬里茶道"。茶葉先集中於九曲溪上游的下梅、星村等地，經過加工、打包，外銷到 13 000 千米之外的恰克圖（今屬俄羅斯）。

武夷山天游峰一帶九曲溪河道走向示意圖

"三三九曲水，六六溪環峰，曲曲山迴轉，峰峰水抱流。"這就是發源於武夷山的九曲溪。武夷山坐擁鬼斧神工的碧水丹山、神秘紛繁的千古名勝、源遠流長的三教文化，以及世所罕見的珍木異獸，是世界文化與自然雙重遺產，也是首批國家公園體制試點之一。

光輝印記

在以武夷山脈和玳瑁山脈為主的福建西部山區，遍佈着眾多的山間小盆地。盆地內部地勢較為平坦，集中了山區的主要聚落和耕地，而盆地外部群山環抱，構成其天然屏障。

龍岩市上杭縣的古田鎮就位於這樣的小盆地中。1929 年 12 月下旬，120 多位紅四軍代表聚集在這裡，舉行中國共產黨紅軍第四軍第九次黨的代表大會，即"古田會議"。

兩天時間裡，會議先聽取了毛澤東、朱德、陳毅的報告，並展開熱烈討論。大會改選了紅四軍前委，遵照中央的指示，選出了以毛澤東為書記，朱德、陳毅、林彪、羅榮桓、譚震林等 11 人為委員，楊岳彬等 3 人為候補委員的紅四軍新的前敵委員會。大會通過了毛澤東起草的《中國共產黨紅軍第四軍第九次代表大會決議案》，即著名的《古田會議決議》。古田會議解決了黨和軍隊建設的根本原則問題。

在古田會議召開之前，紅四軍曾經走過很多彎路。1929 年 1 月，毛澤東率領紅四軍離開井岡山，向贛南閩西進軍。隨着形勢發展和革命隊伍的擴大，紅四軍及其黨組織加入了大量農民和其他小資產階級出身的同志，加上環境險惡、戰鬥頻繁、生活艱苦，部隊得不到及時教育和整訓，極端民主化、重軍事輕政治、不重視建立鞏固的根據地、流寇思想和軍閥主義等非無產階級思想在紅四軍內滋長嚴重。毛澤東曾力圖糾正這些錯誤的思想傾向，但沒能為紅四軍領導層的大多數同志所接受。在紅四軍第七次黨代會上，毛澤東落選前委書記，陳毅當選新的紅四軍前委書記。

1929 年 9 月，陳毅抵達上海，向黨中央如實彙報了紅四軍的工作。中央政治局專門召開會議，聽取了陳毅關於紅四軍全部情況的詳細彙報，決定由周恩來、李立三、陳毅 3 人組成專門委員會，深入研究討論紅四軍的問題。經過一個月的討論，形成了陳毅起草、周恩來審定的《中共中央給紅四軍前委的指示信》，即著名的"中央九月來信"。"中央九月來信"肯定了紅四軍建立以來所取得的成績和經驗，要求紅四軍前委和全體幹部戰士維護朱德、毛澤東的領導，明確指出毛澤東"應仍為前委書記"。

就是在這樣的歷史背景下，古田會議召開了。它為全軍的建設制定了一條馬克思主義路線，是人民軍隊建設的偉大綱領，它的基本精神在今天仍然具有重大的指導意義。

在人民軍隊 90 多年的發展歷程中，古田會議被認為是一座光輝的里程碑。

龍岩市上杭縣古田會議舊址　新華社記者 姜克紅/攝

背靠逶迤蒼茫的社下山，白牆青瓦的古田會議會址身姿莊重。

世界民居奇葩

　　在龍岩深處的大山中，藏着一種奇特的民居建築，其風格獨特，結構奇巧，功能齊全，內涵豐富，是"世界民居奇葩"，也是客家歷史文化的一個重要載體。它們原本沒有統一的稱謂，因為以夯土外牆為主要特徵，多層聚居為主要功能，而被稱作"土樓"。

　　現存的福建土樓有數千座之多，主要分佈在福建西南部，尤其在龍岩市永定區和漳州市南靖縣交界的博平嶺東西兩側，大約有 600 平方千米的溪谷地帶最為集中。

　　作為大型閉合式聚居建築，土樓內可以容納大量的人口，既有大家族聚族而居，也有多姓家庭的合股同居。在土地稀缺的閩西南山區，土樓可以在有限的空間裡聚居盡可能多的人口，所以成為當地流行的民居樣式。

　　福建土樓形態各異，以圓形和方形為主。它產生於唐代，在明末、清代才逐漸成熟，並一直延續至今。現在，福建最古老的客家土樓是龍岩市永定區湖雷鎮下寨村的"馥馨樓"。它建於唐大曆四年（769），迄今已有 1 200 餘年。

　　土樓的建設伴隨着早期遷徙至閩西的客家先民所承受的顛沛流離之苦。那時，在這崇山峻嶺、與世隔絕的蠻荒之地，他們只能搭建簡易茅廬，遮陽避雨。隨後他們為了生存，披荊斬棘，開荒墾殖。經過幾代人的煎熬與奮鬥，閩西客家先民在這塊土地上建設起自己的家園，並開始構築雖顯簡陋但卻相對牢固的住房——堡或寨，作為一地一族或幾個家族躲避侵擾的防禦性居所。這便是現今福建客家土樓演變的起點。

龍岩市永定區湖坑鎮洪坑村土樓群全景　新華社記者 魏培全/攝

"高四層樓四圈，上上下下四百間，圓中圓，圈套圈，歷經滄桑三百年。"在永定，這首關
於土樓王——承啟樓的民謠，幾乎每一個人都耳熟能詳。永定客家土樓規模宏大，與山水
交融，與天地參合，聚族而居，敦親睦鄰。

多維度的千面之城

《山海經》記載："閩在海中。"

在這山海相交的地方，漳州、廈門、泉州、莆田、福州、寧德六市，自南向北，沿海岸線依次展佈，以開放之姿迎來送往。

漢唐時期，福建最大的港口是位於閩江下游的福州。閩江及其支流深入福建中北部腹地，入海則匯入東南沿海。江海交際的福州，早在 2 000 年前就與中南半島、日本等交通往來。宋元時期，福建最大的港口是位於溪流密佈的泉州。泉州港有着得天獨厚的自然環境，這裡地處東南沿海，周圍擁有泉州灣、深滬灣、圍頭灣等諸多天然港灣，在這些港灣中又有很多天然港汊，可以建成適宜各種船隻停泊的港口碼頭。到元代時，泉州港發展到了鼎盛時期，成為世界上最大港口，也是當時世界上最大的國際貿易中心，與亞非 90 多個國家和地區都有通商關係。多元的民族文化和宗教文化也隨之在這座城市裡交匯融合。這是福建古代歷史上最輝煌的一頁。明末清初，新的巨港在閩南地區的九龍江口孕育。漳州月港率先興起，成為閩南商人的出海貿易港。廈門也終於登上歷史的舞台，在清代崛起為福建海關的正口。

廈門位於九龍江入海口，古稱"下門"，自明朝始築，就與海相伴相生。城在海上，海在城中。臨海聽風，氣象萬千。因其獨特區位與歷史際遇，廈門與近現代中國的命運緊緊勾連：19 世紀 40 年代，西方列強的艦炮"敲"開了封閉的中國大門，廈門成為"五口通商"口岸之一，以一種屈辱的方式被迫向近現代社會艱難轉型。

隨着各國僑民紛至沓來，廈門島旁的鼓浪嶼成為外國人的居留區，世界各地風格迥異的建築隨之拔地而起。伴隨着西方文明的傳入，鋼琴、小提琴等音樂文化元素也在"海上花園"落地生根，鼓浪嶼由此獲得了"音樂之島"的美稱。

這座中西合璧的小島，有着閩南韻味、南洋氣息和歐陸風情，於 2017 年 7 月獲批列入世界文化遺產名錄，以"歷史國際社區"吸引着全球目光。

右頁圖為從60萬米高空俯瞰鼓浪嶼
伴着徐徐吹來的清新海風，漫步在鼓浪嶼，風情各異的歷史建築，令遊客如入畫卷。

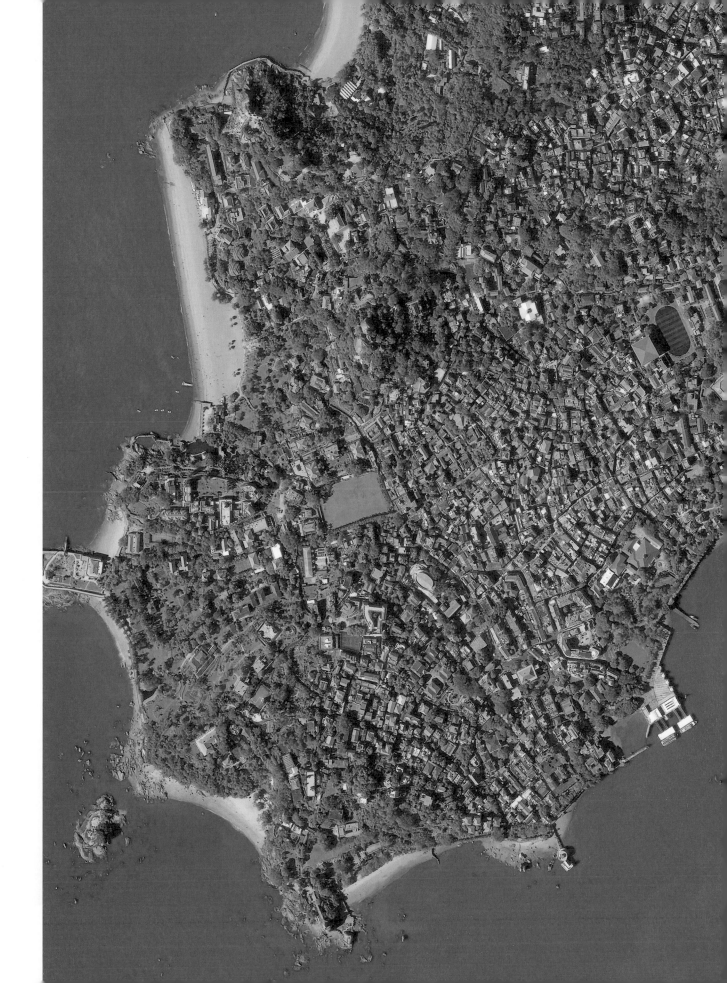

廈門不大，它是全國 15 個副省級城市中面積最小的一個。但這座海島小城，於風雲際會中緊抓機遇、勇擔重任，逐漸崛起為一座有格局、有追求、有魅力的特色之城。不同於千城一面，廈門是多維度的千面之城：它因靈動而魅力多彩，因鮮明而彰顯個性，因文化而別具韻味，因開拓而格局一新。

20 世紀 80 年代初，廈門成為全國經濟特區之一，開始用自己的探索和實踐書寫對外開放的新篇章。自 1997 年起，每至金秋 9 月，美麗的鷺島廈門就會迎來一年一度的 "9·8" 時間，吸引着海內外資本與客商的目光。

如今，走過 20 屆光輝歷程的中國國際投資貿易洽談會風華正茂。從國門初開時的區域性展會，到如今全球規模最大、功能最完善、影響力最廣的雙向投資促進盛會，投洽會一路與時俱進，不斷轉型提升。這把伴隨中國大門越開越大的 "金鑰匙" 正熠熠生輝。

福建有 3 700 多千米長的曲折海岸，廈門港更是中國四大國際航運中心之一，港內的遠海自動化碼頭，是中國第一個智能、安全、環保，具有完全自主知識產權的全自動化集裝箱碼頭。

曾經的海濱小城變身國際大港，34 條 "絲路海運" 航線在此開行，港通天下，揚帆遠航。

右圖是廈門國際會議中心及周邊景色　新華社記者 姜克紅/攝

伍

大陸離台灣本島最近的地方

　　福建和台灣一水之隔，海峽兩岸同根同源，血脈相連。自明朝後期開始，福建沿海民眾就開始批量向台灣島移民，尋求新的生存空間。20世紀初的調查顯示，百分之八十台灣同胞的祖籍在福建，福建也正努力建成台胞台企登陸第一家園。

　　無論過去還是現在，兩岸唇齒依存。在福建中部海岸的福州境內，有一個狀若麒麟的"千礁島縣"——平潭，距離台灣島僅有68海里，是大陸距離台灣本島最近的地方。由於地理位置特殊，每到冬季，平潭都會飽受東北季風折磨。雪上加霜的是，海岸前沿風力更大，極易形成飛沙和流動沙丘。於是，"光長石頭不長草，風沙滿地跑"這句民謠就成了平潭過去的真實寫照。經過長期的綜合治理和生態建設，如今，這座位於福建東部的海島以秀麗旖旎的風光展現在世人面前。

從60萬米高空俯瞰平潭海峽公鐵大橋

跨越海壇海峽的平潭海峽公鐵大橋，全長16.34千米，是世界最長的跨海公路鐵路兩用大橋。中國人用智慧和勇氣，突破"造橋禁區"，大大縮短福州至平潭的時空距離，榕嵐半小時經濟生活圈呼之欲出。

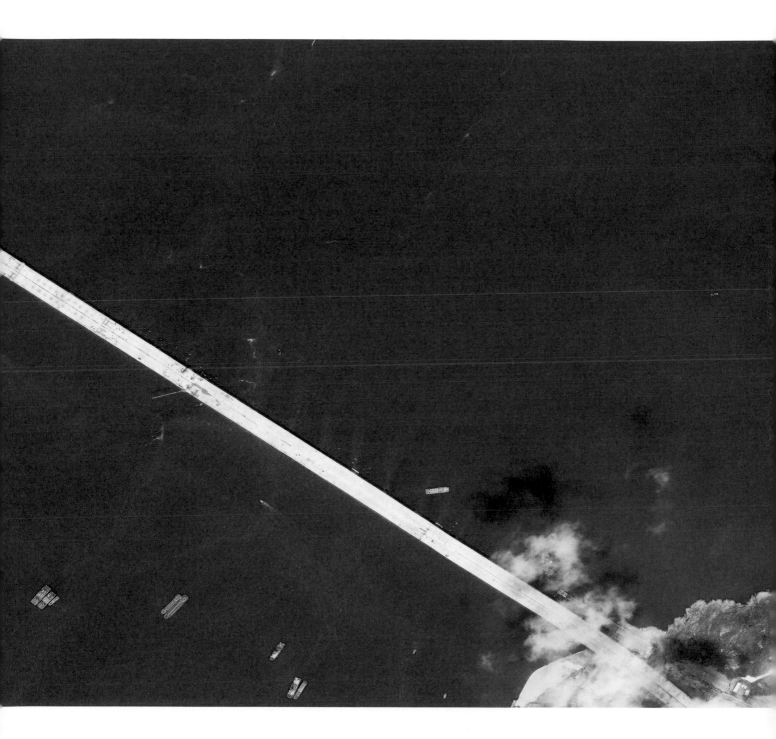

中國黃金海岸線的中點

"海者，閩人之田"。

"八山一水一分田"，陸上重山阻隔的福建，面向的卻是浩瀚海洋，600 多條江河從山地奔向大海。環山抱海，是寧德的資源稟賦。在其東部的三都澳為天然良港，是中國黃金海岸線的中點，"世界不多，中國僅有"，它通往全國各沿海主要港口，面朝廣袤的太平洋。

三都澳本來是寧德東部三都島周遭的海域，近代作為茶葉出口港而名揚世界，逐漸成為寧德、福安、霞浦、羅源四縣市環抱的內海灣的總稱。

這裡是我國最大的大黃魚養殖基地，受黑潮和台灣暖流的影響，鹽度較高，適合漁業生產。沿海人民的主要漁業活動包括外海捕撈和灘塗養殖。福建漁民有豐富的拖網、繩釣等捕撈經驗，除了閩東、閩南等漁場之外，舟山群島等也是他們出海捕撈的重要場所。

這裡原本就是野生大黃魚的故鄉，洋流環境非常適合大黃魚的生存和繁殖。但是，過度捕撈導致了大黃魚資源的枯竭。1991 年，大黃魚人工養殖在三都澳的官井洋獲得成功，為閩東海洋經濟注入了新的活力。如今，放眼望去，三都澳漁戶相連，綿延數十千米，漁排網箱一片欣欣向榮。漁旅結合，海清水淨的海上田園風光不再是夢。

山風海濤間，福建承中原文脈厚重源流，開海洋文化外向氣度，秉兩岸融合與國強民富的歷史擔當，高素質高顏值的新福建正闊步向前。

右頁組圖為三都澳1998─2016年變遷

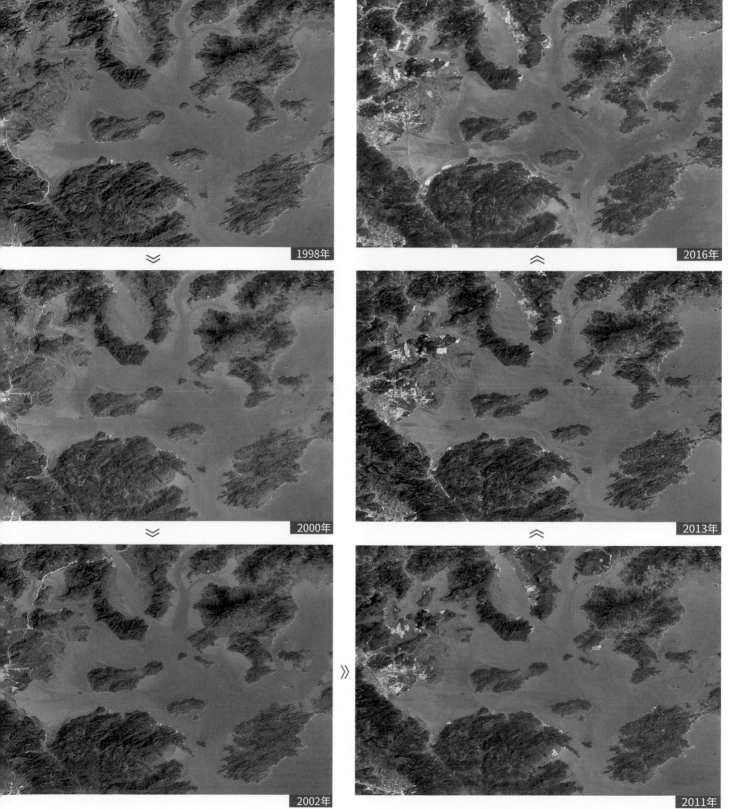

1998年

2016年

2000年

2013年

2002年

2011年

CHINA FROM OUTER SPACE

狀似芭蕉貌似島·蘭花蝴蝶魚米鄉

台灣省在中國的位置示意圖

TAIWAN

台灣

這裡有山巒起伏、森林茂密、溪壑縱橫的阿里山，
也有三面環海、物種繁多、珊瑚礁林棋佈的墾丁；

這裡有山巒環繞、水道蜿蜒、櫻花漫佈的日月潭，
也有蕈狀石、燭台石、棋盤石、薑石、壺穴、海蝕洞
綿延羅列的野柳地質公園；

這裡有丘陵起伏、飛魚滑翔的蘭嶼，
也有遠山一脈青蔥、稻田與大海相接的東西海岸。

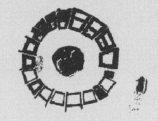

　　寶島台灣與祖國大陸同基同體，同為華夏構造體系，由台灣島和周圍屬島，以及澎湖列島等島嶼組成，狀似芭蕉貌似島，蘭花蝴蝶魚米鄉。

　　中生代時期，台灣與福建、廣東緊緊地挨在一起，直到新生代第三紀，由於地殼下陷，海水入侵，才出現了橫亙在台灣島與祖國大陸之間的台灣海峽。但在距今約 200 萬年前的新生代第四紀，由於冰期來臨，海面下降，台灣海峽的海底重現，不僅成為動物群遷徙的通道，還將台灣島與大陸重新連在一起。冰期結束後，海面隨之上升，海島復現，並與大陸相望至今。

　　台灣島是台灣省的主島，也是中國第一大島。它地處亞歐大陸板塊與菲律賓海板塊的接觸帶，二板塊的相互運動造成台灣島中央山脈和海岸山脈隆起，使得全島地勢由中央山脈向東西兩側遞降，由此形成全島山地、丘陵和平原三區組成的地形格局。

　　山地主要分佈在台灣島中部和東部海岸地區，由數條平行的山脈組成，由東而西依次為：花東海岸山脈、中央山脈、雪山山脈、玉山山脈、阿里山山脈五個系統。由於作為全島主要分水嶺的中央山脈和雪山山脈位置偏東，台灣島上的河流發育東短西長，多為東西流向，一般而言，河身短，坡度大，水流急，最長的濁水溪長僅 186 千米。

　　丘陵台地主要分佈在台灣島西部地區，但丘陵地形極為零星，加上河川切穿，且斷層頻仍，使丘陵地帶成為極度破碎而崎嶇的地域；而平原低地則主要分佈在近海及河流兩側地區。

　　南北向的山脈與東西向的河流，使台灣島被切割成許多不相連續的地理空間單位，同時也塑造了島上豐富多彩的自然地貌景觀。

　　這裡有山巒起伏、森林茂密、溪壑縱橫的阿里山，也有三面環海、物種繁多、珊瑚礁林棋佈的墾丁；這裡有山巒環繞、水道蜿蜒、櫻花漫佈的日月潭，也有蕈狀石、燭台石、棋盤石、薑石、壺穴、海蝕洞綿延羅列的野柳地質公園；這裡有丘陵起伏、飛魚滑翔的蘭嶼，也有遠山一脈青蔥、稻田與大海相接的東西海岸。

右頁圖為阿里山森林小火車　新華社記者 陳斌/攝

阿里山位於台灣中南部，以神木、櫻花、雲海、日出四大盛景而馳名，四季景色，美不勝收。開行上百年的森林小火車穿梭在阿里山茂密的森林和起伏的山巒中，搭乘小火車欣賞美景已經成為阿里山一張靚麗的名片，深受遊客青睞。

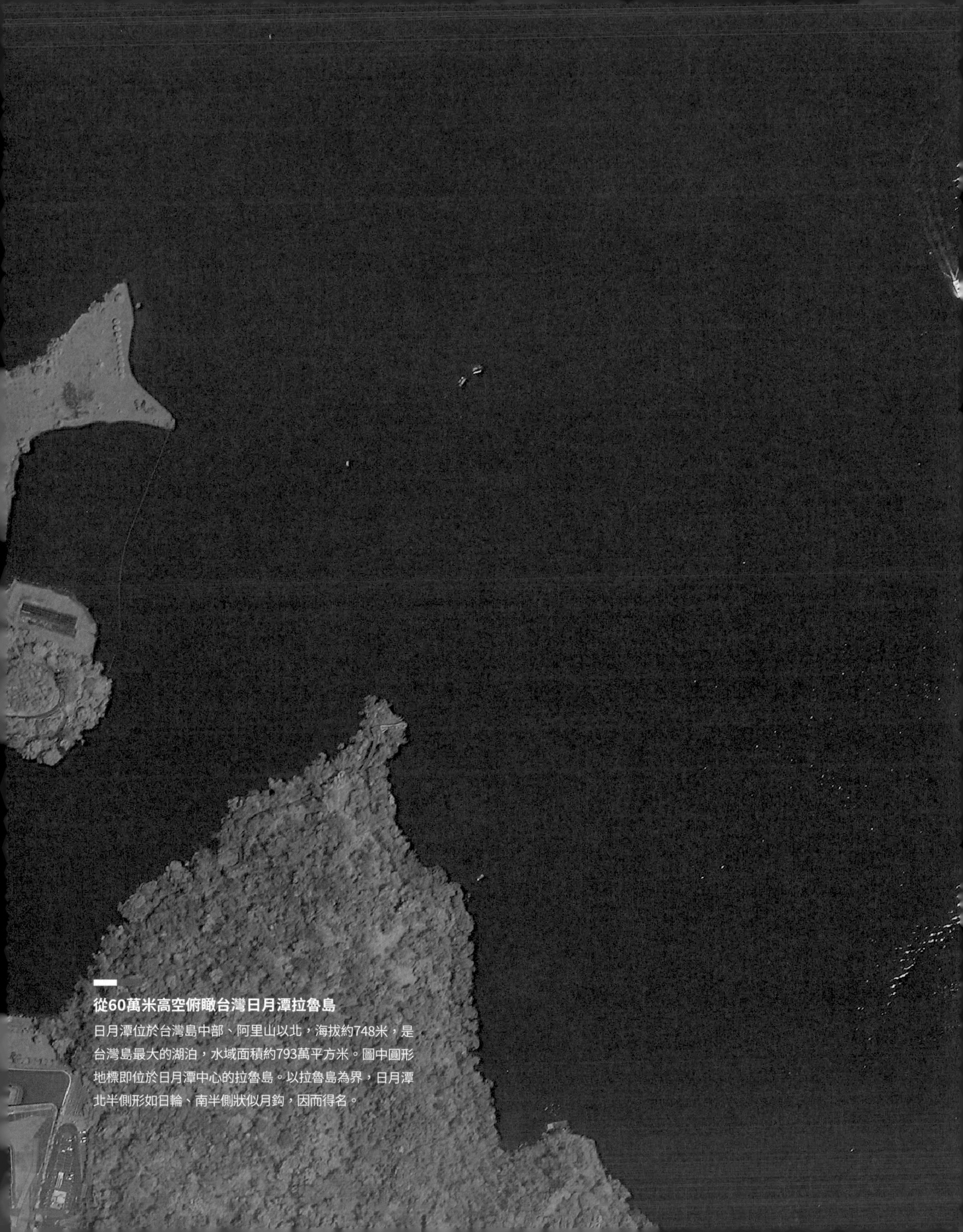

從60萬米高空俯瞰台灣日月潭拉魯島

日月潭位於台灣島中部、阿里山以北,海拔約748米,是
台灣島最大的湖泊,水域面積約793萬平方米。圖中圓形
地標即位於日月潭中心的拉魯島。以拉魯島為界,日月潭
北半側形如日輪、南半側狀似月鉤,因而得名。

在台灣北海岸野柳地質公園拍攝的蕈狀石
新華社記者 金立旺/攝

台灣的東、北海岸除了寬廣的海洋之外，還擁有許多鬼斧神工的天然海蝕地景。這裡海岸受到海水長年的沖擊，產生侵蝕、搬運及堆積作用，地形非常豐富，進而雕塑出種種天然之美的海蝕奇景。這些形狀怪異的古老砂岩，歷經了滄海變桑田的千萬年歷史，成為世界上現存的完整"活化石"。

在台灣花蓮縣豐濱鄉航拍的稻田景色，稻田與海水構成一幅美麗的圖畫　新華社/發

紅 色 江 西 · 綠 色 崛 起

自然保護區面積：122.4
佔轄區面積比重 7.3%

2017年

耕地面積：308.6

2017年

JIANGXI

江西

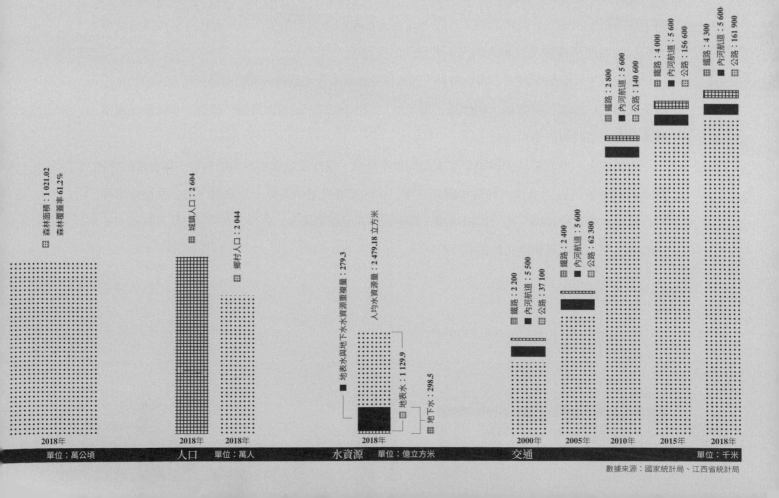

森林面積：1 021.02
森林覆蓋率 61.2%

2018年

單位：萬公頃

城鎮人口：2 604

鄉村人口：2 044

2018年　2018年

人口　單位：萬人

地表水與地下水資源重複量：279.3

人均水資源量：2 479.18 立方米

地表水：1 129.9

地下水：298.5

2018年

水資源　單位：億立方米

鐵路：2 200
內河航道：5 500
公路：37 100

2000年

鐵路：2 400
內河航道：5 600
公路：62 300

2005年

鐵路：2 800
內河航道：5 600
公路：140 600

2010年

鐵路：4 000
內河航道：5 600
公路：156 600

2015年

鐵路：4 300
內河航道：5 600
公路：161 900

2018年

交通　單位：千米

數據來源：國家統計局、江西省統計局

中國有一片"三色"土地，火紅燎原，古色古香，翠綠如珠。人們稱它為贛鄱大地——江西。它三面環山，一面臨江，地處江南，東倚懷玉山和武夷山脈，與浙江、福建相鄰；南與廣東共享身處南嶺的大庾嶺；西有羅霄山脈、幕阜山和九嶺山，與湖南、湖北兩湖區隔。三山環繞之下，贛鄱大地流星趕月一般，拖出長長的贛江彗尾，入鄱陽，出廬山，在九江境內與湖北、安徽共抱萬里長江。

而贛江，源出武夷山西麓，由南往北縱貫江西全境，為江西第一大河，並以贛州、吉安新幹縣為界，分上、中、下游三段。贛州以上為上游，山地縱橫，支流眾多。其東源正是流經瑞金的綿水。綿水西南方向流，在贛州市會昌縣與南來的湘水匯合，始稱貢水，為贛江正源。貢水自東向西穿過贛州市境內的于都，被于都人親切地稱為"于都河"。過于都後，貢水又流經贛州市的贛縣區和章貢區，而後以贛江之名一路向北，奔赴鄱陽湖。

贛江下游，蘊藏着江西古老的文化。早在商周時期，萬年文化與吳城文化就持續在饒河、信江交叉地帶和贛江下游累積勃興，從而否認了"商文化不過長江"之說，也改變了人們對贛北"吳頭楚尾"區域定位的陳見。特別是 20 世紀 80 年代以來，在江西萬年縣的萬年仙人洞和吊桶環遺址，考古發現了一萬年前的人工栽培稻遺存，有力印證了"水稻起源於中國"之說，也從側面說明了江西歷史之悠久。而西漢海昏侯墓的驚世大發現，再次印證了江西當時地處全國邊緣地帶。海昏侯劉賀的南遷開了江西人口遷入性流動的先鋒。

南宋以來，全國經濟中心開始南移，江西地位急劇上升。這期間，昌南鎮開始正式燒製官窯，所產瓷器"白如玉、薄如紙、明如鏡，聲如磬"，名揚京華。宋真宗特賜"景德"年號給昌南鎮，這便是今天景德鎮的名稱由來。

明清以來，多次激烈的戰爭以及人口大規模外流，贛江黃金水道原有的輝煌不復存在，江西開始走向衰落。直至中華人民共和國成立後，江西才隨着新中國第一架飛機、第一枚海防導彈、第一輛柴油輪式拖拉機、第一輛軍用邊三輪摩托車在這裡的誕生，起飛、升騰、駛向光輝的未來，一躍成為創造新中國發展奇跡的紅土地。

右頁圖為江西省地形及主要水系分佈示意圖

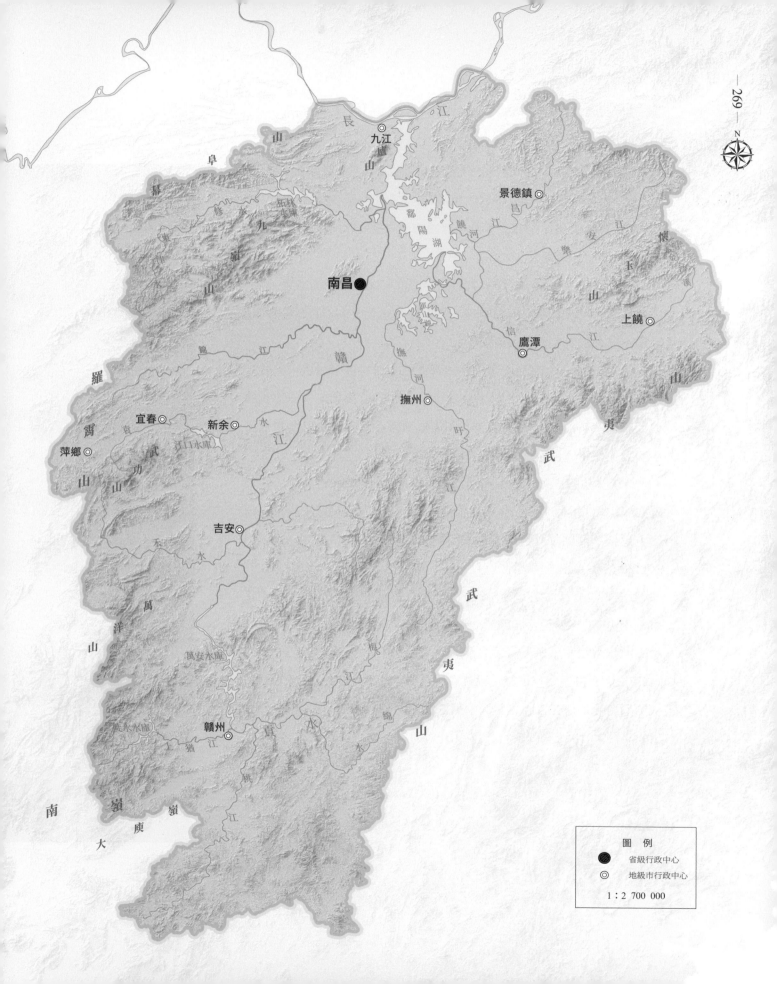

長山

阜山

幕

修水

九江

新

山

南昌●

羅

霄

宜春◎

新余◎

萍鄉◎

山

武

功

山

贛

江

撫州◎

吉安◎

萬

洋

山

贛州◎

南

大

嶺

庾

九江◎

廬山

都陽湖

景德鎮◎

昌江

饒河

樂安河

懷

玉

山

信江

上饒◎

鷹潭◎

武

夷

山

武

夷

山

圖　例

● 省級行政中心

◎ 地級市行政中心

1 : 2 700 000

火紅燎原：這是一片充滿紅色記憶的土地

1927 年 8 月 1 日，南昌起義打響武裝反抗國民黨反動派的第一槍；

1927 年 9 月，湘贛邊界秋收起義第一次亮出共產黨旗幟；

1927 年 10 月，毛澤東率秋收起義的部隊抵達井岡山，創立了第一個農村革命根據地。

自此，歷史的地圖有了新的海拔，民族的精神崛起新的峰巔。

井岡山，地處羅霄山脈中段，被 500 多座大大小小的峰巒包圍。她是一座山，又不只是一座山。

90 多年前，中國共產黨人在這裡開闢"農村包圍城市、武裝奪取政權"的革命道路，井岡山精神照耀神州。40 多年前，一場新的偉大革命——改革開放開啟，井岡山精神感召着井岡山兒女和億萬中國人民在新的長征路上不斷走向勝利。

今天，這裡立體交通網四通八達：國家第一條四車道盤山公路蜿蜒在崇山峻嶺間；山裡 25 戶以上的村莊村村通了水泥路；鐵路在山腳下延伸；通航 10 餘年的井岡山機場 2018 年再次擴建，一天平均 20 多個航班直飛全國各地。

2017 年 2 月 26 日，井岡山在全國率先脫貧"摘帽"。昔日"人口不滿兩千，產穀不滿萬擔"的井岡山，如今已成為有 17 萬人口的旅遊城市，生態旅遊、綠色食品、電子信息等產業風生水起⋯⋯

"紅色最紅、綠色最綠、脫貧最好。"今日的井岡山，隨處可見這樣的標語。這是老百姓對美好生活的憧憬，也是井岡山因地制宜探索出的高質量發展之路。

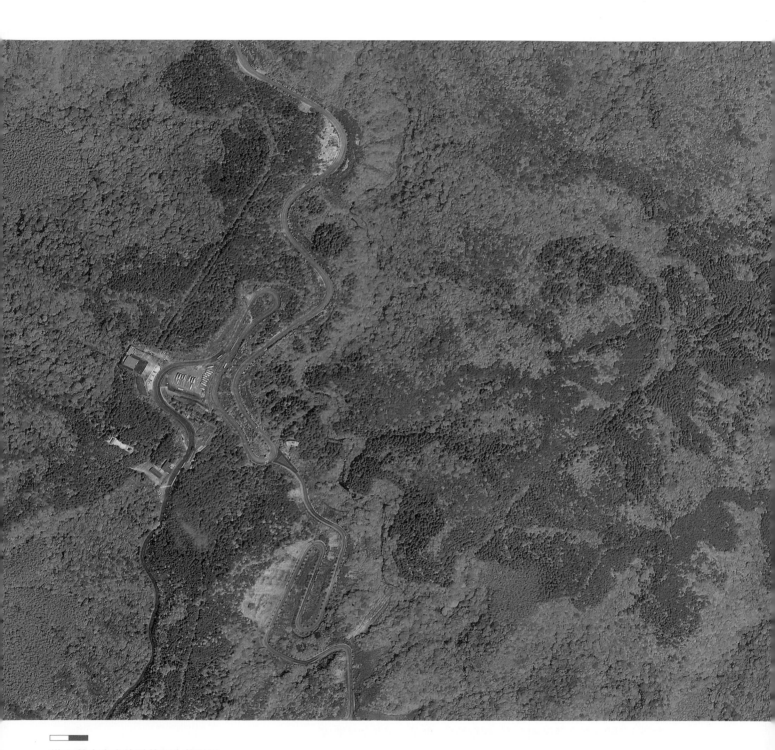

從60萬米高空俯瞰井岡山黃洋界

1928年 8月 30日，黃洋界保衛戰打響，英雄兒女，前赴後繼，用自己的今天，換來更多人的明天。

走進江西瑞金葉坪謝家祠堂，彷彿推開了一扇厚重歷史的大門。祠堂內一台座鐘定格在下午 3 時。1931年 11 月 7 日，當指針指向這一刻，一批來自全國各地的勞苦大眾和紅軍代表走進這裡，宣告一個嶄新的國家政權——中華蘇維埃共和國臨時中央政府成立。剛滿 10 歲的中國共產黨在這裡首次以國家形態登上中國政治的舞台，開始治國安民的偉大預演。

在這裡，共產黨人設立了外交、軍事、財政、土地、勞動等九部一局，今天的 50 多個中央機關和國家部委從這裡走來。

500 餘平方米的謝家祠堂，"裝"下整個中華蘇維埃共和國的首腦機關。一張木桌、一把木椅、一張木床，幾塊木板隔成的小屋，就是今天一個國家部委最初辦公的地方。

在這裡，共產黨人頒佈了自己的第一部憲法大綱，明確蘇維埃全部政權是屬於工人、農民、紅軍兵士及一切勞苦民眾的，還制定了選舉法、勞動法等上百部法律法令。

在這裡，共產黨人開展了政權建設、經濟建設、文化建設，發行貨幣、興辦學校、懲治腐敗……

一個個冠以"人民"稱號的"部委"，造就當時精幹的政府，興建列寧小學 3 199 所；興修水利，墾荒造林，修橋築路……

從人民共和國的偉大預演到中華人民共和國成立 70 餘年，始終不變的是以人民為中心的執政理念，不斷延展的是為人民創造美好生活的壯麗征程。

歲月遞嬗，翻天覆地。80 多年前，美國記者斯諾談到瑞金建政時感慨："在沒有港口，沒有碼頭，沒有鐵路的山林裡建立起一個共和國，這是建國中的奇跡！"

右頁上圖是位於江西瑞金的葉坪謝家祠堂　新華社記者 胡晨歡/攝

右頁下圖是位於江西瑞金的葉坪謝家祠堂內景　新華社記者 周密/攝

"一送（里格）紅軍，（介支個）下了山，秋風（里格）細雨，（介支個）纏綿綿……"

1934 年 10 月，第五次反"圍剿"失利後，中央機關、中央軍委和中央紅軍主力從于都出發，開始長征。為了支援紅軍，老百姓夜以繼日打草鞋、籌軍糧。于都河上沒有橋，群眾捐出了家中的門板、床板、房樑，甚至壽材，在 30 千米的河段上架起 5 座浮橋。

這是一次沒有退路的戰略轉移。中國革命已到了最為曲折艱難的至暗時刻，在敵軍重兵圍堵、步步緊逼下，紅軍面臨的幾乎是不知路在何方的困境。

就是這樣一次逆境中的大出發，為中國共產黨、中國工農紅軍、中國革命帶來了新生的契機，走出了無數個感天動地的初心故事。在此後兩年中，中國工農紅軍戰勝千難萬險，付出巨大犧牲，完成了震撼世界、彪炳史冊的二萬五千里長征。

徜徉在于都縣城，長征大道、長征大橋、長征源小學……以"長征"命名的建築隨處可見。這濃濃的紅色情懷，令塵封的往事一幕幕鮮活起來。中央紅軍長征出發紀念館中陳列的那一件件革命紀念物，無聲地訴說着與初心有關的故事。

犧牲，是對初心最嚴厲的考驗。一串串數字背後，是用信仰武裝起來的血肉之軀，是用生命捍衛的朗朗初心。

自 1934年 10月至 1936年 10月，參加長征的近 20 萬紅軍將士，到達陝北時只剩下 3 萬多人。歷史長河滾滾向前，孕育革命火種的地方必將點亮新時代的榮光。

位於江西省贛州市于都縣的中央紅軍長征出發紀念碑　新華社記者 周密/攝

于都河畔，萬里長征第一渡。80餘年前，紅軍在這裡集結北上，長征精神從此代代相傳、生生不息。

古色古香：這是一片孕育瑰麗文化的土地

一黛青山、一抹平蕪，柔婉清碧的曲流、青瓦粉牆的民居……位於江西省南部，九連山麓桃江河畔的龍南市，南有小武當山的奇秀，北有龍頭灘之幽麗，而更令人驚歎不已的是在這塊神奇的土地上至今還保存着376座充溢着濃郁客家風情、形態各異的圍屋。它與北京的"四合院"、陝西的"窯洞"、廣西的"干欄式"建築、雲南的"一顆印"，合稱為中國傳統民居的五大建築。

龍南圍屋始建於明末清初，在龍南1 641平方千米的土地上隨處可見。其數量之多、風格之全、保存之完好都是其他地方無法相比的，因此榮獲"大世界基尼斯之最──擁有客家圍屋最多的縣"的殊榮，被稱為"圍屋之都"。

雕樑畫棟，充分顯示出古代客家人深厚的文化淵源和高超的建築雕刻藝術；幽深的槍眼，森嚴的炮樓，讓人回味客家人千百年生存鬥爭中血與火的歲月！燕翼圍那高達15米的宏大建築歷經300多年風雨依然巍然屹立着；目前保護最好、結構最完整、面積最大的方圍──關西新圍猶如"東方古羅馬城堡"傲然挺立。

走進一座座客家圍屋，就如同走進了一個個不同的天地，感受到各不相同的情調和神奇，感受到客家人的聰明才智和他們豐富多彩的情感世界與生活。圍屋孕育了龍南人"吃苦耐勞、開拓進取、崇先報本、和衷共濟"的客家精神。而龍南的另一朵金花"重稀土"，則為龍南經濟的騰飛注入了勃勃動力。龍南已探明離子型重稀土的儲量佔世界離子型重稀土儲量的70%，質量居世界之首，被譽為"重稀土之鄉"。

從60萬米高空俯瞰贛州龍南市關西新圍

這裡是客家搖籃，這裡是世界橙鄉。一座座古老的客家圍屋，如顆顆珍珠灑落在贛南，國字形的關西
新圍，呈現着建築與自然的和諧之美。一木一瓦，一輪一廓，都在無聲訴說着忠誠和信仰，苦難與輝煌。

"中華向號瓷之國，瓷業高峰是此都。"

2 000 多年的冶陶史，1 000 多年的官窯史，600 多年的御窯史，景德鎮的小巷、煙囪浸潤着文化的氣息。千年窯火不熄，孕育瑰麗的陶瓷文化；萬里碧海揚帆，遠播璀璨的中華文明。景德鎮瓷器是世界認識中國、中國走向世界的文化符號。它曾鮮明注解着陶瓷的昔日輝煌，也曾在現代化進程中經歷迷茫。

2019 年，景德鎮國家陶瓷文化傳承創新試驗區建設正式拉開大幕。景德鎮，這座千年瓷都再展宏圖——打造一座與世界對話的城市。

歷史上，景德鎮的瓷器由昌江進入鄱陽湖，經長江轉運後，通過絲綢之路的陸上通道或"瓷器之路"的海上航線銷往世界各地，為中國走向世界打開一扇窗。今天，景德鎮呈現出了新風貌、新氣象，每年 5 000 多名"洋景漂"來到這座千年瓷都，汲取文化養分，實現藝術夢想。

從60萬米高空俯瞰景德鎮古窯民俗博覽區

千年瓷都景德鎮，一爐窯火千年不熄。如今，3 萬多名"景漂"常年聚集於此，讓景德鎮成為世界體驗中國發展、感知中國文化的新窗口。

翠綠如珠：這裡是風光奇秀的候鳥天堂

鄱陽湖位於江西省北部，東、西、南三面高山阻隔，北臨長江天險，不僅是重要的生態濕地，還是中國第一大淡水湖。它彙聚贛江、撫河、信江、修水和饒河等水系，調蓄後由湖口注入長江，從而形成完整的鄱陽湖水系。以江西省九江市境內的松門山為界，鄱陽湖分南北兩個部分，南部寬廣，是主湖區；北部狹長，為入江水道。因此，每逢汛期水位上升，湖面陡增，水面遼闊；枯期水位下降，洲灘裸露，水位歸槽，湖面僅剩為數不多的幾條水道，形成"枯水一線，洪水一片"的湖泊景觀。

"鄱湖鳥，知多少？飛時遮盡雲和月，落時不見湖邊草。"一曲悠然傳唱的民歌，描繪出數十萬隻候鳥在鄱陽湖安然越冬的情景。候鳥低飛，漁舟唱晚，自然美景的背後，離不開數十年如一日的愛護。

候鳥的鍾情是鄱陽湖生態的成就，而鄱陽湖的誕生則是得益於贛江水系的發育和鄱陽湖盆地的形成。那是一段遙遠且漫長的歲月，但卻成就了鄱陽湖盆地與廬山的情誼。

廬山位於鄱陽湖以西，在漫長的地質形成過程中，它與鄱陽湖盆地一者造山一者造盆，相伴相生。隨着古贛江發育，鄱陽湖逐漸形成，在山水掩映下，多少遊人過客流連忘返。

右頁圖為秀美纖柔的廬山黃龍潭瀑布
廬山天下悠，奇秀甲天下。廬山的美，是不一樣的美，峭壁陡崖飛瀑布，奇峰秀嶺繞雲煙。

鶴鳴鷸舞鄱陽湖　新華社/發 傅建斌/攝

寒冬時節，鄱陽湖成了候鳥的樂園。來自各地的候鳥聚集於此，嬉戲飛翔，
場面蔚為壯觀。白鶴原有東、中、西三條遷徙路線，在鄱陽湖區越冬的白鶴
沿着東部遷徙路線，從西伯利亞東北的繁殖地南飛，途經俄羅斯遠東和中國
北方。不幸的是，中、西部兩條遷徙路線已經幾近喪失。鄱陽湖區良好的生
態系統和生物多樣性，為白鶴提供了適宜的棲息環境和豐富的食物供給。

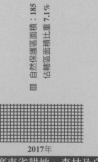

田 自然保護區面積：185
估轄區面積比重 7.1%

田 耕地面積：259.97

2017年

2018年

GUANGDONG

廣東

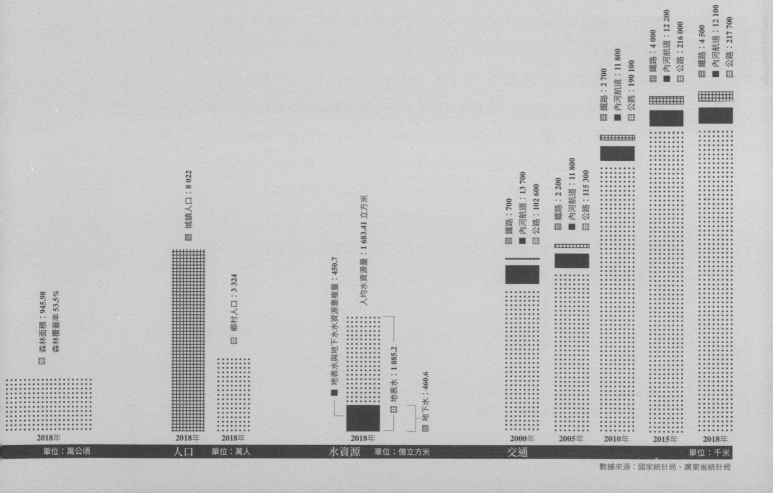

森林面積：945.98
森林覆蓋率 53.5%

2018年

單位：萬公頃

城鎮人口：8 022

鄉村人口：3 324

2018年　2018年

人口　單位：萬人

地表水與地下水水資源重量：450.7

人均水資源量：1 683.41 立方米

地表水：1 885.2

地下水：460.6

2018年

水資源　單位：億立方米

鐵路：700
內河航道：13 700
公路：102 600

鐵路：2 200
內河航道：11 800
公路：115 300

鐵路：2 700
內河航道：11 800
公路：190 100

鐵路：4 000
內河航道：12 200
公路：216 000

鐵路：4 500
內河航道：12 100
公路：217 700

2000年　2005年　2010年　2015年　2018年

交通　單位：千米

數據來源：國家統計局、廣東省統計局

　　這裡是典型的山水嶺南、濱海之地，地形地貌表裡山河，山水風光旖旎多姿。

　　這裡是"人文中國"的薈萃之地，古老文明凝重深厚，現代文化絢麗多彩，融匯中西。

　　這裡是"開放中國"的先驅之地，改革開放引領潮流，經濟"領先"與科技"領先"，蓬勃繁榮。

　　從 60 萬米高空俯瞰，三條大河、三片山區、一座半島清晰地在中國大地上勾勒出廣東的基本輪廓。

　　三條大河一東一西一北，東為東江，西為西江，北為北江，均屬珠江水系幹流，並在珠江三角洲匯合，注入廣袤的南海。珠江，廣東的母親河，千萬年孕育着南粵大地，千百年滋養着嶺南人民。地理上它是東江、西江、北江與珠江三角洲諸多河流水系的總稱，年均徑流量僅次於長江，位居全國七大江河第二位。在這南海風起、潮湧珠江的三角洲上，由廣東中部近鄰香港、澳門和廣東省內廣州、深圳、珠海、佛山、惠州、東莞、中山、江門、肇慶九個"珠三角"城市組成的一個世界級城市群——粵港澳大灣區，正在崛起。

　　緊緊環繞珠江三角洲的三片山區，也是一東一西一北。東為蓮花山脈、羅浮山脈與九連山脈所在的粵東山區，再往東即是福建；西為雲開大山和雲霧山脈所在的粵西山區，再往西即是廣西；北為"五嶺逶迤騰細浪"中五嶺所在的粵北山區。五嶺，也稱南嶺，是廣東與其北部近鄰江西、湖南的界山，由越城嶺、都龐嶺、萌渚嶺、騎田嶺、大庾嶺五條主要山嶺組成。而廣東大地上那一座半島，正是位處祖國大陸最南端的雷州半島，西臨北部灣，南隔瓊州海峽與海南島相望。這裡沿海灘塗廣闊，擁有我國沿海紅樹林面積最大的自然保護區。

廣東省地形及主要水系分佈示意圖

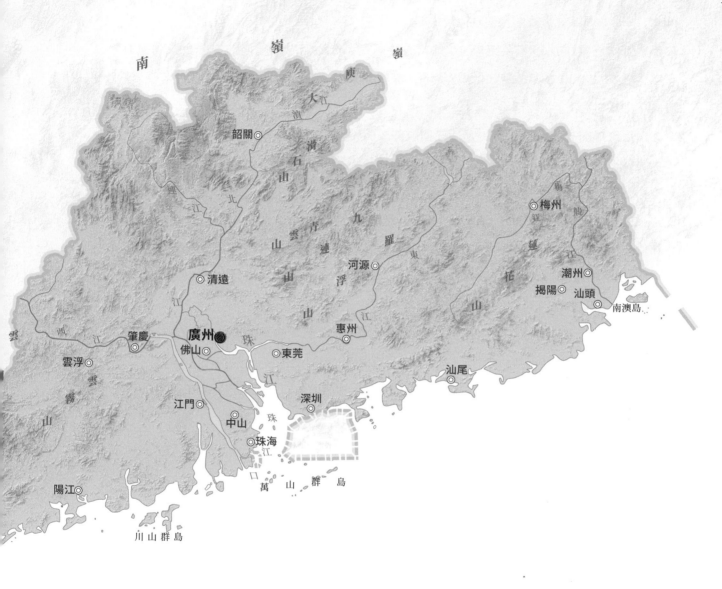

南　嶺

南　嶺　嶺

大庾嶺

韶關 ◎

九連山

青連山

羅浮山

雲浮山

石山

北江

連江

西江

南海

鬱江

雲　霧　山

梅州 ◎

蓮花山

潮州 ◎

揭陽 ◎　汕頭 ◎

南澳島

河源 ◎

惠州 ◎

東江

清遠 ◎

廣州 ◉

佛山

東莞 ◎

汕尾

肇慶 ◎

雲浮 ◎

江門 ◎

中山 ◎

珠海 ◎

深圳

珠江口

萬山群島

川山群島

陽江 ◎

南　　　海

東沙群島

圖　例

● 省級行政中心

◎ 地級市行政中心

1 : 3 500 000

這裡曾響起中國改革開放第一聲 "開山炮"

一座城市，高度濃縮一個時代精華。

如同施展了法術，在短短 40 餘年的時間裡，從一個默默無聞的邊陲小鎮到擁有常住人口 1 300 多萬的現代化國際都市，深圳奇跡般崛起於中國南方，綻放奪目光彩。

是甚麼造就了深圳？

是改革開放的浩蕩春風，是改革開放釋放的強大活力，讓深圳煥發出前所未有的生命力。改革開放，是深圳實現跨越式發展的 "基因"，也是讀懂一個國家、一個民族實現命運偉大轉變的 "密碼"。

深圳地理位置優越，位處廣東省南部，毗鄰香港，東臨大亞灣和大鵬灣，西瀕珠江口和伶仃洋，遼闊的海域連接着南海及太平洋。但在改革開放之前，廣東還是貧困地區。

1979 年仲夏，伴隨深圳蛇口建港填海的 "開山炮" 轟鳴炸響，中國第一個外向型工業園區——招商局蛇口工業區，從灘塗中奠基起步。

1980 年 8 月 26 日，第五屆全國人大常務委員會第十五次會議批准設置經濟特區，並通過《廣東省經濟特區暫行條例》，經濟特區在中國正式誕生。

"特區是個窗口，是技術的窗口，管理的窗口，知識的窗口，也是對外政策的窗口。" 歷史的鴻篇巨製一旦開啟，每一頁都是嶄新的。經濟特區的嘗試率先在蛇口工業區 2.14 平方千米的土地上疾行，南粵大地開始展露新的生機。

右頁上圖：改革開放前深圳蛇口一瞥（資料照片）　新華社記者 李長永/攝
右頁下圖：2015年2月26日拍攝的廣東自貿區深圳前海蛇口片區　新華社記者 毛思倩/攝

1985 年底，一幢樓宇在深圳竣工，彼時的國貿大廈以"三天一層樓"刷新了中國建築史上的紀錄，成為"深圳速度"的象徵。

夜幕降臨，沿着深南大道行駛，平安國際金融中心、招商銀行總部、騰訊大廈……一路高樓林立，流光溢彩，整個城市猶如鋪展開的一幅繽紛畫卷，勾勒出美麗的天際線。這條路見證着深圳的光榮夢想，昭示着深圳經濟特區乃至中國改革開放的道路越走越寬廣。如果說，"三天一層樓"的速度曾讓深圳聞名全國，那麼追求高質量發展所帶來的創新活力越來越讓這座城市揚名世界。今天的深圳，平均每平方千米有 5.6 家國家級高新技術企業，平均每天有 51 件發明專利獲得授權……

深圳何以成為創新之都？

曾有人這樣比喻，創新彷彿是盛開的美麗花朵，需要充足的陽光雨露、適宜的溫度濕度等環境，而發展環境的營造，歸根結底要靠體制機制的改革、理念的更新。"時間就是金錢，效率就是生命。"1981 年底，這個巨型標語牌矗立在蛇口工業區最顯眼的地方。這一口號出現在慶祝中華人民共和國成立 35 週年國慶遊行的彩車上，被億萬中國人叫響。

改革開放 40 餘年，中國最引人矚目的實踐是經濟特區。全世界超過 4 000 個經濟特區，頭號成功典範莫過於"深圳奇跡"。在石破天驚中實現突進，在敢為人先中尋求突破，經濟特區的"特"就體現在"闖"上。第一個打破平均主義"大鍋飯"工資制度，第一家外匯調劑中心成立，第一家股份制保險企業創辦……40 餘年裡，深圳創出約 1 000 個"國內第一"。生產力得到如此大的釋放。深圳的國內生產總值從 1979 年的 1.97 億元上升到 2018 年的 2.42 萬億元，僅次於上海、北京。今天的深圳，已成為一座具有影響力的國際化都市，擁有全球第三大集裝箱港、亞洲最大陸路口岸、中國五大航空港之一，擁有多家世界 500 強企業。

從"深圳速度"到"中國高度"，這座在南海之濱拔地而起的城市不斷書寫時代傳奇，改革開放為中國特色社會主義事業不斷開創新局面提供不竭動力。深圳，這座平均人口年齡僅有 32.5 歲的年輕城市，也正以飽滿的活力擁抱新的時代。

右頁是一組拼版照片：深圳1987年和2016年發展對比

1987年

2016年

這裡是中國外貿的"晴雨表"和"風向標"

攤開 A 字形的珠三角地圖，跨過港珠澳大橋，掠過虎門大橋，直至南沙大橋，俯瞰粵港澳大灣區，廣州就位於灣區之頂，處於地理幾何中心。

中華人民共和國成立 70 餘年來，廣州東進南拓，一路向海，將城市建成區推向了珠江入海口，實現了從濱江城市到濱海之都的歷史性跨越。如今，廣州再出發，向大灣區科創高地進軍。

北起越秀山，經過中山紀念堂、人民公園、海珠廣場，南抵珠江邊，這一條近 3 千米長的城市傳統中軸線，見證了廣州 2 200 多年的歷史變遷。在快速的城市變遷中，一批批工業區向城市周邊蔓延，特別是 20 世紀 60 年代黃埔港的建設，牽引着廣州沿着珠江北岸不斷向東發展。

廣州城市空間結構演化在 1987 年迎來關鍵節點。藉助中華人民共和國第六屆運動會的舉行，廣州建設了大型體育賽事場館——天河體育中心，進而帶動了天河新城區的迅速發展。如今，從天河路商圈到珠江新城，已成為整個廣州經濟、金融、商務活動的新中心。在羊城之巔，高聳入雲的廣州塔引領着新中軸線上的建築群落，相對而立的東塔和西塔，猶如廣州的新門戶，花城廣場則成為新的城市會客廳。

在廣州，這一變化被稱為"變軸"，廣州也因此"雙軸"並存。傳統的中軸線通過改造提升，依舊生機勃發，與活力十足的現代軸線交相輝映。

位於中心城區的海珠濕地與城市地標廣州塔遙相呼應　新華社/發 謝惠強/攝

海珠濕地位於廣州市中心城區，總面積約 11 平方千米，是中國特大城市中心規模最大、保存最完整的生態綠核，被譽為廣州"綠心"，曾獲評"2016 年度中國人居環境範例獎"。海珠濕地前身"萬畝果園"曾被嚴重"蠶食"，經過 8 年保護修復，海珠濕地產生巨大的生態、經濟與社會效益，成為中國生態文明建設和粵港澳大灣區城市可持續發展的窗口。

　　由於西部緊鄰佛山，向西擴展受到抑制，長期以來，廣州城市空間一直向北、向東發展，形成了沿白雲山和珠江發展的 L 形空間結構。

　　2000 年，廣州北部的花都、南部的番禺撤市設區，解決了城市空間發展的門檻。同年，廣州首次提出了"南拓、北優、東進、西聯"八字方針。

　　大門南開，琶洲會展中心、國際生物島、大學城等一個個功能空間相繼崛起。得益於 2010 年廣州亞洲運動會的舉行，亞運城更是成為廣州南拓軸上的一個控制性節點工程，南拓從此一往無前。然而，因海而興的廣州城市建成區，在歷史上始終與大海有"一步之遙"。

　　南沙區的出現填補了歷史遺憾。2005 年，雄踞珠江四大出海口和粵港澳大灣區地理幾何中心的南沙區正式成立。經過 10 多年的發展，曾隸屬於番禺區的南沙經濟技術開發區羽翼日益豐滿，逐漸成長為廣州的城市副中心。自此，廣州躍升為具有"山水城田海"特色的大山大海自然格局，濱江城市升格為濱海城市。

　　向海而進的文化基因，讓廣州人從未停止對外開放的腳步。如今，南沙港已成為中國南部最大的單體港區，廣州港口貨物吞吐量達全球第五，全球航運樞紐地位愈加凸顯。得益於開放發展，廣州 40 餘年來經濟總量翻了近 500 倍，人均國內生產總值接近發達國家水平。作為粵港澳大灣區的核心城市，廣州帶着建設科創高地的新使命，已然揚起風帆，再次出發。灣區所向，港澳所需，廣州所能。

　　1957 年，"中國進出口商品交易會"在廣州創辦，世界各地的採購商到這裡"買全球、賣全球"。廣交會（"中國進出口商品交易會"的簡稱）也隨之成為中國外貿的"晴雨表"和"風向標"。隨着廣交會的發展，歐美客商、非洲客商也逐漸走進展館。第 90 屆廣交會，已有來自五大洲 151 個國家和地區的 12 萬多客商參加。至今已舉辦 127 屆的廣交會，經歷和見證了我國改革開放 40 餘年來的發展步伐。

右頁上圖是廣州港南沙港區第四期工程概念圖（資料照片 新華社/發）
據悉，在南沙港區第四期工程中，將建造使用第五代移動通信系統（簡稱 5G）的全自動碼頭。

右頁下圖是從60萬米高空俯瞰位於珠江畔的中國進出口商品交易會展館

這裡有個誕生兩家"世界500強"的小鎮

　　佛山,緊鄰廣州,位處珠三角腹地,擁有6 000多年的歷史,人文薈萃,是中國近代民族工業的發源地之一,誕生了中國第一家新式繅絲廠。中華人民共和國成立後,改革開放更使這座傳統的嶺南重鎮製造業蓬勃發展,一舉成為中國重要的製造業大市。

　　這是一個有製造業傳統的城市,陶瓷業、鑄造業已有上千年歷史,在手工業時代誕生了一代又一代能工巧匠。邁入工業化時代,大工廠和自動化取代了手工作坊,但工匠精神卻傳承至今。

　　南海作業平台上,原油泵中的葉片飛速旋轉,原油隨之被分離出來,在強水流的推動下被運往儲藏地。在這個工序中,帶動水油分離的原油泵發揮了核心作用。2014年之前,這個關鍵部件依賴進口,如今它們打上了"佛山製造"的印記。這枚印記同樣烙印在廣州、佛山之間的一個小鎮身上,這就是佛山市順德區北滘鎮。

　　曾經,水稻種植才是這裡的主要產業。改革開放之初,北滘鎮開始發展"三來一補",即來料加工、來件裝配、來樣加工和補償貿易,鄉鎮企業開始在這裡落地生根。1992年,北滘鄉鎮企業紛紛改制,進入蓬勃發展期。短短40餘年,北滘便從窮鄉僻壤蛻變為中國唯一擁有兩家"世界500強企業"的經濟強鎮。

　　從農業到工業,再到智能製造,北滘完成了堪稱奇跡的蛻變。

右頁上圖是著名攝影家呂厚民1959年8月在廣東順德拍攝的北滘公社社員搶收被淹早稻的畫面　新華社/發

右頁下圖是位於北滘鎮的世界"500強企業"——美的集團總部　新華社/發 周焯傑/攝

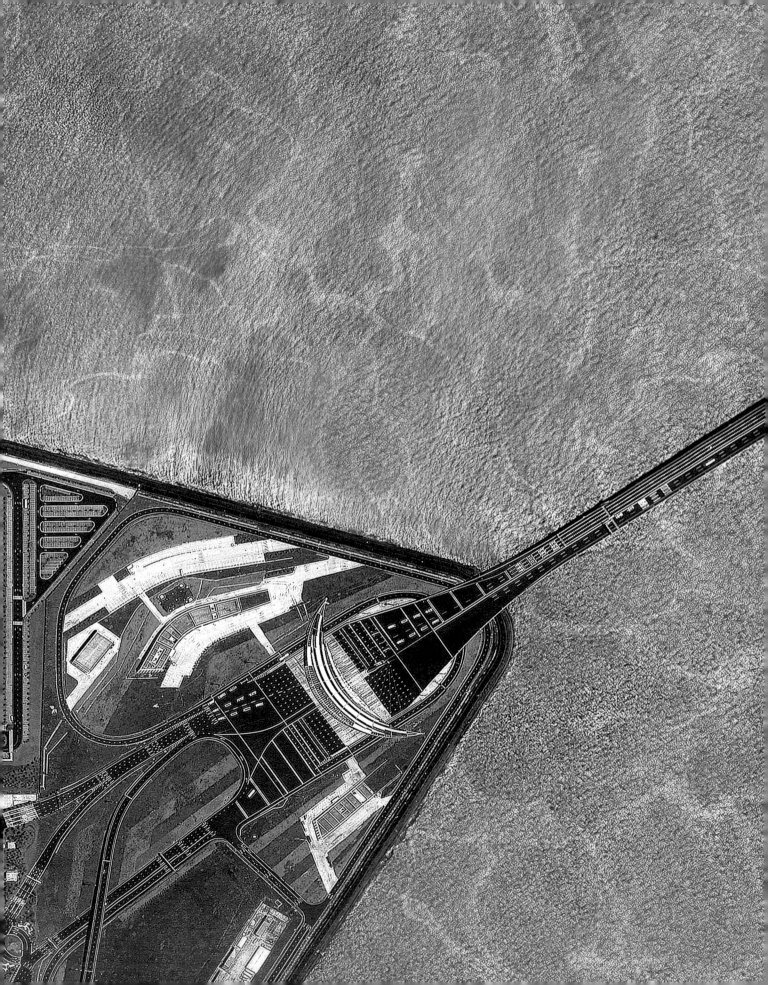

這裡將親歷粵港澳大灣區崛起的時代勝景

伶仃洋，位處珠江口之外，也是全球最繁忙的航道之一，每天 4 000 艘各類船舶在此航行穿梭。煙波浩渺中，一條巨龍伏波，若隱若現。9 年的艱苦建設，全長 55 千米的港珠澳大橋，飛架伶仃洋，天塹變通途。超級工程，國之重器，中國智慧，中國力量，堪稱中國橋樑建設史上的奇跡。

這座粵港澳三地首次合作共建的跨海通道，是世界最長的跨海大橋、最長的鋼鐵大橋、最長的海底隧道，以及最大、最深、最精準深海無人對接的沉管隧道。它圓了始於 20 世紀的伶仃洋聯通之夢，使珠三角成為路網完整的發展區域，點燃了粵港澳大灣區融合發展的引擎，並成為大灣區在"一國兩制"下跨境協作的參考範例。

灣區，既是地理概念，也是經濟現象。著名的紐約灣區、舊金山灣區、東京灣區，都是帶動全球經濟發展的重要增長極和引領技術變革的領頭羊。而粵港澳大灣區，對標美國紐約灣區、舊金山灣區和日本東京灣區"世界三大灣區"，將建成世界級城市群。

珠江水浩浩蕩蕩，奔流匯入伶仃洋。江海交匯，融為一體，蔚為壯觀。這裡曾見證國家民族的百年沉浮，而今將親歷粵港澳大灣區崛起的時代勝景。充滿活力的世界級城市群、具有全球影響力的國際科技創新中心、"一帶一路"建設的重要支撐、內地與港澳深度合作示範區、宜居宜業宜遊的優質生活圈，將以磅礴之勢華麗展現。在中國追夢的宏大敘事裡，粵港澳大灣區將成為重要而閃亮的一章。

從60萬米高空俯瞰港珠澳大橋珠海段
從珠海拱北口岸向東眺望，雄偉的港珠澳大橋把珠海、澳門、香港連為一體，使珠海成為唯一直接與港澳陸路相連的城市。有了港珠澳大橋，珠海和澳門從陸路前往香港的平均行程由約3小時縮短為約45分鐘，港珠澳形成了"一小時交通圈"。

"蓮" 成 一 家 · 引 以 為 "澳"

中國地圖

圖　例

★ 北京 　首都

────── 未定 國界

────── 省、自治區、直轄市界

------ 特別行政區界

1：30 000 000

MACAO

澳門

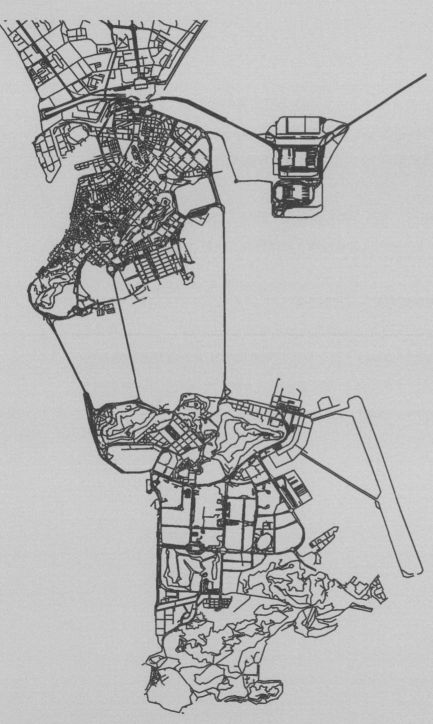

從衛星，看澳門，
盛世蓮花，冉冉升騰耀眼奪目；
建築民居，鱗次櫛比特色鮮明；
跨海大橋，水陸相接聯通兩岸；
觀光高塔，遍覽繁華風光無限。
蓮花寶地，魅力澳門，
東西文化共融，傳統現代交織！

在祖國的南海之濱，珠江入海口西岸，緊鄰廣東省珠海市，有一塊面積僅 32.9 平方千米的土地，人稱"蓮花寶地"。

它是東西文化共融之地；

它是傳統與現代交織之城；

它是"一國兩制"成功實踐的熱土；

它就是澳門。

在金蓮花廣場中央，有一座高 6 米、重 6.5 噸的大型鑄銅貼金雕塑 ———《盛世蓮花》。這是中央政府贈送給澳門特別行政區的無價之寶。它落成於 1999 年 12 月 20 日，澳門回歸祖國當天。每逢國慶和回歸紀念日，這裡都會舉行隆重的升旗儀式，回望歷史，展望未來。

空中俯瞰澳門，高樓鱗次櫛比，中西文化在此彙聚。澳門人口約 67 萬，每年有超過 3 500 萬世界各地的遊客紛至沓來。澳門人善良淳樸、熱情好客，人們在這裡和諧相處，其樂融融。

時光荏苒，歲月匆匆，歷史在這裡留下了斑駁印記。

一個世紀以來，澳門的陸地近三分之二面積都由填海造就。它由澳門半島、氹仔島和路環島組成。其中澳門半島與珠海陸路相連，氹仔島和路環島則與珠海的橫琴島隔海相望，並通過蓮花大橋連為一體。而澳門半島和路氹地區通過西灣大橋、友誼大橋等三條跨海大橋連接。一座座橋，暢通了澳門的經濟血脈，把整個澳門連接成一個發展的整體。

右頁上圖：1999年澳門及周邊地區
右頁下圖：2016年澳門及周邊地區
20餘年間，通過填海造地，氹仔島和路環島已徹底連為一個島，路氹地區的面積也隨之增加了一倍多。

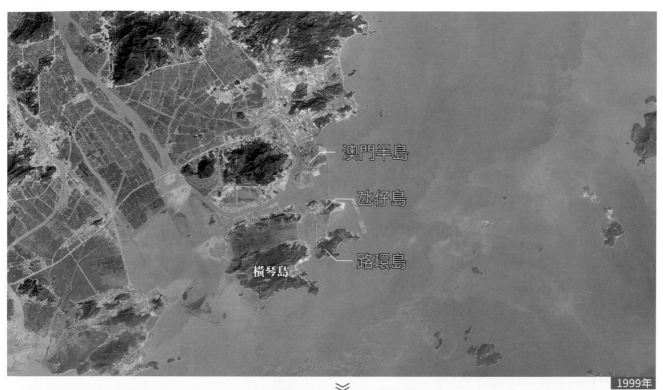

澳門半島
氹仔島
路環島
横琴島
1999年

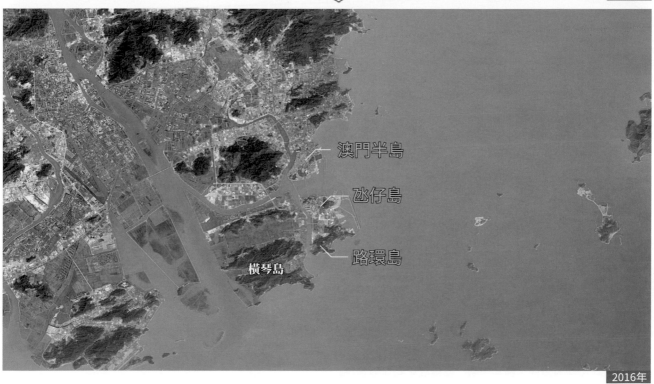

澳門半島
氹仔島
路環島
横琴島
2016年

澳門旅遊塔和珠海灣仔、橫琴一帶　新華社記者 張金加/攝

圖中左側高塔為總高度338米的澳門旅遊塔。人們登高俯瞰，就能感受澳門那歷經歲月的芳華。再從圖上看，澳門旅遊塔對望三區，一是由圖中跨海大橋連接的氹仔島東亞運圓形地一帶，而這座跨海大橋正是著名的西灣大橋；其二是位於圖片正前方的珠海橫琴金融島；其三是圖片最右側高聳的灣仔珠海中心大廈一帶。

從60萬米高空俯瞰東亞運圓形地一帶

圖中左岸為珠海橫琴，右岸為連接西灣大橋的東亞運圓形地。

　　澳門是聯合國教科文組織官方蓋章的美食之都，葡撻、肉乾、杏仁餅、葡國雞，無論大街小巷，你都不難尋覓這些融匯中葡特色的美食，隨時隨地大快朵頤。

　　澳門也是現代與古老交相輝映的城市，連接氹仔和路環的路氹填海區，集中了澳門的商業娛樂建築，車水馬龍，人來人往。在澳門，有 13% 的土地以"澳門歷史城區"的名義被列入世界遺產名錄，受到精心保護。澳門歷史城區位於澳門半島，東起東望洋山，西至新馬路靠內港碼頭，南起媽閣山，北至白鴿巢公園，包括媽閣廟前地、亞婆井前地、崗頂前地、耶穌會紀念廣場等 8 個廣場空間，以及媽閣廟、鄭家大屋、何東圖書館、聖奧斯定教堂、大三巴牌坊、哪吒廟、東望洋炮台（含東望洋燈塔及聖母雪地殿聖堂）等 22 處歷史建築。

　　澳門歷史城區"見證了西方宗教文化在中國以至遠東地區的發展，也見證了向西方傳播中國民間宗教的歷史淵源"，"是中國現存最古老的西式建築遺產，是東西方建築藝術的綜合體現"。它是西方宗教文化在中國和遠東地區傳播歷史重要的見證，更是 400 多年來中西文化交流互補、多元共存的結晶。東西方歷史、文化、信仰，在這裡和諧共存。

　　在如此多古老的地標映襯下，正式通車的港珠澳大橋，不僅是一座雄偉的新地標，它的順利運營，也為澳門加速融入粵港澳大灣區建設提供了新的機遇。

　　盛世蓮花日日新，幸福濠江處處和。回歸 20 餘年來，澳門貫徹"一國兩制"方針，經濟快速增長，民生持續改善，社會穩定和諧，向世界展示了具有澳門特色的"一國兩制"成功實踐。

　　澳門，數不清的名勝，說不盡的故事。回家 20 餘年的遊子，正站在嶄新的起點，以昂揚的姿態走向明天，走向輝煌。

澳門歷史城區中的大三巴牌坊　新華社記者 張金加/攝

400 多年前，葡萄牙人侵佔了澳門，也把天主教帶到這裡，並建起了"聖保祿"教堂。葡語"聖保祿"發音接近粵語中的"三巴"，所以也稱大三巴教堂。後來教堂兩次毀於火災，只剩下一座前壁，這便是今天的大三巴牌坊。

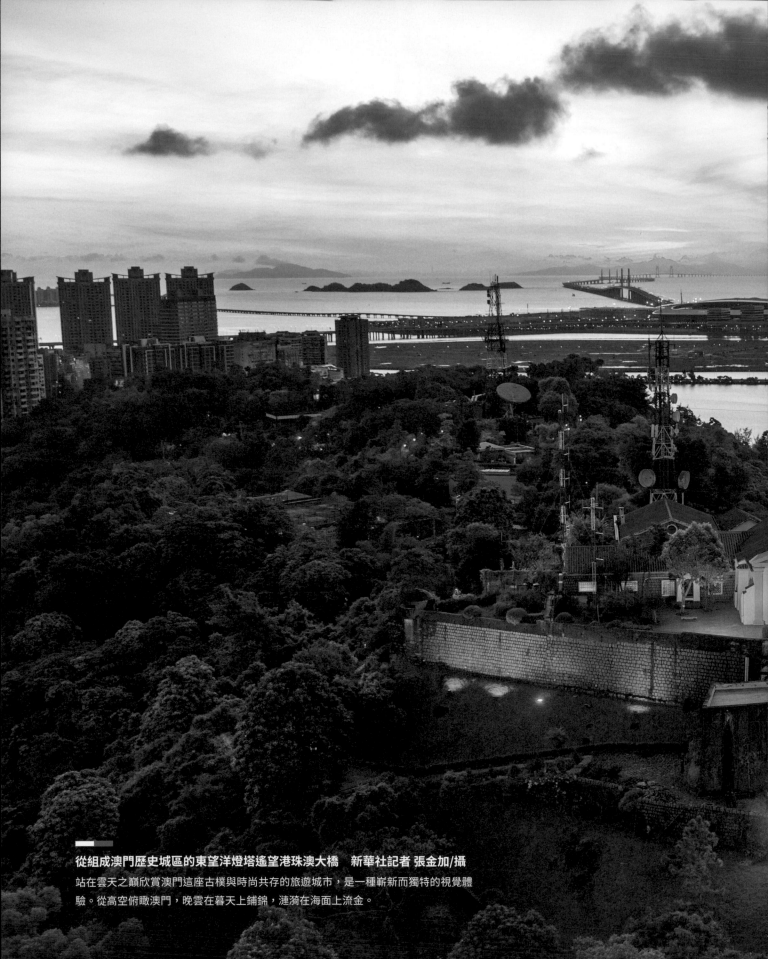

從組成澳門歷史城區的東望洋燈塔遙望港珠澳大橋　新華社記者 張金加/攝

站在雲天之巔欣賞澳門這座古樸與時尚共存的旅遊城市，是一種嶄新而獨特的視覺體驗。從高空俯瞰澳門，晚雲在暮天上鋪錦，漣漪在海面上流金。

CHINA FROM OUTER SPACE

融 通 人 文 · 親 近 山 水

黑龍江省

吉林省

遼寧省

內 蒙 古 自 治 區

新疆維吾爾自治區

甘 肅 省

青 海 省

西 藏 自 治 區

寧夏回族自治區

★北京市
天津市
河 北 省

山 西 省

陝 西 省

河 南 省

山 東 省

江 蘇 省

安 徽 省

上海市

浙 江 省

東 海

黃 海

渤 海

四 川 省

重 慶 市

湖 北 省

湖 南 省

江 西 省

福 建 省

貴 州 省

雲 南 省

廣西壯族自治區

廣 東 省

台 灣 海 峽

台 灣 省

釣魚島

赤尾嶼

台灣島

蘭嶼

香港特別行政區

澳門
特別行政區

東沙群島

海 南 省
海南島

西沙群島
永興島

中沙群島
黃岩島

南

南 沙 群 島

海

曾母暗沙

中國地圖

圖 例

★ 北京 　首都

————— 未定 　國界

————— 省、自治區、直轄市界

------- 特別行政區界

1：30 000 000

HONG KONG

香港

金紫荊廣場上，
五星紅旗與紫荊花區旗迎風高高飄揚，
祖國和香港，母子連心，
共同守護着這個家園，
努力創造更美好的明天。

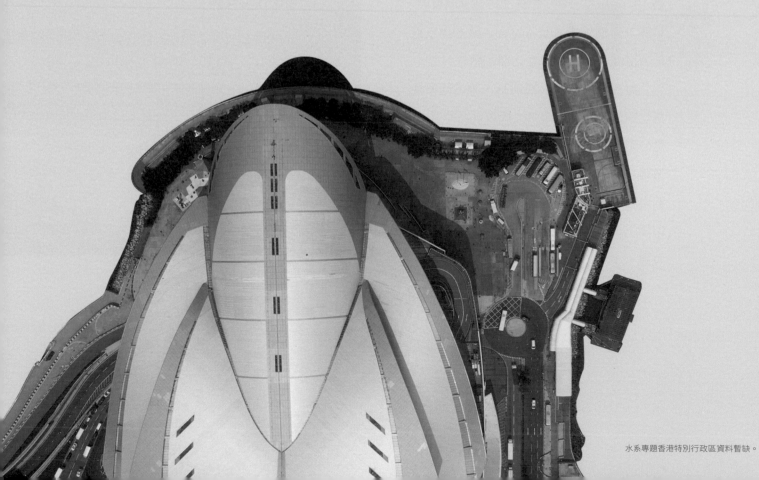

在中國南海之濱、珠江口東岸，有一塊滄海桑田變幻之地，那便是香港特別行政區。它由香港島、九龍半島、新界和周圍眾多島嶼構成，北與廣東省深圳市陸路相連，西與澳門隔海相望，並經港珠澳大橋與珠海、澳門相連。

在它的眾多地理組成單元中，與深圳僅有一河之隔的新界（含島嶼），佔地面積最大，佔香港陸地面積的近 89%。全港面積最大的島嶼——大嶼山在這裡，全港最高峰——大帽山也在這裡；香港的海運中心——葵涌貨櫃碼頭在這裡，亞洲航空樞紐——赤鱲角香港國際機場也在這裡。超過 100 家航空公司，超過 220 個通航城市，世界上最繁忙的航空港之一，這些無不展示着這座繁華之都雲端上的驕傲。

如今，港珠澳大橋開通，香港國際機場也隨之成為人們眼中大橋最東端的坐標。從它附近的香港口岸人工島出發，橫跨南海伶仃洋水域，途經東西人工島連接的海底隧道，無須 1 小時即可抵達珠海、澳門口岸。這是令世人驚歎、國人驕傲的歷史奇觀。

深圳和香港落馬洲河套地區及周邊風光　新華社記者 毛思倩/攝

飽經滄桑的深圳河滾滾匯入伶仃洋，見證着奔湧向前的改革開放大潮，感受着粵港澳大灣區的熾熱溫度。

這是2018年10月18日拍攝的港珠澳大橋東人工島　新華社記者 梁旭/攝

從港珠澳大橋東人工島遙望西人工島，中間是海底隧道。東人工島連接香港，西
人工島連接主體橋樑，通往珠海、澳門。

新界往南是九龍半島，九龍半島再往南便是香港島，而在香港島與九龍半島之間，穿梭於維多利亞港兩岸的天星小輪緩緩駛過，擺渡着香港百年歲月，見證着香江奇跡。金紫荊廣場上，五星紅旗與紫荊花區旗迎風高高飄揚，祖國和香港，母子連心，同舟共濟。

從60萬米高空俯瞰坐落於維多利亞港南岸的香港會議展覽中心與金紫荊廣場

1997年7月1日，在香港會議展覽中心，雄壯的國歌奏響，國旗與區旗冉冉升起，中華人民共和國香港特別行政區在一片喜悅歡騰中成立。《永遠盛開的紫荊花》雕塑矗立在香港會議展覽中心新翼前的金紫荊廣場，面向大海，寓意着香港永遠繁榮昌盛。

7 600 多座高樓在維多利亞港上空勾勒出城市天際線，融合中西的獨特飲食文化，構築了南來北往食客們的"美食天堂"。而 490 米高的環球貿易廣場，聳立於九龍半島之西，與一灣海水之遙的國際金融中心交相輝映，盡覽維港兩岸的燈火輝煌。

海風吹拂一年又一年，回歸祖國 20 餘年來，奪目的"東方之珠"迎來了無數璀璨瞬間，也經歷過幾許風風雨雨。在數不清的悲喜交錯、高低起伏中，香港同胞一起歡呼喝彩，一起迎難而上，共同守護着這個家園，努力創造更美好的明天。

圖為坐落於維多利亞港兩岸的香港國際金融中心（左）與香港最高樓香港環球貿易廣場（右）遙相呼應　新華社記者 秦晴/攝

在世界經濟體系中，香港從區域金融中心和轉口貿易港，變成物流管理中心，又逐漸發展成全球領先的國際金融中心。回歸 20 餘年來，香港在國家發展中的重要地位一直保持不變，其發揮的特殊作用隨着時代變化而不斷產生新內涵。

田 自然保護區面積：270.7
佔轄區面積比重 6.9%

2017年

耕地面積：72.24

2017年

HAINAN

海南

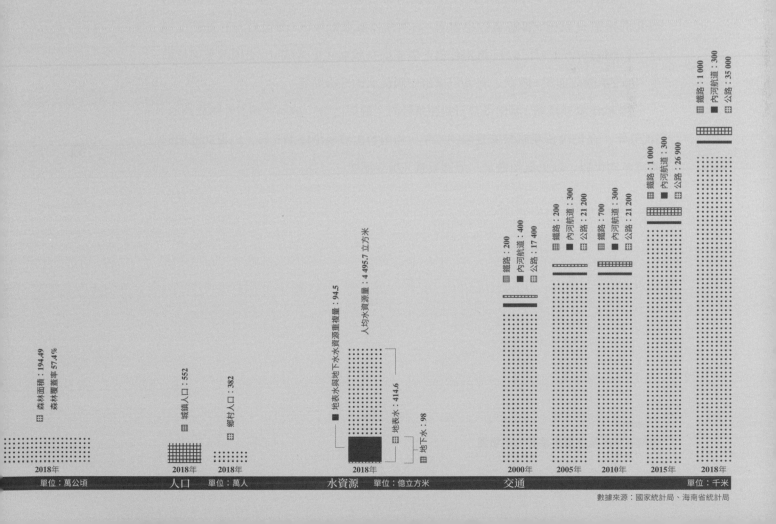

田 森林面積：194.49
森林覆蓋率 57.4%

2018年

單位：萬公頃

田 城鎮人口：552

田 鄉村人口：382

人口

2018年　2018年

單位：萬人

田 地表水與地下水水資源重複量：94.5

人均水資源量：4 495.7 立方米

田 地表水：414.6

田 地下水：98

水資源

2018年

單位：億立方米

交通

田 鐵路：200
■ 內河航道：400
田 公路：17 400

2000年

田 鐵路：200
■ 內河航道：300
田 公路：21 200

2005年

田 鐵路：700
■ 內河航道：300
田 公路：21 200

2010年

田 鐵路：1 000
■ 內河航道：300
田 公路：26 900

2015年

田 鐵路：1 000
■ 內河航道：300
田 公路：35 000

2018年

單位：千米

數據來源：國家統計局、海南省統計局

南海之濱，千帆競發。

這裡四季溫暖如春，這裡生態環境全國一流，這裡改革開放潮頭勇立，這裡是全國最大的自由貿易試驗區——海南。

海南省地處中國的最南端，隔瓊州海峽與廣東省相望。在瓊州海峽以南，有一座形似大雪梨的海島，這就是中國的第二大島——"南海明珠"海南島。在海南島西北部的臨高角，上千米海灘一邊波濤滾滾，一邊風平浪靜。就像臨高角突出的岬角造就不同的海面，70年前，歷史在此發生轉折——人民解放軍主力部隊大規模搶灘登陸，進而解放海南，創造了"木船打軍艦"的奇跡。1950年4月30日，人民解放軍一路南下，將紅旗插到天涯海角。5月1日，海南全島解放。

歷史上，海南島有珠崖、瓊崖、瓊州等不同的別稱，其中又以帶"瓊"字的別稱為多，如瓊管、瓊台、瓊瑤、瓊甸、瓊郡、瓊島、瓊海等，這也是海南簡稱"瓊"的由來。而"海南"的得名，最早出現於北宋時期，蘇軾有詩云"稍喜海南州，自古無戰場"（《和陶擬古九首》），作為正式行政區劃的命名則是元至元十七年（1280）設置的海北海南道宣慰司，屬湖廣行中書省，治所在今廣東雷州市，海南島為其管轄區域之一。直到1988年4月26日，海南作為一個省級行政區才正式成立。它因改革開放而生，因改革開放而興，成立之時便已成為中國最大的經濟特區。

70餘年滄桑巨變，海南從昔日封閉落後的"蠻荒之地"，成為我國對外開放高地。2020年，在自由貿易試驗區建設第二年，海南自由貿易港逐浪先行，以更加開放的胸襟走向世界，以勇氣和擔當，敢闖敢試，勇立潮頭。

北

部

灣

海南省地形及主要水系分佈示意圖

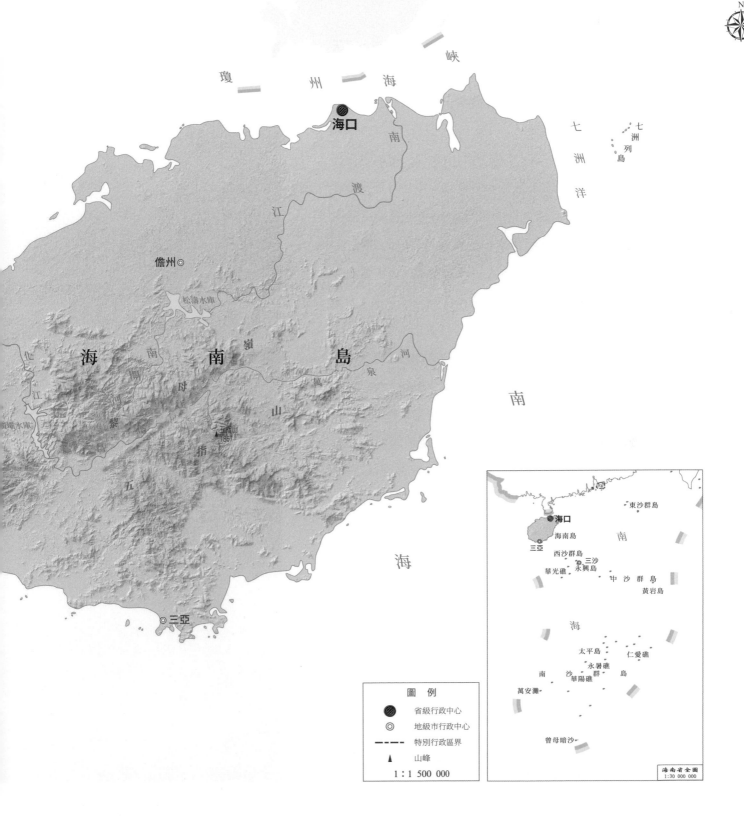

瓊　州　海　峽

海口

海
南
渡
江

七
洲
洋

七
洲
列
島

儋州◎

松濤水庫

南

海

海　南　島

嶺

河
泉

化
江

南
母
河

大廣壩水庫

昌

王陵山
1867

五

指

三亞

海

圖　例

● 省級行政中心
◎ 地級市行政中心
--- 特別行政區界
▲ 山峰

1：1 500 000

東沙群島

海口

海南島　　南
三亞
　　　西沙群島　　　　海
　華光礁　　三沙
　　　　永興島
　　　　　中沙群島
　　　　　　黃岩島

海

太平島　　仁愛礁
　　永暑礁
南　沙　群　島
萬安灘　　華陽礁

曾母暗沙

海南省全圖
1：30 000 000

壹

祖國南海，璀璨明珠

　　從 60 萬米高空俯瞰海南全境，地貌奇特多姿，水天一色，碧波萬頃。在那雲飛浪捲的南海上，一座座島嶼、礁盤和沙洲，就像漂浮在湛藍波濤上的朵朵睡蓮，讓人如臨仙境。

　　2012 年 6 月 21 日，位於南海中南部、海南省南部的海南省三沙市設立，下轄西沙群島、中沙群島、南沙群島的島礁及其海域，是中國地理緯度位置最南端的城市，也是中國陸域面積最小、海域面積最大的城市。2012 年 7 月 24 日，三沙市人民政府在永興島正式掛牌成立。三沙市，神秘而富饒。這裡島礁星羅棋佈，海岸線曲折優美，海底世界色彩斑斕，美不勝收，如夢如幻。

　　歷史上，海鳥不落西沙洲，三沙島礁自然環境異常惡劣。如今，一片片荒蕪變"綠洲"，一隻隻海龜上岸產卵，一群群海鳥盤旋築巢。每年6月，紅腳鰹鳥、大鳳頭燕鷗和黑枕燕鷗等海鳥陸續飛至三沙市七連嶼的西沙洲產卵，漫天白羽掠影，各種鳴叫聲像一支協奏曲，響徹整片海上綠洲。

空中俯瞰三沙市人民政府駐地永興島　新華社記者 查春明/攝
永興島是西沙群島也是整個南海諸島中最大的島嶼。它是一座由白色珊瑚貝殼沙堆積在礁平台上形成的珊瑚島。自三沙市成立以來，永興島上的面貌發生了巨大變化，建有行政辦公樓、郵電局、銀行、商店、圖書館、賓館、廣播電視台、氣象台、海洋站、水產站、醫院、無土蔬菜大棚和休閒文化廣場等生產和生活設施，移動通信信號已經覆蓋整個西沙群島。永興島上還建有環島公路和可起降波音737客機的機場，以及可停靠5 000噸級船隻的3座碼頭。

從60萬米高空俯瞰七連嶼中的南沙洲

美麗的西沙群島，像一艘永不沉沒的航空母艦，停泊在浩瀚無垠的南海中北部，古稱千里長沙，也稱七洲島。它與東沙、中沙、南沙群島一起構成共和國最南部的領土。七連嶼就坐落其間，位於永興島西南側。而南沙洲，位於七連嶼南部，是七連嶼的一個沙洲。

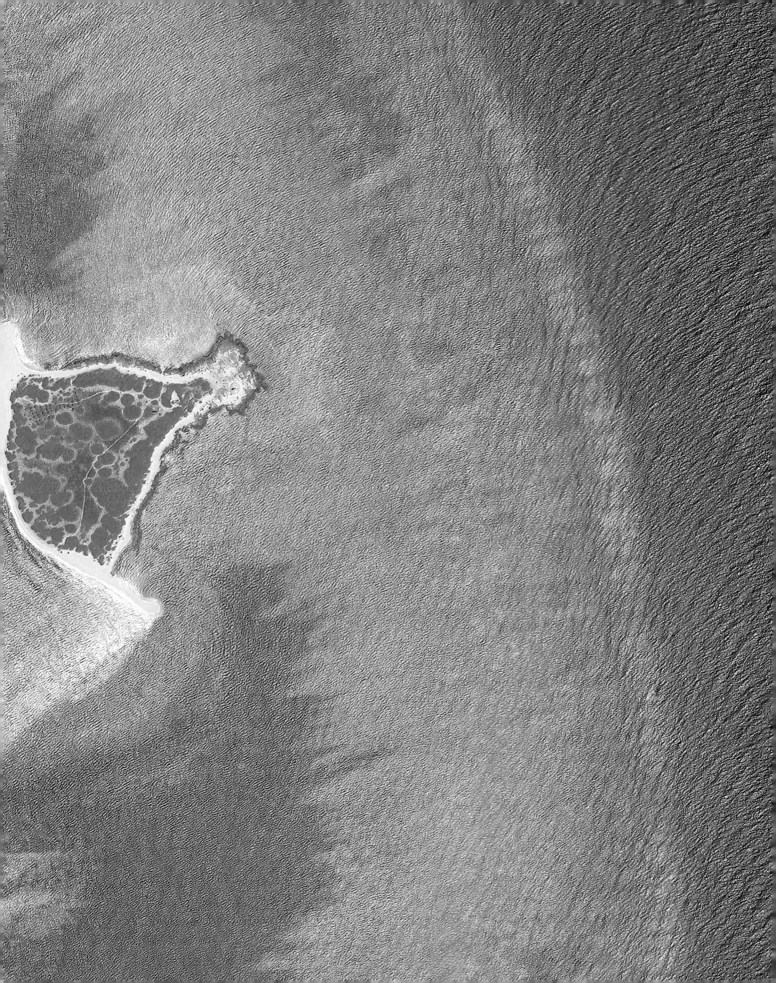

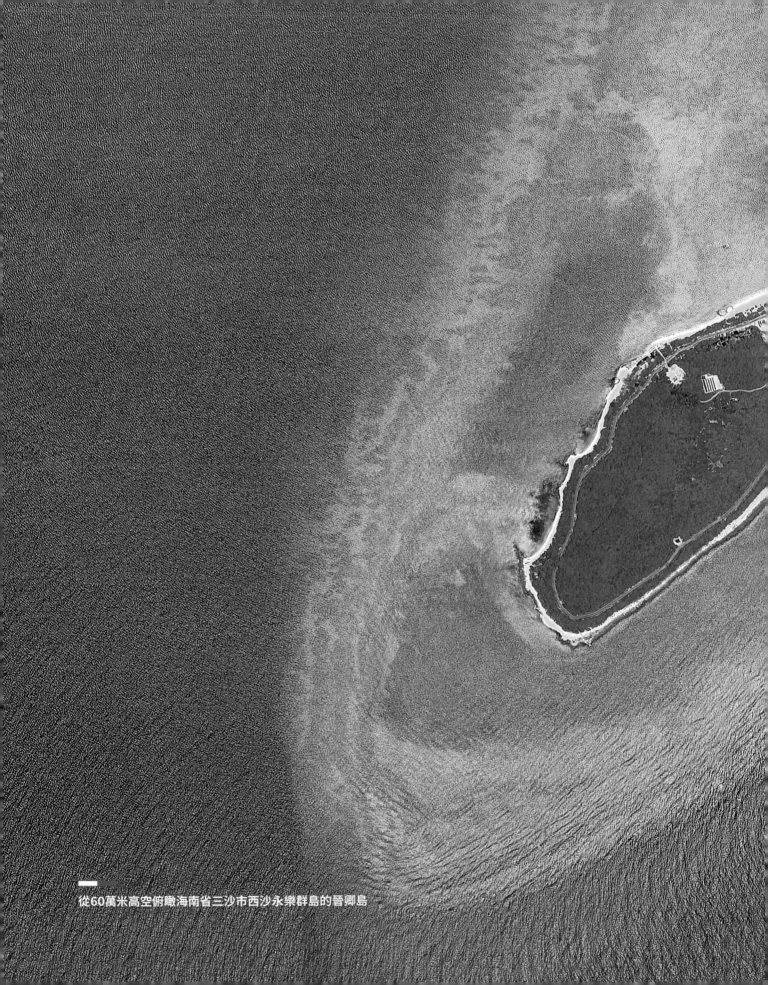

從60萬米高空俯瞰海南省三沙市西沙永樂群島的晉卿島

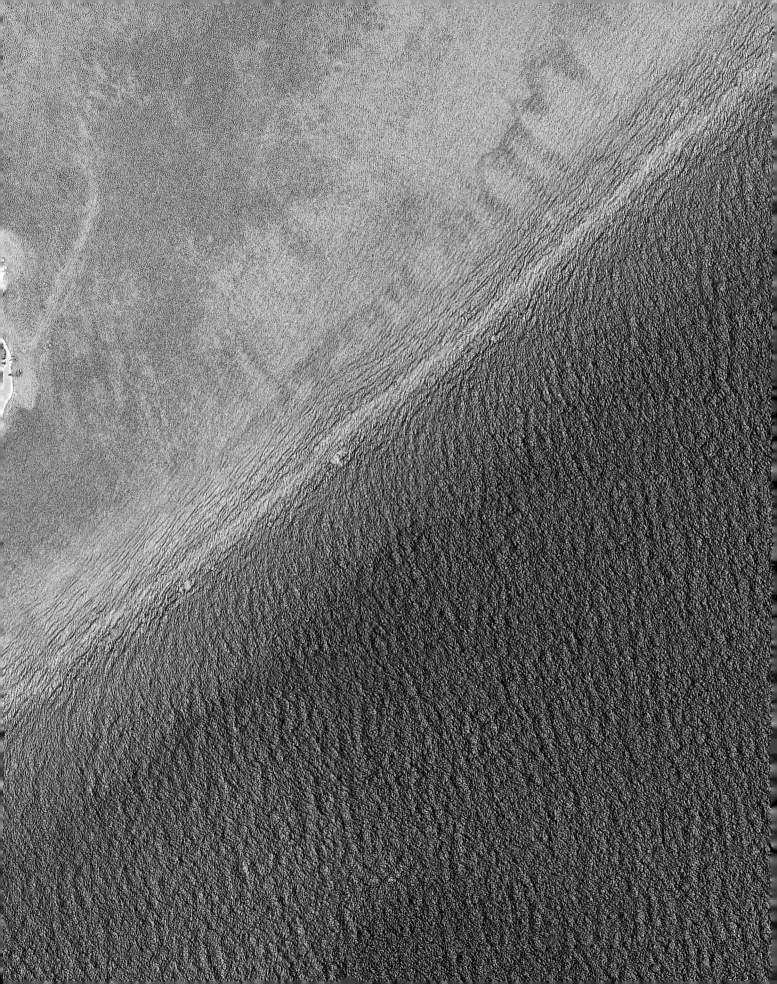

從60萬米高空俯瞰海南省三沙市西沙永樂群島的甘泉島

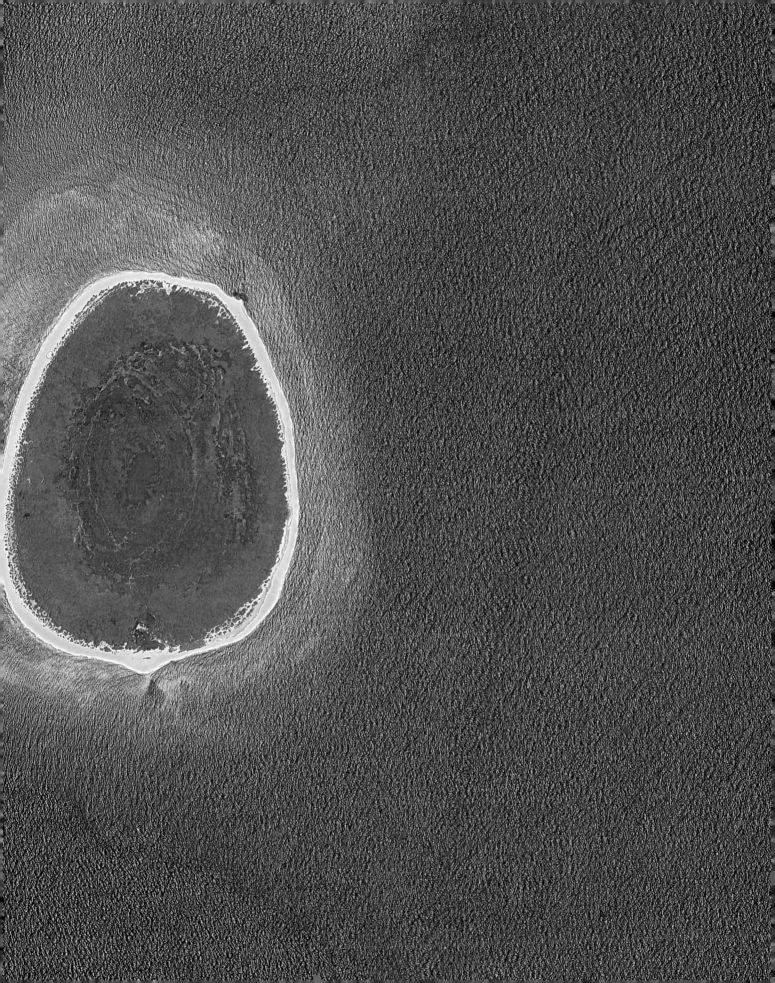

瓊島綠肺，自然寶庫

　　海南島中部高聳，以五指山、鸚哥嶺為隆起核心，周圍漸低，呈三級階梯。島上海拔超過1 000 米的山峰有 81 座，大體上可分為五指山、鸚哥嶺、雅加大嶺三大山脈。

　　五指山位於海南島中部，主峰海拔 1 867米，是海南省第一高峰。鸚哥嶺，方圓500多平方千米，是我國連片面積最大、保存最完整的熱帶雨林。"空中花園"附生植物、絞殺植物、紅蹼樹蛙、海南疣螈……這裡已發現並記錄到植物2 000多種、脊椎動物400餘種，是全球34個生物多樣性熱點地區之一。它們有一個共同的身份，都屬於海南熱帶雨林國家公園的組成部分。

　　在三維地圖上，海南熱帶雨林就像一隻南飛的蝴蝶。鸚哥嶺的桃花水母游弋在叢林濕地；吊羅山小爪水獺重現故園；稀有喬木、藤和附生的蘭、蕨、菌類纏繞疊生；霸王嶺山間，人類最瀕危的"近親"海南長臂猿的數量已增長到逾 30 隻……

■□　左圖是棲息在海南熱帶雨林國家公園鸚哥嶺國家級自然保護區的蠟蟬　新華社記者 姜恩宇/攝
鸚哥嶺國家級自然保護區，是海南島面積最大的陸域自然保護區。這裡生長着中國最完美的原始熱帶雨林，棲息着數以千計的昆蟲和其他野生動物，孕育出海南第一大河南渡江和第二大河昌化江，是海南島生態系統的核心區域。

■□　右頁上圖是一隻成年雌性長臂猿在樹上活動　新華社記者 楊冠宇/攝
海南長臂猿是世界四大類人猿之一，它們僅生存在海南熱帶雨林國家公園霸王嶺國家級保護區的原始熱帶雨林中，是研究人類起源和進化過程的重要對象。

■□　右頁下圖是棲息在海南熱帶雨林國家公園佳西自然保護區的紅蹼樹蛙　新華社記者 姜恩宇/攝

椰風海韻，陽光海口

　　天涯海角，荒遠瘴癘，古人以為畏途，這是中華人民共和國成立前海南島幾千年來的寫照和標籤；度假天堂，開放高地，今人視為宜居置業之所，這是幾十年來特別是建省辦經濟特區後海南發生的巨變。椰風海韻，水綠山青，物產豐饒，浪漫迷人，立於改革開放前沿的海南，擊楫揚帆遠航於浩瀚南海上，書寫着美麗、燦爛的發展新篇章。

　　椰城海口，北瀕瓊州海峽，與廣東湛江徐聞縣隔海相望。這裡環境優美、氣候宜人，是"一帶一路"重要支點城市，也是全球首批"國際濕地城市"。

　　海口依河傍海，豐富的水系和分佈廣泛的濕地是城市的靈韻所在。其中，最有代表性的，當數東寨港紅樹林濕地保護區。這裡波光粼粼，白鷺翔翔，擁有全國連片面積最大、種類最多的紅樹林，被稱為"中國紅樹植物基因庫"，是海口的城市名片。

　　然而，一段時間以來海口濕地面積逐年減少，水體污染日趨嚴重，生態功能不斷退化。為保護東寨港紅樹林濕地，海口設立了專門的管理機構，並出台多部法規，為紅樹林濕地劃定了生態保護紅線。短短幾年時間，紅樹林濕地保護區的面積由 30 多平方千米增加至 80 多平方千米，紅樹植物增加到 19 科 36 種，佔到了全國的 97%；鳥類 214 種，軟體動物 115 種，魚類 160 種，蝦蟹等甲殼類動物 70 多種，保護區已成為物種基因和資源的寶庫。

　　這只是"濕地海口"的一角，如今海口鳳翔濕地公園、五源河濕地公園、三角池公園陸續建成，濕地公園已是市民親近自然、遊憩休閒的好去處。未來，海口還將陸續建設4個國家級、3個省級濕地公園，打造45個濕地保護小區；海南自由貿易試驗區重點先行區江東新區建設也將實現濕地入城。

這是海口市東寨港紅樹林濕地保護區中的紅樹林　新華社記者 楊冠宇/攝

立足亞洲，面向世界

"萬泉河水清又清，我編斗笠送紅軍。軍愛民來民擁軍，軍民團結一家親。"

革命戰爭時期，萬泉河水哺育的紅色娘子軍，成為傳唱至今的女性英模；和平年代，萬泉河水，澆灌出開放之花。

海南島上獨流入海的河流有 154 條，南渡江、昌化江、萬泉河為島上三大河流，其中萬泉河上游分南北兩支，分別發源於五指山與風門嶺，經瓊中、萬寧、屯昌至瓊海龍江合口咀合流，至博鰲入海，全長 163 千米，為海南第三大河流。

萬泉河水不僅哺育了紅色娘子軍，也滋養着南海之濱曾經鮮為人知的小漁村——博鰲。

2001 年，博鰲亞洲論壇正式成立，如今每年一次的論壇年會已經成為具有世界影響力的高層次對話平台。江、河、海在這裡交匯融合，中國、亞洲、世界的交響樂在這裡奏響。昔日的小漁村也藉着博鰲亞洲論壇的東風，發展為世界聞名的"外交小鎮"，成為海南向世界展示開放形象的重要窗口。海南也緊緊抓住每一個機會，不斷拓展國際"朋友圈"，當前國際友城數量增加至 61 對；截至 2019 年 12 月 23 日，海南已開通境外航線達 100 條，至其他國家及地區的郵輪航線和集裝箱國際班輪航線也將持續增加。

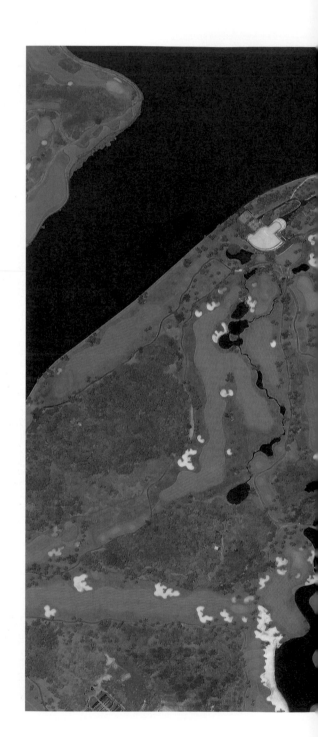

從60萬米高空俯瞰位於海南省瓊海市博鰲鎮的博鰲亞洲論壇永久會址

美麗三亞，浪漫天涯

"請到天涯海角來，這裡四季春常在……"

走出三亞鳳凰國際機場，濃郁的熱帶風情撲面而來。這是中國非省會地級市第一個旅客吞吐量達 2 000 萬級的機場，1994 年建設通航時旅客吞吐量僅 6.9 萬人次。增長近 300 倍的數字，見證着三亞和海南走向更廣闊的世界。

海棠灣、亞龍灣、三亞灣、大東海……作為中國唯一的熱帶濱海旅遊城市，三亞聚集着中國最密集的世界級高端度假酒店群，全球最大的單體免稅店，通達世界多地的國際機場，舉辦了一批又一批國際性文化體育賽事活動，全球各地的遊客慕名前來。

三亞從偏僻落後的小漁村成長為國際知名的度假天堂，這也是海南旅遊業從無到有、由弱到強的一個縮影。長期以來，海南島屬於中國最貧窮落後的地區之一，在封建時代甚至是人們視之畏途的流放之地、瘴癘之島。新中國成立初期，海南沒有一家賓館，更沒有旅遊產業。20 世紀 60 年代，為了接待回國探親的華僑和來瓊的外國人，才建設了當時海南唯一的涉外酒店華僑大廈。建省前夕的 1987 年，海南僅有旅遊景點 10 個，旅遊飯店 31 家。

依託得天獨厚的自然生態優勢，海南持續挖掘擦亮旅遊這張最靚麗的名片，已培育形成了海洋旅遊、康養旅遊、科技旅遊等十大旅遊產品體系；建成9個濱海旅遊度假區和酒店集群，正在建設36個重點旅遊度假區。從看海看山、觀光旅遊到休閒度假、免稅購物，再到正在建設具有世界影響力的國際旅遊消費中心，海南旅遊的品質和內涵也在不斷轉型升級。如今，中國文昌航天發射場箭指太空，三亞國際郵輪港碼頭萬噸郵輪矗立，環島高鐵如巨龍飛馳……一張張享譽世界的"海南新名片"閃閃發亮。數十載春秋，海南始終走在改革開放的前沿，從天涯海角的邊陲島嶼，發展成為中國最開放、最具活力的地區之一。

海南，正在詮釋新的奇跡。

從60萬米高空俯瞰三亞北部海棠灣內的蜈支洲島

受益於得天獨厚的自然優勢以及先進的發展理念，三亞蜈支洲島旅遊區以鮮明的"運動型海島景區"獲得2017中國旅遊IP高峰論壇"年度最佳IP口碑景區"稱號。

江 海 合 鳴 · 壯 美 廣 西

自然保護區面積：135
佔轄區面積比重5.5%

耕地面積：438.75

2017年

2017年

GUANGXI

廣西

數據來源：國家統計局、廣西壯族自治區統計局

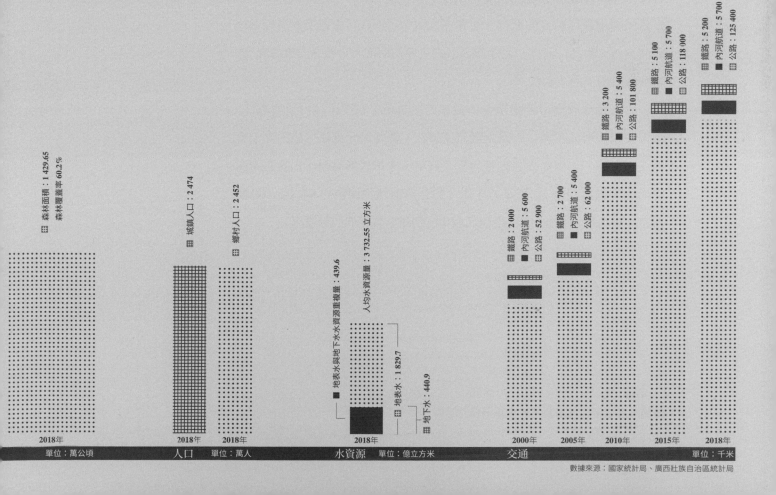

森林面積：1 429.65
森林覆蓋率 60.2%

城鎮人口：2 474

鄉村人口：2 452

地表水與地下水資源重複量：439.6

人均水資源量：3 732.55 立方米

地表水：1 829.7

地下水：440.9

鐵路：2 000
內河航道：5 600
公路：52 900

鐵路：2 700
內河航道：5 400
公路：62 000

鐵路：3 200
內河航道：5 400
公路：101 800

鐵路：5 100
內河航道：5 700
公路：118 000

鐵路：5 200
內河航道：5 700
公路：125 400

2018年　　　2018年　2018年　　　　　2018年　　　2000年　2005年　2010年　2015年　2018年

單位：萬公頃　　　　人口　單位：萬人　　　水資源　單位：億立方米　　　交通　　　　　　　單位：千米

數據來源：國家統計局、廣西壯族自治區統計局

一灣相挽十一國，良性互動東中西，廣西的區位優勢得天獨厚，東、北、西三面分別毗鄰廣東、湖南、貴州、雲南；西南與越南毗鄰；南面瀕臨北部灣，隔海與海南拱望，既有密佈的水系，也有廣闊的大海、綿長的邊境線，是我國唯一既沿邊又沿海的少數民族自治區。從高空俯視，廣西宛如一顆寶石，鑲嵌在我國的南疆。

它的地形略成一個四周高、中間低的盆地。盆地外部為鳳凰山、九萬大山、天平山和南嶺山脈等組成的北部弧形山脈，以及六詔山、十萬大山等組成的南部弧形山脈。而盆地內部則被大瑤山、大明山等組成的中部弧形山脈（著名地質學家李四光稱其為"廣西弧"）所分隔，形成中部弧形山脈以北的桂中盆地，以及中部弧形山脈以南的右江盆地、南寧盆地、鬱江平原、潯江平原，呈現出"大盆地套小盆地"的奇異景象。因此，廣西山嶺連綿、山區廣大，岩溶廣佈、山水奇特，平原狹小、丘陵錯綜，海岸曲折、島嶼眾多。簡言之，"八山一水一分田，外加一片海"。

因為地處熱帶、亞熱帶地區，廣西降水量豐富，江河猶如分佈在廣西大地上的血管，為它注入了無限的生機與活力。它與廣西的喀斯特地貌交相輝映，造就了廣西別具一格的秀美山水，其中"桂林山水甲天下"正是山與水最佳結合的產物。在眾多江河中，西江（廣西境內河段名稱為紅水河、黔江、潯江）是流經廣西最主要的河流，自西北向東南奔流，是廣西肌體上的主動脈。

西江發源於雲南省曲靖市沾益區的馬雄山，在雲南境內稱南盤江，流入廣西後稱紅水河，一路上匯集了柳江、鬱江、北流江、桂江等上千條大小河流，以潯江之名從梧州進入廣東，才正式稱為西江。其在廣西境內的流域面積達 20 萬平方千米，約佔廣西陸地面積的 84.2%，是廣西當之無愧的"精血"，也是現代嶺南壯侗語族各民族的母親河。

廣西壯族自治區地形及主要水系分佈示意圖

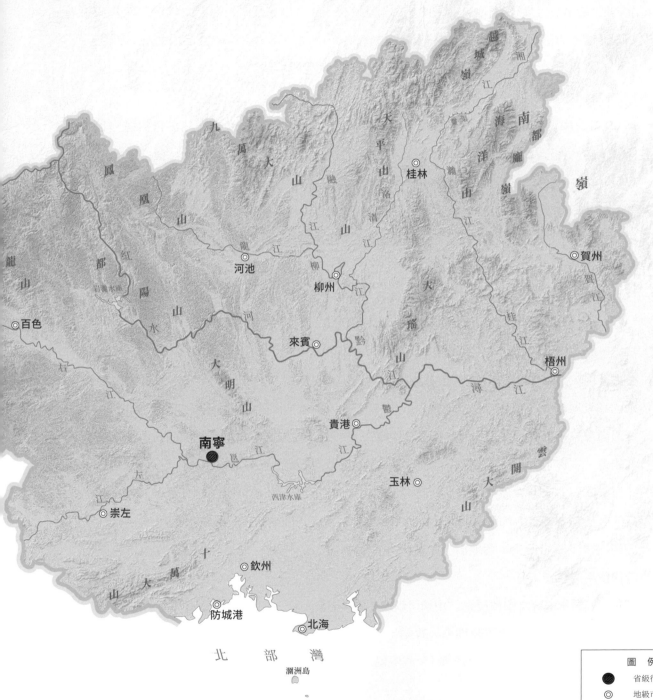

越城嶺
湘江
海
洋
南
嶺
都
龐
嶺
嶺
九
萬
大
天
平
山
洛
清
山
桂林
灕
江
賀州
鳳
凰
山
都
陽
山
融
江
柳
江
河池
河
龍
江
柳州
大
瑤
山
賀
江
龍
山
百色
水
來賓
黔
江
桂
江
梧州
右
大
明
山
潯
江
雲
江
南寧
邕
江
貴港
鬱
江
大
開
山
左
西津水庫
玉林
崇左
十
萬
大
山
欽州
防城港
北海

北　部　灣

潿洲島

圖　例
● 省級行政中心
◎ 地級市行政中心
⊥⊥⊥⊥⊥ 運河
1：3 400 000

　　廣西位於嶺南西部，其古稱要麼根據南嶺山地命名（如嶺西），要麼以地理方位命名（如粵西），要麼以氣候命名（如炎徼），要麼以物產命名（如八桂）。

　　"廣西"正式得名始於宋代。北宋統一嶺南地區後，在今兩廣地區和海南島設立廣南路，隨後又劃分為廣南東路和廣南西路，大致以賀江和雲開大山為界，基本上奠定了今天兩廣的分界線。其中廣南西路簡稱"廣西"。宋代的"廣西"比今天廣西的行政區域要大很多，包括今廣西、廣東的雷州半島和海南島。

　　1949年新中國成立後，沿用"廣西"稱謂，先設立廣西省，後改為廣西壯族自治區，簡稱"桂"，又稱"八桂"大地。這裡的"桂"，既非"桂花"，也非"桂圓"，而是指肉桂，是以物產來命名。而"八桂"一詞最早出現於《山海經》："桂林八樹，在賁禺東。"晉代郭璞注釋說："八樹而成林，言其大也。"可見先秦時期今廣西境內已經生長着很多肉桂。秦始皇統一嶺南後，在今廣西境內設置桂林郡，也是受此影響。所以宋人周去非在《嶺外代答》中說："南方號桂海，秦取百粵，號曰桂林。桂（即肉桂）之所產，古以名地。"

　　今天廣西仍然是我國最大的肉桂產區，肉桂種植面積和產量佔全國一半以上，被稱為"肉桂之鄉"，這無疑是歷史物產傳承的生動反映，也是廣西簡稱"桂"的文化底蘊。

　　當然，廣西深厚的歷史文化底蘊絕非"肉桂"可以代言。

　　考古發現，大約在80萬年前的舊石器時代，廣西右江河谷已有人類活動，這是廣西境內古人類活動的最早原點。特別是百色盆地發現了80萬年前的手斧，比歐洲手斧還早30萬年，一舉打破了統治國際學術界半個多世紀的"莫維斯理論"，表明東亞直立人同樣擁有先進的石器製作技術和行為能力，宣告了廣西大地上的遠祖先民曾經走在同時期人類的前列。

　　此後，有關古人類在廣西境內活動的考古發現連綿不絕，分佈於廣西各地，書寫了廣西人生生不息的歷史篇章，有力地證明了"廣西是中國早期古人類不間斷活動的主要地區之一"。新石器時代廣西出現了原始農業，各地出土大量石斧、石錛、石刀、石杵、石鏟等，這是廣西先民進入鋤耕時代使用的生產工具。

　　著名古人類學家裴文中教授說："中國可以成為世界上古人類學的中心，廣西是中心的中心。"

　　與中原華夏文明在夏商周時期進入青銅器時代基本同步，廣西也迎來了自己的青銅器時代。廣西的考古工作者曾在武鳴縣馬頭鄉（今武鳴區馬頭鎮）元龍坡和安等秧發掘出商周至戰國時期

左圖是在百色盆地出土的石製手斧和玻璃隕石　新華社記者 陳天湖/攝

專家們正是通過對與石器共存的玻璃隕石的測定，才準確斷定了石器的製造年代大約在80萬年前，從而將東亞石器時代推前了30多萬年。

右上圖是在廣西寧明縣花山岩畫附近出土的戰國時期的銅碗　新華社記者 陳天湖/攝

右下圖是在廣西崇左市境內出土的戰國青銅器　新華社記者 陳天湖/攝

的墓葬436座，由此推算出該地當時至少有常住人口1 500人，在先秦時期應是方國都城的規模。為此，著名考古學家蘇秉琦說道："廣西也有自己的夏商周。"充分證明了廣西在中國歷史上的重要地位。而今，承載着古老文明的廣西山水，正續寫着八桂大地的傳奇。

灘江、靈渠與桂林山水

俯瞰灘江兩岸，宛如一幅完美的中國山水畫。

灘江是廣西東北部的著名河流，發源於越城嶺上的貓兒山，是中國乃至世界上最美麗的河流。它與峰林地貌和諧交融，形成"江作青羅帶，山如碧玉簪"的奇妙景觀。桂林之所以能夠成為世界著名的旅遊勝地，正是灘江與喀斯特峰林共同作用的傑作。800多年前，南宋詩人王正功發出"桂林山水甲天下"的感慨，無疑是對灘江山水做出的終極評價。桂林也被稱為"喀斯特地貌的故鄉"，加拿大學者施瓦爾茨說："信仰基督教的人，一定要朝拜耶路撒冷；研究岩溶的人，一定要朝拜桂林。"但是如果沒有灘江，那麼喀斯特地貌也就失去了它的精魄和靈魂。

灘江通過靈渠（湘桂運河）與湘江相連，貫通了長江水系和珠江水系，靈渠也因此成為 2 000 多年來溝通嶺南與中原地區水運聯繫的樞紐工程。靈渠是人類文明史上開鑿最早、影響最深遠的運河之一，比舉世聞名的巴拿馬運河和蘇伊士運河要早 2 000 多年。它設計獨特，因地制宜，見證了中國人在水利工程設計方面的獨特理解。靈渠陡門的設計原理，為此後世界各大運河的梯級船閘設計提供了經驗和智慧，被稱為"世界船閘之父"。

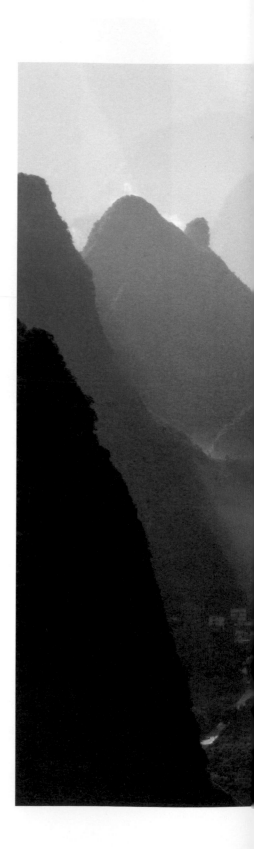

桂林灘江秀美如畫　新華社/發 王崔榮/攝
桂林喀斯特峰林和峰叢挺拔於江流溪水之間，造就了"桂林山水甲天下"的勝景。1973年，桂林成為中國首批對外開放的旅遊城市，經過幾十年的發展，桂林已成為國際旅遊勝地、國家生態文明先行示範區、國家可持續發展議程創新示範區……新的美麗征程正在鋪展。

百里柳江與工業重鎮

　　柳江，廣西"主動脈"西江的第二大支流，發源於貴州省獨山縣的九十九個潭，是溝通廣西、貴州的水上運輸紐帶，也是柳州城市建設發展的依託和見證。漢時，柳州治所位於柳江南岸，後移至北岸，使得西、南、東三面水環如帶，江水繞城而去，形成天然屏障，但又溝通內河貿易，逐漸成為廣西腹地的一大重鎮。

　　辛亥革命以後，內河貿易更加興旺，近代工業也逐步興起，柳州工業城市的雛形開始形成。新中國成立後，尤其是改革開放以來，柳州的工業進入飛速發展時期，但重化工業為主的粗放發展模式，給柳州帶來可觀經濟收益的同時，也讓它成為當時中國"四大酸雨區"之一。柳州病了，柳江也病了。這座城市不得不停下腳步，開始思考向綠色蛻變的門路，一場曠日持久的"環境保衛戰"隨之轟轟烈烈地展開。

　　一面調整工業佈局，一面加速綠化建設與柳江治理，經過20餘年的努力，柳城市區變身"紫荊花城"。從"酸雨之都"到環境空氣質量達國家二級標準城市，柳州面貌堪稱巨變。

　　如今的柳州，依然是西南工業重鎮、全國五大汽車生產基地之一，但卻實現了山水與工業同在。這裡既有五菱、柳鋼、柳工等大型工業企業，也有"百里柳江百里畫廊"和紫荊盛放的迷人景致，以及讓人沉醉的民族風情。

一江碧水入畫來：柳州市柳江邊的人工瀑布群　新華社/發 黎寒池/攝

左江右江與世界之窗

左江、右江是廣西西南部最大的兩條河流，左江、右江谷地不僅是壯族先民的發祥地和重要聚居地，也因為90餘年前的百色起義、龍州起義和左右江革命根據地而聞名於世。千姿百色，綻放南國，紅色基因傳承，脫貧攻堅力量凝聚，數十年間，這裡累計減貧200多萬人。

左江、右江出左、右江谷地，交匯後稱為邕江，流經廣西首府南寧，南寧因此簡稱"邕"。邕城南寧素有"中國綠城"的美譽，是"聯合國人居獎"獲得城市、"全國文明城市"。這裡建成區綠化覆蓋率近44%，"南寧藍"的天氣也隨之成為常態。

這裡是天下民歌眷戀的地方，也是中國—東盟博覽會永久舉辦地，2004年至今，已成功舉辦16屆盛會。面向東盟、對話世界的"南寧渠道"越走越寬闊。這是廣西全區拚搏的結果，但也得益於地理區位的成就。歷史時期，這裡經歷了由從屬嶺南地區到從屬西南地區的轉變。今天，廣西處在華南、華中、西南三大地理區劃之間的交錯地帶，正是歷史上廣西地理區位曾經發生較大轉換的生動反映。如今，廣西作為中西部地區唯一有沿海大港的省區，正發揮一頭連接華南、華中、西南，一頭連接東盟各國的區位優勢，努力打造成為中國南部沿海經濟增長的新一極。

中國—東盟博覽會永久會址——南寧國際會展中心　新華社記者 李鑫/攝

南流江與北部灣

　　南流江是廣西南部的重要河流，發源於大容山南麓，流經合浦，注入北部灣。南流江在廣西南部獨流入海的諸多河流中流程最長、流域面積最大、水量最豐富，航運條件也較優越。早在秦漢時期，南流江就是溝通北部灣海路與中原地區的重要水運通道，使合浦港成為漢代南方海上絲綢之路的重要始發港。

　　北部灣既是寶貴的珠場、鹽場、漁場，也是自漢代以來廣西人民擁抱海洋、走向外部世界的重要水路通道。作為中國古代海上絲綢之路始發港和中國首批沿海開放城市之一，北海的向海經濟方興未艾。三港合一的廣西北部灣港踏上新征程，西部陸海新通道國際門戶加快建設，促進"一帶"與"一路"有機銜接。北部灣千帆競發，向海之路波瀾壯闊。2006年至2018年，廣西北部灣經濟區地區生產總值增長近4倍，年均增速逾14%，成為我國沿海產業新基地。

　　70餘載風雨，70餘載輝煌，廣西發生歷史性巨變，在這個我國少數民族人口最多的省區，12個世居民族和睦相處，"九口之家、情融五族"比比皆是，成就民族團結進步典範；貧困人口從2 100萬減少到150多萬，貧困發生率由70%下降到不足4%；在我國少數民族自治區中首開高鐵、地鐵，高鐵通達12個地級市，縣縣通高速公路率超90%；食糖、桑蠶、木材、水果等產量居全國前列，是名副其實的"菜園子""糖罐子""果籃子"。西部陸海新通道、中國（廣西）自由貿易試驗區、面向東盟的金融開放門戶、中國—東盟信息港……當前廣西迎來又一輪新機遇，"南向、北聯、東融、西合"，全方位開放發展新格局加快形成，5 600多萬（戶籍人口）壯鄉各族兒女萬眾一心，正朝着"建設壯美廣西，共圓復興夢想"的總目標砥礪前行。

右頁上圖是航拍的廣西欽州保稅港區碼頭　新華社記者 黃孝邦/攝
廣西北部灣港是中國內陸腹地通往東盟國家的便捷出海門戶，防城港、北海港、欽州港等北部灣三大港已實現與廣西鐵路網全網互通。

右頁下圖是夕陽西下時，漁船從廣西北海市銀灘風景區出海作業　新華社記者 李鑫/攝
北海銀灘是中國南疆的一顆明珠和世界著名海灘，是廣西自然旅遊資源的一張亮麗名片，有"北看桂林陽朔，南賞北海銀灘"之說。北海銀灘沙質銀白，灘長24千米，面積達38平方千米，遠超北戴河、廈門海濱浴場的總和，足以媲美美國夏威夷的懷基基海灘、保加利亞瓦爾納的金沙灘。

自然保護區面積：122.5
佔轄區面積比重 5.8%

2017年

耕地面積：415.1

2018年

湖南省耕地、森林及自然保護區概況

HUNAN

湖南

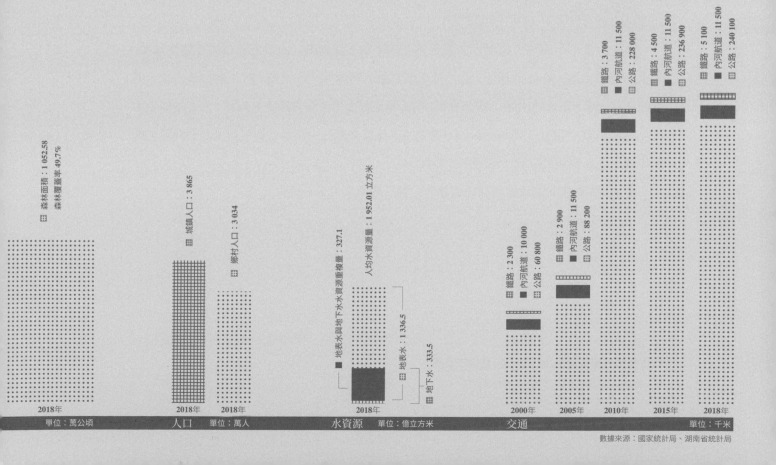

森林面積：1 052.58
森林覆蓋率 49.7%

城鎮人口：3 865

鄉村人口：3 034

地表水與地下水水資源重複量：327.1
人均水資源量：1 952.01 立方米
地表水：1 336.5
地下水：333.5

鐵路：2 300
內河航道：10 000
公路：60 800

鐵路：2 900
內河航道：11 500
公路：88 200

鐵路：3 700
內河航道：11 500
公路：228 000

鐵路：4 500
內河航道：11 500
公路：236 900

鐵路：5 100
內河航道：11 500
公路：240 100

2018年

2018年

2018年

2018年

2000年

2005年

2010年

2015年

2018年

單位：萬公頃

人口　單位：萬人

水資源　單位：億立方米

交通

單位：千米

數據來源：國家統計局、湖南省統計局

　　湖南，自古人文薈萃之地，攬綺麗江山之風光，抒敢為人先之情懷，偉人故里，紅色熱土，三湘四水，漫江碧透。它得名於唐代中後期設置的湖南觀察使一職，自此"湖南"二字作為政區名目，相沿至今，但其作為省份名稱被載入史冊卻要到清代。

　　春秋戰國時，楚國勢力逐步擴展到湖南。秦統一六國後，在今湖南境內設蒼梧郡（湘江、資水流域）和洞庭郡（沅江、澧水流域），初步顯現出湖南境內湘、資二水流域與沅、澧二水流域兩地不同的發展軌跡。

　　兩漢時期，湖南隸屬荊州，到了唐代先後隸屬江南道和江南西道。唐廣德二年（764）設立湖南觀察使，治所位於衡州（今衡陽），後來移至潭州（今長沙）。轄區大概相當於湘江、資水流域，包括今長沙、益陽、衡陽、郴州、永州、邵陽等地區。

　　北宋咸平二年（999），朝廷在洞庭湖南北設置了荊湖南路和荊湖北路，簡稱湖南、湖北。荊湖南路地域與唐代湖南觀察使的轄區大體相同，只是今湖南西北部的沅江、澧水流域當時還屬於荊湖北路。雖然在南宋紹興元年（1131）改變南北分路的舊制，一度設置了荊湖東路和荊湖西路，但僅僅持續數月，便因地勢、人情不便，重新劃分為荊湖南路和荊湖北路。元代，湖南隸屬湖廣行省。明代，今湖南、湖北兩省同屬湖廣，入清後才隨着湖廣分治，大體以洞庭湖為界，劃分出湖北、湖南兩個省份。"湖北"和"湖南"也才分別作為各自省份的名稱被載入史冊，沿用至今。

　　湖南位處華中要地，地勢西南高，東北低，是三面環山、向東北開口的丘陵性盆地。其東為湘贛山地，與江西相倚；北為洞庭湖平原，與湖北一江之隔；西北屬武陵山脈，與重慶為鄰；西南是雪峰山脈，緊接貴州；南部是南嶺山地，背靠廣東、廣西；而湘中則是大片丘陵和平原。湘江、資水、沅江、澧水及其支流在這些山間盆地與平原上迂迴奔波、蜿蜒流淌，注入泱泱洞庭湖，溝通萬里長江。

　　從 60 萬米高空俯瞰湖南湘楚大地，一湖三湘四水，美不勝收。

右頁圖為湖南省地形及主要水系分佈示意圖

注：吉首是湖南省湘西土家族苗族自治州的首府。

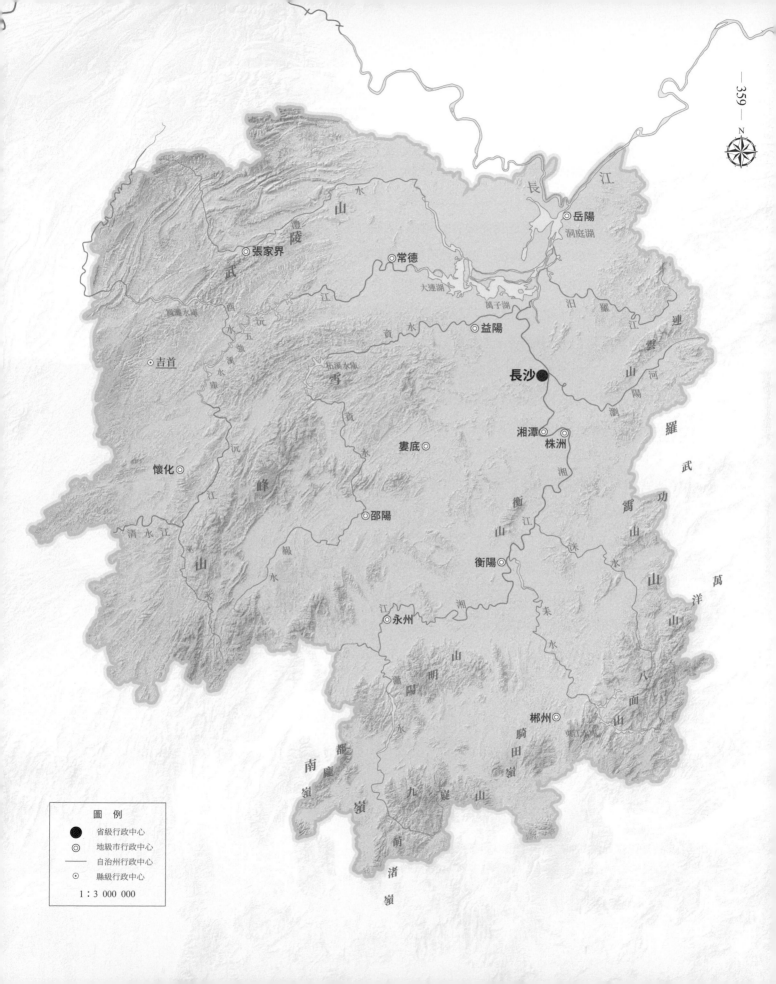

長江

岳陽

洞庭湖

澧陵山

張家界

武

常德

大連湖

萬子湖

汨羅江

連雲山

陽

益陽

河

吉首

柘溪水庫

雪

長沙

婁底

湘潭

株洲

羅

武

功

山

懷化

峰

山

衡

江

霄

山

山

邵陽

衡山

湘

萬

洋

山

永州

湘

耒水

八

山

面

明

山

衡陽

都

陽

水

龐

水

嶺

郴州

南

嶺

騎田嶺

山

九

嶷

山

嶺

渚

嶺

圖 例

● 省級行政中心

◎ 地級市行政中心

— 自治州行政中心

⊙ 縣級行政中心

1：3 000 000

壹

大自然的魔法窗口

　　張家界，鑲嵌在湘西北武陵山脈中段的一顆璀璨明珠，1992年被聯合國教科文組織列入《世界自然遺產名錄》，是世界各地遊客的"天然氧吧"，也是全球極限運動愛好者的聖地。大峽谷玻璃橋蹦極、天門山盤山路"漂移"，武陵奇峻，引無數勇敢者競攀登。

　　在長達數億年的形成過程中，由於地殼上升，張家界的地表水向下切割作用強烈，使得這裡溝谷交錯，溪澗縱橫，砂岩峰林密佈，姿態萬千。金鞭岩、定海神針、南天一柱、百丈絕壁、天書寶匣、霧海金龜、九重仙閣、天橋遺墩……三四個字就是一處大自然鬼斧神工的瑰麗奇峰。而僅在張家界國家森林公園，這樣的奇峰就有3 000多座，奇峰之間，溪澗、山泉久旱不枯，久雨不濁，故而有"三千奇峰，八百秀水"的美譽。然而張家界不只有溪澗、山泉、奇峰，還隱匿着清潭瀑布。潭水清澈如鏡，倒映碧空；瀑布飛流直下，宛若"天懸白練"。

　　張家界也從不令人失望，大自然給予它好山好水，它便回饋大自然豐富的動植物資源。這裡有古老的開花植物珙桐，西方曾形象地稱其為"中國鴿子花"，它是"第四紀冰期"地球上為數不多的幸存者，因此被稱為孑遺植物。在張家界，像珙桐這樣的孑遺植物還有葉如馬褂的鵝掌楸。

　　這就是張家界，"以峰稱奇，以谷顯幽，以林見秀"。

這是張家界如夢似幻的天門山　新華社/發 向輴/攝
雨過天晴的天門山雲霧繚繞，峰巒浮上雲端，如夢似幻，宛如仙境。

紅色搖籃，偉人故里

湘江孕育了湘潭，湘潭擁抱着韶山。

湖南韶山，一代偉人毛澤東的故鄉。他在這裡創建了中國共產黨最早的農村支部之一，也寫下了"為有犧牲多壯志，敢教日月換新天"的詩句。

這是一方英雄的土地：1 500 餘人為革命獻身，144 人被認定為革命烈士。這也曾是一方貧瘠的土地：山脈虎踞龍盤，山谷溝壑眾多，偏僻艱苦。

"韶山沖來沖連沖，十戶人家九戶窮。有女莫嫁韶山沖，紅薯柴棍度一生。"這首打油詩曾是韶山真實的寫照。但在許多老一輩韶山人的記憶中，最鮮活的卻是一首打夯號子："團結起來，誒嘿！大辦水利，誒嘿！"

1956 年夏天，久旱不雨的韶山晚稻減產五成，隨後掀起大修水利的熱潮，一直持續到 20 世紀 70 年代。人們背起鋪蓋，擔着簸箕，住到工地上。幾千人幹活，靠的就是肩挑手搬。八九個人才能抬起一個夯，大家喊着號子，勁往一處使。

1958 年至 1962 年，大約 5 年間，當時的韶山人民公社累計投勞 72 萬個工日，建成 3 座水庫，整修 1 000 餘口山塘，使有效灌溉面積逾 33 平方千米。

接二連三的自然災害，曾讓韶山的經濟嚴重受損。可是，這裡的人民懷着戰勝貧瘠的迫切願望，肩挑手搬，自力更生，為韶山後來的"蝶變"打下基礎。

改革開放以後，家庭聯產承包責任制在這裡實施，老百姓過上了能吃飽飯的日子。不久後，糧食開始年年有餘。

1981 年，韶山村村民做起了鋼筆刻字的生意，"參觀韶山留念"，刻 6 個字五分錢，生意紅火。從那時起，韶山人開始走向市場，做起了生意。漸漸地，小山沖裡，一棟棟商店、樓房立了起來。1997 年，韶山成為湖南省第一個"農村基本小康縣（市）"；20 世紀末，韶山村成功晉級為湖南首個"小康村"。然而過去粗放式的發展，給韶山留下許多陳舊老化的飯店旅館，韶山村隨即打響了環境整治的戰鬥。如今走進初秋的韶山村，青色的石磚路平整寬闊，金黃的桂花紛飛飄落，古樸的建築整齊排列，房前屋後一塵不染……這片紅土地風雨兼程、頑強拚搏，窮山溝換了新顏。作為全國愛國主義教育示範基地的韶山，日新月異的"山鄉巨變"讓無數人為之嚮往。

上圖為1953年拍攝的湖南省湘潭市韶山村一角　新華社記者 柯善文/攝

下圖為2019年拍攝的湖南省湘潭市韶山村一角　新華社記者 陳宇簫/攝

新中國成立以來，肯拚敢幹的韶山人用自己的雙手創造了奇跡。如今的韶山，街市繁華，田園秀美，花果飄香，村容整潔，呈現出一派欣欣向榮的景象，徹底改變了過去窮山村的面貌。

"精準扶貧"的首倡地

在湖南省武陵山脈腹地,有一個時常被誤以為是"方位"的地級行政區——湘西土家族苗族自治州,人們常叫它湘西。這裡沱江風光碧波蕩漾,苗鄉風情旖旎多姿。湘西,在沈從文的書裡,在黃永玉的畫裡,是神秘邊城,是魅力古鎮。

山,是湘西大地的肌理,也是鳳凰古城的源起。在湘西州西南部,有一座酷似鳳凰展翅的大山——鳳凰山,古城故而得名"鳳凰"。這座歷經 300 餘年風雨的邊陲小城,大到一座城門樓、一段古城牆,小到一條小巷子、一塊紅石板,都見證着它的過往,記錄着它的歷史,無聲訴說着它的傳奇,並以"北平遙、南鳳凰"之名,傳遍祖國各地。

山,是湘西大地的脊樑,也是人們奔向小康的屏障。武陵山脈腹地,一個苗族村寨因山中溶洞眾多而得名,又因擺脫貧困、走上小康生活而廣為人知。它就是花垣縣十八洞村。困於大山,走出大山,又回歸大山……這是十八洞村人與大山的糾纏,是一個村寨與千年貧困的抗爭,也是一段為着小康夢想接續奮鬥的歷史。

"地無三尺平,多是斗笠丘",這曾是十八洞村人共同面臨的困境。一方水土養不活一方人,要活命,就得找生計。於是,人們扛起鋤頭,背上扁擔、籮筐、篩子和乾糧,蹬着草鞋,一頭鑽進山洞挖岩灰。洞裡伸手不見五指,地勢險峻,有時還會遇上湍急的暗河,人們就用嘴叼着火把,手腳並用地探路。優質的岩灰是天然肥料,人們冒着生命危險挖出 100 斤岩灰,也只能換 10 來斤米。但苗家有句古話,叫"鋤頭落地養一家"。走不出大山的人們,憑一身力氣,用一把鋤頭,開闢了一條活路。

20 世紀 90 年代,市場經濟的海洋裡,人們追風逐浪,十八洞村的年輕人也翻山越嶺,去尋找更多機會。走南闖北的日子裡,十八洞村人像飛出大山的鳥,哪裡不受窮,就往哪裡飛,四處漂泊,沒有方向。

2013 年 11 月 3 日,習近平總書記在十八洞村首次提出"精準扶貧"重要論述,脫貧攻堅的號角吹響,全國各地奔小康的步伐越走越快。這一次,十八洞村走在了前列。寬闊的水泥路連通了山裡和山外,水電網都通了,破舊房屋修葺一新,遊客絡繹不絕,外出打工的年輕人也接連重回大山,建設大山。2016 年,十八洞村整村脫貧。衣食足,產業興,鄉村美,作為"精準扶貧"的首倡地,湘西走出了一條可複製、可推廣的扶貧道路。

這是2020年4月24日拍攝的十八洞村一角　新華社記者 薛宇舸/攝

2014 年以來，作為"精準扶貧"首倡地的十八洞村逐漸蛻變。泥濘山道變瀝青馬路，自來水進村入戶，十八洞村眾人抱薪，

探索出不少特色產業的發展門路。2016 年，十八洞村迎來整村脫貧，村裡的建檔立卡戶，紛紛迎來脫貧後的幸福新生活。

八百里洞庭的新生

"遙望洞庭山水翠，白銀盤裡一青螺。"

長江流經湖南的河段長 163 千米，是長江荊江段的最後一段，與荊江南岸的洞庭湖相連相通。因而，洞庭湖也被稱為"長江之腎"，是長江出三峽進入江漢平原後的第一個通江湖泊。它同時接納湖南境內的湘江、資水、沅江、澧水，以及長江位於荊江段的松滋口、太平口、藕池口的徑流，在湖南省岳陽市的城陵磯匯入滔滔長江。

歷史上，洞庭湖曾與江西的鄱陽湖交替成為中國第一大淡水湖，潤澤"魚米之鄉"。

宋代以前，長江荊江段分流口大多數在北岸，洪水季節水、沙主要排向北岸，大江南岸的洞庭湖區則由於下降速度超過填淤速度，相應地便由戰國、兩漢時期夾在沅湘（沅江和湘江）之間不太大的區域，擴大到北魏酈道元撰寫《水經注》時的"周圍五百里"，而後更進一步擴大到宋代的"周圍八百里"，也才有了"八百里洞庭"的別號。元、明以後，長江荊江段北岸穴口相繼堵塞，南岸陸續開浚了太平、調弦、藕池、松滋四口，荊江水、沙改為主要排向南岸，由四口輸入洞庭湖，洞庭湖也隨之逐漸填淤。

此後，在粗放的經濟發展過程中，工業污染物、農業污染物、生活污染物持續不斷注入洞庭湖。與此同時，"挖沙吸金""圈湖為王"等資源掠奪手段層出不窮，洞庭湖的生態和環境遭到嚴重破壞。湖沙一度被稱為"水中軟黃金"，高峰時，洞庭湖裡最多的就是挖沙船、運沙船，岸上最多的是洗沙場、堆沙場，運載貨物最多的就是沙石料，洞庭沙洲被蠶食殆盡，水體遭受污染，江豚無處棲息。

隨着我國推進長江經濟帶"共抓大保護"，湖南開始刮骨療毒，全面修復洞庭湖生態環境，加強生態保護，守護一江碧水，並對長江岸線進行整治和復綠，探索經濟動能轉型，加快綠色發展。一年又一年，"長江之腎"重獲新生，不斷變化。

變化來自決心。矮圍，是湖中建起的堤壩。築壩圈湖後，矮圍裡的魚、蘆葦、沙石等自然資源被佔為私有。2018 年，湖南掀起洞庭湖矮圍拆除行動，一舉拆除 472 處非法矮圍網圍，一湖洞庭水終歸自由。

變化來自探索。湖南省益陽市的沅江市素有"蘆葦之鄉"美譽，為避免污染，湖南引導洞庭湖區造紙產能全面退出，用於造紙的蘆葦從財富變成了"包袱"。但沅江人通過觀察蘆葦地裡野生

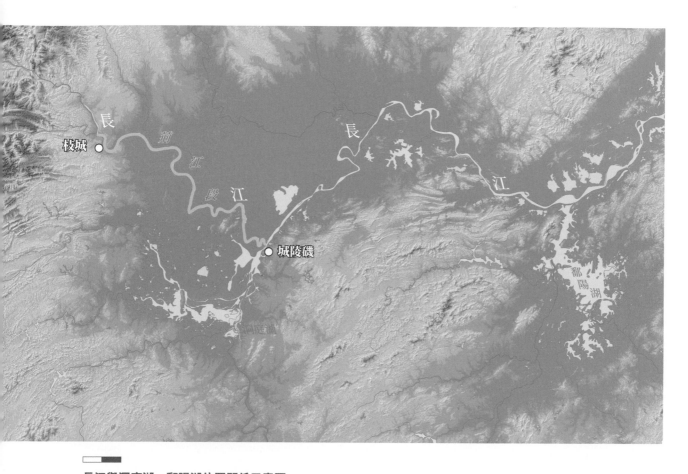

長江與洞庭湖、鄱陽湖位置關係示意圖
洞庭湖與鄱陽湖合稱"長江雙腎"，是長江中游段最為重要的水量補給來源。

菌獲得靈感，他們"模仿自然"觸發的蘆菇產業，受到市場熱捧。

變化來自覺醒。2008 年，漁民付錦維被一些人毒害候鳥的行為所刺痛，開始從事候鳥保護。在他的帶動下，越來越多的漁民和他一樣成了護鳥人。人水相依，保護自然，就是保護我們的子孫後代。

洞庭湖，這裡的改變靜悄悄，這裡的改變不簡單。"沙鷗翔集，錦鱗游泳；岸芷汀蘭，鬱鬱青青"，千古名篇《岳陽樓記》描述的情景已然再現。

洞庭湖區身世最傳奇的物種——麋鹿　新華社記者 杜華舉/攝

1998年，湖北20多頭圈養麋鹿因躲避洪水來到洞庭湖區，在此野化並繁衍生息。
麋鹿是中國特有物種、世界珍稀動物，曾一度在中國消失。如今，在洞庭湖濕地
深處，在青草露珠之間，麋鹿種群不斷繁衍壯大，成為全國最大的自然野化麋鹿
種群。

長江中游城市群的重要組團之一

"先天下之憂而憂，後天下之樂而樂。"

吟立志之句，頌屈子之歌，看湖湘兒女，敢為人先。

在湖南這片土地上，先民們很早就勞作與繁衍。早在舊石器時代和新石器時代，湖南境內尤其是澧水流域，遍佈大量人類活動遺址，其中澧縣城頭山遺址是中國年代最早的城址之一，也是湖南這片土地早有初步開發的證據。在漫長的歷史時期內，湖南的開發是中國古代經濟重心南移的一個重要環節。宋代以來，湖南開發的主要動力是江西移民及其後裔。大約從五代十國開始，歷經兩宋、元、明，江西移民持續進入湖南。清代以後，湖南開發成熟，外地移民湖南的趨勢下降。大量的人口湧入並定居、繁衍，對湖南農業發展產生了巨大的推動作用。

南宋時，流行"蘇湖熟，天下足"，說明當時太湖平原農業開發逐漸成熟；明代中期，"湖廣熟，天下足"的流傳，表明兩湖平原開發成熟，成為糧倉，太湖平原則轉而經營經濟作物；清代乾隆時，又有"湖南熟，天下足"的流傳，湖南的洞庭湖平原在全國糧食生產中的地位更趨重要。

中華人民共和國成立後，歷經 70 餘年砥礪奮進，傳統農業大省湖南已拓展升級，農業、工業、服務業蓬勃發展。2018 年，湖南生產總值 3.64 萬億元，排名全國第 8 位。並且，早在 20 世紀 80 年代，湖南就已經開始積極推動長株潭（長沙、株洲、湘潭）一體化發展。

作為長江中游城市群的重要組團之一，長株潭城市群位於湘江中下游，長沙、株洲、湘潭三市呈"品"字形分佈，兩兩相距 30—40 千米，在一體化發展方面具有先天的"地利"之便。三座城市優勢互補，各有千秋。

在湘潭，"智造之城"正在崛起，這裡是全國文明城市、全國科技進步先進城市。華菱湘鋼、泰富重裝、吉利汽車……相繼進入湘潭，這座全國重點建設的工業城市之一，正在逐漸形成協調發展、特色鮮明的產業體系。

在株洲，老工業基地變身"動力之谷"，以供給側結構性改革為主線，打造經濟增長新動能，形成軌道交通、航空、汽車三大動力產業集群。在這裡，全球首個產值突破 1 000 億元的軌道交通基地，正在奮力跑出"中國速度"。

在長沙，湖湘文化孕育出一座"藝術之都"。它連續獲得"東亞文化之都""世界媒體藝術之都"殊榮，11次獲評"中國最具幸福感城市"。在這裡，湖湘精神書寫文化自信，"電視湘軍""出版湘軍"影響遠播海外。

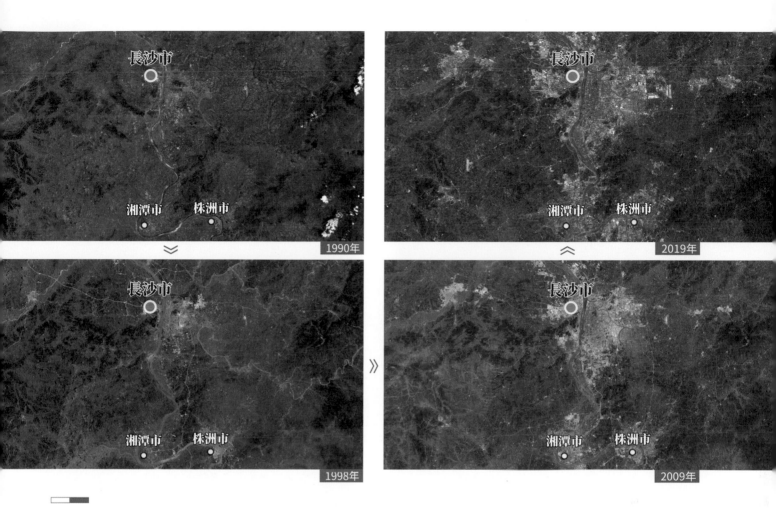

長株潭城市群1990年、1998年、2009年和2019年發展對比

　　要素和平台不斷集聚碰撞，大大促進了創新式發展。超高速列車、超級計算機、超高產雜交稻等"世界級"的科技成果，工程機械、軌道交通、汽車及零部件等"千億級"主導產業，近年來在長株潭城市群如雨後春筍不斷湧現。

　　湘江潮湧兩岸闊，揚帆而上風正酣。7 300萬（戶籍人口）湖湘兒女，創造了一個又一個奇跡，正着力書寫"富饒美麗幸福新湖南"嶄新篇章，三湘兒女正懷着"問蒼茫大地，誰主沉浮"的壯志豪情，逐浪前行。

臨 江 而 興 · 因 水 而 靈

自然保護區面積：106.3
佔轄區面積比重 5.7%

耕地面積：523.59

2017年

2018年

湖北省在中國的位置示意圖

湖北省耕地、森林及自然保護區概況

HUBEI

湖北

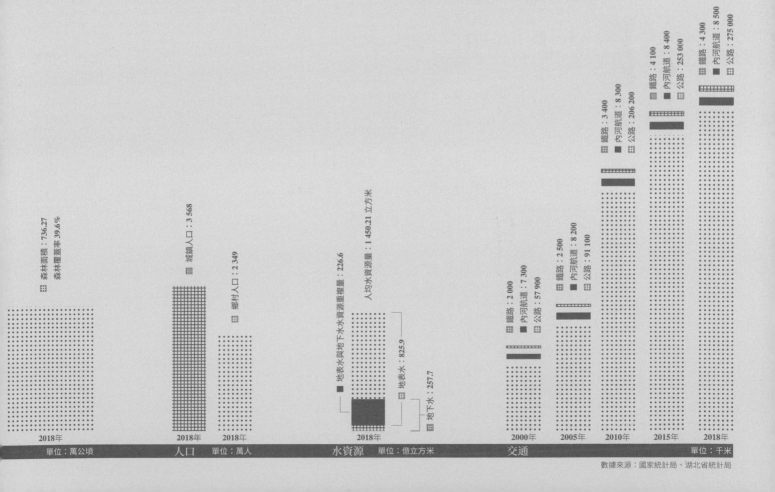

森林面積：736.27
森林覆蓋率 39.6%
2018年

城鎮人口：3 568
鄉村人口：2 349
2018年　2018年

地表水與地下水資源重複量：226.6
人均水資源量：1 450.21 立方米
地表水：825.9
地下水：257.7
2018年

鐵路：2 000
內河航道：7 300
公路：57 900
2000年

鐵路：2 500
內河航道：8 200
公路：91 100
2005年

鐵路：3 400
內河航道：8 300
公路：206 200
2010年

鐵路：4 100
內河航道：8 400
公路：253 000
2015年

鐵路：4 300
內河航道：8 500
公路：275 000
2018年

單位：萬公頃　　　人口　單位：萬人　　　水資源　單位：億立方米　　　交通　單位：千米

數據來源：國家統計局、湖北省統計局

滾滾長江，東流入海。從60萬米高空俯瞰全長6 300千米的長江，宛如一條巨龍，橫貫神州東西。地處"龍腰"的湖北，是長江幹流流經最長的省份，在歷次跨水、馴水、護水、調水過程中，演繹着不同時代的人與江河的交響。

這是一片因水而興的土地，從舊石器時代開始，就是古人類生存繁衍的重要地域之一。在距今7 500—2 500年前，地球進入全新世大暖期，氣候溫暖濕潤，年平均氣溫比今天高2°C，降水豐沛，森林茂密，為氣候最適宜期。在大自然的加持下，人類文明獲得高速發展。新石器時代早中期，長江中游地區發展起了四大文化體系，其中最為人熟知的就是位於湖北漢江中游地區的屈家嶺文化系統，它在中華文明起源上具有重要地位。

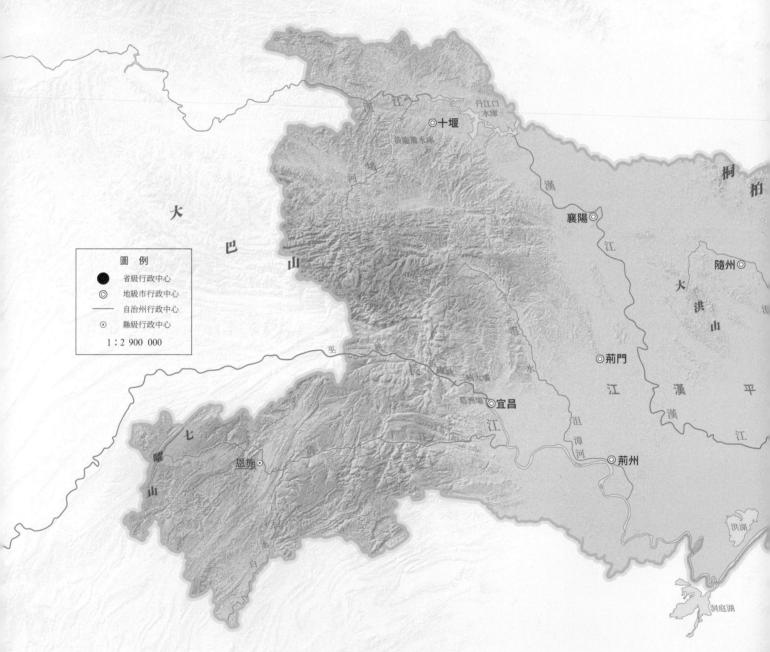

圖　例
● 省級行政中心
◎ 地級市行政中心
— 自治州行政中心
⊙ 縣級行政中心
1 : 2 900 000

商朝在長江、漢江交匯處以北建立盤龍城（今武漢黃陂區境內），成為商王朝統治長江中游廣大地區的中心。西周時，周勢力進入江漢地區，封邦建國，形成了西周的南土疆域。東周時，此地諸侯國——楚國興起，極盛時曾一統長江中下游地區和淮河流域，為秦漢大一統奠定了基礎。西漢王朝承秦制，融楚俗，遂形成統一的中華文化。到了漢末，位居中部、聯通南北東西的江漢地區成為各方勢力的必爭之地。及至南北朝，位處漢江中游的湖北襄陽，因其戰略地位得到充分發展，一舉成為中國歷史上著名的軍事重鎮。

從漢末一直到唐朝，因為中原大亂，北方人口大量南遷，長江和漢江形成的江漢地區經濟、社會與文化也逐漸得到長足發展。南宋以後，經濟文化重心南移，並在明清時期，興起垸田，使得兩湖平原得到深度開發，成為天下糧倉。一時間"湖廣熟，天下足"的諺語傳遍四海。進入近代，張之洞先後創辦了漢陽鐵廠和漢陽兵工廠，武漢遂成為中國近代工業的重要發源地，在中國工業發展史上佔有重要地位。1911年，辛亥革命在武漢爆發，終結了長達2 000多年的封建帝制時代。1949年，中華人民共和國成立，湖北由此揭開了全新的篇章。

長江中游地區周圍有眾多山脈環繞，形成巨大的兩湖盆地，長江橫貫其中。盆地底部地勢低窪，廣佈湖沼，後來演變為著名的洞庭湖。洞庭湖和長江將兩湖盆地分為南北兩個部分。

湖北的地形為西、北、東三面環山，中間低平、向南敞開，與湖南連成一片。東南部的山區是蜿蜒於湖南、湖北和江西三省交界處的幕阜山脈，而湖北東部的山區正是大名鼎鼎的大別山脈，翻過此山便到了安徽。大別山脈呈西北一東南走向，西段與湖北北部的桐柏山相接。桐柏山地跨湖北、河南兩省，是秦嶺向大別山的過渡地帶。

與湖北東南部、東部和北部山區相比，湖北西部的山區地勢較高、範圍較廣，是中國地勢二、三級階梯的分界線。這一區域的最北端是秦嶺的東延部分和大巴山的東段，最西南端是雲貴高原的東北延伸部分。這裡群山疊嶂，森林茂密，河谷幽深，令人耳熟能詳的武當山、神農架、荊山、巫山等山脈就位於這片山區。

湖北省地形及主要水系分佈示意圖

注：恩施是湖北省恩施土家族苗族自治州的首府。

神農架國家公園大九湖高山濕地風光　新華社記者 董江輝/攝

神農架保存有全球北緯 30 度帶最完好的北亞熱帶森林植被，被譽為北半球同緯度上的"綠色奇跡"，具有完整的亞熱帶森林生態系統和豐富的生物多樣性，是中國首個獲得聯合國教科文組織人與生物圈自然保護區、世界地質公園、世界遺產三大保護制度共同錄入的"三冠王"名錄遺產地。在這裡，生活着大約 4 000 種植物，它們每小時通過光合作用釋放的氧氣量，大約可以滿足 300 人一生的需求。正因為這樣，神農架又被稱為"中國天然氧吧"。在神農架深處有一片高山濕地，一條小溪串起九個湖泊，故名"大九湖"。這裡群山環繞，風光秀麗，宛如世外桃源。

凝聚百年夢想的豐碑

　　湖北是長江幹流流經最長的省份，長江從恩施州巴東縣邊域溪入境，至黃岡市黃梅縣李家灣出境，流程1 041千米。邊域溪至宜昌段即長江三峽中的巫峽和西陵峽，重山疊嶂，峽谷深幽，水勢險要，建有著名的三峽水利樞紐，為世界最大的水利工程。

　　在這之前，歷史上長江數次大洪水，沿江萬千家庭徹夜難眠。中華人民共和國成立後，修建三峽工程被提上日程，經過多次選址、規劃、論證，1994年12月舉世矚目的三峽工程正式開工。如今，一座凝聚百年夢想的豐碑在三峽崛起矗立。大國重器，千百年中國"馴水"之集大成，不僅結束了"自古川江不夜航"的歷史，而且讓我國水電技術實現從落後跨越到領跑，還成為長江防汛體系中的骨幹工程，牢牢守衛着長江。

　　長江流域為何洪水多發？

　　長江是中國水量最豐富的河流，支流眾多，流域面積超過180萬平方千米，養育着沿岸超過4億的人口。但大江奔湧東去，流經我國三大階梯，在抵達位於第三級階梯的長江中下游地區時，地勢平坦，河道遼闊平緩，"極目楚天舒"，洪澇高頻地區大多分佈在此。同時每年6月中旬到7月中旬，長江中下游流域通常會迎來梅雨季，大範圍降雨開始持續。隨着雨帶移動，支流陸續迎來汛期，就容易形成集中性的洪澇災害。

　　2020年，受南方強降雨影響，鄱陽湖告急，太湖水位超警，多地啟動防汛一級響應……進入主汛期以後，長江流域降雨量較常年偏多四成，長江中下游降雨量較常年偏多六成，排名1961年以來第一位。

　　長江流域的汛情牽動着每個人的心。治水抗災，是長江流域入汛後面臨的巨大挑戰。洪澇高頻地區遇上氣候影響，讓長江流域防汛壓力陡增，防汛形勢嚴峻。但如今，面臨大洪水，我們不再束手無策！大國重器在握，坐鎮江河。聯合調度的水利工程和千千萬萬奮戰在前方的逆行者，共同為我們築起"最堅固的堤防"。

從60萬米高空俯瞰三峽水利工程

三峽水庫全長600多千米，正常蓄水位175米，總庫容達393億立方米，其中防洪庫容221.5億立方米。

長江流域現已建成大型水庫300餘座，納入2020年度長江流域聯合調度範圍的控制性水庫41座，總防洪庫容598億立方米。作為世界上最大的水利水電樞紐，三峽工程是長江防汛體系中的骨幹工程。截至2020年7月18日18時，三峽水庫當年攔蓄洪水近100億立方米，相當於攔住了700多個西湖。

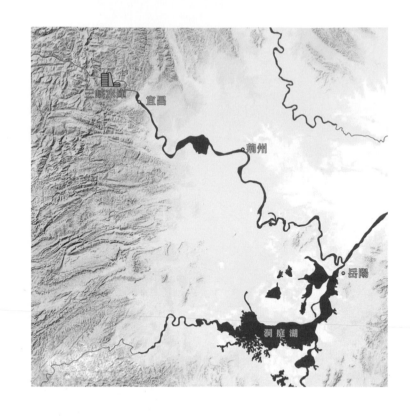

但面對流域性洪水，只有水庫還不夠。傳統的堤防和蓄洪區依舊發揮着重要作用。長江自湖北省宜昌市枝城至湖南省岳陽市城陵磯江段又稱荊江，河道極為彎曲，號稱"九曲迴腸"，有"萬里長江，險在荊江"之稱。對於荊江河段，防洪體系實際上是由堤防、三峽工程、分洪區共同構成的。"不懼荊州干戈起，只怕荊堤一夢終。"歷史上荊江大堤潰口平均10年一次，一旦決堤，對江漢平原人民和耕地來說，將是滅頂之災。

經歷了1998年大洪水之後，目前荊江大堤堤身普遍加高1米到2米，堤面加寬3米到5米，所有的沙基堤段均築有防滲牆，為長江流域防汛抗洪披上了一層"硬甲"。同時，作為防洪體系中"最後一道保險"，蓄滯洪區不可或缺。目前，長江中下游幹流共有42處蓄滯洪區，總面積約為1.2萬平方千米，有效蓄洪容積為589.7億立方米。可見，防禦全流域大洪水，是一項系統工程。上下游水庫聯合調度、相互配合，加上其他泵站限排、洲灘民垸、蓄滯洪區，與預報預警相結合才能發揮出最大效用。面對嚴峻汛情，廣大軍民奮戰在抗洪一線，以如鋼鐵磐石般的決心，與洪魔拚搶速度，像一道看不見的大堤，守護着人民的生命財產安全。

右頁圖為2020年7月27日，長江三峽樞紐工程開啟泄洪深孔泄洪　新華社/發 鄭家裕/攝

2020年7月26日14時，受長江上游強降雨影響，三峽水庫入庫流量達50 000立方米每秒，迎來長江
2020年第3號洪水，27日14時洪峰流量達到60 000立方米每秒，攔洪削峰近40%。

九省通衢的奇跡之城

　　長江過城陵磯，出荊江段，在武漢與漢江交匯，形成一個極為重要的交通樞紐。這裡不僅位處中國中部的中心地區，而且是長江水系和長江流域的中心，還是長江中游地區的中心，為三“中”合一之地，承東啟西，接南轉北，九省通衢，武漢由此而興。

　　這是一座“浮”在水上的城市，兩江交匯，為武漢與外界溝通提供了極大便利，也塑造了武漢獨特的“港口”氣質。武漢港橫貫東西，溝通南北，通江達海，得“中”獨厚，得水獨優，成為長江中游城市群發展的重要支撐。港口是骨架，航線是動脈，武漢多條水運航線通達日韓、東盟國家等地，已成為中國中西部走向世界的樞紐港。

　　正如港口書寫了武漢的氣質，鐵路也加速了武漢的發展。1957 年，武漢長江大橋建成使用，貫穿腹地的南北大動脈正式聯通，讓武漢在普通鐵路時代，就有了“九省通衢”的美譽。隨着全國高鐵線路的互聯互通，位於交會位置的武漢，成為中國的“高鐵之心”，並以京廣線為“弦”，長江經濟帶為“箭”，構成了中國弓箭型經濟發展空間格局。位於版圖軸心的武漢，發揮着重要作用。作為中部門戶機場，武漢天河機場更是直抵五大洲，2019 年旅客吞吐量增幅居全國 21 個大型機場第一位。

　　中華人民共和國成立 70 餘年來，身居交通樞紐位置的湖北武漢始終與祖國同奮進、共成長。如今，這裡有中國第一顆自主研發的高精度北斗芯片；這裡有中國第一個大規模生產存儲芯片的武漢國家存儲器基地；這裡有全球第一大纖預製棒和光纖光纜供應商長飛公司；這裡有由中國建築第三工程局研發、以高效節能的絕對優勢領跑全球的“空中造樓機”……這就是湖北的武漢。

右頁圖為從60萬米高空俯瞰“武漢三鎮”

從60萬米高空俯瞰，長江從武漢西南角至東北角呈一條斜線，與漢江交匯後，將這座中部重鎮分割成了武昌、漢口、漢陽三鎮。

漢陽

漢口

武昌

長江

從60萬米高空俯瞰武漢長江大橋

武漢因水而興，因江而魅。但長江天險，兩江交匯，三鎮鼎立，交通不便。以前，火車過江只能依靠輪渡。20世紀50年代，舉全國之力，建起萬里長江第一橋——武漢長江大橋，結束數千年來長江天塹有舟無橋的歷史，實現數千年來在長江上"一橋飛架南北，天塹變通途"的偉大夢想，徹底解除沿江兩岸人民的舟楫勞頓之苦，成為中國的第一個"百年大計"。中國現代大型橋樑建設也由此大步邁進。

武漢市區11座長江大橋位置關係示意圖

從武漢長江大橋建設至今，60多年過去了，在武漢市區已經建起了
11座長江大橋。一座座"人間彩虹"跨越江水阻隔，成為長江主軸
建設的重要紐帶。

武漢白沙洲大橋
武漢市區第3座長江大橋

沌口長江大橋
武漢市區第9座長江大橋

軍山長江大橋
武漢市區第4座長江大橋

中國最寬的深水特大型公路橋樑
開工時間：1998年12月
通車時間：2001年12月
線路全長：4 881.178米
主橋長度：964米
橋面寬度：38.5米
車道規模：雙向六車道

特大型公路斜拉橋
開工時間：2014年12月
通車時間：2017年12月
線路全長：8 599米
主跨長度：760米
橋面寬度：46米
車道規模：雙向八車道

世界跨度第三大的雙塔雙索面斜拉橋
開工時間：1997年5月
通車時間：2000年9月
線路全長：3 586.38米
主跨長度：618米
橋面寬度：26.5米
車道規模：雙向六車道

　　由大橋串起的城市環線，助推着武漢這座城市一步步向外生長。但在2020年，面對來勢洶洶的新冠肺炎疫情，從2020年1月23日10時起，這座水陸空交通樞紐城市的公交、地鐵、輪渡、長途客運暫停運營，機場、火車站離漢通道暫時關閉。直到2020年4月8日，它終於"重啟"。

　　離漢通道從關閉到開啟，76天。

　　在這76天裡，武漢創造了生命的奇跡，過境武漢上空的衛星，從另一個角度詮釋了載入史冊的76天。

右圖為2020年2月18日，從60萬米高空俯瞰武漢天河機場

新冠肺炎疫情期間，武漢天河國際機場依舊繁忙。從2020年1月24日至2月29日，它共保障航班1 322架次，運輸4.81萬人，運送防疫物資66.5萬件，共6 354.9噸，開啟了守護生命安全的空中航道。

武漢火神山醫院

衛星記錄着，10 多個晝夜，武漢火神山、雷神山醫院從無到有，兩座醫院加起來的總面積約 11 萬多平方米。按照常規，3 萬多平方米的項目至少要建兩年。而在火神山醫院的建設中，短短幾天，7 000 多名不同工種的工人陸續會聚起來，800 多台挖掘機 24 小時晝夜不停施工。僅除夕當天，遍佈藕塘、土堆的火神山 5 萬平方米場地全部平整，面積相當於 7 個足球場大小；開挖土方 15 萬立方米，足以填滿 57 個標準游泳池。

衛星數據顯示，這座城市醫療機構的熱力分佈更明顯。一個月內，武漢市完成 16 家方艙醫院改建，累計收治 1.2 萬餘人，實現"零感染、零死亡、零回頭"，有力扭轉了新冠肺炎疫情防控形勢。

左圖為2020年2月23日，從60萬米高空俯瞰武漢火神山醫院
火神山醫院穩定運行73個日夜，於2020年4月15日正式休艙閉院。

右圖為2020年2月23日，從60萬米高空俯瞰由洪山體育館改建成的武昌方艙醫院
2020年3月10日15時30分，隨着最後一批49名患者從洪山體育館走出，運行了35天的武漢市首個方艙醫院——武昌方艙醫院正式休艙。

武昌方艙醫院

　　透過黑夜中的光亮，衛星捕捉了武漢在夜間呈現的頑強而旺盛的生命力：電力等能源供應有效保障，市內路網通宵運行，機場車站物資高效轉運，各大醫院燈火通明……夜光背後是"宅家"堅守的 900 多萬市民，是超過 10 萬名奮戰一線的工作人員。

　　76 天裡，武漢市實際供水量平均每天 400 萬噸，日最大用電負荷平均每天 470 萬千瓦，生活垃圾每天處理量 6 000 噸左右。4.45 萬名共產黨員下沉到 13 800 多個"網格"，1.9 萬名民警維持着城市的秩序，3.6 萬名環衛工人保障了城市的整潔如故，2.4 萬名志願者保障城市生活運行……這相當於平均每人對接服務上千人次。

　　在絕大多數人足不出戶的情況下，武漢奇跡般地完成了物資調度和分發。

　　世界衛生組織總幹事譚德塞曾在一日內用兩個"世所罕見"來評價中國的疫情防控工作。他認為，中國行動速度之快、規模之大，世所罕見；中國體制之有力和中國舉措之有效，世所罕見，令人敬佩。

　　2020 年 4 月 8 日，武漢解除離漢離鄂通道管控措施，武漢天河國際機場"重啟"。只相差一天，進出武漢的航班從 32 架次增加到 229 架次，上萬人如願踏上旅程。在地面，城市生產和生活更依賴貨車運輸，疫情最嚴重的時候，每天只有 1 151 個貨車車次進入和離開武漢。解除管控措施後，每天進出這座城市的貨車車次超過 8 萬個。衛星接收這些貨車的定位信息，發現它們在武漢和 563 個城市之間往來，而在 2020 年 1 月 26 日，這個數字，只有 87 個。航天技術和信息技術的進步，賦予我們觀察世界的全新手段，也讓世界知曉，這是一座怎樣偉大的城市。

右頁上圖：天河國際機場"重啟"前後航班信息對比圖

"解封"前後，只相差一天，進出武漢的航班從 32 架次增加到 229 架次，上萬人如願踏上旅程。

右頁下圖：離漢通道"重啟"前後貨車運輸信息對比圖

在2020年1月26日，當天只有87個貨車車次進入和離開武漢。解封後，每天進出這座城市的貨車車次超過8萬個。

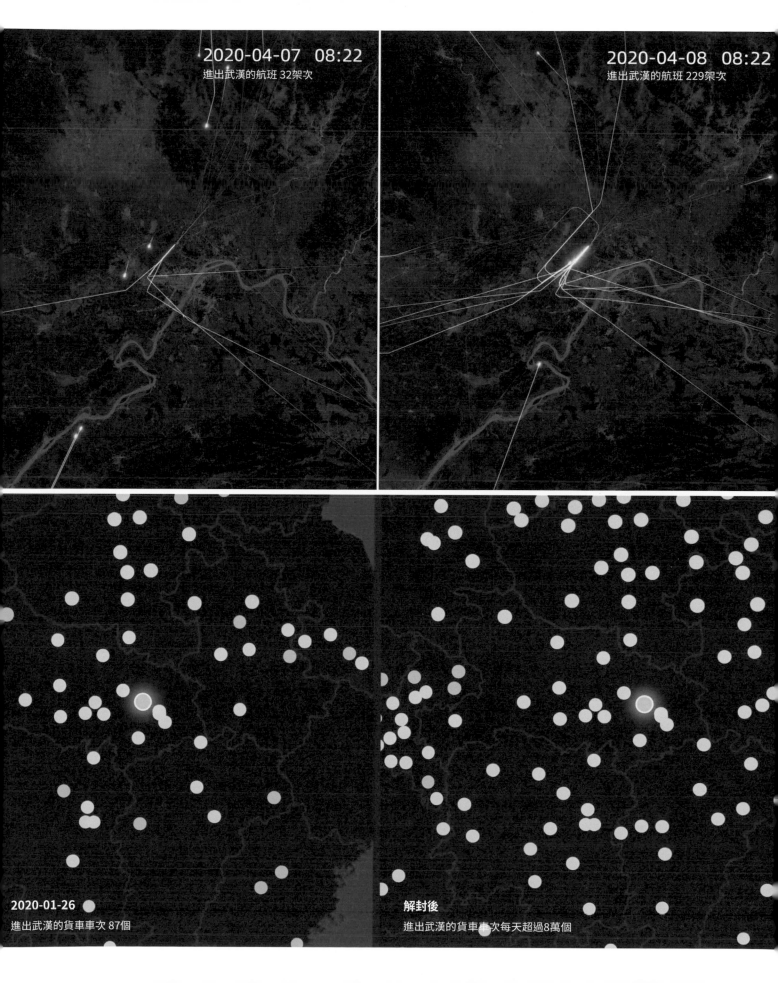

2020-04-07　08:22
進出武漢的航班 32架次

2020-04-08　08:22
進出武漢的航班 229架次

2020-01-26
進出武漢的貨車車次 87個

解封後
進出武漢的貨車車次每天超過8萬個

南水北調中線水源地

在長江大小數百條支流中，漢江是最長的支流。長江與漢江沖積而成的江漢平原，水流匯注，河網交織，湖泊星羅棋佈，自古就是魚米之鄉、中部糧倉。

30 年前，沒人會預料到克氏原螯蝦這一外來物種，會引發席捲中國各大城市的"小龍蝦潮"。如今，全國平均 10 隻小龍蝦，就有 5 隻半產自湖北。長江與漢江的靈動，賦予荊楚居民活泛的品性，讓他們依靠辛勤勞動，充分享受自然的饋贈。

從長江與漢江交匯處，往漢江上游行進約 550 千米，是丹江口水庫。它是亞洲第一大人工淡水湖，也是國家一級水源保護區，享有"亞洲天池"的美譽。進入 21 世紀後，這裡更是國家南水北調中線工程的核心水源區所在地。

2014 年，南水北調中線正式通水，清澈甘冽的漢江水從丹江口水庫北上，湍湍跋涉 1 400 多千米，流入京津冀地區千家萬戶。截至 2019 年，僅北京就累計接收"南水"40 億立方米，超過 1 200 萬市民直接受益。

守護一江清水東流、一庫淨水北送，湖北責任重大。近年來，藍天、碧水、淨土三大保衛戰齊出，一江碧水、兩岸青山的美麗畫卷，徐徐鋪展。

70 餘年，光陰飛逝，滄海變桑田。

70 餘年，日新月異，舊貌換新顏。

高空俯瞰湖北 70 餘年滄桑巨變，依江為伴，臨江而興，因水而靈，以水為傲。圍繞長江經濟帶高質量發展，荊楚大地正在奏響新時代的長江之歌。

右頁圖為從60萬米高空俯瞰位於湖北十堰丹江口市的丹江口水庫大壩

丹江口水庫是南水北調中線水源工程，大壩加高完成後丹江口成為南水北調中線工程的調水源頭。而丹江口水庫地跨湖北、河南兩省，由湖北境內的漢江庫區和河南境內的丹江庫區組成。

自然保護區面積：77.8
佔轄區面積比重 4.7%

2017年

耕地面積：811.23

2017年

HENAN

河南

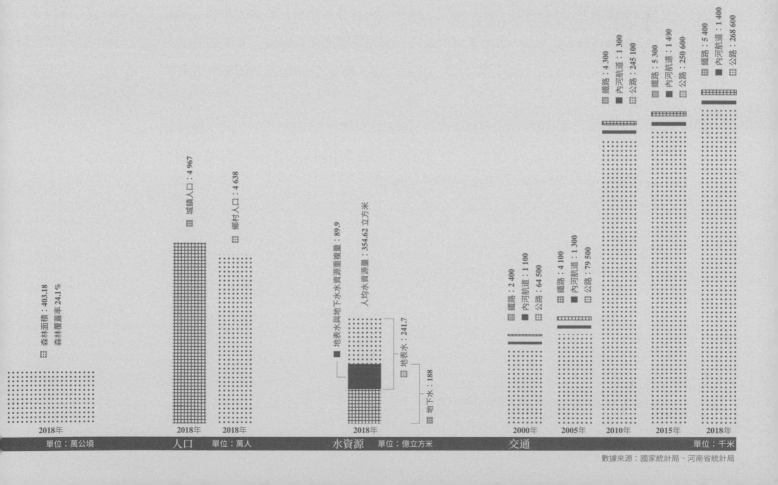

數據來源：國家統計局、河南省統計局

■ 森林面積：403.18
森林覆蓋率 24.1%

2018年
單位：萬公頃

■ 城鎮人口：4 967
■ 鄉村人口：4 638

2018年　2018年
人口　單位：萬人

■ 地表水與地下水資源重複量：89.9
人均水資源量：354.62 立方米

■ 地表水：241.7
■ 地下水：188

2018年
水資源　單位：億立方米

■ 鐵路：2 400
■ 內河航道：1 100
■ 公路：64 500

2000年

■ 鐵路：4 100
■ 內河航道：1 300
■ 公路：79 500

2005年

■ 鐵路：4 300
■ 內河航道：1 300
■ 公路：245 100

2010年

■ 鐵路：5 300
■ 內河航道：1 400
■ 公路：250 600

2015年

■ 鐵路：5 400
■ 內河航道：1 400
■ 公路：268 600

2018年
交通　單位：千米

大河之南，天地之中；皇皇華夏，歲月悠悠。這裡留存了數不盡的故事，也賦予了它敦厚雋永的品格。這裡是河南，位處中國中部偏東，黃河中下游地區，因轄境大部分地區在黃河之南而得名。

截至 2019 年底，河南總人口 10 952 萬人，常住人口 9 640 萬人。這樣大的一個河南，不僅是全國重要的經濟大省、綜合交通樞紐和人流、物流、信息流中心，而且是全國農業大省與糧食轉化加工大省，農產品主產區與重要的礦產資源大省，還是全國重要的通信樞紐、能源基地，更是華夏歷史文明之源，以及中國姓氏的重要發源地。

如此光輝璀璨的河南，同樣有着令人豔羨、稱奇的自然地理面貌。這裡的地勢西高東低、南拱北坦，橫跨我國第二、三級階梯，是中國唯一地跨長江、淮河、黃河、海河四大江河流域的省份，無論地形地貌還是水資源分佈情況，都是中國的一個縮影。

河南境內河流大多發源於西部、西北部和東南部山區，1 500多條河流縱橫交織，母親河黃河橫貫中北部，境內幹流長711千米，流域面積佔全省面積的五分之一以上，是豫中北部生產生活的主要水源。而省境中南部的淮河，源於桐柏山區，支流眾多，水量豐沛，境內幹流長340千米，流域面積約佔全省面積的一半以上，是境內最大的水系。省境北部的衛河、漳河向東北流入海河，是全省最小的水系。西南部的丹江、白河、灌河等，為漢江支流，屬長江流域，流域面積約佔全省面積的16%。

即便有這樣多的河流，河南年平均水資源量只排在全國第19位，人均水資源佔有量不足全國平均水平的五分之一。但這並不妨礙新中國考古第一鏟從這裡揮起，並由此揭開“一部河南史，半部中國史”的序幕。

右頁圖為河南省地形及主要水系分佈示意圖

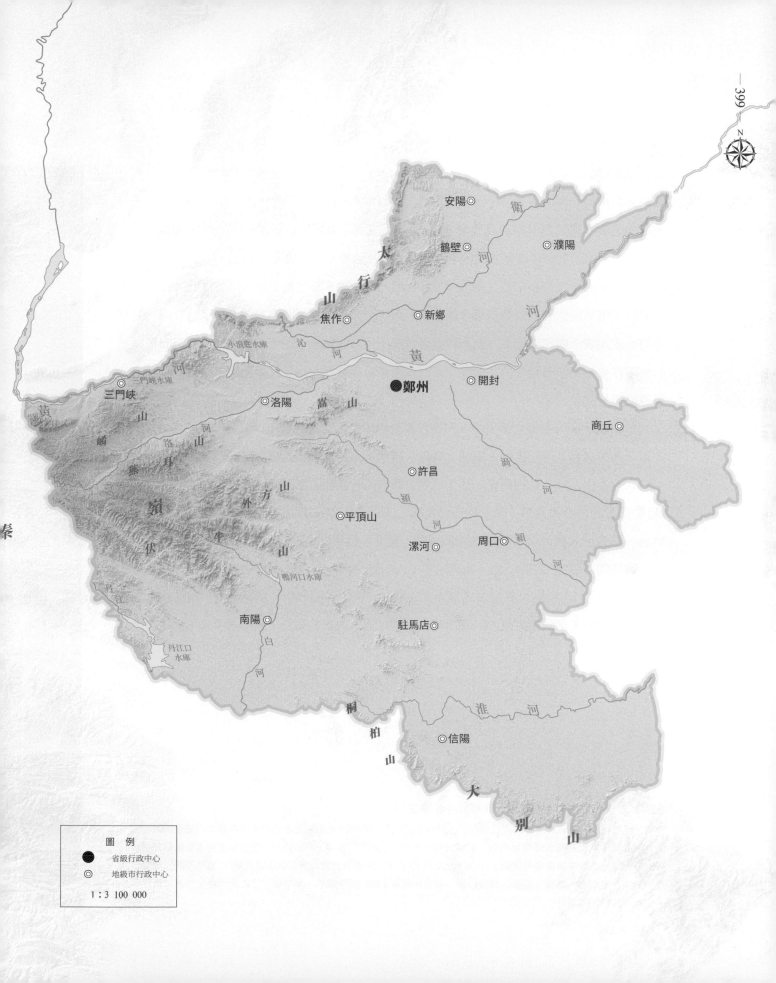

太
行
山

安陽◎

衛
河

鶴壁◎   ◎濮陽

焦作◎   ◎新鄉

黃
河

小浪底水庫   沁
河

三門峽水庫   黃   ◎鄭州   ◎開封

三門峽   河

山   洛陽◎   嵩   山

崤   山   商丘◎

黃   洛

河   河   山

熊   耳   外方山   ◎許昌

嶺   山   潁   河

牛

伏   ◎平頂山

山   漯河◎   周口◎   潁

河

鴨河口水庫

宜   白

南陽◎   駐馬店◎

丹江口
水庫

河

桐   淮   河

柏

山   ◎信陽

大

別

山

圖 例

● 省級行政中心

◎ 地級市行政中心

1 : 3 100 000

這裡是中國歷史文化的縮影

從 60 萬米高空俯瞰，河南自然景觀得天獨厚，猶如一幅風光旖旎的天然畫卷，山川融南秀北雄於一體。從黃河中游到下游既有三門峽水庫的碧波蕩漾，又有鄭州滔滔黃河東逝水的波瀾壯闊，更有開封高出地面 14 米的"懸河"景觀……正是在這美不勝收的中原大地上，奔騰的黃河串聯起文化明珠，華夏文明在這裡孕育生發。

河南是中華民族和華夏文明的重要發祥地，在中國早期發展過程中處於歷史舞台的核心地位。中華民族的人文始祖黃帝誕生在今河南新鄭。中華文明的起源、文字的發明、城市的形成和統一國家的建立，都與河南有着密不可分的關係。這裡有中國迄今發現的最早的契刻符號，這裡有最早的"中國"——二里頭夏都遺址，以及世界上最早的文字——安陽殷墟甲骨文。

在 5 000 多年中華文明史中，河南作為全國政治、經濟、文化中心的年代長達 3 000 多年，先後有夏、商、東周、東漢、曹魏、西晉、北魏、唐至北宋 20 多個朝代在此建都。中國八大古都，河南佔據四席，即十三朝古都洛陽、八朝古都開封、殷商古都安陽、商都鄭州。"若問古今興廢事，請君只看洛陽城"，這座十三朝古都，見證了夏朝都城二里頭的興衰，銘刻了大運河與古絲綢之路的脈動，親歷了隋唐的盛世繁榮。"汴京富麗天下無"，北宋時期的東京城（今開封），城郭宏偉，人口逾百萬，商業貿易額佔全國之半，極一時之盛，為公元 10 世紀世界最大的城市。一幅《清明上河圖》中，商船雲集、馬幫駝隊絡繹不絕，展現了當時東京城"八荒爭輳，萬國咸通"的興盛景象，道不盡大宋王朝的盛世繁華。

右圖為二里頭夏都遺址博物館　新華社記者 李安/攝

二里頭遺址位於河南省洛陽市偃師二里頭村，距今 3 800—3 500 年，是經考古學與歷史文獻學考證的中國最早王朝——夏朝中晚期的都城遺存。對研究中華文明的起源、王朝的興起、王都的規制、宮室制度等涉及中華文明發展的重大問題都具有重要參考價值。2019 年 10 月 19 日，二里頭夏都遺址博物館正式開館，"最早王朝"揭開了神秘面紗。青銅器、陶器、玉器、綠松石器、骨角牙器等 2 000 餘件藏品，集中展示了二里頭遺址作為"華夏第一王都"的豐富內涵。

— 402 —

上圖為河南安陽殷墟宮殿宗廟遺址　新華社記者 李安/攝

殷墟的第一次發掘，被視為"中國考古學誕生的標誌"。它是中國連續發掘時間最長、清理遺跡最多、出土文物最豐富的古遺址。作為中國20世紀百項考古大發現之首，殷墟價值之大、地位之高、意義之重不言而喻。

左圖為河南安陽殷墟出土的一片甲骨文實物

新華社記者 姚玉潔/攝

100多年前，在河南省安陽市西北郊小屯村的殷墟宮殿宗廟遺址，發現了3 000多年前的成熟漢字，因所有文字均刻在獸骨、龜甲上，所以被稱為甲骨文。甲骨文的發現，宣告我國在殷商時期就已形成較成熟的文字體系，從而震驚了國際學術界和考古界。

河南是全國重要的文物大省，地下文物數量全國第一，地上文物數量全國第二，有"中國歷史天然博物館"之稱。這裡有全國重點文物保護單位358處，國家考古遺址公園13處。自1990年"全國十大考古新發現"評選以來，河南共有45項考古發現獲此殊榮，位居全國首位。

全國歷史文化名城中，河南佔8座（洛陽、開封、商丘、安陽、南陽、鄭州、浚縣、濮陽），此外，還有國家級歷史文化名鎮、名村12個，中國傳統村落123處。河南還擁有龍門石窟、安陽殷墟、登封"天地之中"歷史建築群、絲綢之路河南段、大運河河南段5處世界文化遺產，二十四節氣、皮影戲兩個項目（為共同申報項目）列入聯合國教科文組織人類非遺代表作名錄，113個項目列入國家級非遺名錄。

河南有記載着祖先在中原大地繁衍生息的裴李崗文化遺址、仰韶文化遺址、龍山文化遺址；有"人祖"伏羲太昊陵、黃帝故里和軒轅丘；有最古老的天文台周公測景台；有歷史上最早的關隘函谷關、最早的國家監獄湯陰縣羑里城、最早的佛教寺院白馬寺、最早的琉璃塔開封"鐵塔"，等等。中嶽嵩山的茂林之中，坐落着世界文化遺產、千年名剎少林寺，這裡是中國佛教禪宗祖庭，也是少林功夫發源地。作為中國文化的一張特色名片，少林功夫廣受世界各國人民的喜愛，多個少林文化機構先後在海外設立，不僅發揮了對外交流的重要作用，也將中國人的精神氣質傳遞給世界。中國古代四大發明均源自河南，更是從這裡走向世界，極大推動了人類文明進程。

一位僧人在少林寺內清掃積雪　新華社記者 李嘉南/攝

位於河南省鄭州市登封市嵩山五乳峰下的少林寺，是中國漢傳佛教的"禪宗祖庭"和少林武術的發源地。

從60萬米高空俯瞰嵩山少林寺局部

這裡是新中國建設的精神高地

中原大地孕育的風流人物燦若群星，光耀史冊的名人不勝枚舉。在新中國的建設中，焦裕祿精神、紅旗渠精神……猶如一座座豐碑，矗立在中原河南大地。

九曲黃河最後一道彎，是河南省開封市蘭考縣。曾經的它，沙丘遍佈，貧困凋敝，"縣委書記的榜樣"焦裕祿來到這裡，用生命向內澇、風沙、鹽鹼宣戰。如今的它，從"風沙窩"變成"金銀鋪"，焦裕祿當年親手種下的那棵"焦桐"，依舊偉岸挺拔，儼然一座豐碑。

焦裕祿在這個世界上只生活了短短 42 年，卻感動了幾代中國人。

蘭考縣地處豫東黃河故道，是個飽受風沙、鹽鹼、內澇之患的老災區。焦裕祿踏上蘭考土地的那一年，正是這個地區遭受自然災害較嚴重的一年，全縣糧食產量下降到歷年最低水平。焦裕祿從到蘭考第二天起，就深入基層調查研究，拖着患有慢性肝病的身體，在一年多的時間裡，跑遍了全縣140多個大隊中的120多個。在帶領全縣人民封沙、治水、改地的鬥爭中，焦裕祿身先士卒，以身作則。風沙最大的時候，他帶頭去查風口，探流沙；大雨瓢潑的時候，他帶頭蹚着齊腰深的洪水察看洪水流勢； 風雪鋪天蓋地的時候，他率領幹部訪貧問苦，登門為群眾送救濟糧款。他經常鑽進農民的草庵、牛棚，同農民同吃同住同勞動。他把群眾同自然災害鬥爭的寶貴經驗一點一滴地集中起來，成為全縣人民的共同財富，成為全縣人民戰勝災害的有力武器。

焦裕祿常說，共產黨員應該在群眾最困難的時候，出現在群眾的面前；在群眾最需要幫助的時候，去關心群眾、幫助群眾。他的心裡裝着全縣的幹部群眾，唯獨沒有他自己。他經常肝部痛得直不起腰、騎不了車，即使這樣，他仍然用手或硬物頂住肝部，堅持工作、下鄉，直至被強行送進醫院。

1964 年 5 月 14 日，焦裕祿被肝癌奪去了生命，年僅 42 歲。他臨終前對組織上唯一的要求，就是"把我運回蘭考，埋在沙堆上。活着我沒有治好沙丘，死了也要看着你們把沙丘治好"。

河南省開封市蘭考東壩頭鄉張莊村及周圍的麥田　新華社記者 馮大鵬/攝

歷史上這裡曾是蘭考縣最大的風口，沙丘遍佈，貧困凋敝。如同中國成千上萬個張莊一樣，在共產黨的帶領下，隨着脫貧攻堅、鄉村振興戰略的實施，一個新時代的新張莊赫然呈現在世人面前。

　　焦裕祿去世後，一代代共產黨人在蘭考接力奮鬥，不僅實現了焦裕祿治好沙丘的遺願，更是讓這片土地發生了翻天覆地的變化。2017 年 3 月，蘭考成為河南首個脫貧"摘帽"的貧困縣，利用焦裕祿當年帶領大家栽下的泡桐樹製作樂器、家具等，也成為蘭考致富奔小康的一項重要產業。

從蘭考遙望黃河北岸，在巍巍太行的山崖上，有一道水渠蜿蜒而行，它就是河南省林州市的"人工天河"——紅旗渠。紅旗渠被譽為世界第八大奇跡。在最困難的年代裡，林縣（今林州市）人民歷時十年，絕壁穿石，挖渠千里，將一面"頑強奮鬥、自強不息"的精神之旗，插在太行山巔。

缺水是千百年來林州最深、最痛的記憶。從明朝建縣起，林州縣志上就頻現"大旱""連旱""凶旱""亢旱"等字眼。

對水的渴望有多迫切，林州對開渠人的感念就有多深摯。明初知縣謝思聰開鑿不足 10 千米的洪山渠，受益百姓籌資建"謝公祠"，並將"洪山渠"改名為"謝公渠"。但苦難的缺水歷史並沒有終結，直到新中國成立後。31 歲的縣委書記楊貴站出來了，多方考察後，縣委決定從山西平順縣引濁漳河水入林縣。

1960年，紅旗渠開挖不到4個月，就遇到了大麻煩。炸過的懸崖，山石鬆動，不時掉下的石頭造成人員死傷，這時以任羊成為首的凌空除險隊站了出來。"除險英雄任羊成，閻王殿裡報了名。"一次，吊在半空的他被飛石砸到門牙，他掏出手鉗一把拔掉，繼續除險。十萬個像任羊成一樣的開山者，削平1 250座山頭，開鑿211個隧洞，刨出的太行山石，可以修一條高3米、寬2米連接哈爾濱和廣州的"長城"。

從苦難走向輝煌，中國人素來有堅定的意志、堅實的步伐、堅強的毅力，讓不可能成為可能，這是堅持不懈的超凡耐力。林州人都說，紅旗渠裡流淌的是精神。紅旗渠，讓磨礪千年的民族精神化為有形的"人工天河"，奔流至今。

蜿蜒穿行於太行山間的紅旗渠總幹渠　新華社記者 李安/攝

這裡是中部崛起的門戶

從空中俯瞰，以鄭州為中心的河南"米"字形高鐵網已然成型。這張覆蓋逾 7 億人的高鐵網，在 10 年前還只是"紙上藍圖"，如今正在加速變為"地上通途"。

曾經京廣、隴海兩條鐵路大動脈在此交會，使這裡獲得了"中國鐵路心臟"的美譽。

進入高鐵時代後，2010 年通車的鄭西高鐵（鄭州—西安）、2012 年通車的京廣高鐵（北京—鄭州—廣州），加上 2016 年通車的鄭徐高鐵（鄭州—徐州），又構成了新世紀鄭州的高鐵"十字樞紐"。隨着 2019 年鄭合高鐵（鄭州—合肥）通車，以及鄭太高鐵（鄭州—太原）、鄭濟高鐵（鄭州—濟南）與鄭萬高鐵（鄭州—萬州、重慶）的加速建設，以鄭州為中心的"米"字形高鐵輻射網絡，不只是"通四面"，而是"走八方"。

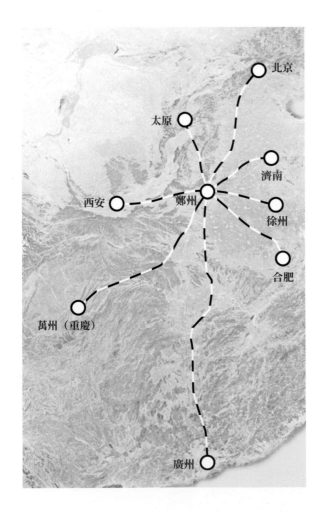

這個巨大的"米"字，以京廣為"豎"，鄭西、鄭徐作"橫"，鄭萬為"撇"，鄭合為"捺"，鄭太、鄭濟作"起筆兩點"。從京漢、隴海鐵路旁的小小鄭縣，到如今的國家中心城市，鄭州正在以無比蓬勃的姿態走向世界。

左圖是以鄭州為中心的河南"米"字形高鐵網示意圖

右頁圖為從60萬米高空俯瞰鄭州東站

鄭州東站始建於2009年，2012年正式投入運營，是中國大陸特大型鐵路樞紐站之一。

在"米"字形高鐵網的加持下,河南四條"絲綢之路"的建設穩步推進,鄭州已逐步成為國際性綜合樞紐、內陸對外開放高地。

在鄭州,空中絲路越飛越廣。在"空中絲綢之路"等國家戰略支持下,鄭州的上空日益繁忙。2018年,鄭州新鄭國際機場開通航線230條,初步形成橫跨歐美亞三大經濟區、輻射全球近200個城市的國際樞紐航線網絡;貨郵吞吐量達51.5萬噸,居全國大型機場第7位,客運量2730多萬人次,居全國大型機場第12位。

在鄭州,陸上絲路越跑越快。中歐班列(鄭州)實現了每週"去九回八"高頻次運行,2018年開行752班,累計貨值32億美元,貨重34噸,主要指標保持全國前列,新開通中亞、東盟線路。

在鄭州,網上絲路越來越便捷。鄭州跨境電商通關能力實現每秒500單,日峰值處理能力可達1000萬單,"買全球、賣全球"的國際貿易服務體系不斷完善。

在鄭州,海上絲路越來越順暢。鄭州至沿海港口的海鐵聯運班列已實現多點常態化運行。2018年,鄭州至連雲港、青島、天津等港口的海鐵聯運班列累計開行206班。

新絲綢之路的聯動、互為支撐,形成鄭州對外開放合作新優勢,奠定了鄭州國際性綜合樞紐地位。作為鄭州發展的主要支撐腹地,河南省有1億人口,每年有超過150萬農村人口轉化為城鎮人口;以鄭州為中心的2小時高鐵經濟圈,覆蓋4億人口的貨物集散和消費圈;以鄭州為中心的2小時航空經濟圈,覆蓋全國90%以上人口和市場。

放眼中原大地,淮河最大的支流潁河畔的周口港,一派繁忙。這裡是河南省最大的內河港口,擁有東、中、西三個作業區,77個千噸級泊位。由此,豫貨出海有了新門戶,中原地區通江達海有了新起點。

中華人民共和國成立70餘年,中原河南交出發展答卷。從不沿邊、不靠海的內陸腹地,到連南貫北、承東啟西的開放高地,空中、陸上、網上、海上,四路協同發展,航空港、貨運港、物流港,凝聚起中原更加出彩的合力。中原崛起,正當時。

這是2014年4月23日拍攝的"漢新歐"鐵路國際貨運班列　新華社記者 肖藝九/攝

貫通絲綢之路經濟帶的"漢新歐"鐵路國際貨運班列從武漢東西湖鐵路集裝箱中心站出發，經鄭州、蘭州、烏魯木齊，到達新疆邊境口岸阿拉山口出境，穿越哈薩克斯坦、俄羅斯、白俄羅斯，最後抵達波蘭羅茲站。

CHINA FROM OUTER SPACE

表 裡 山 河 壯 美 · 文 化 源 遠 流 長

自然保護區面積：110.2
佔轄區面積比重 7%

2017年

耕地面積：405.63

2017年

SHANXI

山西

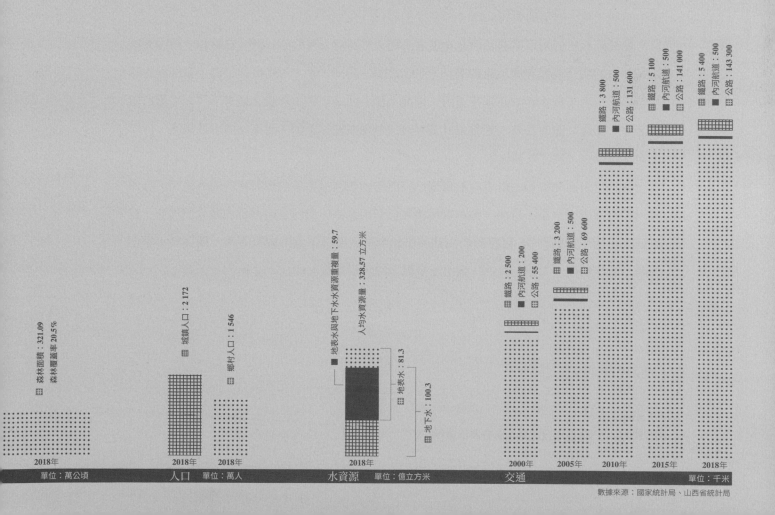

森林面積：321.09　森林覆蓋率 20.5%

城鎮人口：2 172　鄉村人口：1 546

地表水與地下水水資源重複量：59.7　人均水資源量：328.57 立方米　地表水：81.3　地下水：100.3

鐵路：2 500　內河航道：200　公路：55 400

鐵路：3 200　內河航道：500　公路：69 600

鐵路：3 800　內河航道：500　公路：131 600

鐵路：5 100　內河航道：500　公路：141 000

鐵路：5 400　內河航道：500　公路：143 300

單位：萬公頃　　2018年

人口　單位：萬人　　2018年　　2018年

水資源　單位：億立方米　　2018年

交通　　2000年　2005年　2010年　2015年　2018年　　單位：千米

數據來源：國家統計局、山西省統計局

這裡人稱表裡山河

人說山西好風光,地肥人美五穀香。

山西地處黃土高原東緣,是一個黃土覆蓋、起伏較大的山地型高原,山區面積廣大,佔全省總面積的近 70%。整個山地由一系列南北向雁陣式斷塊山與斷裂谷組成,可謂"斷崖萬仞如削鐵,飛鳥不度山石裂"。縱貫南北的晉中斷裂帶將三晉大地分為東西兩部。東部山區以太行山、太嶽山為主體,西部山區則以呂梁山脈為主體。東西山地之間的斷裂帶被分割為五大串珠狀盆地,自北而南依次為大同盆地、忻定盆地、太原盆地、臨汾盆地、運城盆地,其中以太原盆地為最大。

從 60 萬米高空俯瞰,發源於崑崙山脈的滔滔黃河,猶如飛龍天降,蜿蜒東出,繞道賀蘭山,一路北進,在陰山南側轉身東去,濁浪排空,孕育出河套地區的一川沃土,而後在內蒙古呼和浩特市的托克托縣猛然調頭,沖入晉陝大峽谷,縱橫南下,由西而南,包絡三晉大地,不僅勾勒出山西與陝西、河南的省界,成為三省界河,更在巍峨的北方大地留下了一個"几"字形的大彎。

位於山西省忻州市偏關縣西北角的老牛灣正是黃河入晉的第一灣。在這裡,自山海關蜿蜒西來的明長城與奔騰不息的黃河水初次相遇,深情一握。同樣是在這裡,發源於內蒙古的楊家川河,自東北方向匯入黃河。兩河夾湧,沖刷出牛頭形狀,便有了"老牛灣"這個名字。深邃壯闊的晉陝大峽谷由此發端,河谷兩岸壁立千仞,河道之中水波蕩漾,河岸之上長城聳立,風光壯美無限。

由於受山西地勢和山脈走向的影響,山西省內的河流多是發源於境內的外流河,分屬黃河與海河兩大水系。汾河、沁河等河流屬於黃河水系。汾河是山西省內最大的河流,是山西人民的"母親河",它發源於山西省忻州市寧武縣管涔山的雷鳴寺泉,縱貫幾乎整個山西,流經忻州、太原、晉中、臨汾、運城等地,最後匯入黃河,全長 713 千米。

右頁圖為山西省地形及主要水系分佈示意圖

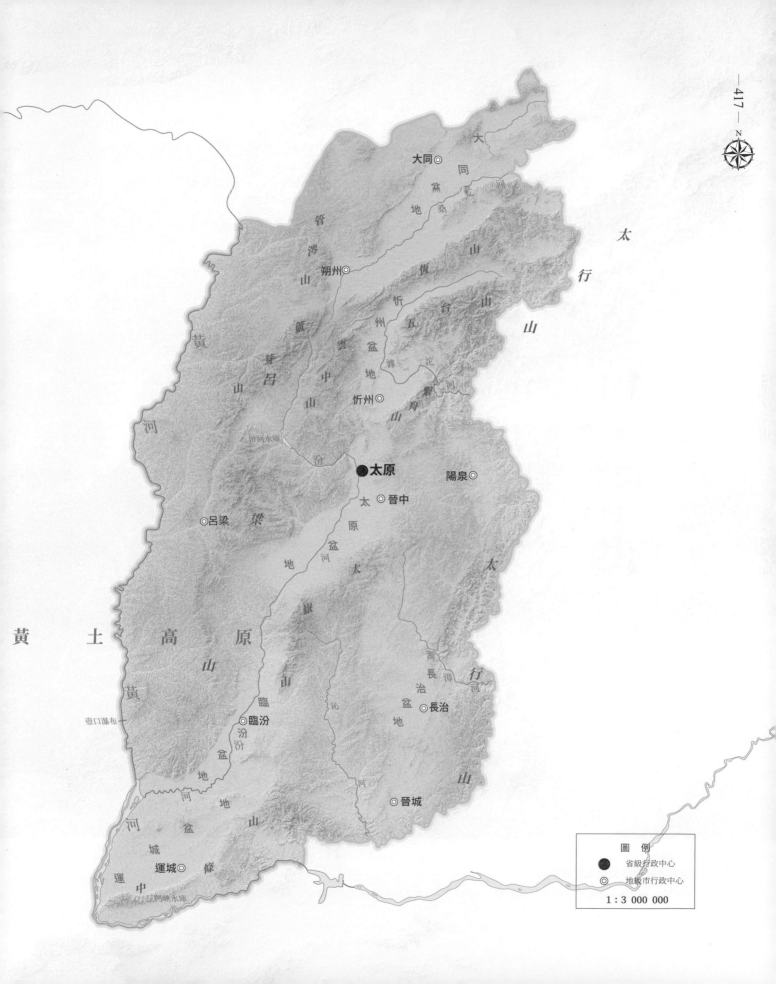

太行山

黃土高原

大同

大同盆地

桑

管涔山

朔州

恆山

忻州盆地

五台山

蘆芽山

呂梁山

雲中山

太行山

黃河

忻州

汾河水庫

太原

陽泉

太原盆地

晉中

呂梁

梁

汾河

太

原

盆

地

太

嶽

山

太行山

壺口瀑布

臨汾

臨汾盆地

長治盆地

長治

河

汾

運城盆地

晉城

條

運城

中

三門峽水庫

圖　例

● 省級行政中心

◎ 地級市行政中心

1：3 000 000

從60萬米高空俯瞰山西老牛灣

老牛灣，黃河與長城握手的地方。大自然的鬼斧神工，與古人的智慧在這裡碰撞。

這裡也曾黃沙漫捲

儘管有大河哺育，但山西地勢高亢、山巒起伏，氣候垂直變化顯著，南北差異明顯。加之降水量年內季節變化很大，夏秋多而冬春少。降水量極為不均，乾旱時常發生，多地有"十年九旱"之說，春旱幾乎年年都有。

受惠於多樣的自然環境，山西在很早以前曾是草木繁茂之區。晉西北的許多山地，幾百年前還是古木參天、林蔭蔽日，但隨着人口增加以及亂砍濫伐，森林覆蓋率急劇下降，水土流失極為普遍，土地沙化現象嚴重。位於晉蒙交界、毛烏素沙地邊緣的朔州市右玉縣就是這樣一方土地，解放初期森林覆蓋率不到 0.3%，可謂風沙肆虐的不毛之地。曾有到此飽受其苦的外國專家斷言，這裡不適宜人類居住，建議舉縣搬遷。

扎根還是搬離？這是 70 多年前擺在中共右玉縣第一任縣委書記張榮懷面前的一張考卷。

"要想風沙住，就得多種樹。"張榮懷和當地幹部群眾經過深入調研後如此作答。自張榮懷起，右玉縣 20 任縣委書記展開綠色接力，一任接着一任幹，一張藍圖繪到底，率領幹部群眾堅持不懈植樹造林，一幹就是 70 多年。

水的命脈在山，山的靈魂在樹。在支離破碎的黃土高原，有的地方"種樹比養孩子還難"，狂風肆虐，黃沙漫捲，生存條件惡劣。但右玉人就是那一棵棵小葉楊，耐寒抗旱，代代札根，築起鎖住風沙的綠色長城。綠進一尺，沙退一寸，如今的右玉，估算有 1 億棵樹，按照一米一棵的距離測算，排起來相當於 10 萬千米，可繞地球赤道兩圈半。這裡的林木覆蓋率也已經達到近 55%，全縣 1 969 平方千米荒蕪的塞上高原奇跡般變成了綠色海洋。有近百公里古長城的右玉，又擁有了一道鎖定風沙的綠色長城。

"山無頭，水倒流"，右玉境內的蒼頭河，不像其他河流那樣東流或南奔，而是倔強地掉頭北上。"河水能倒流，荒漠變綠洲"——這就是右玉人的精神氣概。

右頁圖1為治理前的右玉縣右衛老城北城牆一帶的景象（資料照片）

右頁圖2為2017年7月22日拍攝的右玉縣右衛老城北城牆一帶的景象　新華社記者 詹彥/攝

右頁圖3為治理前，右玉縣隨處可見半流動沙丘（資料照片）

右頁圖4為2017年7月29日拍攝的右玉縣牛心山周圍治理後的荒沙地，如今已經草木繁茂　新華社記者 詹彥/攝

這裡地上文物眾多

　　身為表裡山河之地、形勢完固之區，山西特殊的地理環境與區位特徵營造出了悠久燦爛的歷史文化。這裡是中華文明最重要的發祥地之一，位於芮城縣境內的西侯度遺址是目前中國已知最古老的一處舊石器時代遺址，距今約180萬年。代表新石器時代晚期龍山文化類型的陶寺遺址（今屬襄汾縣）更為馳名，距今約4 500—3 900年。

　　西周初年，周成王封弟叔虞於唐，後改稱晉。隨後，晉不斷兼併周邊小國，疆土日闊，春秋時期長期是黃河流域第一流的強國。春秋末，韓、趙、魏三家分晉，拉開了戰國諸雄兼併的大幕，山西的地位一落千丈。直到魏晉南北朝時期，山西才迎來了高峰。

　　崛起於內蒙古草原的北魏政權遷都平城（今大同市），此後逐步統一北方。正是在這一時期，雲岡石窟的開鑿被提上日程。從北魏文成帝復法啟開鑿之始，到北魏正光年間終結，營造這片盛景歷經了60多年之久。而如今透過45個主要洞窟、209個附屬洞窟、1 100多個佛龕、18 000餘平方米雕刻面積，我們依然能夠感受到撲面而來的恢宏雄渾。盛大之外，別有匠心，大大小小的造像最高者17米，最小者僅2厘米。萬千雕鑿費盡工夫，刻畫出的是歷史的模樣。多元文化的融合，成為琳琅滿目的線條與雕飾。令人目眩的不只是藝術上的登峰造極，更有歷史、建築、音樂等內容徐徐鋪展。

　　順着歷史的河流回望，我們愈發折服於它無與倫比的美，更愈發驚歎於它的價值。它是中國第二個規模巨大的石窟群，是東方石雕藝術的精魂，也是中西文化融合的典範，代表着公元5—6世紀佛教藝術的最高成就，與敦煌莫高窟、洛陽龍門石窟並稱為中國三大石窟，它是當之無愧的中國瑰寶。它也是當之無愧的世界遺產，與印度阿旃陀石窟、阿富汗巴米揚石窟並稱為世界三大石雕藝術寶庫。

大同雲岡石窟，一座洞窟的石壁上刻着數千尊大小石雕佛像　新華社記者 王頌/攝
雲岡石窟坐落於山西省大同市，眾多石雕造像依山而鑿。歷史上，雲岡石窟見證了不同文明的融合。而今天，藉助數字技術，雲岡石窟迎來了新生。

　　進入隋唐時期，中國重歸一統。這時山西的地位雖沒有南北朝時期重要，但仍絲毫不容小覷。山西乃唐王朝發跡之地，以晉陽（今太原）為北都，是僅次於長安、洛陽的第三政治中心，有"天王三京，北都居一"之說。唐末五代時期山西再次變得十分重要，五代的五個朝代中，後唐、後晉、後漢均是以太原府為根據地建立的。

　　隋唐時代的山西經濟發達、文化昌盛，我國四大佛教名山五台山附近的南禪寺、佛光寺均建於唐代，遺存至今。在眾多歷史遺跡的輝映下，五台山不僅是世界文化遺產、佛教名山，還是中國唯一一個青廟黃廟交相輝映的佛教道場。這裡可以觸摸歷史——佛光寺東大殿，是中國現存唐代木結構建築中規模最大、保存最完整的一座。梁思成先生言其"斗拱雄大，出檐深遠"，稱頌其為"中國第一國寶"。這裡可以連接世界——以佛文化為紐帶，五台山成為中外文化交流的平台。

山西省忻州市五台山寺廟群　新華社記者 王學濤/攝

到了北宋，山西以雁門關為界分屬宋、遼兩國。在宋初進行的統一戰爭中，北宋消滅的最後一個割據政權就是以晉陽為都的北漢，宋太宗將該城火燒水淹，一代名城遂成廢墟，日後不得不在唐明鎮重建城池，此即今天太原城的前身。

由於北宋時期，宋遼之戰多發生在山西，廣為傳頌的楊家將故事正是在這樣的背景下形成的。金元時期的山西地狹人稠，經濟文化相當發達，平陽 （今臨汾市）是金代印刷業中心，科舉昌盛，出現了元好問、劉祁等一流的文人學者，這裡的戲曲業也十分繁榮，今天的晉南一帶依然遺留有大量的金元戲台，令人嚮往。

明清時，山西乃是京師右臂。明代初年，山西人口稠密，而太行山以東的華北平原迭經戰亂，人口稀少，朝廷於是實行了將山西民眾外遷他省的大移民，也許是當時大部分移民先在臨汾市洪洞縣集中，然後外遷，故而時至今日，華北平原地區仍流傳着“問我祖先來何處，山西洪洞大槐樹”的民諺。洪洞大槐樹下已然成為無數移民後代的“故園”標誌，被稱為我國輻射範圍最廣、影響最大的移民發源地，移民姓氏涵蓋了李、王、張、劉等北方常見的100多個姓氏。這不僅是山西移民的家園符號，也是中華民族發展進程中民族凝聚的象徵。

這一時期，朝廷在北方邊鎮實行以鹽、茶為中介，招募商人輸納軍糧、馬匹等物資的“開中法”。大量山西商人運糧至邊塞，以此換取鹽引並逐利四方。明代文獻說“平陽，澤潞，豪商大賈甲天下，非數十萬不稱富”，說的正是富甲天下的晉商。

到了清代，山西票商又憑藉明禮誠信的晉商精神稱雄全國，開設票號者多是山西平遙、祁縣、太谷的商人，全國各地甚至國外都有他們的分號，一度控制了全國的金融業，發展成為中國商幫之首。昔日的創業者們早已消失在浩渺的歷史星河中，但晉商遺跡隨處可見，尤以晉商大院最為有名。駐足其間，人們可以看出昔日主人的富甲一方，也能探尋到晉商稱雄商界數百年的精神。深深的院落不但錯落有致、氣勢宏大，而且雕刻精美、寓意祥和。山西晉中市祁縣喬家大院和靈石縣王家大院就是傑出典範。

喬家大院紅門堡建築群

喬家大院、王家大院、常家大院⋯⋯大院是一個家族的興衰史，是晉商文化的典型代表，也是山西乃至全國的金融史。

晉商大院留下的是一代商界傳奇，是晉商榮歸故里的小家建設，而在這身處邊陲要塞的三晉大地之上，也曾掀起過聲勢無比浩大的築城浪潮，平遙古城即是這一浪潮遺留至今的活證。晉商締造的中國第一家票號"日昇昌"，正是在這裡誕生。

平遙古城位處太原盆地西南、山西省中部晉中市的平遙縣，是現存最完整的古代縣城，遺世獨立、固若金湯。因地處太行、呂梁兩山中央，據雁門、雲中之塞，控南北之要地，歷史上曾是一處兵家必爭之地。

2 800 多年前，西周大將尹吉甫駐軍於此，北伐獫狁南征供賦。北魏太武帝時，這裡更有"皇城"之美譽。明洪武三年（1370）平遙城池擴建，逐漸由軍事之城轉變為商業之城，曾堪稱全國金融中心。

這是一座活着的古城，每一個地名都是時代和文化的濃縮；它是沉澱的歷史，是厚重的底蘊。橫亙綿延的城牆、青石鋪就的深巷、翹檐凌空的市樓、古樸典雅的客棧，其保存之完好、數量之眾多，舉國罕見。1997 年，平遙古城以整座古城入選《世界文化遺產名錄》。聯合國教科文組織當時這樣評價：平遙古城在中國歷史的發展中，為人們展示了一幅非同尋常的文化、社會、經濟及宗教發展的完整畫卷。

平遙古城並不遙遠，今天仍有 3 萬多居民住在保存完整的近 4 000 座明清民宅裡，城內外有各類遺址、古建築 300 多處。四大街、八小街、七十二巷、八卦方位佈局、土字形的街道，遍佈南北長、東西窄的北方四合院……每一處歷史的褶皺裡都承載着漢民族建築、吏制、宗教、票號、民俗、飲食、藝術文化。這裡朱紅大門、古色古香，讓人渾然置身於歷史之中；這裡庭院深深、商戶獵獵，買賣做了千年依然人影如織。

從60萬米高空俯瞰平遙古城

平遙古城既有舊時的風韻，也有年輕的活力。它沒有走失在百轉千迴的歲月裡，反而在歷史的長河中，綻放出斑斕的華彩。

這裡紅色基因代代相傳

進入近代，山西與全國一樣，迭遭內憂外患之擾，民生凋敝，社會失序。在這樣的時代背景下，山西應運成了一片紅色的土地。這裡有我們耳熟能詳的"晉西北"，也有指揮抗戰的八路軍總部，還有聞名遐邇的平型關。

平型關屬明長城內長城的一部分，內長城也稱"二邊""次邊"，從偏頭關經寧武關、雁門關到平型關再到娘子關（固關），依託管涔山、恆山、五台山和太行山北段，形成防禦工事。在恆山和五台山之間有條帶狀低地，平型嶺橫在這條帶狀低地上，因地形如瓶，古稱瓶型寨。明正德六年（1511）朝廷在嶺口建關城，稱平型嶺關，後稱平型關。這裡是靈丘和繁峙兩縣的交界，向南進入繁峙縣有平型關村，為當年戍兵駐紮之地。

今天，在位於山西省大同市靈丘縣的平型關大捷紀念館裡，參觀者絡繹不絕。館內循環播放着《義勇軍進行曲》："起來！不願做奴隸的人們！把我們的血肉，築成我們新的長城……"

平型關可以很好地詮釋甚麼是"新的長城"。

中國共產黨領導的人民軍隊，在這裡第一次投入抵禦外侮的戰爭中，擊敗一支從甲午戰爭起就在中國橫行的日本侵略軍，這是華北戰場上中國軍隊主動尋殲敵人的第一個大勝仗，它打破了"日軍不可戰勝"的神話，振奮了全國人心。此後，這支新型人民軍隊就在這片土地扎下根來，以犧牲捍衛尊嚴，以信仰喚醒民眾，在古長城之上，用血肉築成我們新的長城。

平型關大捷後，根據中共中央安排，聶榮臻率一一五師一部留在晉東北，扎根於人民之中，開闢了晉察冀抗日根據地。晉綏邊區屹立於黃河東岸，築起一道日寇難以逾越的屏障，時刻保衛着延安，守護革命的火種。

平型關的關樓和明代古城牆　新華社記者 王頌/攝

（伍）

這裡的能源革命鏖戰正酣

"花花真定府，錦繡太原城。"古稱并州的太原，建城已有 2 500 多年，史上也曾 "山光凝翠，川容如畫"。 中華人民共和國成立後，太原長期承擔國家能源重化工基地功能。山西當了 58 年 "煤老大"，有過 "點亮全國一半燈" 的歷史貢獻，也遭遇結構失衡、生態破壞等切膚之痛，山水一度失色，就連山西第一大河——汾河，也一度污水橫流、魚絕鳥去。

沒有水，城市也似沒了靈氣。當時的太原，東西兩山礦坑無數，植被破壞嚴重，城中煤煙四起，空氣裡都是嗆人的味道，道路、城建落後……

沒有好環境，哪來的全面小康？於是，山西擔當起新時代能源革命排頭兵重任，緊鑼密鼓推出一系列重大舉措，一場以 "減、優、綠" 為突破口的能源革命攻堅戰，在山西全面打響，昔日 "煤老大" 迸發出新的蓬勃生機。

"汾河流水嘩啦啦，陽春三月看杏花。" 如今的汾河，重現碧波蕩漾的大河風光。被稱為 "華北第一人工湖" 的晉陽湖也在悄然生變。這個最初為電廠冷卻用水而建的人工湖，經過數年治理，已成為北方難得一見的水域公園。汾河碧水長流，晉陽湖波光瀲灩，人水相親，移步易景。

水變，山也在變。位於太原西山地區的玉泉山一帶，原有石膏礦、採石場等礦產企業百餘家，形成了 200 多處、近 100 萬平方米的破壞面，颶風揚黑灰，下雨流污水，成為城市一大污染源。經過長達十餘年的修復治理，廢礦山變成了綠意盎然的 "後花園"。十餘年間，像玉泉山這樣的生態嬗變在太原東西兩山接連上演，已初步形成 30 處城郊森林公園。如今的龍城太原，一座座 "網紅橋" 橫跨汾河兩岸，一張靚麗的城市名片，展現在世人面前，而再現 "錦繡太原城" 盛景的夢想也一定能夠實現。

▬▬▬

右頁圖為太原 1995 年和 2019 年發展對比

一年一個樣，將能源革命進行到底，再現 "錦繡太原城"。

1995年

2019年

CHINA FROM OUTER SPACE

一 嶺 分 南 北 · 一 城 通 古 今

自然保護區面積：113.1
占轄區面積比重 5.5%

耕地面積：398.29

2017年

2017年

陝西省耕地、森林及自然保護區概況

SHAANXI

陝西

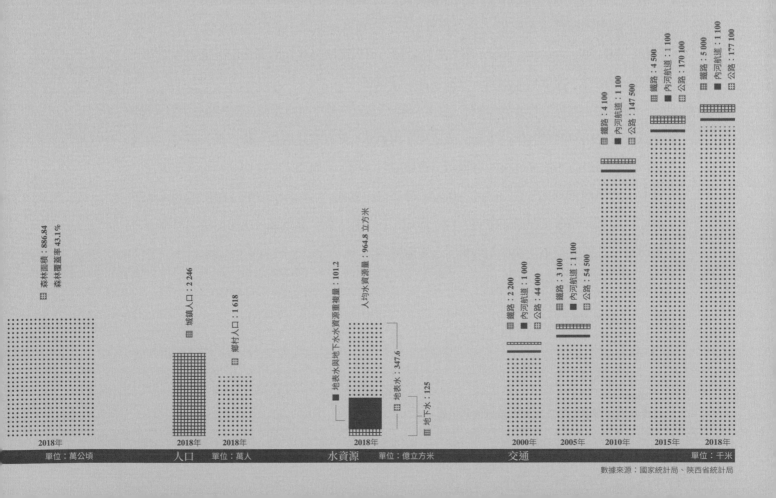

森林面積：886.84
森林覆蓋率 43.1%

⊞ 森林面積：886.84
2018年
單位：萬公頃

城鎮人口：2 246
鄉村人口：1 618

⊞ 城鎮人口：2 246
⊞ 鄉村人口：1 618
2018年   2018年
人口   單位：萬人

地表水與地下水水資源重複量：101.2
人均水資源量：964.8 立方米

地表水：347.6
地下水：125

■ 地表水與地下水水資源重複量：101.2
⊞ 地表水：347.6
⊞ 地下水：125
2018年
水資源   單位：億立方米

鐵路：2 200
內河航道：1 000
公路：44 000

⊞ 鐵路：2 200
⊞ 內河航道：1 000
⊞ 公路：44 000
2000年

鐵路：3 100
內河航道：1 100
公路：54 500

⊞ 鐵路：3 100
⊞ 內河航道：1 100
⊞ 公路：54 500
2005年

鐵路：4 100
內河航道：1 100
公路：147 500

⊞ 鐵路：4 100
⊞ 內河航道：1 100
⊞ 公路：147 500
2010年

鐵路：4 500
內河航道：1 100
公路：170 100

⊞ 鐵路：4 500
⊞ 內河航道：1 100
⊞ 公路：170 100
2015年

鐵路：5 000
內河航道：1 100
公路：177 100

⊞ 鐵路：5 000
■ 內河航道：1 100
■ 公路：177 100
2018年
交通   單位：千米

數據來源：國家統計局、陝西省統計局

　　泱泱中華，耀耀三秦，徜徉八百里關中，閱盡千年周禮秦風漢韻盛唐；革命聖地延安，成為中國共產黨人的精神家園；巍峨秦嶺，界定祖國南北。從 60 萬米高空看陝西，穿越歷史，領略新時代。

　　陝西，源於《公羊傳》記載周代的周、召二公"分陝而治"，當時的陝西指陝原以西的涇河與渭河流域。陝原在黃河以南、今河南省三門峽市境內，由此向北越過黃河即是山西，由此往西翻越崤山即是陝西華山。

　　唐代安史之亂後設陝西節度使，陝西遂從地理名稱轉化為行政區名稱。宋代在此置陝西路。元代置陝西行中書省，首次將秦嶺南北區域劃入同一個省級行政區中。明代時曾將甘肅和陝西合併，設立陝西布政使司。但清代康熙初年，又將陝西單獨建省，並延至今日。因春秋戰國時期，陝西是秦國治地，所以陝西除了"陝"這一個簡稱外，又簡稱"秦"，外加橫貫陝西中部的主要山脈稱"秦嶺"，渭河平原稱"秦川"，陝西又被稱為"三秦"。

　　三秦大地南北狹長，縱跨三個氣候帶、三大地形區。北有黃土高原，溝壑縱橫；南有秦嶺、大巴山，逶迤挺拔；胸懷關中平原，沃野千里。因而"三秦"二字便隨着時間推移有了新的含義，人們將其視為北部陝北、南部陝南與中部關中的合稱。

　　三秦之內河流水系密佈，並以秦嶺為界，分屬兩大流域。秦嶺以南分佈着漢江、嘉陵江、丹江等 1 700 多條河流，屬於長江流域，更以漢江為首，形成長江最重要的支流，橫貫陝西南部，出秦嶺入湖北，在武漢匯入滾滾長江。

　　秦嶺以北則分佈着渭河、涇河、洛河、延河、無定河等 2 500 多條河流，屬於黃河流域。發源於甘肅的渭河橫貫陝西中部，流經西安與涇河交匯（高陵區境）後，東入黃河。泱泱黃河自陝西最北端的榆林市府谷縣黃甫鎮牆頭村入境，長驅南下，流經陝西省延安市宜川縣時，驟然收縮河道，由 300 多米收為 50 多米，跌入 30 多米深的峽谷深槽，形成壯觀的壺口瀑布。瀑布又在河床中央下切，形成了谷中谷，北至瀑布區，南達山西省呂梁市的孟門山，長約 5 千米，當地人俗稱"十里龍槽"。

右頁圖為陝西省地形及主要水系分佈示意圖

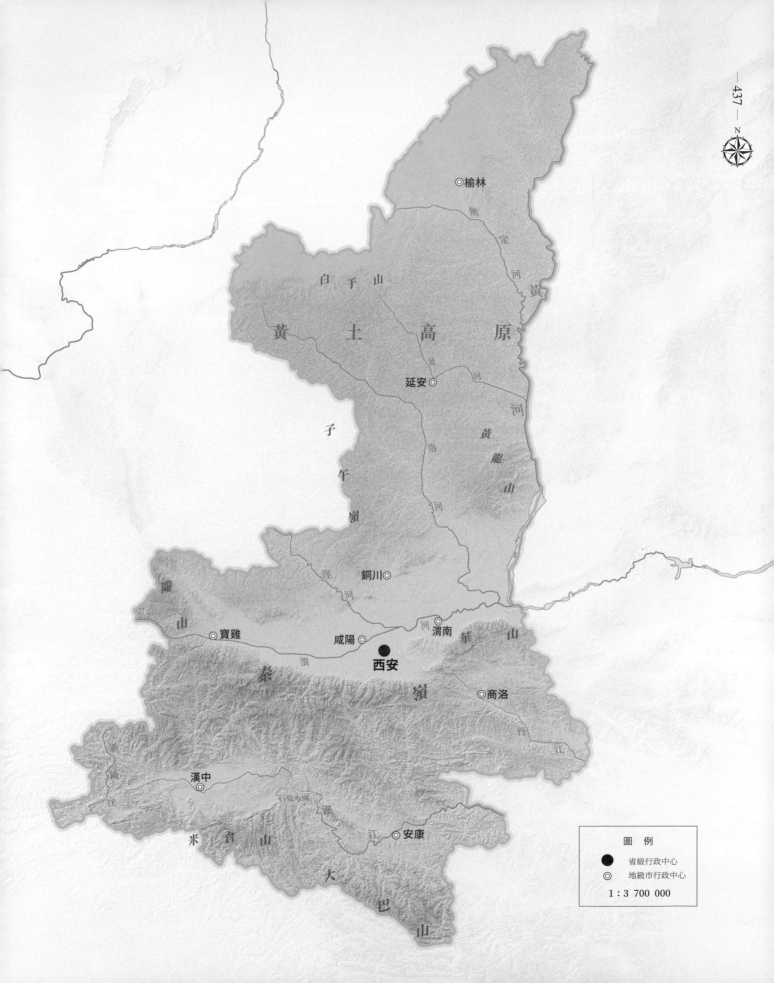

榆林◎

無
定
河

白 于 山

黃 土 高 原

黃

河

延安◎

延
河

洛

黃
龍
山

子

午

嶺

河

銅川◎

涇
河

隴

山

寶雞◎

咸陽◎

渭南◎

華 山

西安

秦

渭

嶺

商洛◎

丹
江

漢中◎

石泉水庫

米

倉

山

漢
江

安康◎

大

巴

山

圖 例

● 省級行政中心

◎ 地級市行政中心

1：3 700 000

黃河壺口瀑布 新華社記者 曹陽/攝
千里黃河一壺收，泱泱大河奔騰咆哮的壯美景觀令人讚歎不已。

紅星，從這裡照耀中國

"紅軍不怕遠征難，萬水千山只等閒。"

1935 年 10 月，從江西于都出發的中央紅軍，跨越逶迤五嶺，攀登磅礴烏蒙，跋涉滾滾金沙江，征服滔滔大渡河，翻過皚皚岷山，歷盡艱辛萬苦，付出重大犧牲，終於抵達陝北。從此，紅星，從這裡照耀中國。

當時的陝甘革命根據地，是全國範圍內碩果僅存的一塊紅色土壤。直羅鎮戰役成功粉碎了國民黨對陝甘根據地的第三次"圍剿"，使陝北成為奪取中國革命勝利的出發點。

立足陝北，瓦窰堡會議召開，確定了抗日民族統一戰線的方針政策。

立足陝北，中國人民紅軍抗日先鋒軍東渡黃河，揮師東征。

立足陝北，中國共產黨提出了在團結抗日的基礎上和平解決西安事變的正確方針，最終促成抗日民族統一戰線的建立。

立足陝北，中國共產黨領導的人民抗日武裝，成為抗日戰爭的中流砥柱。

漫漫長征路，在神州大地譜寫初心永恆的英雄史詩。

巍巍寶塔山，為中華民族升起實現復興的輝煌曙光，她是中國革命的精神標識。在她的見證下，延安發生着翻天覆地的變化。這裡曾經"種一苴莊稼脫一層皮，下一場暴雨刮一層泥"。退耕還林 20 餘年來，延安的植被覆蓋度從 2000 年的 46% 提高到目前的 80% 以上。在綠色的逐年浸染中，延安大地經歷了由黃變綠、由綠變美、由美變富的歷史巨變。蘋果已成為延安的"幸福果"，果業收入佔到延安市農村居民人均可支配收入的一半，延安蘋果已經插上品牌的"翅膀"，"飛"向世界各地。

右頁圖為延安1998—2018年植被分佈變化

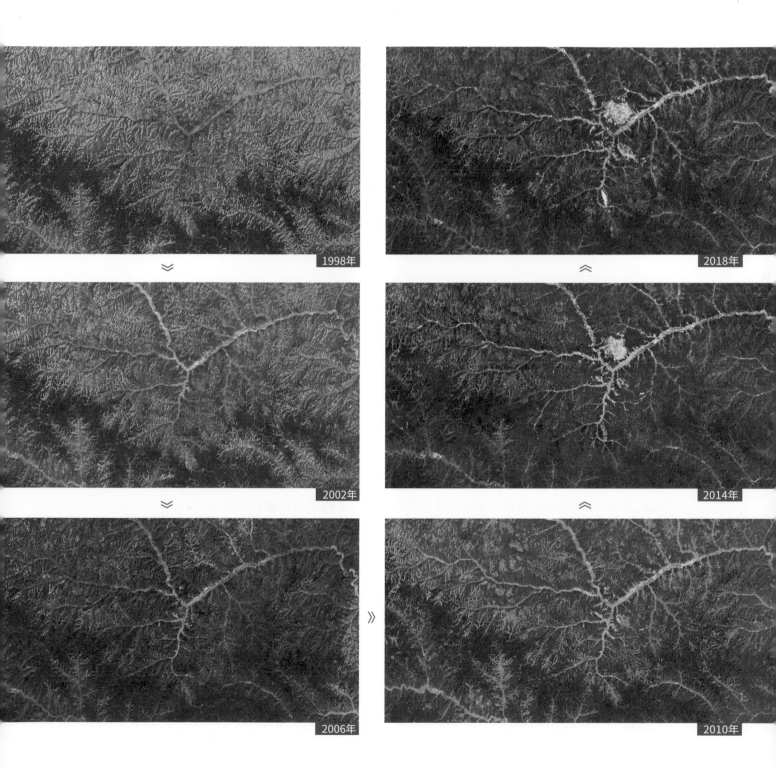

≫   1998年   ≪   2018年

≫   2002年   ≪   2014年

≫   2006年   ≫   2010年

"蜀道難"成為歷史

莽莽雲霧，巍巍高峰。秦嶺撐起了陝南的骨架，劃分出中國的南北，區隔開長江、黃河水系。它是無數人心中的夢之所在，也是悠悠華夏歷史的脈絡所繫。

它東西綿延約1 500千米，山域面積40萬平方千米，何其雄渾與遼闊。從告別崑崙山那一刻起，它便開啟了逶迤東進的漫漫征途，最終形成了西起甘肅、穿越陝西、東至河南的龐大山系，成為中華大地上一道重要的生態屏障，發揮着調節氣候、保持水土、涵養水源、維護生物多樣性等諸多功能。

這裡有"馬頭看桃花，馬尾掃風雪"的迴異風光，這裡還是珍稀野生動物最詩意的棲息樂土。憨態可掬的野生大熊貓、調皮可愛的金絲猴、高山上愜意玩樂的羚牛，以及濕地沼澤間縱身起舞的"東方寶石"朱鸝……都在這裡安了家。

秦嶺因其獨特的高山天塹，成為軍事要地，武關道、庫谷道、陳倉道、褒斜道、儻駱道和子午道是穿越秦嶺的六條谷道，南北軍事力量之爭，大都需要通過這些谷道進行，楚漢相爭中的"明修棧道，暗度陳倉"就是秦嶺重要軍事戰略價值的體現。

一句"爾來四萬八千歲，不與秦塞通人煙"，道盡了秦嶺的險峻。但如今，"蜀道難"已經成為歷史，作為穿越秦嶺的首條高速鐵路，西成高鐵將陝西省西安市和四川省成都市的旅行時間，由過去普通火車約12小時，縮短至最快3小時左右。不僅如此，西成高鐵還與大西高鐵（大同—西安）共同形成華北至西南地區的新通道，成都至北京的鐵路通行時間也由過去的約20小時壓縮至最快不到8小時，四川盆地北上高速通道徹底打開。

右頁上圖為首條穿越秦嶺的高鐵動車組列車駛入西成高鐵陝西漢中市佛坪站　新華社/發 唐振江/攝

右頁下圖為秦嶺羚牛在秦嶺中"漫步"　新華社記者 陶明/攝
秦嶺被譽為中國的"生物基因庫"，域內現有陸生野生動物580餘種。被稱為"秦嶺四寶"的大熊貓、朱鸝、羚牛、金絲猴4種珍稀動物，其種群數量和棲息地面積近年來不斷增長。

長安東西市的盛況重現

　　"關中自古帝王都"，因渭河流域發達的農業耕作條件，結合潼關、大散關、蕭關和武關鎮守的軍事地理優勢，關中平原成為古代帝王建國立都的理想場所。唐代末期以前，關中一直是中國重要的政治、經濟和文化中心，締造了關中地區璀璨的歷史和文化。

　　位於關中平原涇、渭二河交匯處的西安，又稱"鎬京"或"長安"，曾作為十三朝古都，是世界上第一個人口過百萬的城市，也是世界歷史文化名城。西周時期，灃河兩岸先後建立了豐京和鎬京，為西安建城之始；周武王滅商建立的周王朝以"豐鎬"為都，是當時全國最大的城市，也是西安作為都城之始。秦代咸陽城橫跨渭河，在西安留下了規模宏大的秦始皇陵兵馬俑。西漢又重修秦代興樂宮和章台，更名為長樂宮、未央宮，並在此基礎上建成了長安城。張騫通西域後，長安城作為絲綢之路的起點，是當時世界上規模最大的城市，其後近千年一直是東方文明的中心。隋代宇文愷經過考察，在漢長安城東南（今西安城）新建大興城。唐改大興城為長安城，並增修大明宮、興慶宮等。隋大興城和唐長安城城垣方正，街道平直，坊里齊整，所謂"百千家似圍棋局，十二街如種菜畦"。城內建築以昭陽門街—朱雀大街為中軸，東西對稱；宮城、皇城、外郭城規制有序，開創了中國新的城市規劃體系。

　　唐長安城延續了漢長安城的繁華，是當時世界商業交匯、文化匯集的國際大都市，以長安城唐人的飲食風尚、科技、城市形制等為代表的中國文化，對東西方諸國均產生了深遠影響。然而唐末戰亂摧毀了長安城池，長安城之繁華不再。五代時改稱新城，宋為京兆府城，元為奉元城。明代重建長安城，改為"西安"，一直沿襲至今。

右圖為從60萬米高空俯瞰明清西安城

今天的西安，古老與現代交相輝映，傳統與創新相得益彰。位於西安曲江的大雁塔，是我國現存最早、規模最大的唐代四方樓閣式磚塔；在西安城中心，建於明洪武十七年（1384）的西安鐘樓，是西安地標性建築，在中國古代遺留下來眾多鐘樓中，形制最大，保存最完整，是明初建築的典範，成為西安人引以為傲的"家寶"。與鐘樓遙相呼應的是鼓樓，是中國古代城市生活的象徵。晨鐘暮鼓，夜漏盡，天將明；晝漏盡，夜已臨。

在鐘鼓樓外，是氣勢壯闊的西安明城牆。這是一座功能設計周密、形制宏偉的軍事防禦設施，距今 600 多年，猶如一部厚重的歷史典籍，記載着歷代王朝的興衰沉浮，又彷彿一位睿智的老人，穿越歷史迷霧，向人們訴說着它曾經的輝煌。

在西安的臨潼區，秦陵兵馬俑這個地下軍陣自發現以來，就承載與見證了中華古代文明與現代科技進步，成為中外文化交流的使者。如今的西安迎來了發展新機遇，在西安國際港務區，重現長安城東西市的盛況。"長安號"貨運班列連接中亞，輻射歐洲，為中國商品出口、國外產品進口開闢了一條安全高效便捷的新通道。大到機械設備，小到柴米油鹽，越來越繁忙的中歐班列，有力促進了陝西與"一帶一路"沿線國家和地區之間的經貿往來。

在歷史浸潤的土壤中，在古絲路的輝煌和現代的發展中，在陸海內外聯動、東西雙向開放中，陝西正以更寬廣的胸懷擁抱世界。

從60萬米高空俯瞰西安大雁塔

你能找到大雁塔嗎？可以試試用放大鏡，會更加清楚的！

CHINA FROM OUTER SPACE

塞 上 江 南 · 神 奇 寧 夏

自然保護區面積：53.3
佔轄面積比重 8%

耕地面積：128.99

2017年

2018年

NINGXIA

寧夏

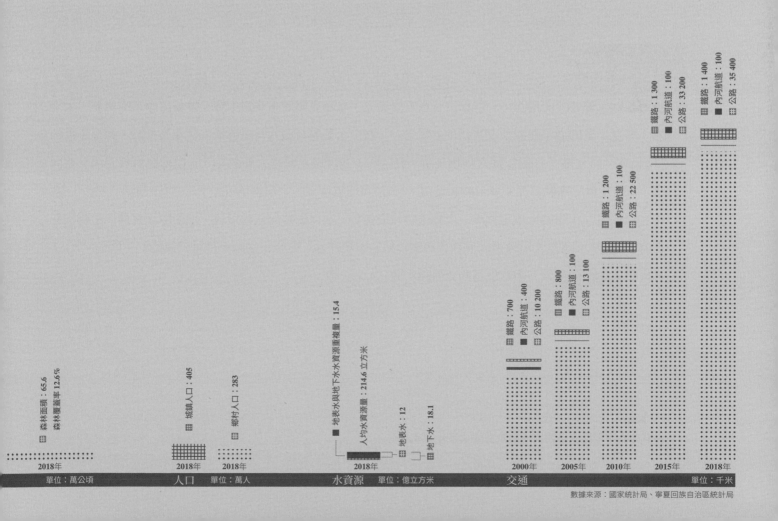

森林面積：65.6
森林覆蓋率 12.6%

2018年
單位：萬公頃

城鎮人口：405
鄉村人口：283

2018年

人口　單位：萬人

地表水與地下水水資源重複量：15.4
人均水資源量：214.6 立方米
地表水：12
地下水：18.1

2018年

水資源　單位：億立方米

鐵路：700
內河航道：400
公路：10 200

2000年

鐵路：800
內河航道：100
公路：13 100

2005年

鐵路：1 200
內河航道：100
公路：22 500

2010年

鐵路：1 300
內河航道：100
公路：33 200

2015年

鐵路：1 400
內河航道：100
公路：35 400

2018年

交通　單位：千米

數據來源：國家統計局、寧夏回族自治區統計局

"寧夏川，兩頭子尖，東靠黃河西靠賀蘭山，金川銀川米糧川……"

從 60 萬米高空俯瞰，地面最容易辨識的寧夏地標，正是偎依在黃河北流段的賀蘭山。賀蘭山南北走向，宛如一輪新月，環繞着山河之間的寧夏平原，最高峰海拔達 3 556 米。順賀蘭山向南進入黃土高原，便能看見南北走向的六盤山。

賀蘭山與六盤山是寧夏回族自治區的北南兩端，排列近似直線，與其西邊的祁連山、東邊的呂梁山及南邊呈東西走向的崑崙山、秦嶺山脈共同構成中國北部的大"山"字格局。賀蘭山與六盤山居中，為大"山"字的脊柱。高大的山體阻隔了騰格里沙漠與烏蘭布和沙漠的東進，成為寧夏平原的生態屏障。而山丘低矮的中衛地區，騰格里沙漠已逼至黃河岸邊的"沙漠水城"——中寧。

通過大力推進封山禁牧和生態立區戰略，寧夏在全國率先實現荒漠化逆轉，從人沙相爭走向人沙和諧共生。"塞上江南"描繪出一幅美麗的"沙"畫奇觀。從 60 萬米高空俯瞰浩瀚的騰格里沙漠腹地，20 世紀 50 年代修建的中國首條沙漠鐵路——包蘭鐵路，宛若一條"鋼鐵"巨龍。60 多年來，列車穿越一幅幅美麗動人的山河圖畫，拂過微微搖擺的綠色植被，轟鳴着駛向遠方。黃河在沙坡頭景區拐了一個 U 形大彎，60 千米長的防風固沙林帶讓騰格里沙漠在這裡戛然而止。大自然鬼斧神工，巧妙地把大漠、黃河、綠洲融為一體，沙為河骨，河為沙魂，相依相偎，和諧共處，兼具西北雄奇與江南秀美，成就了沙坡頭。

"大漠孤煙直，長河落日圓"，黃河上羊皮筏子漂流，沙漠中滑着沙子"衝浪"，沙坡頭的神奇讓人流連忘返。順着沙海邊緣，一排排光伏板整齊矗立，在陽光照耀下熠熠生輝。得益於豐富的風能、太陽能，寧夏是全國最早建設沙漠光伏的省區之一。如今已形成 8 個大規模風電光伏產業集群，源源不斷的"綠色電"與火電"打捆"被大規模外送，發展成為我國重要的電力外送基地。從這裡沿着黃河一路向東，在中衛市中寧縣有幾十萬畝的枸杞田。"天下黃河富寧夏，中寧枸杞甲天下"，從治沙到"用沙"，在不宜種植糧食作物的土壤環境中，發揮生物技術優勢，利用獨特的氣候環境，把中寧孕育成"中國枸杞之鄉"，凝聚了寧夏人民改造、利用生態環境的智慧和汗水。如今，從散戶種植到萬畝枸杞莊園，20 多萬人參與的枸杞產業，在這裡湧動着勃勃生機。

右頁圖為寧夏回族自治區地形及主要水系分佈示意圖

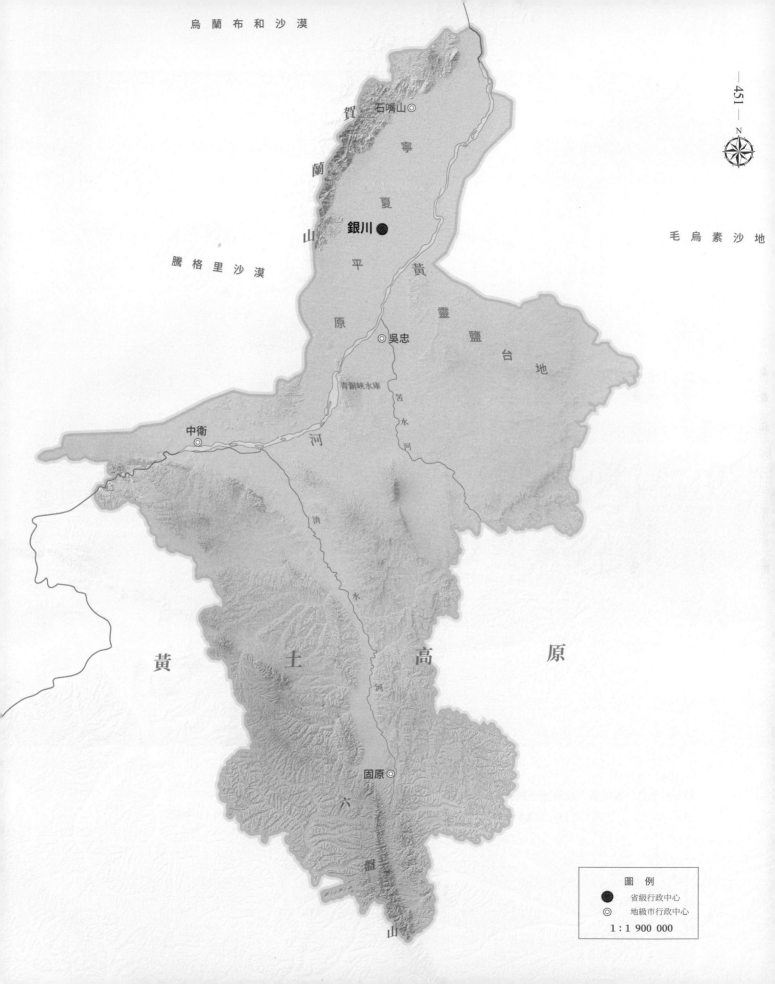

烏蘭布和沙漠

賀

石嘴山◎

寧

蘭

夏

山

銀川◉

平

騰格里沙漠

黃

原

吳忠◎

靈

鹽

台

地

青銅峽水庫

苦

水

河

河

中衛◎

清

黃

土

高

原

水

河

毛烏素沙地

固原◎

六

盤

山

圖 例

◉ 省級行政中心

◎ 地級市行政中心

1 : 1 900 000

包　蘭　鐵　路

從60萬米高空俯瞰黃河在沙坡頭景區的U形大彎，中國首條沙漠鐵路——包蘭鐵路繞彎而過

"寧夏歸來不看沙"，唐代大詩人王維筆下蒼茫荒涼、雄渾壯闊的大漠景觀，如今已成為寧夏特色旅遊的一大看點。

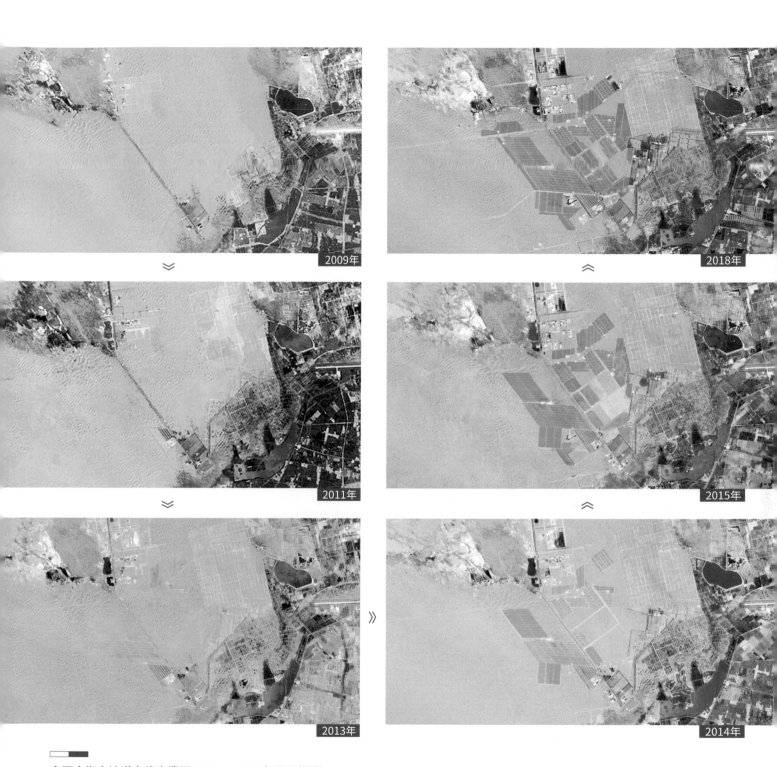

寧夏中衛市沙漠光伏產業園2009 — 2018年發展變遷

位於寧夏回族自治區中西部的中衛市地處騰格里沙漠東南前緣，素有"沙漠水城"之稱，沙漠面積1 200平方千米，佔全市國土總面積的近7%。2009年以來，當地在生態治沙的基礎上，積極"用沙"，依託沙漠日照充足、地域廣闊的優勢，引進太陽能光伏組件製造、設備生產、光伏電站等企業，形成了"矽料+矽片+光伏組件+光伏發電"的全產業鏈發展規模，打造沙漠裡的太陽能"矽谷"。

高原"濕島"，因黃而興

　　受地質構造影響，寧夏平原是賀蘭山與鄂爾多斯台地之間的下陷地塹所成，億萬年的黃河沖積及河道游移作用在寧夏平原形成湖泊星羅棋佈、河汊眾多的濕地風貌，尤其是草、沙、湖、山相映並存的沙湖景觀，成為寧夏自然環境下獨特的風景。自西漢在寧夏平原開始鑿渠屯田後，歷經勞動人民數千年的改造、建設，逐漸形成渠道密集、稻麥俱產的引黃灌溉農業發展模式，成為西北地區著名的米糧倉。

　　寧夏引黃古灌區是中國歷史最悠久、規模最大的灌區之一，至今已有 2 000 多年的歷史。自秦漢以來，以無壩引水為主的灌溉體系不斷發展完善，灌區範圍逐步擴大，目前灌溉面積達 828 萬畝（5 500 多平方千米）。2017 年，由銀川平原（河西灌區）、衛寧平原和河東灌區組成的寧夏引黃古灌區，正式被列入《世界灌溉工程遺產名錄》，這是中國黃河流域主幹道上產生的第一處世界灌溉工程遺產。

　　與寧夏北部不同，寧夏中南部屬於黃土高原地帶，氣候乾旱少雨，地表徑流稀少，成為水源缺乏地區。然而，正如賀蘭山在寧夏北部創造的奇跡，六盤山也在寧夏南部的固原市創造了一個奇跡。它的最高峰海拔 2 942 米，使得整個山體能有效阻攔水汽，形成相對豐富的降水量，成為涇河、清水河、葫蘆河等河流的發源地，並造就了黃土高原上的一座"濕島"。

右頁圖為寧夏回族自治區地形3D混合示意圖

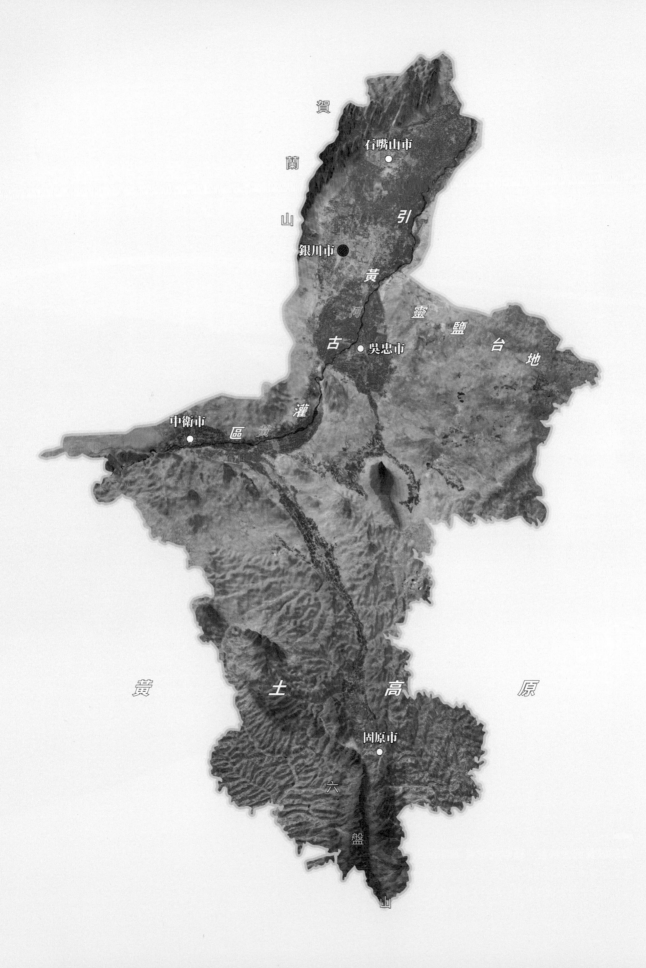

賀

蘭

山

石嘴山市

引

銀川市

黃

河

靈

鹽

台

地

古

吳忠市

灌

中衛市

區 黃

黃 土 高 原

六

盤

山

固原市

青銅峽黃河大峽谷　新華社記者 馮開華/攝
青銅峽黃河大峽谷位於寧夏吳忠市的青銅峽市青銅峽鎮，長10餘千米，由
石灰岩和砂頁岩構成的黃河峽谷，內有寧夏引黃古灌區。

高原"濕島"上的金雞坪梯田雪景　新華社記者 楊植森/攝

2020年4月1日，寧夏固原市彭陽縣普降瑞雪，梯田雪景，彷彿山花爛漫，美不勝收。

西夏王朝，絲路關道

　　寧夏是東亞地區古人類文明的發現地之一。1923 年，法國古生物學家德日進、桑志華等在寧夏靈武水洞溝發現古人類遺址，是我國最早發現的舊石器時期遺址，被譽為"中國史前考古的發祥地"。

　　地處農牧交錯帶的寧夏平原，由於農牧皆宜的生活環境，不僅是遊牧民族自蒙古高原南下河西走廊、關中的重要通道，更是中原王朝西北屯墾防禦的絕佳戰略要地。現存有秦、隋、明等朝代修築的長城遺跡，有"中國長城博物館"之美譽。

　　明代北方設立的"九邊重鎮"中，寧夏、固原兩鎮都分佈在今天的寧夏地域。賀蘭山下曾是匈奴、鮮卑、鐵勒、回鶻等多個遊牧民族駐牧、生息之地。至宋代，党項羌人以今寧夏銀川為都城建立西夏王朝，創製西夏文字，遺留下一百零八塔、西夏王陵等諸多歷史瑰寶。神秘而獨特的歷史文化造就了今日世界矚目的西夏學研究，目前留存於世的賀蘭山岩畫上萬幅，生動再現古代遊牧先民的生活場景和文化特性，是寧夏地域遊牧歷史的文化寫照。

　　寧夏地域的多民族交流融合有力地推動了大一統國家的形成。唐初貞觀年間，唐太宗在靈州（今寧夏靈武市西南）召見遊牧部族首領，奠定了民族平等、交融互容的政治格局。明清兩代，橫城、石嘴子（今寧夏石嘴山市惠農區北部）、花馬池（今寧夏吳忠市鹽池縣）等地開設互市貿易，加強漢、蒙古族群間互利互通的經濟關係。

　　寧夏地處絲綢之路的重要節點，六盤山東南側的蕭關是古代"關中"的"四關"之一，它既是古代著名的軍事要隘，也是古代絲綢之路西行的"蕭關道"所經之地。"蕭關道"西北所經的須彌山石窟，歷經北魏、西魏、北周、隋、唐等朝代添鑿，為全國十大石窟之一，是展示絲路繁盛時期的歷史印記。固原博物館所藏的北周時期鎏金銀壺，壺腹浮雕有希臘人物圖像構成的連環故事畫面，是絲路時期中西文化交流的歷史見證。

2017年11月24日拍攝的西夏王陵　新華社記者 王鵬/攝

西夏王陵是公元11—13世紀雄峙於亞洲北方農牧交接地帶的西夏王朝的陵墓群，坐落於寧夏回族自治區賀蘭山東麓的洪積扇上，由9座帝王陵園、271座陪葬墓及北端建築遺址、防洪工程遺址組成，佔地面積58平方千米。

繁花盛開，連湖漁歌

　　相比中國西北地區面積廣闊的兄弟省份，寧夏回族自治區的面積顯得極不顯眼，甚至比重慶直轄市還小。但是"小個頭"卻有"大能耐"。作為全國煤炭資源儲量的"大戶"，賀蘭山產出的"太西煤"作為優質無煙煤，一度成為寧夏煤炭產業的品牌"名片"。

　　寧夏河東地區的靈鹽台地還埋藏着中國罕見的整裝煤田，也成就着中國現代煤化工產業的精彩——寧東能源化工基地。這座擁有諸多"世界級項目"的"超級工廠"，正在不斷積聚新動能，只為未來的繁花盛開……

　　距此僅40千米的首府銀川，也同樣受到了寧夏大地的格外偏愛，湖泊濕地近1萬公頃，河流濕地2.2萬公頃，自然湖泊、沼澤濕地近200個……河湖水系連通擴展，鳥瞰銀川，一城湖光半城景，粼粼碧波映眼簾。

　　"連湖漁歌"是清代寧夏八景之一，如今更是銀川引以為豪的生態景觀。盛夏時節，鳴翠湖碧葉連天，百畝荷塘豔壓群芳。每逢雨後初霽，閱海湖晨霧繚繞，煙波浩渺仿若仙境。斜陽西下時，北塔湖波光粼粼，水光湖影倒映萬家燈火。

　　人、沙、水和諧，河、湖、田如畫。

　　這就是塞上江南，這就是神奇寧夏。

賀蘭山腳下的銀川市閱海湖　新華社記者 王鵬/攝

交 響 絲 路 · 如 意 甘 肅

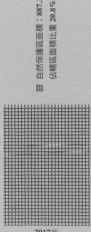

■ 自然保護區面積：887.1
佔轄區面積比重 20.8％

▦ 耕地面積：537.7

2017年   2018年

GANSU

甘肅

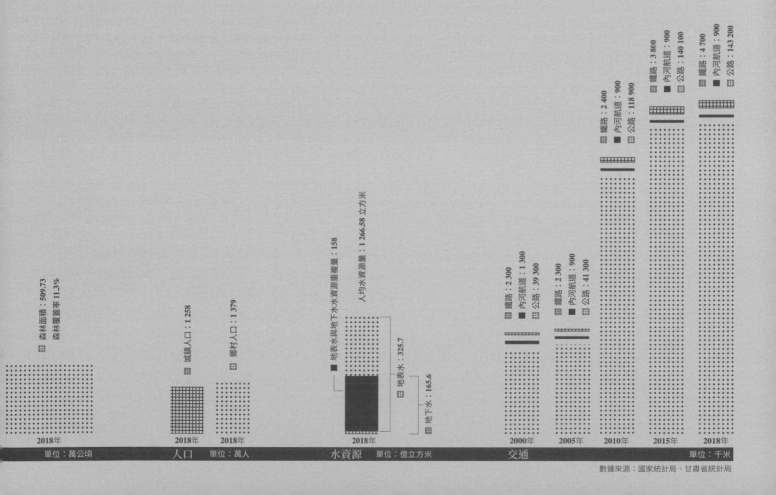

單位：萬公頃 ⊞ 森林面積：509.73 ⊞ 森林覆蓋率 11.3%

2018年

人口　單位：萬人 ⊞ 城鎮人口：1 258 ⊞ 鄉村人口：1 379

2018年　**2018年**

水資源　單位：億立方米

■ 地表水與地下水水資源重複量：158 人均水資源量：1 266.58 立方米 ⊞ 地表水：325.7 ⊞ 地下水：165.6

2018年

交通　單位：千米

⊞ 鐵路：2 300 ■ 內河航道：1 300 ⊞ 公路：39 300

2000年

⊞ 鐵路：2 300 ■ 內河航道：900 ⊞ 公路：41 300

2005年

⊞ 鐵路：2 400 ■ 內河航道：900 ⊞ 公路：118 900

2010年

⊞ 鐵路：3 800 ■ 內河航道：900 ⊞ 公路：140 100

2015年

⊞ 鐵路：4 700 ■ 內河航道：900 ⊞ 公路：143 200

2018年

數據來源：國家統計局、甘肅省統計局

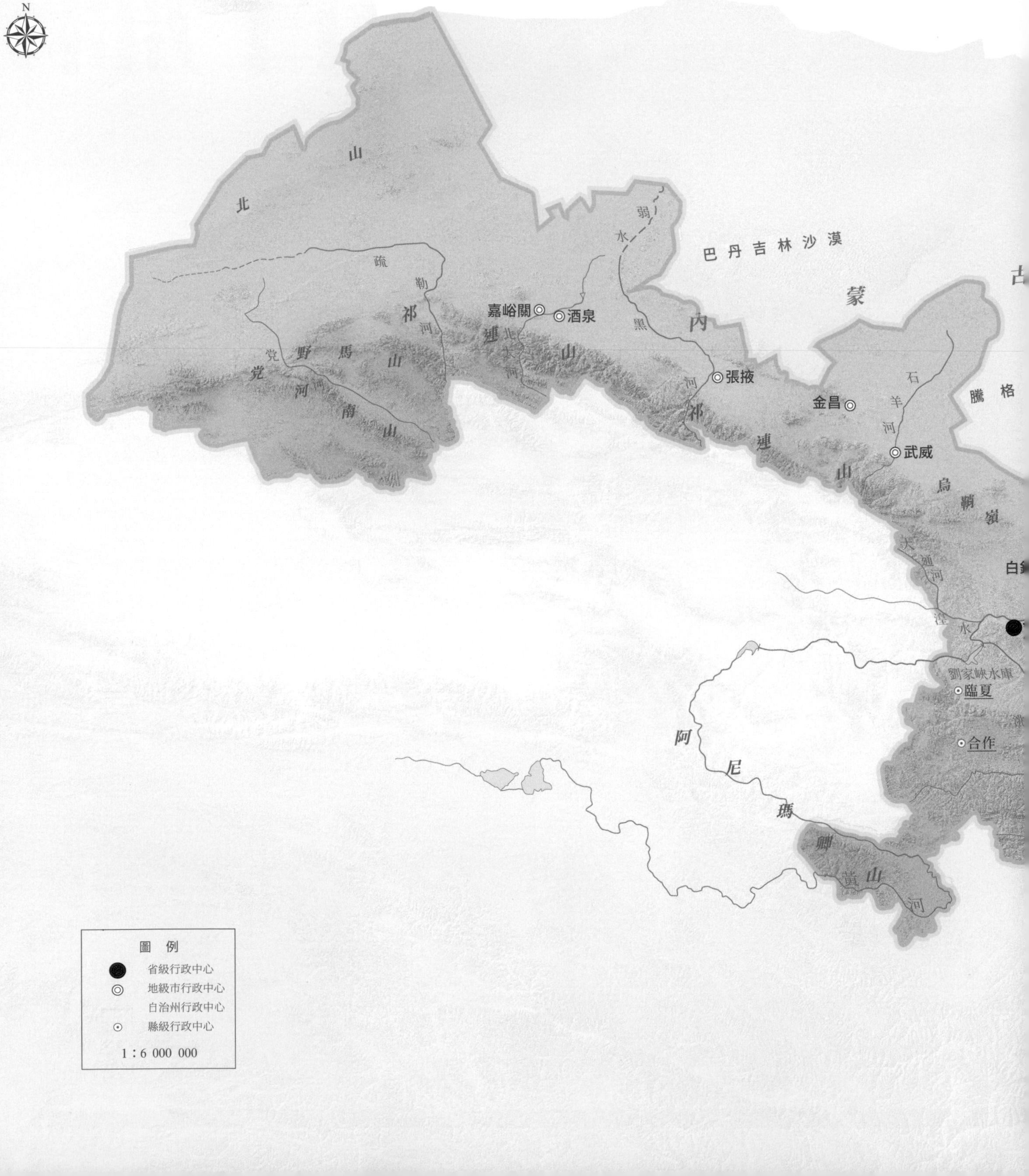

N
北
山
疏
勒
河
祁
連
山
野
馬
山
党
党
河
南
山
北
大
河
弱
水
巴丹吉林沙漠
內
蒙
古
黑
河
嘉峪關
酒泉
張掖
金昌
武威
石
羊
河
騰格
祁
連
山
烏
鞘
嶺
大
通
河
白
湟
水
劉家峽水庫
臨夏
合作
阿
尼
瑪
卿
山
黃
河
圖例
省級行政中心
地級市行政中心
自治州行政中心
縣級行政中心
1：6 000 000

青藏高原、內蒙古高原、雲貴高原與黃土高原，並稱為中國四大高原，遍佈在中國地勢二、三級階梯的分界線（大興安嶺—太行山—巫山—雪峰山）以西的廣袤大地上。

甘肅，就位於青藏高原、內蒙古高原和黃土高原三大高原的交會地帶，地形猶如一柄如意，鑲嵌在中國內陸腹地。其省會蘭州，正是中國陸域版圖的幾何中心。

這是一片神奇的土地：多種地形地貌在這裡融合，東部季風區、西北乾旱區、青藏高寒區等中國三大自然區劃在這裡交會，巴丹吉林沙漠和騰格里沙漠在這裡牽手，祁連山和秦嶺兩大東西走向的連綿山地在這裡遙相呼應，戈壁、冰川、草原等地貌形態也有非常典型的分佈。此外，這裡還匯集了黃河、長江、內陸河三大流域、九個水系。黃河流域幹支流有黃河幹流、洮河、湟水、渭河、涇河等五個水系；長江流域有嘉陵江水系；內陸河流域有石羊河、黑河、疏勒河三個水系。黃河幹流更是在這裡兩進兩出。不同的氣候、地形條件雜糅在一起，注定了甘肅具有多副面孔。

在甘肅，你可以領略到西部大漠的乾旱荒涼，隴上江南的溫婉濕潤，也可以體會到青藏高原的"高冷"，還可以深切感受到隨着季風變化而富有節律的季節更替。這樣多層次的自然體會，難能可貴。漫步其間，心曠神怡！

高　原

漠

黃　土　高　原

◎ 慶陽

六
盤
山

◎ 平涼　涇　河

定西

渭
河
天水

◎ 隴南

甘肅省地形及主要水系分佈示意圖

注：臨夏是甘肅省臨夏回族自治州的首府。
　　合作是甘肅省甘南藏族自治州的首府。

壹

山與塬的交響

在甘肅與寧夏、陝西交界處的慶陽市，有一塊黃土層面積較大的平坦地形（塬），被稱為董志塬。它是慶陽市第一大塬，也是黃土高原最大且黃土最厚的一塊塬面，廣闊無際，是古代中原文化與遊牧文化的交融之地，素有"天下第一塬"之稱。文人賦詩稱頌："董志塬頭顯奇觀，茫茫平原遠接天。麥帶金波連雲湧，樹幻綠舟逐浪翻。"這裡的名勝古跡燦若星辰，原野風光引人入勝，盡顯"塬景"之獨特。

色彩斑斕的祁連山，鏡子般反射陽光的是冰川，雪白如素練的是終年不化的積雪，翠綠如玉的是原始森林，淡綠如茵的是肥美草場，青黛深褐的是飽藏寶藏的礦床。這座綿延的山脈，不僅滋養着河西走廊，且有着"失我祁連山，使我六畜不蕃息；失我焉支山，使我嫁婦無顏色"的屏障作用。

駿馬奔騰的山丹馬場，就位於祁連山冷龍嶺的北麓。這座曾由西漢驃騎將軍霍去病始創的古老馬場，如今是亞洲規模最大、世界第二大軍馬場。揚鞭起，捲沙萬重，藍天白雲下，一匹匹雄健的駿馬，如疾風，似驟雨，像海浪般，從一望無際的草場上呼嘯而過，長鬃飛揚，響聲如雷。

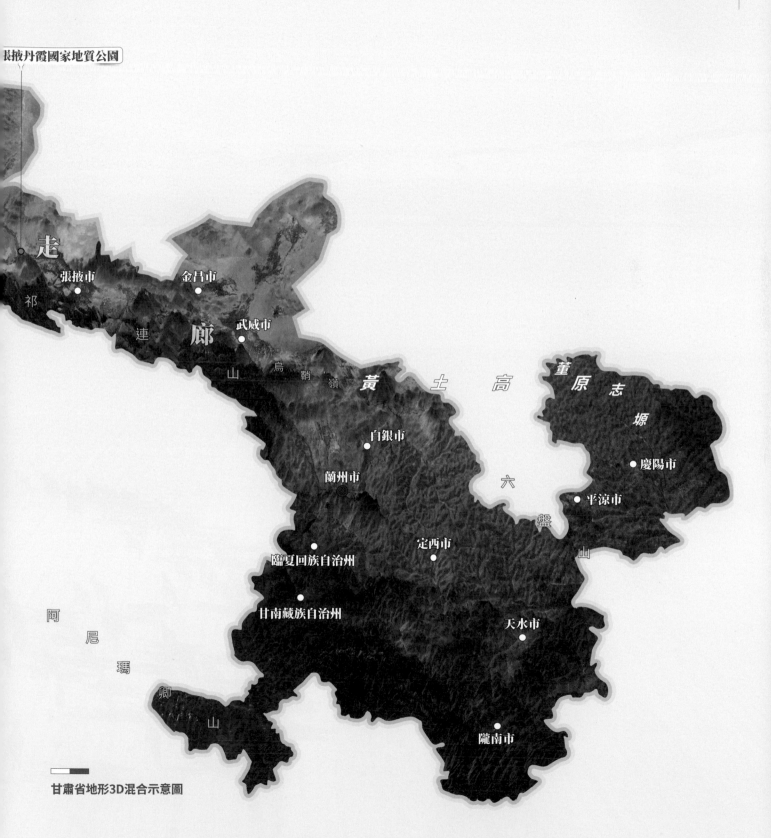

長掖丹霞國家地質公園

走

祁

張掖市

連　廊

山

金昌市

武威市

烏鞘嶺

黃　土　高

董

原　志

塬

白銀市

蘭州市

六

盤

山

慶陽市

平涼市

定西市

臨夏回族自治州

甘南藏族自治州

阿

尼

瑪

卿

山

天水市

隴南市

```
甘肅省地形3D混合示意圖
```

馬群在山丹馬場上奔跑　新華社記者 陳斌/攝
冬日時節，地處河西走廊中段、祁連山北麓的千年馬場——山丹
馬場被皚皚白雪覆蓋，宛如童話世界。

詩與霞的走廊

　　甘肅歷史悠久，文明源遠流長。遠在舊石器時代，先民就在這裡繁衍生息。現已發現的新石器時代的文化遺址有1 000餘處。這些考古發掘，都證明甘肅是中華遠古文化孕育誕生的重要地區，是中華文明形成時期滿天星斗中的一顆亮星。

　　裝滿詩韻的河西走廊，是一段通往文明的道路，一部波瀾壯闊的史詩。千年河西走廊，東起烏鞘嶺，西至玉門關，綿延上千里。當張騫鑿空西域時，這條綿延在黃河以西的窄長通道，開始成為醉臥沙場的征途，商旅綿延的古道，中西文化交融碰撞的國際通道。車轔轔，馬蕭蕭，駝鈴陣陣，便是古代河西走廊的真實寫照；"大漠孤煙直，長河落日圓"，"葡萄美酒夜光杯，欲飲琵琶馬上催"，更顯它的意蘊。

　　在河西走廊西端，月牙泉和鳴沙山交相輝映，訴說着山泉共處、沙水共生的傳奇。而今西出陽關不再傷感，黃金走廊已和世界互聯。

從60萬米高空俯瞰河西走廊西端甘肅省敦煌市境內的月牙泉
月牙泉身後即是敦煌鳴沙山，它與寧夏回族自治區中衛市的沙坡頭、內蒙古自治區的銀肯塔拉響沙灣，以及新疆維吾爾自治區的巴里坤鳴沙山合稱為中國四大鳴沙。

鳴沙山東麓,那時而掠過敦煌天空的漫漫風沙中,彷彿湧動着千年壁畫的輝煌與神秘。敦煌莫高窟,這座沙漠中的美術館,始建於十六國的前秦時期,自公元 4—14 世紀連續開窟造像,形成了南北長 1 000 多米的石窟群。一個個沉睡着千年寶藏的石窟,讓多少遊客魂牽夢縈,又讓多少文物工作者甘願用自己的芳華陪伴着敦煌。

"敦,大也;煌,盛也。"

這裡是甘肅石窟文化的巔峰之所。甘肅的石窟寺數量居全國之首,素有"石窟藝術之鄉"的美名。敦煌莫高窟、天水麥積山石窟位列全國四大石窟的第一位和第三位,武威天梯山石窟被稱為"中國石窟之祖",隴東一帶的歷代石窟群綿延達 100 多千米,號稱"中國石窟長廊"。

2016 年,"數字敦煌"資源庫正式上線,全球觀眾可在線漫遊 30 個經典洞窟的高清圖像。現代科技讓古老的莫高窟煥發出新的生命。絲綢之路(敦煌)國際文化博覽會,讓世界目光再度聚焦敦煌,古老絲綢之路正在煥發新魅力。

然而敦煌並不只是石窟文化的薈萃之地,也是華彩燦爛的中國書法藝術遺珍之所在。甘肅也不僅是個石窟大省,它還是簡牘故鄉,迄今共發現和出土的歷代簡牘有 7 萬多枚,數量居全國之首,時代跨度大、內容廣博、保存完好,備受歷史和考古學界的重視。尤其是敦煌漢簡,包羅萬象,是走進漢代西北的鑰匙,也是古代絲綢之路開拓興盛的實物佐證。

從60萬米高空俯瞰敦煌莫高窟

出敦煌，沿河西走廊往東的嘉峪關市，存續着長城之魂。甘肅境內的古長城縱橫交錯，全省現存長城總長度居全國第二，共計 3 654 千米，聚焦了秦、漢、明三代長城，以及晉、宋、西夏和元代的城障，成為華夏文明的魂魄所在。3 852 個編碼點段的保護範圍和建設控制地帶，已在 2016 年確定，這相當於為長城保護辦理了獨特的"身份證"。

如今沿古長城依然可見曾經分佈的大量關隘城堡，其中玉門關、陽關扼絲路古道之咽喉。嘉峪關更是氣勢雄偉，堪稱"天下第一雄關"。

從嘉峪關入城，到河西走廊中部，在那裡，燦若明霞的張掖丹霞，色如渥丹，是國內唯一的丹霞地貌與彩色丘陵景觀複合區。這裡有萬紫千紅的風景，這裡是世界的一抹胭脂。其氣勢之磅礴、場面之壯觀、造型之奇特、色彩之豔麗，令人驚歎。置身其中，繽紛的色彩連綿起伏，相映成趣，鎮魂攝魄，美得使人暈眩，堪稱"七彩神仙台"，舉世罕見。

如今張掖七彩丹霞是甘肅最受歡迎的景區之一，遊客們在流連中感受自然之美，感悟和諧之道。

右圖為從60萬米高空俯瞰嘉峪關關城
始建於明洪武五年（1372）的嘉峪關，雄踞明代萬里長城的西端起點，是河西第一隘口，也是古代"絲綢之路"上的必經關口。漫漫黃沙，日月更迭，600多年過去，大美雄關依舊巍然矗立。

甘肅省張掖丹霞國家地質公園丹霞地貌　新華社記者 陶明/攝
位於祁連山北麓、河西走廊中部的張掖丹霞國家地質公園內的丹霞
地貌，以層級錯落交替、氣勢磅礴、形態豐富、色彩斑斕而稱奇，
置身其中猶如進入畫境。

天與地的征途

　　甘肅曾見證過河西走廊的輝煌，也曾見證過紅軍三大主力一、二、四方面軍經歷艱難跋涉，衝破重重險阻，在會寧實現勝利大會師，開啟了中國革命嶄新的篇章。如今，它正見證着中國建設生態文明與探索星辰大海的偉大征途。

　　在甘肅酒泉衛星發射中心，1970 年，中國第一顆人造地球衛星"東方紅一號"成功發射；1999 年，中國第一艘神舟號無人實驗飛船成功發射；2003 年，中國第一艘載人飛船成功發射，圓了中華民族的飛天夢；2005 年，神舟六號載人飛船成功發射，中國航天員真正開始嘗試太空生活；2008 年，神舟七號載人飛船成功發射，中國航天員有了第一次太空行走；2012 年，神舟九號載人飛船成功發射，中國首次實現太空運輸與補給；2013 年，神舟十號載人飛船成功發射，實現首次應用性飛行；2016 年，神舟十一號載人飛船成功發射，中國航天員首次實現太空中期駐留……

　　這座世界三大航天發射場之一，無限輝煌，但輝煌的背後，凝聚着無數人的心血和汗水。

　　從這片河西走廊中部的土地望向河西走廊的東頭，蘭州，一條河穿城而過，一碗麵抻出江湖。這座位於中國版圖幾何中心的城市，坐落於黃河之濱，演繹着百種風情。一場持續的"藍天保衛戰"讓蘭州市這座曾經"在衛星上看不到的城市"，如今有了"蘭州藍"的響亮招牌，一年中空氣質量優良天數比例已穩達八成以上。

　　從這裡開始，整個隴原大地都經歷着滄桑巨變。文化興，絲路再盛；生態美，遊客紛至。綠色發展助力脫貧攻堅，甘肅省貧困人口由 2012 年底的 692 萬，降到 2018 年底的 111 萬。全長近 7 000 千米的陸上絲綢之路，在甘肅省境內綿延 1 600 多千米。甘肅作為絲綢之路經濟帶建設的黃金段，與"一帶一路"沿線國家的合作不斷加強，向西、向南開放速度不斷加快。

　　交響絲路上，如意般的甘肅，也在追夢。

從60萬米高空俯瞰蘭州黃河鐵橋——中山橋

蘭州是中國唯一一座黃河穿越而過的城市。1909年，蘭州黃河鐵橋——中山橋正式竣工。如今在黃河蘭州段，100多歲的中山橋見證了中華人民共和國成立70餘年來，20多座現代化橋樑連通兩岸。

CHINA FROM OUTER SPACE

同心築夢映天山・咱們新疆好地方

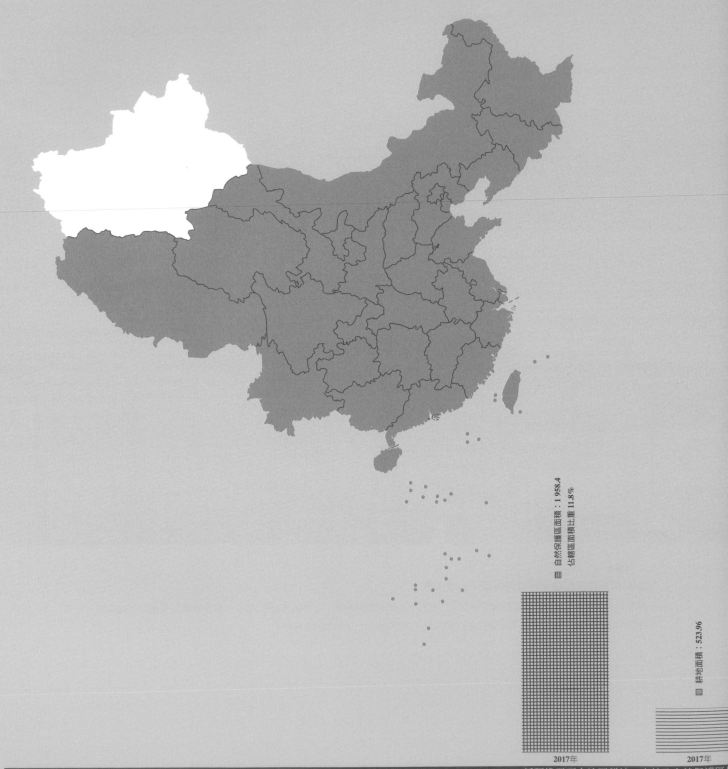

自然保護區面積：1 958.4
佔轄區面積比重 11.8%

耕地面積：523.96

2017年　　2017年

XINJIANG

新疆

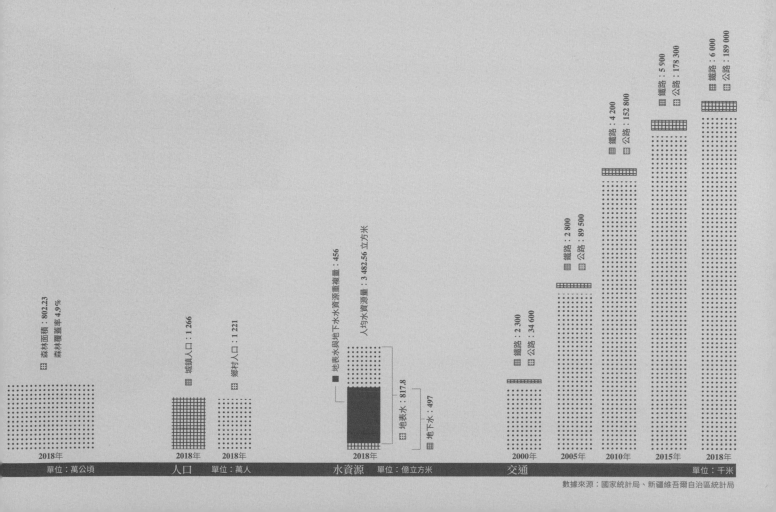

森林面積：802.23
森林覆蓋率：4.9%

2018年
單位：萬公頃

城鎮人口：1 266
鄉村人口：1 221

2018年　2018年
人口　單位：萬人

地表水與地下水資源重複量：456
人均水資源量：3 482.56 立方米
地表水：817.8
地下水：497

2018年
水資源　單位：億立方米

鐵路：2 300
公路：34 600

2000年

鐵路：2 800
公路：89 500

2005年

鐵路：4 200
公路：152 800

2010年

鐵路：5 900
公路：178 300

2015年

鐵路：6 000
公路：189 000

2018年
單位：千米

交通

數據來源：國家統計局、新疆維吾爾自治區統計局

　　新疆維吾爾自治區，中國面積最大的省區，是絲路古道上的明珠，也是"一帶一路"的核心區域。

　　凝視"疆"字，左形弓形曲折，好似新疆蜿蜒綿長的邊境線；右形三山兩盆，正對應着新疆大地上，由北向南排列的阿爾泰山、天山、崑崙山，以及三山間兩相對望的準噶爾盆地與塔里木盆地。從 60 萬米高空俯瞰這片美麗的土地，"疆"字之美，展現得淋漓盡致。

　　"三山夾兩盆"的地貌特徵使新疆擁有神奇獨特的自然景觀。高山湖泊天山天池，"人間仙境"喀納斯，"空中草原"那拉提，地質奇觀可可托海，浩瀚的沙漠、壯美的雪山、秀麗的草原遙相呼應，無不令人心馳神往。

　　從"金山銀水"阿勒泰地區到"萬山之祖"巍巍崑崙，從"死亡之海"塔克拉瑪干沙漠到"塞外江南"伊犁河谷……新疆各族人民在廣袤山河上共同繪就壯闊畫卷。

右圖為新疆維吾爾自治區地形3D混合示意圖

阿

爾

泰

山

準噶爾盆地
古爾班通古特沙漠

山

山

脈

天

山

山

天

塔里木盆地
塔克拉瑪干沙漠

山

金

爾

阿

崑

崙

山

崑

新疆那提拉草原景致　新華社記者 沙達提/攝
位於新疆伊犁哈薩克自治州新源縣的那拉提草原溪流
河谷遍佈、森林繁茂，被譽為 "空中草原"。

這是阿爾金山國家級自然保護區一角　新華社記者 胡虎虎/攝

坐落在新疆南部、與喀納斯南北對望的阿爾金山國家級自然保護區，是與羅布泊、可可西里和羌塘齊名的四大無人區之一，東西長370.8千米，南北寬192.2千米，總面積達4.68萬平方千米，是世界上不可多得的"高原野生動物基因庫"。

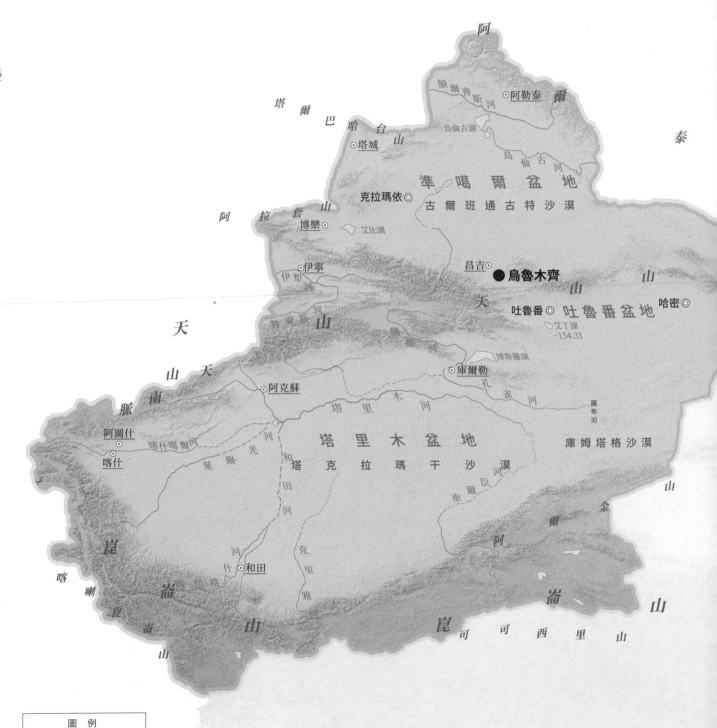

阿　爾

塔　爾　巴

哈　台　山

泰

額爾齊斯河

◎阿勒泰

烏倫古湖

◎塔城

烏倫古河

準　噶　爾　盆　地

克拉瑪依◎

古爾班通古特沙漠

阿　拉　套　山

博樂◎

艾比湖

昌吉　●烏魯木齊

伊寧◎

伊犁河

天　　山

山

天　　山

特克斯河

吐魯番◎　吐魯番盆地　哈密◎

天

艾丁湖
-154.31

天

山

庫爾勒◎

孔　雀　河

博斯騰湖

阿克蘇◎

塔　里　木　河

羅布泊

南

阿圖什◎

喀什噶爾河

塔　里　木　盆　地

庫姆塔格沙漠

脈

喀什◎

葉爾羌河

和田河

塔　克　拉　瑪　干　沙　漠

車爾臣河

阿

山

金

克里雅河

爾

崑

喀　什　河

◎和田

爾

山

喇

崙

雅

崙

山

崑

可　可　西　里　山

崙　山

古今沙路交會的傳奇

山

天山南北兩大盆地中分別坐落着中國第一大和第二大沙漠。兩大沙漠之外，新疆與甘肅交界處又有庫姆塔格沙漠，雖然這處沙漠面積只有 2.2 萬多平方千米，卻為交通帶來巨大困難。

新疆深處亞歐大陸腹心地帶，氣候極端乾旱，除伊犂河谷地帶年降雨量可達 300—500 毫米，全區大部分在 200 毫米左右，吐魯番盆地年降雨量不足 50 毫米，而各地年蒸發量幾乎都在 200 毫米以上，其中吐魯番盆地可達 3 000 毫米。大自然賦予新疆大漠戈壁這片黃色的同時，也在天山、阿爾泰山、崑崙山山頂留下了白色的冰雪，正是這些冰雪融化而成的雪水滋潤了山下的綠洲，為大漠荒原添加了生命之色。

綠洲的存在，支撐了道路的存在。由於自然地理環境複雜，古代絲綢之路新疆段由數條道路組成，其中行經塔里木盆地南北兩側的南道和北道開通最早，並連接着河西走廊西端的兩個重要關口——玉門關、陽關。

無論西出陽關還是玉門關，都需要先穿過庫姆塔格沙漠，然後到達樓蘭，再從這裡沿塔里木盆地邊緣分為北道和南道兩條分支。北道沿天山南麓西行，一路經行庫爾勒、阿克蘇至喀什。南道沿崑崙山北麓西行，經和田至喀什。南北兩道均從天山南脈與崑崙山結合處的烏恰山口，沿喀什噶爾河進入中亞。

南道和北道是西漢時期張騫通西域後，絲綢之路最早開通的官方通道，繼此之後，東漢明帝時期又開闢了一條新的通道，當時稱為新道，後世將其稱為新北道。其走向為出玉門關西北行，經哈密翻越天山，進入吐魯番，最後會入北道。這條道路也被稱為大海道，所謂的大海不是指蔚藍色的海水，而是為黃沙覆蓋的沙海。

到了唐代，一條連接新疆北部的道路隨即開通，這條道路事實上是新北道西向延伸的結果，一直通到伊犂，被後世稱為北新道。

左圖為新疆維吾爾自治區地形及主要水系分佈示意圖

注：伊寧是新疆伊犁哈薩克自治州的首府；阿勒泰為新疆阿勒泰地區行政公署駐地；塔城為新疆塔城地區行政公署駐地；博樂是新疆博爾塔拉蒙古自治州的首府；昌吉是新疆昌吉回族自治州的首府；庫爾勒是新疆巴音郭楞蒙古自治州的首府；阿克蘇為新疆阿克蘇地區行政公署駐地；阿圖什是新疆克孜勒蘇柯爾克孜自治州的首府；喀什為新疆喀什地區行政公署駐地；和田為新疆和田地區行政公署駐地。

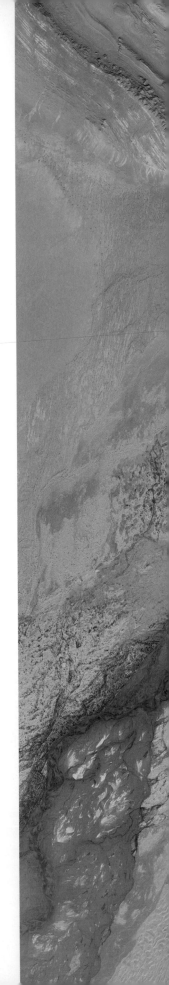

南道、北道、新北道、北新道，這四條分支是古代絲綢之路新疆段的主要通行道路。數千年間，西行古道上留下無數腳印，其中有出使西域的使節，有戍邊守土的將士，有西行求法的高僧，也有往來東西的商旅。

古代絲綢之路的出現不僅為新疆造就了文化基礎，而且溝通了亞歐大陸東西之間的物質與文化交流。公元 68 年東漢王朝都城洛陽出現了第一座官方佛寺——白馬寺，它的修建說明佛教已經通過絲綢之路傳入中原內地。沿着絲綢之路一路東行，還留下了大量石窟佛寺。

通過絲綢之路傳入中國的不僅是宗教，漢代胡桃、葡萄、胡瓜、胡椒、胡蔥、胡桐、胡蘿蔔等水果、蔬菜來自西方。此外，羅馬的玻璃器、西域的樂舞和雜技等也在絲綢之路的駝鈴聲中被帶到東方。

通過絲綢之路，中國不僅引入了西方的物質與文化，也將誕生在中國土地上的絲綢、瓷器、茶葉乃至造紙、指南針、印刷術、火藥四大發明輸入西方。

今天，沿着塔克拉瑪干沙漠邊緣，從天山南麓向崑崙山北麓穿行，古老的絲綢之路南、北道間已再現新的通途。1995 年，首條塔克拉瑪干沙漠公路全線通車，這條世界上穿越流動沙漠最長的等級公路，北起西氣東輸起點輪台縣輪南鎮，南接和田地區民豐縣，全長 522 千米，打通了新疆南部經濟社會發展和塔里木油氣資源勘探開發的交通命脈。

2008 年，新疆第二條沙漠公路建成通車，全長 424 千米，縱穿塔克拉瑪干沙漠西部，從沙漠北部阿克蘇地區境內的阿拉爾市至和田地區和田市，將沙漠西北緣的阿克蘇地區和西南緣的和田地區連接了起來。至此，兩條平行於沙海之中的公路將塔克拉瑪干一分為三，新疆南北之間的公路距離縮短 500 多千米，成為新疆南北運輸溝通的捷徑。如今，第三條沙漠公路在建，預計 2021 年通車。

從60萬米高空俯瞰首條塔克拉瑪干沙漠公路，即1995年貫通的輪南—民豐沙漠公路

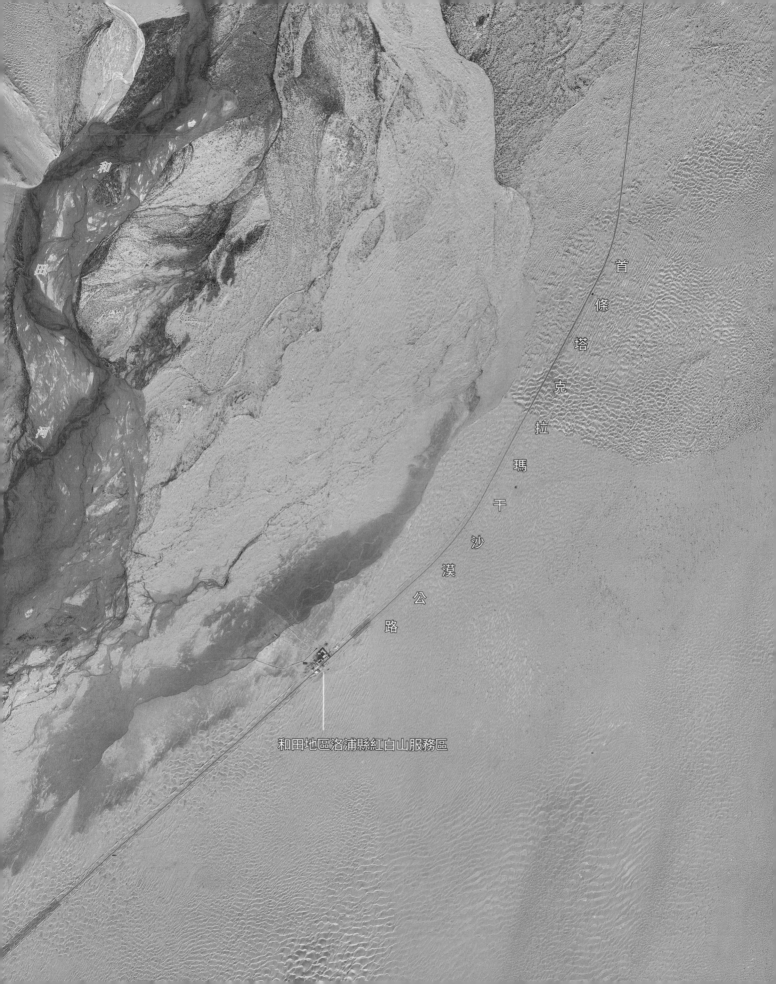

和

田

河

首條塔克拉瑪干沙漠公路

和田地區洛浦縣紅白山服務區

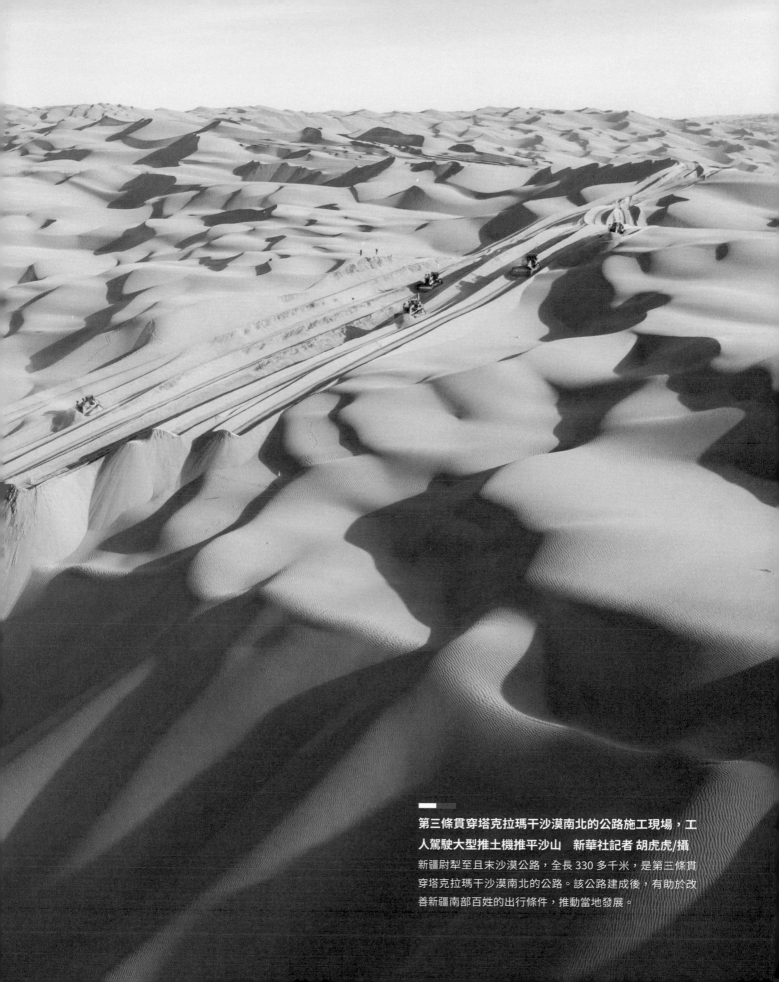

第三條貫穿塔克拉瑪干沙漠南北的公路施工現場，工人駕駛大型推土機推平沙山　新華社記者 胡虎虎/攝

新疆尉犁至且末沙漠公路，全長 330 多千米，是第三條貫穿塔克拉瑪干沙漠南北的公路。該公路建成後，有助於改善新疆南部百姓的出行條件，推動當地發展。

絲綢之路的活體記憶

新疆，絲路古道上的明珠。這裡東聯西出，經濟相融，人文相親。

在絲路古道新疆段的西頭，至少有400年歷史的喀什老城，是世界上仍在使用的、最大規模的生土建築群，土黃建築，雕花門窗，佈局靈活多變，街巷東轉西折，還有迷宮式的城市道路，融合了漢唐、古羅馬的豐富記憶，被譽為"絲綢之路的活體記憶"。隨着"一帶一路"倡議不斷推進，這座古絲路上的名城重鎮再顯活力。

從這裡循古絲路北道，沿天山南麓東行，一路經阿克蘇至庫爾勒，再轉入東漢開闢的新北道，行至吐魯番，然後沿唐代開闢的北新道，翻越天山，一直可抵達新疆伊犁哈薩克自治州的伊犁河谷。這裡同樣有座保存着絲綢記憶的古城——特克斯。

特克斯，是一座規模宏大、保存完整的"八卦城"，草原遊牧文化與中原文化在此彙聚。伴隨着通行的便利，全國各地的探秘者為一睹其真容也紛至沓來。伊犁河谷隨之生機煥發。

漠風、駝影、絲路、西域……歷史在時空中穿越，故事在歲月裡延續，大自然的"匠心"，讓世人驚歎。這裡，古老安靜；這裡，也同樣現代開放。

如今，在新疆遼闊的土地上，5 000多千米高速公路縱橫天山南北。蘭新高速鐵路接軌中亞，直達歐洲；22座機場投射出一道道高效的弧線，與世界各地聯通。

右頁上圖為從空中俯瞰新疆喀什古城　新華社記者 江文耀/攝

右頁下圖為從60萬米高空俯瞰新疆特克斯縣"八卦城"

中國長絨棉之鄉

進入 9 月，位於天山南麓、塔里木盆地北部的阿克蘇地區，廣闊的棉田裡棉桃開始吐絮，棉花收穫的季節開始了。

曾經棉田裡是"人山人海"，眼下，新的變化正在發生，採棉機整齊開行，機械化轉型讓新疆棉紡產業加快了"走出去"的步伐。

到了春天，犁地、平地、播種、施肥、覆膜也開始由自動導航駕駛的拖拉機完成，智慧農業在這裡初展身手。

為甚麼要讓拖拉機自動導航駕駛？

在廣闊的棉田裡，如果播種不直、播行之間接行的距離寬窄不一，不僅影響土地利用率，後續給棉花進行打頂、收割時，那些同樣具備自動導航駕駛功能的大型機械就難以"對行"進行作業。要實現棉花從播種、打藥、田間管理到採摘的全程機械化，一開始播種的精度就必須要高。過去，播種直不直、接行準不準，全靠駕駛員的手和眼。但新疆都是大塊的田地，一望無際，沒甚麼參照，人工駕駛播種很考驗駕駛員的本事，一不小心就會歪。於是有農民為了種地"直"，小跑着跟在播種拖拉機後面，不停用尺子測量播行間距，非常辛苦。

國家統計局數據顯示，2017年新疆棉花播種面積佔全國的60%以上，產量佔全國70%以上。其中，阿克蘇地區的棉田面積約佔全國的三分之一，是新疆主要的棉花生產基地。對於正處在從傳統農業到機械化農業轉型過程中的新疆來說，機械化和智慧農業所能帶來的驚喜將會越來越大，這裡也一定能夠發展得越來越快。

在新疆阿克蘇地區阿瓦提縣烏魯卻勒鎮拉依當村，一台大型採棉機在棉田裡採摘棉花

新華社記者 沙達提/攝

阿瓦提縣植棉歷史悠久，是全國優質棉基地縣、新疆區域原種繁育基地和棉花優質高產高效示範區，被稱為"中國棉城""中國長絨棉之鄉"。這裡出產的棉花品質優良，不僅纖維長度長，還具有纖維強度高、色澤好、彈性好的特點，是紡高支紗和特種紡織工業不可缺少的原料。

從戈壁油城走向匠心之城

在天山與阿爾泰山之間，坐落着中國第二大內陸盆地——準噶爾盆地，1955 年，隨着我國第一個大油田在這裡誕生，戈壁油田"克拉瑪依"的名字傳遍大江南北。

克拉瑪依，維吾爾語意為"黑油"。60 多年來，克拉瑪依相繼開發了 30 個油氣田，建成國內最大的儲氣庫，累計生產原油超過 3 億噸。如今的克拉瑪依油田，不僅具備強大的油氣勘探、開發、煉化能力，而且具備了強大的、面向世界的油氣技術服務能力。這座"因油而生，因油而興"的戈壁油城，在一代代擁有"工匠精神"的克拉瑪依人的打造下，城市面貌日新月異，人民生活水平穩步提高，正成為"一帶一路"上一顆閃亮的明珠。

在克拉瑪依市行政南廣場，矗立着一座 58 米高的城市雕塑《克拉瑪依之歌》。整個雕像以鳳凰為基本形象，象徵着老中青三代石油人艱苦奮鬥的輝煌歷程。在這座一多半常住人口都是油田職工的城市裡，幾代石油人艱苦創業，不懈努力，在用雙手履行着"我為祖國獻石油"莊嚴承諾的同時，也用無私奉獻譜寫着克拉瑪依日新月異的發展篇章。

由於位處古爾班通古特沙漠邊緣，這裡氣候惡劣，極度乾旱缺水，植被稀疏。但在一代代克拉瑪依"匠人"的努力下，如今的克拉瑪依，茫茫戈壁變成綠樹成蔭，基本形成了"一條河、一片濕地、四片森林、六個湖泊"的生態系統，逐漸蛻變為天藍水清地綠的宜居之城，成為真正的"沙漠美人"，創造了經濟發展與生態改善齊頭並進、互為促進的綠色發展奇跡。

同時，為破解大多數資源型城市"因油而興，油竭而亡"的"資源詛咒"，早在 2010 年克拉瑪依便提出"打造世界石油城"，着力建設油氣生產、煉油化工、技術服務、機械製造、石油儲備、工程教育"六大基地"，還從"地下"走向"雲端"，建立了克拉瑪依雲計算產業園，逐漸形成以石油石化經濟為主導、多元經濟快速發展的產業格局。

克拉瑪依的發展變化正是新疆和平解放 70 餘年來的生動寫照。70 餘載歲月如歌。歷史天空下，一曲曲創業奮鬥的壯歌、民族團結的歡歌、繁榮穩定的凱歌，在新疆大地交融，在天山南北各族兒女心中激蕩。面積 166 萬多平方千米的"疆"字上，山脈、河流、森林、盆地……組成了無限風光。咱們新疆是個好地方！

矗立在克拉瑪依市行政南廣場的城市雕塑《克拉瑪依之歌》

山 宗 水 源 · 青 海 不 遠

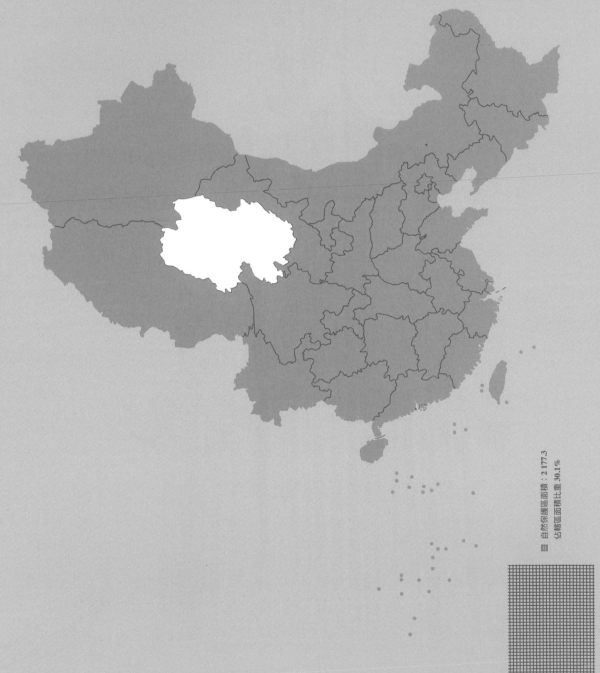

自然保護區面積：2 177.3
佔轄區面積比重 30.1%

耕地面積：59.01

2017年

2017年

QINGHAI

青海

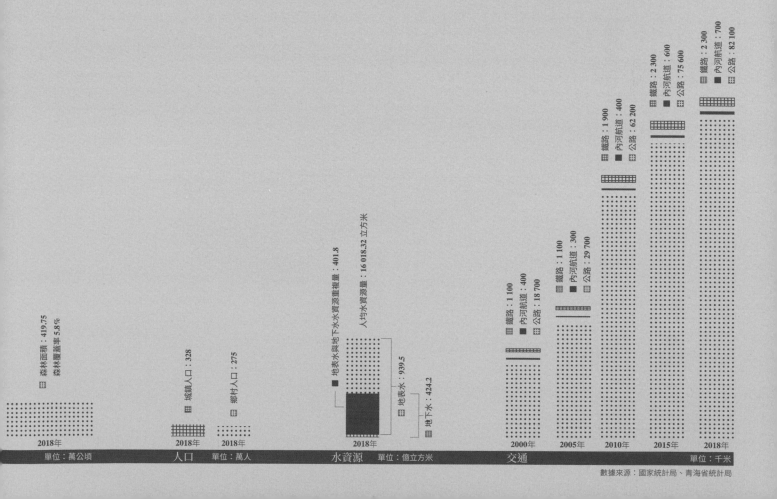

森林面積：419.75
森林覆蓋率 5.8%
▦ 森林面積：419.75

2018年

單位：萬公頃

▦ 城鎮人口：328
▦ 鄉村人口：275

2018年　　2018年

人口　　單位：萬人

人均水資源量：16 018.32 立方米

地表水與地下水資源重複量：401.8
■ 地表水與地下水資源重複量：401.8

地表水：939.5
▦ 地表水：939.5

地下水：424.2
▦ 地下水：424.2

2018年

水資源　　單位：億立方米

鐵路：1 100
▦ 鐵路：1 100
內河航道：400
■ 內河航道：400
公路：18 700
▦ 公路：18 700

2000年

鐵路：1 100
▦ 鐵路：1 100
內河航道：300
■ 內河航道：300
公路：29 700
▦ 公路：29 700

2005年

鐵路：1 900
▦ 鐵路：1 900
內河航道：400
■ 內河航道：400
公路：62 200
▦ 公路：62 200

2010年

鐵路：2 300
▦ 鐵路：2 300
內河航道：600
■ 內河航道：600
公路：75 600
▦ 公路：75 600

2015年

鐵路：2 300
▦ 鐵路：2 300
內河航道：700
■ 內河航道：700
公路：82 100
▦ 公路：82 100

2018年

交通　　單位：千米

數據來源：國家統計局、青海省統計局

N

祁

連

山

阿

爾

金

山

柴 達 木 盆 地

黑河

哈拉湖

布哈河

德令哈 ⊙

青海湖

共和

龍羊峽水

東台吉乃爾湖

東達布遜湖

柴達木河

那

陵

格

勒

崑

崙

山

巴

顏

喀

拉

布爾汗布達山

阿尼

瑪沁 ⊙

黃河

阿

可

青

崑

崙

山

西

里

山

加德仁錯

楚瑪爾河

天

河

約古宗列曲

卡日曲

扎陵湖

鄂陵湖

藏

沱沱河

通

高

玉樹 ⊙

扎曲

可

唐

古

拉

山

原

原

+

圖　例

● 省級行政中心

◎ 地級市行政中心

── 自治州行政中心

⊙ 縣級行政中心

✕ 山口

1：5 700 000

從高空俯瞰中國，你會發現有一個省份的行政區域，形似一隻溫順可愛的玉兔，這就是地處青藏高原東北部的青海省。著名的青海湖便是這隻玉兔的大眼睛，活靈活現，青海的省名正因這藍色清澈的大眼睛——青海湖而得名，可謂因水而生、因湖得名。

青海湖古代稱為"西海"，又稱"鮮水"或"鮮海"。由於青海湖一帶早先屬於卑禾族的牧地，所以又叫"卑禾羌海"，漢代也有人稱它為"仙海"，從北魏起才更名為"青海"。而當地遊牧民族則以湖水的美麗命名它，藏語叫作"錯溫波"，意思是"青色的湖"；蒙古語稱它為"庫庫諾爾"，即"藍色的海洋"。無論哪一個名字，都形象地點出了這一高原湖泊的浩渺與美麗，不由讓人心馳神往。

走出藍色的青海湖，俯視大美青海，任誰都會感慨於它的遼闊、蒼茫，折服於它的巍峨高聳、它的勃勃生機。青海省的面積可謂遼闊，東西長1 200千米，南北寬800千米，總面積72.12萬平方千米，居全國第四位。

"青海最大的價值在生態、最大的責任在生態、最大的潛力也在生態"。

青海省被譽為"萬山之祖"，這裡高山縱橫，雪山連綿，冰川林立，崑崙山、祁連山、唐古拉山、巴顏喀拉山、阿尼瑪卿山等眾多海拔5 000米以上的名山傲立於天地之間，任時光匆匆，依然莊嚴、肅穆而無比神聖。

青海省地形及主要水系分佈示意圖

注：德令哈是青海省海西蒙古族藏族自治州首府；玉樹是青海省玉樹藏族自治洲首府；共和是青海省海南藏族自治洲首府；海晏（實際在西海鎮）是青海省海北藏族自治洲首府；同仁是青海省黃南藏族自治州首府；瑪沁是青海省果洛藏族自治州首府。

從60萬米高空俯瞰青海湖（圖中左側白色湖泊為茶卡鹽湖）

面積超過4 500平方千米的青海湖，如同一塊鑲嵌在高原的藍寶石，造就了黑頸鶴、普氏原羚等野生動物"詩意的棲居"。星羅棋佈的湖泊也讓青海成為中國濕地面積最大的省區。

這是開始進入封凍期的青海湖　新華社記者 吳剛/攝

萬山之宗

"橫空出世，莽崑崙，閱盡人間春色。"

博大雄渾、高峻滄桑的崑崙山以其氣吞山河的氣勢被稱為"龍脈之祖""亞洲脊柱"。崑崙之稱出自匈奴語，意為"橫山"，東西長 2 500 千米，平均海拔在 5 500 米以上，東段最高處為位於青海與新疆交界處的布喀達坂峰，海拔 6 860 米，是青海省最高峰。崑崙山分東西兩段，西段位於新疆與西藏境內，東崑崙則橫亙於青海境內，長 1 200 千米。東崑崙在青海分成了幾列山，較大和著名的有巴顏喀拉山、阿尼瑪卿山。不斷延伸的崑崙山脈恰好橫臥於青海中部，幾乎把青海一分為二，即崑崙山以南的青南高原區和崑崙山以北廣袤的柴達木乾旱區。

崑崙山的偉大在於它牽引出了許許多多神奇高大的山脈。崑崙山南側，唐古拉山冰峰磅礴，氣勢恢宏；崑崙山北側，祁連山冰川縱橫、天高地闊、水草豐美、林木茂盛，素有"中國濕島"之稱，孕育了河西走廊的綠洲，成就了歷史滄桑的駝鈴聲聲和絲路漫漫。崑崙山的偉大更在於它用博大的胸懷造就了崑崙神話，孕育了華夏文明。

從空中俯瞰崑崙山　新華社記者 江文耀/攝

萬水之源

　　江河眾多，湖泊密佈，青海省處處孕育着生命，流淌着溫柔與神奇。中國第一大河——長江發源於此；中華文明的母親河——黃河發源於此；亞洲最重要的跨國水系、世界第七大河流——湄公河上游段瀾滄江也發源於此。這便是聞名於世的三江源。青海因此享有"江河之源""中華水塔"的美譽。

　　三江源區主體位於青海省玉樹藏族自治州和果洛藏族自治州，總面積 39.5 萬平方千米，約佔青海省總面積的 54% 以上。源區分佈有大小河流 180 多條，大小湖泊 1 800 餘個，雪山冰川 2 400 平方千米，沼澤濕地面積 8 000 多平方千米。黃河總水量的 49%、長江總水量的 25%、瀾滄江總水量的 15% 均發源於此，每年向中下游供水高達 600 多億立方米，是中國江河中下游地區和東南亞區域生態環境安全及經濟社會可持續發展的重要生態屏障。

　　這裡還是中國重要的高原野生動物保護區。國家一級重點保護動物有藏羚羊、野氂牛、雪豹等 16 種，國家二級重點保護動物有岩羊、藏原羚等 53 種。

　　因為生態環境如此重要，國家於 2000 年在此設立了三江源自然保護區，2003 年 1 月，三江源自然保護區晉升為國家級自然保護區。如今，隨着生態文明建設的大力推進，2016 年起，該保護區承擔起了國家公園體制試點建設的重任。國家公園的建設是我國在青藏高原大力推進生態文明建設的重大戰略舉措，體現出了尊重自然、順應自然、保護自然的生態文明理念以及人與自然是生命共同體的生態文化價值觀，其意義非同尋常。

　　三江源國家公園由三個園區構成，不同園區的生態特性、生態價值和生態功能各不相同。

三江源國家公園瀾滄江源園區昂賽大峽谷　新華社記者 田文傑/攝

昂賽大峽谷位於青海省玉樹藏族自治州雜多縣，被認為是青藏高原發育最完整的白堊紀丹霞地貌景觀。峽谷幽深，瀾滄江奔流其間，激流險灘密佈，生物多樣，堪與美國科羅拉多大峽谷和黃石公園媲美，也稱為"雪豹之鄉"。

長江源園區，以楚瑪爾河、沱沱河、通天河流域為主體框架，包括長江源頭區域的可可西里世界自然遺產主要保護區域、三江源國家級自然保護區的索加—曲麻河保護分區。

這裡海拔高度 4 200 米以上，生態系統敏感而脆弱，保存了較為完整的大面積原始高寒草原、高寒草甸和高原濕地，是藏羚羊的主要集中繁殖地和遷徙通道，是名副其實的"野生動物天堂"。作為世界上高海拔地區生物多樣性最集中的地區，被譽為"高寒生物自然種質資源庫"。

這裡獨特的地理環境孕育了豐富的水資源，區內河流眾多，縱橫交錯，密如蛛網。區內冰川主要為大陸性現代冰川，據 2014 年數據統計，共發育有 429 條冰川，冰川儲量為 71.33 立方千米，是眾多湖泊以及通天河及長江一級支流楚瑪爾河、當曲等河流的重要補給源泉。

俯瞰長江源區的長江南源當曲河道
新華社記者 吳剛/攝

一隻回遷藏羚羊在可可西里地區活動　新華社記者 吳剛/攝

瀾滄江源園區，是國際河流瀾滄江(湄公河)的源頭區。這裡有裸岩冰川、高寒草甸草原、灌木叢、大果圓柏林、濕地河流自上而下發育而成的垂直植被地貌景觀，在三江源地區實屬罕見，具有極為重要的水源涵養和徑流匯集，以及生物多樣性等生態服務功能。有着“瀾滄江第一縣”稱號的雜多縣，是三江源地區最為重要的水源涵養區之一。在這裡，三江源自然保護區面積約佔全縣面積的61%，發育有長江南源——當曲、瀾滄江源——扎曲，共有214條河流，河流總長度8 256.2千米。

瀾滄江源園區的高原野生動植物同樣極為豐富，區內有藥用植物250餘種，其中分佈有名貴的藥用植物雪山貝、知母、雪蓮、紅景天等，是冬蟲夏草最富饒產地。這裡還是雪豹最大的連片棲息地，園區內共有野生脊椎動物78種。特別是果宗木查保護區域分佈的藏野驢、藏原羚、野氂牛等大型特有物種，以及昂賽保護區內的旗艦種雪豹、白唇鹿、岩羊、白馬雞等珍稀野生動物，種群數量呈現明顯恢復增多的態勢，具有極高的生物多樣性科學研究和觀覽價值。

黃河源園區，地處三江源腹地，是中華母親河黃河的源頭區，境內湖泊星羅棋佈，鄂陵湖、扎陵湖、星宿海、冬給措納湖等匯成了豐富的水力資源，具有極為重要的水源涵養和徑流匯集的生態系統服務功能。

鄂陵湖、扎陵湖是黃河流域兩個最大的天然淡水湖泊，兩湖蓄水量165億立方米，相當於黃河流域年總流量的28%；星宿海保護分區沼澤面積大，具有重要的水源涵養功能。

在這片神奇廣袤的土地上，其雄渾粗獷的高原原始地貌、高聳冷峻的冰川雪山、廣袤無垠的高寒草甸草原、大種群分佈的高原特有野生動物等，充分展現着完整的世界第三極自然景觀。

青海不僅在試點建設三江源國家公園，目前，按照國家有關安排，地處青海省北部的祁連山國家公園體制試點正式啟動，青海成為全國首個雙國家公園體制試點的省份。

從空中俯拍的瀾滄江源頭區域的一處湖泊　新華社/發 劉曉晶/攝

瀾滄江源頭位於青海省玉樹藏族自治州雜多縣境內，源區河網縱橫，湖沼密佈。

多元的民族文化

　　或許是受了高山偉岸的激勵，或許是受了江河靈氣的熏陶，青海自古以來就有人類繁衍生息於此。柳灣彩陶、喇家遺址、吐蕃墓葬、宗日文化、卡約文化、諾木洪文化等默默講述着祖先在此艱辛的生存足跡和驚人的聰明才智。唐蕃古道、南絲綢之路等見證着過去的輝煌與繁榮。

　　巍巍雪山孕育出無數的江河，漫漫草原哺育了無數高原兒女。這裡生活着的世居民族有漢族、藏族、回族、土族、撒拉族、蒙古族等，他們相互依存、相互團結、禮尚往來，多民族文化相互交融始終未曾停止。帳篷裡、草原上、河畔旁，酥油茶、蓋碗茶、奶茶，隨着茶香情誼四散。

　　民族的生存與相互的交往，在這裡留下了厚重而彌足珍貴的多元民族文化遺產。塔爾寺、隆務寺、瞿曇寺、結古寺、西寧東關清真大寺、循化街子清真大寺等各大宗教寺院凝聚着宗教的莊嚴與神秘，《格薩爾》史詩永不停息，"花兒會"滿山遍野，"拉伊"情歌纏綿悱惻，"馬頭琴"悠揚婉轉。羌姆、六月會、於菟舞、納頓等民俗活動精彩紛呈；唐卡、堆繡、酥油花獨具特色，代代傳承。

　　多民族、多宗教、多習俗使青海民族文化自古就彰顯着多元特徵，由此，青海民族文化更加絢爛多姿、生命力更加旺盛，這是青海生生不息的源泉，是青藏高原的精神和魅力所在。

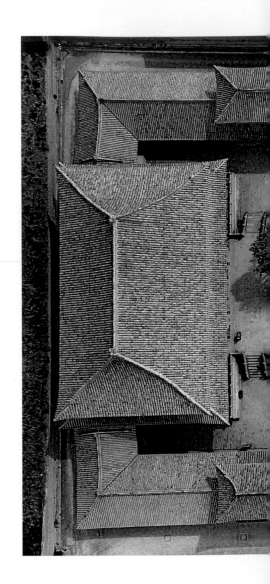

瞿曇寺的三進院落佛殿鳥瞰圖　新華社記者 李安/攝

素有青藏高原"小故宮"之稱的瞿曇寺，位於青海省海東市樂都區瞿曇鎮，始建於明洪武年間，距今已有 600 多年的歷史。瞿曇寺因所藏珍貴文物以及巨幅彩色壁畫而聞名，是一座漢式宮廷建築群，共有前、中、後三進院落，主要殿宇在中軸線上一一縱列，兩側遊廊配殿對稱環立，總體佈局和建築風格與北京故宮相似，是西北地區保存最為完整、規模宏大的明朝寺院建築。

中國的夏都

　　青海的省會西寧是一座擁有2 000多年歷史的高原古城，"西寧"這一名稱最早出現於北宋崇寧年間，時稱"西寧州"。西寧市地處青藏高原東北部邊緣，黃河支流湟水上游，平均海拔2 250米，屬大陸高原半乾旱氣候，年平均氣溫6.1℃左右，夏季平均氣溫18℃左右，是天然避暑勝地，被譽為"世界涼爽城市"和"中國夏都"。

　　西寧是一座典型的多民族聚居、多宗教共存、多種文化彙聚的高原之城，形成了開放包容的城市特性和璀璨絢麗的風土人情。這裡是唐蕃古道與茶馬古道的必經之地，這裡是古絲綢之路青海道的重要起點。如今，它不僅是一座著名的高原旅遊城市，還是一座總人口超200萬的現代化中心城市，更是青藏鐵路的起點城市。

　　2006年，青藏鐵路全線貫通，並從西寧始發，將西藏與內地緊緊相連，這條天路不僅見證了雪域高原的滄桑巨變，也承載起億萬人心中的詩與遠方。

　　大美青海，美在地域遼闊、山川秀麗，美在歷史悠久、文化多樣，美在資源豐富、蓄勢待發。

　　如今，青海以自信開放的姿態融入國家發展戰略，在堅持生態立省戰略下，新能源、新材料、高原現代農牧業等綠色產業體系蓬勃發展，高鐵和航空線路的不斷拓展延伸，使得王洛賓筆下"在那遙遠的地方"變得不再遙遠。

2020年6月5日拍攝的青海省西寧市景觀　新華社記者 張龍/攝

一 眼 望 川 · 生 生 不 息

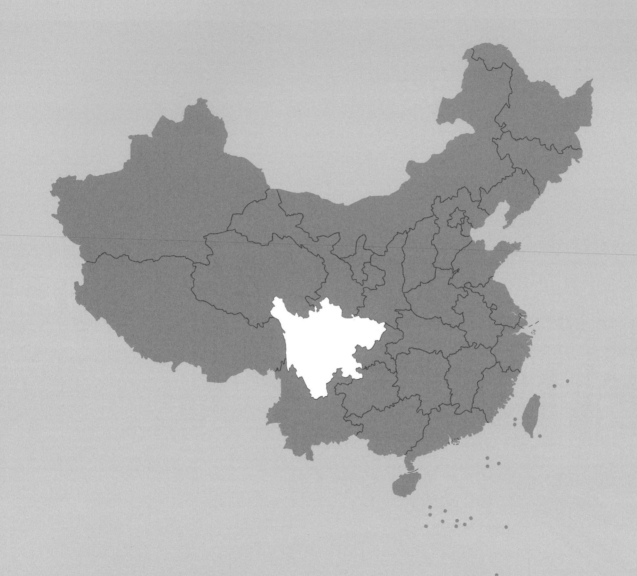

自然保護區面積：830.1
佔轄區面積比重 17.1%

2017年

耕地面積：672.52

2017年

SICHUAN

四川

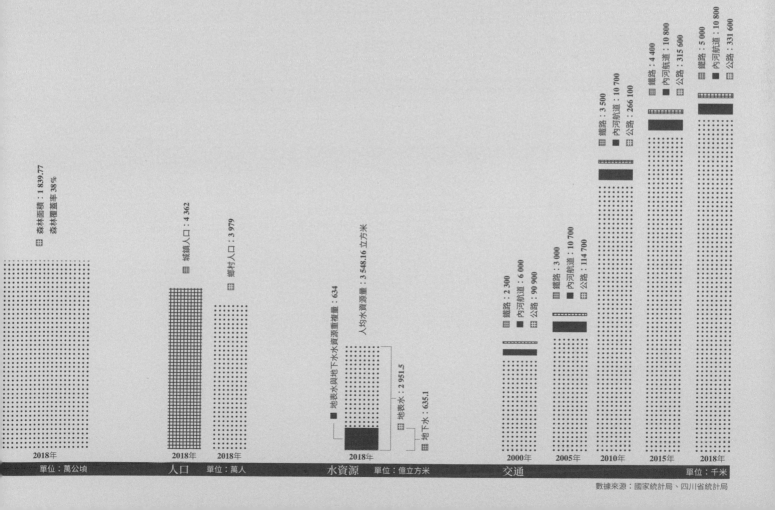

森林面積：1 839.77
森林覆蓋率 38%

城鎮人口：4 362

鄉村人口：3 979

地表水與地下水水資源重複量：634

人均水資源源量：3 548.16 立方米

地表水：2 951.5

地下水：635.1

鐵路：2 300
內河航道：6 000
公路：90 900

鐵路：3 000
內河航道：10 700
公路：114 700

鐵路：3 500
內河航道：10 700
公路：266 100

鐵路：4 400
內河航道：10 800
公路：315 600

鐵路：5 000
內河航道：10 800
公路：331 600

2018年 | 2018年 | 2018年 | 2018年 | 2000年 | 2005年 | 2010年 | 2015年 | 2018年

單位：萬公頃 | 人口 單位：萬人 | 水資源 單位：億立方米 | 交通 | 單位：千米

數據來源：國家統計局、四川省統計局

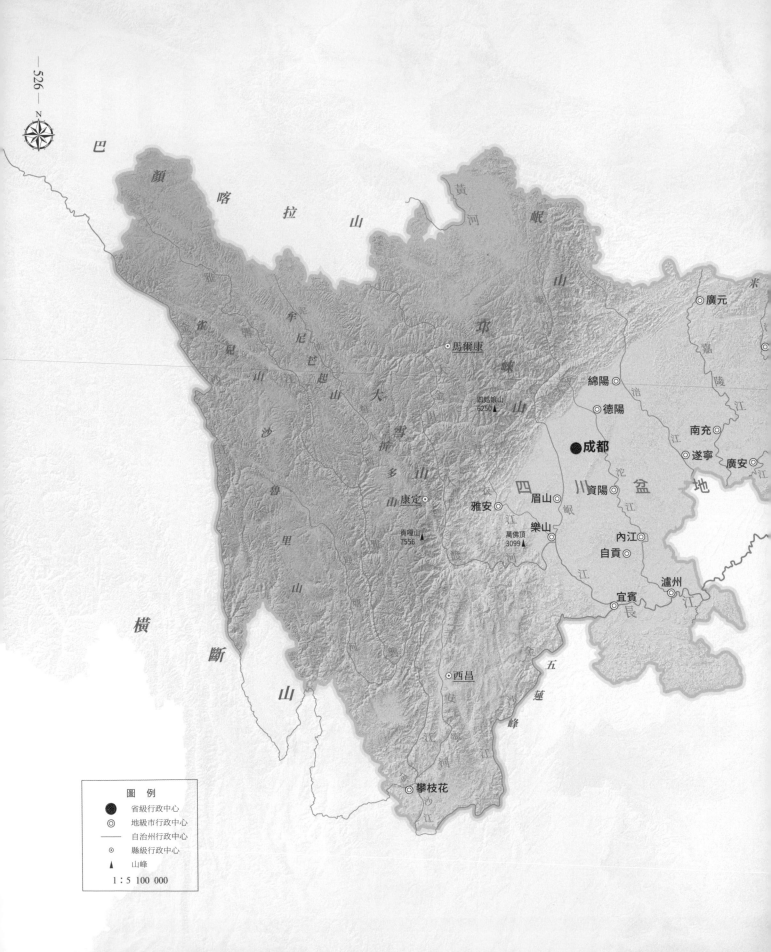

N

巴
顏
喀
拉
山

黃
河

岷

山

雅

牟
尼
芒
起
山

大

邛

峽

馬爾康 ◎

四姑娘山
6250 ▲

山

沙

魯

雪

多

山

里

山

康定 ◎

貢嘎山
7556 ▲

雅安

萬佛頂
3099 ▲

樂山

橫

斷

山

西昌 ◎

五

蓮

峰

金

沙

江

攀枝花 ◎

安
寧
河

廣元 ◎

嘉
陵

江

綿陽 ◎
德陽 ◎

南充 ◎

● 成都

遂寧 ◎
廣安

四
川

盆

地

眉山 ◎ 資陽 ◎

岷

江

沱
江

內江 ◎

自貢 ◎

瀘州 ◎

宜賓 ◎

長

江

圖　例

● 省級行政中心
◎ 地級市行政中心
— 自治州行政中心
◎ 縣級行政中心
▲ 山峰

1：5 100 000

在中國的西南部，有這樣一片瑰麗的土地，它既有巍峨高聳的雪山，也有肥沃遼闊的平原；既有廣袤的荒野，也有繁庶的人口；既有歷史悠久的古鎮，也有時尚現代的新城……這就是四川，別號"天府之國"。

四川轄18個地級市、3個民族自治州，與廣東省並列為我國管轄地級行政區數量最多的省份；共計183個縣級政區，高居全國第一。四川被7個省份環繞：東北以大巴山、米倉山為界與陝西為鄰，北由岷山直達甘肅，西北經巴顏喀拉山可抵青海，西部隔金沙江與西藏相望，南隔綿綿山、金沙江與雲南相接，東南與貴州一水之隔，東部順長江東流即入重慶。

"天下山水在於蜀。"

四川有形態各異的山巒。全省地勢大致西高東低，地形多樣，主要為川西高原、川南山地、四川盆地，並以山地為主要特色。川內名山無數，既有"秀甲天下"的峨眉山、號稱"天下幽"的青城山，也有相對高差達6 200米的"蜀山之王"貢嘎山、世界自然遺產"東方聖山"四姑娘山。

四川還有密如蛛網的河流，除西北角屬黃河水系外，絕大部分地區屬長江水系。長江幹流接納了雅礱江、岷江、嘉陵江、沱江、赤水河等許多支流。在全國眾多的長江支流中，四川囊括了水量最大、流域面積最廣等"紀錄"。這些河流不但為四川供給了充沛的飲用和灌溉水源，給水運提供了航行之便，還蘊藏着豐富的水力資源，是我國"西電東送"戰略的重要支撐。

四川省地形及主要水系分佈示意圖

註：康定是四川省甘孜藏族自治州的首府。

　　馬爾康是四川省阿壩藏族羌族自治州的首府。

　　西昌是四川省涼山彝族自治州的首府。

折
多
山

成都市

雅江縣　　康定市

巴塘縣

理塘縣　　　　瀘定縣　　雅安市

四　川　盆　地

橫

斷

山

川藏公路南線位於四川省境內示意圖

壹　這裡的天路十八彎

"橫斷山，路難行。天如火來水似銀。"從 60 萬米高空俯瞰中國西南，在青藏高原與四川盆地過渡帶，穿過海拔 4 200 多米的剪子彎山隧道，318 國道在這裡"凹"出了一套驚險奇絕的造型。"回頭彎"一個連着一個，曲折迴環緣山而下，這便是著名的"天路十八彎"。站在觀景台，千山萬壑盡收眼底，茶馬古道古風猶駐。

天路——從成都到拉薩 2 000 多千米的川藏公路，它是旅行者的探險之路，是信佛群眾的朝聖之路，是祖國內地向邊疆雪域高原源源不斷"輸血"的生命之路，也是一代代修路人、護路人的精神傳承之路。到 2019 年，川藏公路通車整整 65 週年，代代川藏線人和沿線的群眾，用奉獻、犧牲、善良、淳樸，共同在這條天路上書寫傳奇。東起成都西至拉薩，南線 2 146 千米，北線 2 412 千米。兩條公路穿越橫斷山脈，連起雪域高原與四川盆地，沿途串起城市、集鎮、田野、牧場，攬盡雪山、海子、森林、草甸……景色奇絕，大美不言。

崇山峻嶺間，茶馬古道已興盛 1 300 年。但直到 1950 年，閉塞的雪域還與外界隔着千山萬水，氂牛、馬匹在 20 世紀上半葉，依然是主要的交通工具。

"將公路修到拉薩去！"中央一聲號令，十萬築路大軍歷時 4 年，翻雪山，戰江河，鬥嚴寒，逢山開路，遇水架橋。天險二郎山、紅色瀘定橋、天路十八彎、滔滔金沙江、絕壁怒江溝、風雪雀兒山……數不盡的險絕、道不盡的艱難，終於串聯出整條南線。

它是光榮之路，結束了西藏不通公路的歷史，將古老文明帶入新紀元；它是壯美之路，"溜溜山"下"溜溜城"，一曲情歌傳百年。全域旅遊、生態發展，"情歌之鄉"的文旅之路，如今越走越寬廣。

今天的天路，故事仍在繼續，從天路七十二拐到通麥天險，從雪線之上到國境之邊，"兩路精神""老西藏精神"代代相傳。從60萬米高空看川藏線，是一代代中國人努力寫就的史詩，更是人類用意志創造命運的傳奇。

從60萬米高空俯瞰位於四川省甘孜藏族自治州318國道上的"天路十八彎"

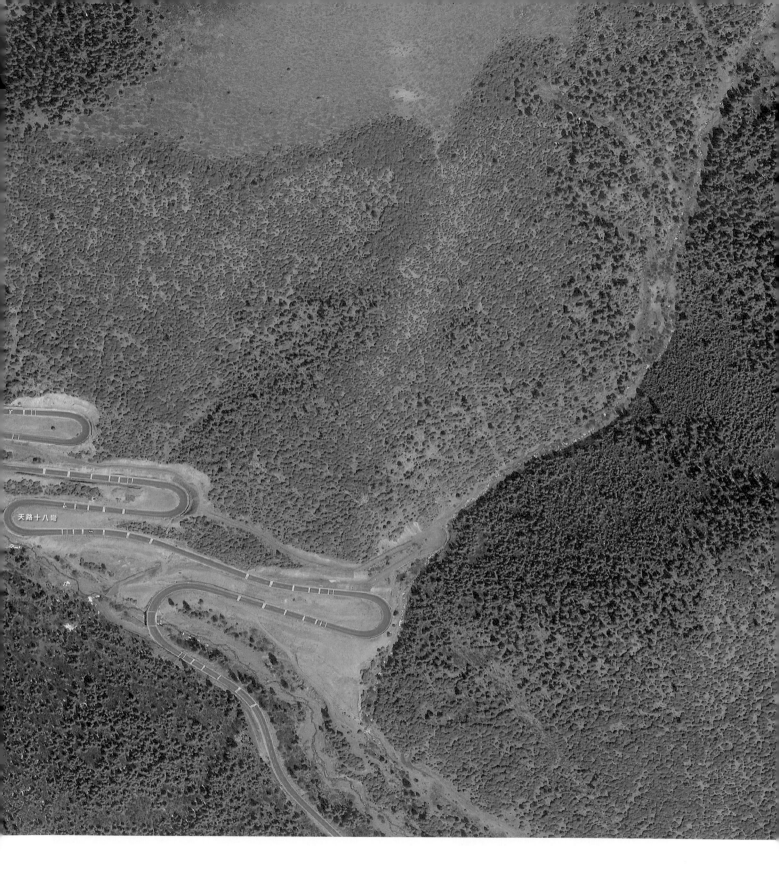

這裡的九寨依然在

高山海子、懸泉飛瀑、皚皚雪峰、五色彩林……

千里岷山的皚皚白雪，孕育了神奇的九寨溝。它位於川北的高寒喀斯特地區，遍佈着眾多的岩溶湖泊，清澈的湖水與湖底廣泛分佈的鈣華沉積物、藻類等共同構成了一幅絕美的畫卷。這裡的每個海子都神秘深邃，從不同角度望去，湖水或墨綠，或深藍，或鵝黃，五彩繽紛，宛如一塊變化無窮的碧玉，從天堂掉落在人間。

"九寨歸來不看水。"然而就是這樣一個地方，曾經幾乎毀於人類的採伐，直到九寨溝自然保護區建立，才從消失的邊緣逐漸恢復成今天的模樣，更收穫了"童話世界"的美譽。

2017年8月8日，一場7.0級地震再次打破了九寨溝的寧靜。這片1992年入選世界自然遺產保護地的"童話世界"遭遇重創，景區被迫關閉並進入災後恢復重建階段，直到2019年9月27日才再度開放。

經過兩年的災後科學重建，九寨溝景區27處世界自然遺產點除火花海外，其餘景觀變化較小。下季節海、諾日朗瀑布、珍珠灘瀑布以及五花海等景點，秀麗景色與震前幾無二致。在五花海處，清澈的湖水中矗立着密密麻麻的鈣華，湖泊中間有幾股清澈的水流從湖底冒出，這正是九寨溝的水"獨步天下"的秘密之一。而在地震中幾乎消失殆盡的著名景點火花海，如今也已開始恢復生機，並在下游形成新的瀑布景觀。

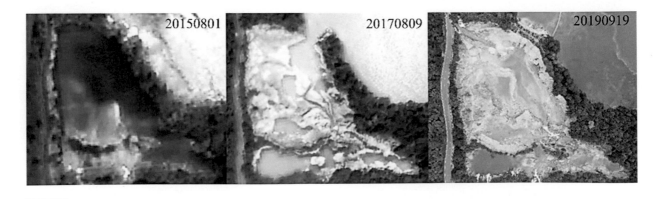

高精度遙感圖像顯示出地震前後火花海地貌景觀的巨大變化（圖片由中國科學院空天信息研究院提供）

如今在九寨溝原來的景點雙龍海處，水流從樹林漫過，在斷崖處傾瀉而下，形成一個 L 形的瀑布。這個瀑布高 8.4 米，長 85 米。震前這個瀑布掩映在灌草叢中，規模小，鮮為人知。地震後瀑布規模擴大，形成了新景點。這個新瀑布的形成正與上游的火花海決堤有關。火花海猶如一個下沉十幾米的籃球場，藍色的溪水緩緩從缺口處流出。地震時火花海堤壩決堤，湖水沖向雙龍海，沖走林下植被，形成了如今的雙龍海瀑布。

2020年6月18日拍攝的"雙龍海瀑布"　新華社記者 沈伯韓/攝

這一變化對九寨溝來說，正是它千萬年形成、變化過程中的一瞬。九寨溝不少地貌景觀的形成演化，都與地震活動導致的滑坡、崩塌和泥石流等堵塞河道所形成的堰塞湖密切相關，有些地段形成"海子"，有些地段形成瀑布，這是一種周而復始、不斷循環的地貌景觀形成過程。正因為這樣，九寨溝不需要和以前完全一樣，也不可能和以前完全一樣，有的"地震傷痕"，只能由大自然來修復。

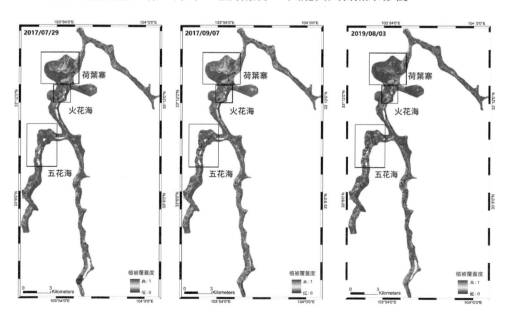

九寨溝植被覆蓋度在受災前後的變化（圖片由中國科學院空天信息研究院提供）

地震前後遙感圖像分析顯示，世界自然遺產核心區的部分區域在地震之後植被覆蓋度有所下降，但經過兩年的自然修復，除了日則溝五花海周邊外，九寨溝核心景區的植被生態景觀已逐漸恢復至震前水平。

2018年11月6日拍攝的九寨溝景區諾日朗瀑布及諾日朗群海
新華社記者 劉坤/攝

諾日朗瀑布上方曾在2017年地震中形成一條16.5米長的裂縫，水流從裂縫漏走。如果不彌補裂縫，瀑布處可能受餘震和水流沖蝕繼續坍塌，並對上游的諾日朗群海19個湖泊及鏡海造成破壞。2018年上半年，專業人員把震損的鈣華體填充到裂縫之中，諾日朗瀑布景觀也得以恢復。而在珍珠灘瀑布處，溝底還能依稀見到碎落的鈣華體，但其保護和恢復方式是"尊重自然，順應自然"── 讓大自然來修復。

這裡的新城映天地

從九寨溝，出岷山，順岷江南流而下，汶川，一個讓人無法忘懷的地方。

2008 年 5 月 12 日下午兩點二十八分，四川省阿壩藏族羌族自治州汶川縣映秀鎮發生里氏 8.0 級特大地震，最大烈度達 11 度。8 萬多人永遠地離開了他們的至愛，30 多萬人受傷，1 500 多萬人無家可歸……

汶川告急！！北川告急！！綿竹告急！！青川告急……

那一刻，災情就是命令，時間就是生命。一幅驚天動地的抗震救災長卷，迅速在全國展開。短短幾日間，十萬大軍星夜馳援，"不拋棄、不放棄"的口號響徹千里河山。那抹軍綠色蘊慰了無數心靈。

那一年，獻血隊伍排出百米。通往災區的路上是數不清的裝滿物資、自發前行的私家車。各行各業、千家萬戶，有錢的捐款，有力的出力，唇依齒傍，心手相連……

人們永遠記得災難來臨、山崩地裂，但在映秀漩口中學有一面國旗卻始終未倒。災區人民回憶說："悲痛和絕望中，這面紅旗真的就是希望。"人們永遠記得那些用生命履行"學為人師，行為世範"諾言的老師張米亞、譚千秋、瞿萬容、向倩、張蘭……生死一瞬間，把生的希望留給孩子們，是他們的唯一選擇。人們永遠記得那抹"逆着人群而上"的軍綠色，為了從死神手中搶救生命，他們無所畏懼翻過了常人不曾翻越的大山，飛過了飛機從未飛越的航線。邱光華、柳德占、武文斌、李月、張鵬……他們永遠長眠在抗震救災的第一線。人們永遠不能忘記，救援過後那些始終堅守災區的建設者、勞動者，他們把青春芳華揮灑在了這裡，讓一幅幅藍圖變成現實。到2018年，10年時間於歷史不過一瞬，但於災區而言卻是翻天覆地的巨變。廢墟側畔，一座座新樓拔地而起，新型的建築材料和建築方式，賦予了它們保護好生命的能力。每一棟房屋的精心搭建，每一條街道的細緻規劃，都讓這裡欣欣向榮、生機勃勃。

時光穿越瘡痍，也見證重生。今天，映秀人喜歡叫自己的新城"天地映秀"。 如今在這裡，歡樂的鍋莊跳出今天的歡愉，生態的底色點燃明日的希望。

上圖為2018年5月5日拍攝的汶川縣映秀鎮　新華社記者 劉坤/攝

下圖為2008年5月14日拍攝的地震後的汶川縣映秀鎮　新華社記者 陳凱/攝

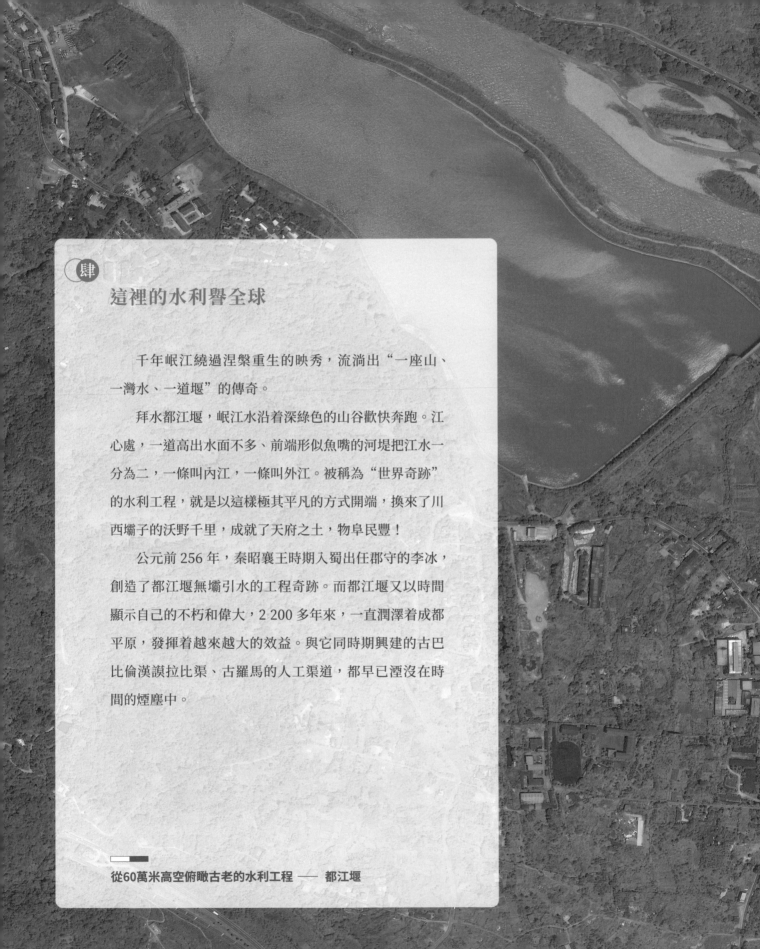

肆 這裡的水利譽全球

　　千年岷江繞過涅槃重生的映秀，流淌出"一座山、一灣水、一道堰"的傳奇。

　　拜水都江堰，岷江水沿着深綠色的山谷歡快奔跑。江心處，一道高出水面不多、前端形似魚嘴的河堤把江水一分為二，一條叫內江，一條叫外江。被稱為"世界奇跡"的水利工程，就是以這樣極其平凡的方式開端，換來了川西壩子的沃野千里，成就了天府之土，物阜民豐！

　　公元前 256 年，秦昭襄王時期入蜀出任郡守的李冰，創造了都江堰無壩引水的工程奇跡。而都江堰又以時間顯示自己的不朽和偉大，2 200 多年來，一直潤澤着成都平原，發揮着越來越大的效益。與它同時期興建的古巴比倫漢謨拉比渠、古羅馬的人工渠道，都早已湮沒在時間的煙塵中。

從60萬米高空俯瞰古老的水利工程 —— 都江堰

　　歷史上，岷江從四川北部高原地區急流直下，流入成都平原後突然地勢平坦，水流失去高山深谷的約束，挾帶的大量沙礫石迅速沉積，壅高河床，加重水患。前方1 000多米處的玉壘山則阻擋着江水向東流入平原腹地，岷江河道於是沿平原西部邊緣向南進入樂山市，造成成都平原西部地區洪澇災害嚴重，廣闊的中東部地區則赤地千里。

　　都江堰建成後，渠首工程位處成都扇形平原的頂點，佔據成都平原的制高點，既是扼制岷江洪水的咽喉要害，又是控制平原地區灌溉用水的關鍵。而位於岷江江心的魚嘴則把岷江分成內、外二江，內江為人工渠道，引入灌區，外江是岷江的自然河道，主要用於排洪。魚嘴前方有一塊沙洲，河流在沙洲中走成彎道，枯水季節岷江主流直沖內江，把水自動分成內江六成，外江四成；而當洪水到來時，沙洲被淹沒，水流不再受河床彎道的制約，主流直奔外江，內、外江的分水比例就變成內江四成，外江六成，非常巧妙又極其自然地利用地形地勢，完成了"分四六，平潦旱"的目的，並把治水與治沙結合起來，使它一直運行暢通。魚嘴除了分水，還具有顯著的排沙功能。在彎道環流的作用下，魚嘴每年把岷江上游帶來沙石總量的70%—80%從外江排走，最大限度地減少了內江河道的淤積。

　　在玉壘山的虎頭岩上，有條沒有鑿通的鑿槽，相傳是鱉靈鑿山的遺跡。李冰率眾鑿開了一個梯形引水口，這就是寶瓶口——都江堰灌區的總取水口。它起着束水壅水的作用，當上游來水過大時，寶瓶口就會使多餘水量溢出飛沙堰，從而控制了進入灌區的水量，達到穩定引水量的目的。有了寶瓶口，成都平原得以免於大的洪澇之災，歲歲安瀾。

　　都江堰各級渠道都採用無壩引水，它們與天然河道一起在平原內構成了一個扇形的自流灌溉網，完善了自然環境。今天，都江堰水利工程已發展為特大型水利工程體系，它的幹渠、支渠、斗渠、毛渠就如人體內的動脈血管、靜脈血管和毛細血管，遍佈於成都平原以及川中丘陵地區，共有幹渠111條，總長3 664千米；有支渠260條，總長3 234千米；有支渠以下的各級末級渠道34 000餘千米。灌溉面積由1949年的280多萬畝，增加到現在的1 076萬畝，最後灌溉面積將達1 519萬畝。與此同時，都江堰還承擔了成都市大部分人口的生活供水、城市工業用水和城市環境用水。

右頁上圖為都江堰魚嘴分水堤　新華社記者 李橋橋/攝

右頁下圖為都江堰寶瓶口引水口　新華社記者 李橋橋/攝

這裡的老城"盛民也"

岷江過都江堰,在樂山市與大渡河、青衣江"會師",而後直奔宜賓,湧入長江的懷抱。

在岷江、大渡河匯合之處,聳立着一尊樂山大佛,頭與山齊,足踏大江,莊嚴雄偉。"佛是一座山,山是一尊佛",更順勢緩解了樂山市區三江合流的湍急,護佑一方平安。

在四川,向東南而行匯入長江的主要支流,除了岷江、沱江,還有嘉陵江。在嘉陵江支流渠江畔,一座川東小城因一位偉人而名揚四海,這就是廣安——鄧小平的故鄉,如今已變成開放前沿。

由廣安市西行,橫渡嘉陵江與涪江,即是安坐於岷江和沱江之間的老成都。

"九天開出一成都,萬戶千門入畫圖。"

"老成都"的韻味,藏在寬窄幽巷的深處,藏在武侯祠的莊重肅穆裡,藏在冒着煙火氣、排着長隊的火鍋店中。在這裡,一條南北貫通的天府大道,串起了"新天府"的光榮與夢想。

在近20年時間裡,這條城市中軸線不斷向北延、向南拓,從最初的13.5千米,已"長"到150千米。地處"一帶一路"沿線和長江經濟帶發展的重要節點,成都天府新區也正在"起飛"。"城,所以盛民也。"

2 200多年前,面對"東旱西澇"的肆虐,蜀郡守李冰變"堵"為"疏",興建都江堰水利工程系統,成都平原從此"水旱從人,不知饑饉"。

2 200多年後,面對一個常住人口達1 600多萬的超級大都市,新時代城市建設者依然以"疏"破題,對空間格局進行一場"重塑",構建城市永續發展的新空間。

千百年來,龍泉山一直是成都東側的生態屏障。如今,城市發展跨越龍泉山,將這座山變成城市綠心和"會客廳";沿着龍泉山"兩翼",分別是中心城區和東部新區,位於東部新區的天府新機場正蓄勢待發。此番進發,從面積而言,成都中心城區由原來的630平方千米,延展至3 677平方千米;從格局看,變"兩山夾一城"的逼仄為"一山連兩翼"的開闊……

從秦併巴蜀,幾經戰火和歲月磨礪,2 300多年來成都從未更名、遷址。今天,在"人民城市人民建"的理念下,這座城市繼續煥發出澎湃的生機。

四川省成都市龍泉山城市森林公園丹景山觀景台　新華社記者 王曦/攝

兩 江 奔 流 處 · 山 水 魔 幻 城

田 自然保護區面積：80.2
佔轄區面積比重 9.6%

2017年

目 耕地面積：236.98

2017年

重慶市耕地、森林及自然保護區概況

CHONGQING

重慶

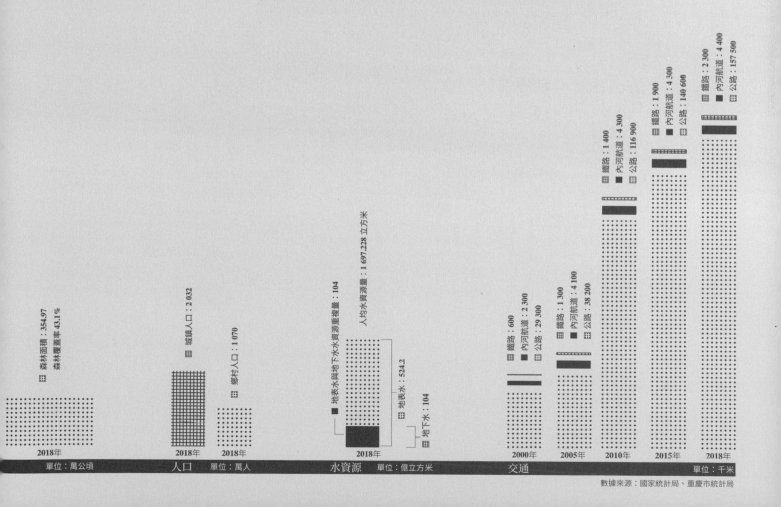

森林面積：354.97
森林覆蓋率43.1%

2018年

單位：萬公頃

城鎮人口：2 032
鄉村人口：1 070

2018年　2018年

人口　單位：萬人

地表水與地下水水資源重複量：104
人均水資源源量：1 697.228 立方米
地表水：524.2
地下水：104

2018年

水資源　單位：億立方米

鐵路：600
內河航道：2 300
公路：29 300

鐵路：1 300
內河航道：4 100
公路：38 200

鐵路：1 400
內河航道：4 300
公路：116 900

鐵路：1 900
內河航道：4 300
公路：140 600

鐵路：2 300
內河航道：4 400
公路：157 500

2000年　2005年　2010年　2015年　2018年

交通　單位：千米

數據來源：國家統計局、重慶市統計局

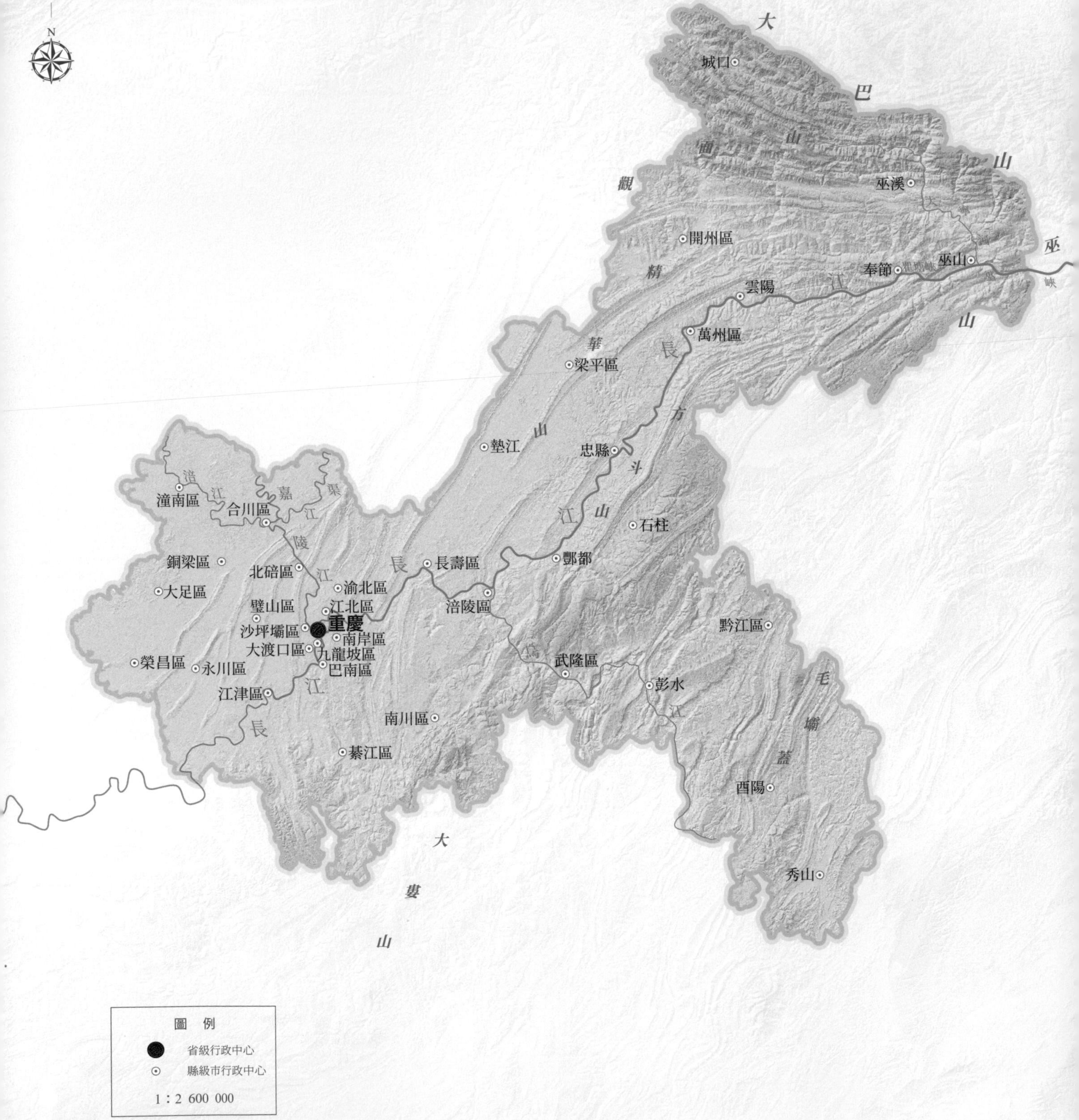

N

大
巴
山

城口⊙

巴
山

觀

巫溪⊙

開州區⊙

精

奉節⊙   巫山⊙

雲陽⊙

萬州區⊙

華

梁平區⊙

長

墊江⊙

山

忠縣⊙

方

潼南區   嘉

合川區

涪

銅梁區⊙   北碚區⊙

石柱⊙

大足區⊙

渝北區⊙

長壽區⊙

酆都⊙

壁山區⊙

江北區

沙坪壩區⊙   重慶

涪陵區⊙

黔江區⊙

大渡口區⊙   南岸區⊙

九龍坡區⊙

榮昌區⊙   永川區⊙   巴南區⊙

武隆區⊙

毛

江津區⊙

彭水⊙

南川區⊙

酉陽⊙

綦江區⊙

大
婁
山

秀山⊙

巫
峽
山

斗
山

江

鬱

壩
蓋

　　從 60 萬米高空俯瞰，重慶與四川、陝西、湖北、湖南、貴州等五省緊密相鄰，長江幹流自西南向東北橫貫，嘉陵江自北匯入，烏江由南而來，水系分支幾乎覆蓋全境，成為山城重慶流動着的主動脈，將不同區域有機地聯繫在一起。但因地處青藏高原與長江中下游平原的過渡地帶，重慶不僅多山，大巴山、巫山、武陵山、大婁山，山山環繞，而且山脈走向、高低各不相同，構成山地、丘陵等不同地貌，又將其切割為渝西、渝中、渝東北、渝東南四大地貌板塊，促生了不同的板塊文化與景觀，孕育、滋養了 3 000 多年悠久歷史，巴渝文化在此亙古綿延，生生不息。

　　早在先秦時期，重慶就是古代巴人的主要活動地區，曾長期作為古代巴國的都城，巴渝文化特徵明顯。戰國時曾置巴郡、黔中郡，此後歷經兩漢，直至清末，行政建置雖然變化不大，但卻從未停止過變化。在漫長的歷史長河中，不同時期政區建置與調整，為重慶今日的政區格局奠定了基礎，也深刻影響着今日重慶不同區域文化的形成與發展。

　　歷史時期，重慶市內不同政區之間彼此聯繫又彼此區別，遂形成既相同又有差異的文化與景觀，加之受四大地貌板塊的地形長期影響，在人口流動、生產方式等多重因素共同作用下，最終形成今日所見主城都市文化區、渝西文化區、渝中文化區、渝東（北）峽江文化區和渝東南土家民族文化區五大文化板塊。

左頁圖為重慶市地形及主要水系分佈示意圖

山水橋城在這裡融為一體

　　重慶的主城都市文化區，即今日重慶市主城九區（渝中、渝北、江北、南岸、沙坪壩、九龍坡、大渡口、北碚、巴南）範圍所構成的文化區。

　　這一區域曾是古代巴人活動的主要區域，也是古代巴國都城所在地。重慶成為直轄市以來，這裡更成為重慶市的行政、經濟與文化中心。在城市建設、發展過程中，這裡逐漸形成明清重慶移民文化、近代開埠文化與現代都市文化，既有湖廣會館、磁器口古鎮、立德樂洋行舊址、英國亞細亞火油公司舊址、周公館、解放碑、中國西部科學院舊址等歷史文化景觀，記錄與展現重慶主城的過去；又有"上天入地"穿梭於城市中央的軌道交通、連接"兩岸"的跨江大橋、"出入八方"的最複雜立交橋、"高低錯落"的建築與道路、依山而建的洪崖洞、解放碑都市商圈、重慶火鍋、重慶小麵等獨具特色的現代山城文化景觀與都市名片，兼具歷史的厚重與都市的夢幻，成為一道亮麗的風景線，令人心馳神往。

右圖為位於重慶主城都市文化區的洪崖洞民俗風景區

洪崖洞是依山而建的巴川傳統建築——吊腳樓代表之作。夜晚的洪崖洞景區燈火輝煌，被網友譽為電影中魔幻城堡的"現實版"。

從60萬米高空俯瞰李子壩站一條穿樓而過的輕軌交通線

重慶的軌道交通不僅能在"地下穿"，還能在"天上跑"。嘉陵江邊，李子壩站一條穿樓而過的"網紅"軌道交通線就是
其典型代表。李子壩站還是國內第一座與商住樓共建共存的跨座式單軌高架車站，設置在重慶軌道集團物業樓的八樓。

從60萬米高空俯瞰千廝門嘉陵江大橋

千廝門嘉陵江大橋位於長江、嘉陵江交匯的朝天門附近，橋樑整體融入山水之中，充分展現這裡 "山水城橋" 的美麗。大橋與洪崖洞毗鄰，巴渝傳統建築與現代橋樑交相輝映。

從60萬米高空俯瞰朝天門長江大橋

在重慶，橋樑如同一根根主動脈，實現着山水城市的互聯互通。朝天門長江
大橋，主跨為世界跨徑最大的拱橋，在大橋上瞭望朝天門，繁榮盡收眼底。

從60萬米高空俯瞰黃桷灣立交橋

黃桷灣立交橋連接江北機場、朝天門長江大橋等，8個方向出口，高達5層，已開通20條匝道，被稱為"最複雜立交橋"。走錯一個口，會迎來重慶"一日遊"。

古鎮峽江在這裡交相輝映

　　重慶的渝中文化區和渝西文化區分佈在主城都市文化區東西兩側。渝西文化區包括江津、永川、璧山、銅梁、大足、潼南、合川、榮昌等區，地勢較之重慶其他區域最為平緩，是古今重慶往來成都的重要通道。因此，傳統農工商文化皆較為發達。在漫長的歷史發展進程中，渝中、渝西兩個文化區，留下了許多具有代表意義的歷史文化古鎮。

　　和渝中文化區緊挨在一起的，是渝東（北）峽江文化區和渝東南土家民族文化區。渝東（北）峽江文化區包括萬州、開州、雲陽、奉節、巫山、巫溪、城口等區縣，區域歷史悠久，既有巫山龍骨坡遺址、白帝城等歷史文化景觀，又有瞿塘峽、巫山小三峽等著名自然景觀。而渝東南民族文化區則是重慶市唯一土家族、苗族聚居區。元明清時，區域內曾置土司治理，在酉陽、秀山、石柱等縣境內留下了諸多土司遺址。同時，還創造了代表土家族非物質文化遺產的石柱土家囉兒調、擺手舞、黔江南溪號子、秀山花燈、秀山民歌、酉陽民歌、酉陽古歌等優秀的民族文化。

　　這座因長江、嘉陵江交匯而興的山水之城，宛如一席"流動的盛宴"，大江與大山，孕育着奔騰不息的能量。

　　千里為重，廣大為慶，這就是重慶。魔幻的山城，流動的盛宴。

瞿塘峽白帝城　新華社記者 王全超/攝

"朝辭白帝彩雲間，千里江陵一日還。"這裡是瞿塘峽西端的起點，由此往東，順長江一直到巫山縣大溪鄉，怎一個雄奇、險峻了得。

田 自然保護區面積：89.4
佔轄區面積比重 5.1%

2017年

田 耕地面積：451.88

2017年

GUIZHOU

貴州

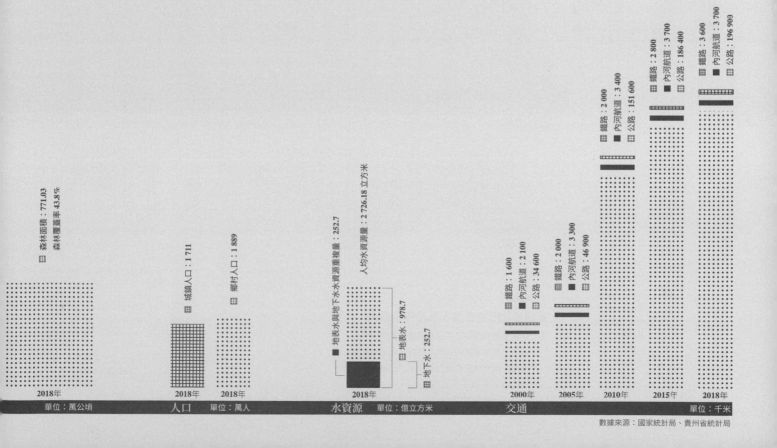

森林面積：771.03
森林覆蓋率 43.8%

2018年
單位：萬公頃

城鎮人口：1 711
鄉村人口：1 889

2018年　2018年
人口　單位：萬人

地表水與地下水資源重複量：252.7
人均水資源量：2 726.18 立方米
地表水：978.7
地下水：252.7

2018年
水資源　單位：億立方米

鐵路：1 600
內河航道：2 100
公路：34 600

鐵路：2 000
內河航道：3 300
公路：46 900

鐵路：2 000
內河航道：3 400
公路：151 600

鐵路：2 800
內河航道：3 700
公路：186 400

鐵路：3 600
內河航道：3 700
公路：196 900

2000年　2005年　2010年　2015年　2018年
交通　單位：千米

數據來源：國家統計局、貴州省統計局

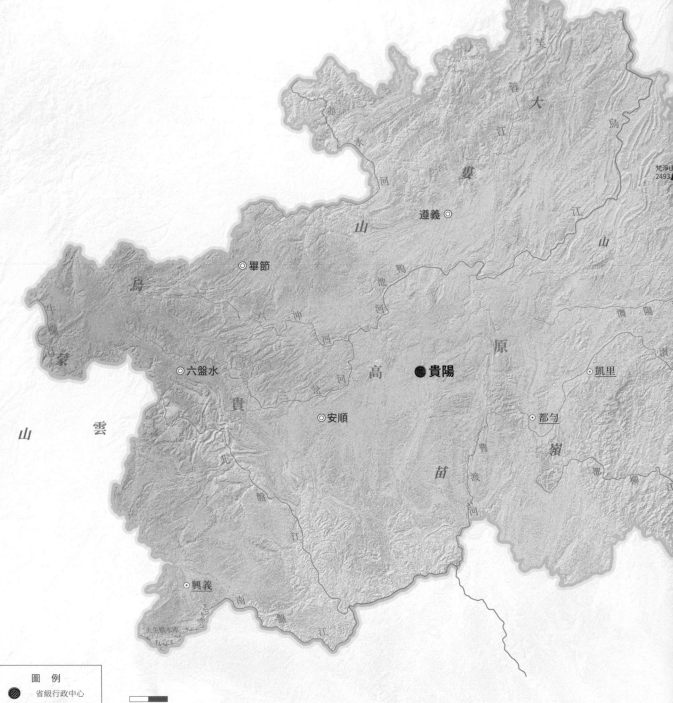

貴州省地形及主要水系分佈示意圖

圖　例
省級行政中心
地級市行政中心
自治州行政中心
縣級行政中心
山峰
1：2 900 000

注：凱里是貴州省黔東南苗族侗族自治州的首府。
　　都勻是貴州省黔南布依族苗族自治州的首府。
　　興義是貴州省黔西南布依族苗族自治州的首府。

“江南千條水，雲貴萬重山。”

從 60 萬米高空俯瞰，貴州境內山脈眾多，重巒疊峰，綿延縱橫。

貴州是全國唯一一個沒有平原支撐的山地省份，山地面積約佔全省的 87%，是名副其實的“山地王國”。北部有大婁山，自西南向東北斜貫北境，與重慶相連；中南部苗嶺橫亙，遠眺廣西；西部有高聳入雲的烏蒙山，與雲南相接；東北境有武陵山，由湖南蜿蜒入黔，主峰梵淨山海拔 2 493 米。明代萬曆年間立《敕賜梵淨山重建金頂序碑》中將梵淨山譽為“立天地而不毀，冠古今而獨隆”的“天下眾名嶽之宗”，是中國佛教五大名山之一。這裡有國家保護的黔金絲猴、珙桐等 7 000 多種野生動植物，是野生物種的基因庫，是地球同緯度生態保持最完好的地區之一。

山是貴州的“筋骨”，高原是貴州的“軀幹”。貴州高原是雲貴高原的一部分，隆起在四川盆地和廣西丘陵之間的亞熱帶喀斯特高原山地地區，是中國地勢第二級階梯東部邊緣的一部分，形成了著名的喀斯特高原—峽谷結構。

貴州的喀斯特地貌佔全省面積的 73%，其中荔波喀斯特和施秉喀斯特是世界自然遺產“中國南方喀斯特”的重要組成部分。獨特的地貌造就了貴州獨特的自然景觀，而在眾多喀斯特地貌景觀中，“天下山峰何其多，惟有此處峰成林”的萬峰林奇觀，是中國錐狀喀斯特發育最典型、最完整、最集中的地方，被稱為“中國錐狀喀斯特博物館”。在這裡，萬畝園林深藏萬峰林中，大大小小因喀斯特溶解作用而形成的天然地漏，深不見底，被當地群眾稱為“地眼”。農田耕地以漏斗為中心，弧形展佈，又構成奇異的“八卦”圖案，故又被稱為“八卦田”。

“舊說天下山，半在黔中青。又聞天下泉，半落黔中鳴。”貴州不僅有千重山，還有千條水，這些河流分屬長江和珠江兩大水系，苗嶺以北屬長江流域，主要河流有烏江、赤水河、清水江、潕陽河等河流；苗嶺以南屬珠江流域，主要河流有南盤江、北盤江、紅水河、都柳江等河流。豐富的山水處處成景，亞洲第一大瀑布——黃果樹瀑布就位於貴州省安順市鎮寧縣，是典型的“喀斯特瀑布群”，瀑布高度為77.8米，其中主瀑高67米，瀑布寬101米，氣勢磅礴，景象壯觀。

這就是大美貴州，壯麗山河更孕育着無窮活力。

從60萬米高空俯瞰位於貴州省興義市的萬峰林八卦田

萬峰林"峰內有谷,谷內有峰;峰裡有田,田裡有峰;峰下有寨,寨裡有峰",群峰與八卦田交融,美不勝收。

2020年5月26日

新華社特約記者 扎西次仁/攝

8名最新衝頂隊員從海拔7 790米的二號營地出發,並於當日抵達海拔8 300米的突擊營地。同日16時35分,6名修路隊員將攀登路線打通至珠峰峰頂。

2020年5月27日2時10分許

新華社特約記者 邊巴/攝

測量登山隊8名隊員陸續從海拔8 300米的珠峰突擊營地啟程向頂峰進發。

2020年5月27日9時許

新華社特約記者 扎西次仁/攝

測量登山隊員通過"中國梯"。

上圖：2020年5月27日11時　新華社特約記者 邊巴/攝

2020珠峰高程測量登山隊8名衝頂隊員全部成功登頂珠穆朗瑪峰。請記住他們的名字：次落、袁復棟、李富慶、普布頓珠、次仁多吉、次仁平措、次仁羅布、洛桑頓珠。

右頁圖：2020年5月27日　新華社特約記者 扎西次仁/攝

隊員在峰頂停留150分鐘，順利完成峰頂測量任務，創造了中國人在珠峰峰頂停留時長新紀錄。登頂測量成功的背後，凝結着新時代測繪、登山工作者的心血和汗水，彰顯了不同凡響的精神價值。世界屋脊又一次見證了中國人不懈探索和篤定前行的堅韌。